Zur Kritik des modernen Fetischismus

Claus Peter Ortlieb

Zur Kritik des modernen Fetischismus

Die Grenzen bürgerlichen Denkens

Gesammelte Texte von Claus Peter Ortlieb 1997–2015,
davon zwei mit Jörg Ulrich

Schmetterling Verlag

Bibliografische Informationen der Deutschen Nationalbibliothek
Die Deutsche Nationalbibliothek verzeichnet diese Publikation in der Deutschen National-
bibliografie; detaillierte bibliografische Daten sind im Internet über
http://dnb.d-nb.de abrufbar.

Schmetterling Verlag GmbH
Libanonstr. 72a
70184 Stuttgart
www.schmetterling-verlag.de
Der Schmetterling Verlag ist Mitglied von aLiVe, der assoziation Linker Verlage

ISBN 3-89657-174-5
1. Auflage 2019
Printed in Poland
Alle Rechte vorbehalten
Satz und Reproduktionen: Schmetterling Verlag
Druck: sowa, Warschau

*Dem Andenken an die allzu
früh verstorbenen Mitstreiter
Jörg Ulrich (1954–2010)
und Robert Kurz (1943–2012)*

Inhalt

Vorbemerkung 8

Vorwort des Exit!-Lesekreises in Hamburg 11

Abschnitt I: Geldförmige Erkenntnis

Geldförmige Erkenntnis
Zur Kritik der neuzeitlichen Wissenschaft 24

Die Welt lässt sich nicht berechnen
Interview mit brand eins 29

Bewusstlose Objektivität
Aspekte einer Kritik der mathematischen Naturwissenschaft 37

Automatische Moderne? 72

Der Rhythmus des Absoluten 77

Die Zahlen als Medium und Fetisch 93

Quantenquark:
Über ein deutsches Manifest
Eine kritische Stellungnahme zu «Potsdamer Manifest»
und «Potsdamer Denkschrift» mit Jörg Ulrich 107

Die metaphysischen Abgründe der modernen Naturwissenschaft
Ein Dialog mit Jörg Ulrich 115

Heinrich Hertz und das Konzept des mathematischen Modells 143

Methodische Probleme und methodische Fehler
der mathematischen Modellierung in der Volkswirtschaftslehre ... 161

Markt-Märchen
Zur Kritik der neoklassischen akademischen
Volkswirtschaftslehre und ihres Gebrauchs mathematischer Modelle 184

Täuschungen des Individualismus
Sohn-Rethels Frühschriften 202

Ökonomie ist eigentlich keine Wissenschaft
Interview mit der Frankfurter Allgemeinen Sonntagszeitung 206

Abschnitt II: Westliche Werte?

Westliche Werte?
Aufklärung und Fetisch 210

Die Aufklärung und ihre Kehrseite
Zur Rettung einer «banalen Einsicht» 212

Arbeitszwang und Arbeitsethos 237

Wir Untoten 241

Gespenster der Aufklärung 245

Abschnitt III: Im Endstadium

Im Endstadium
Die letzte Krise des Kapitals 249

Warme Luft
Zur Simulation von Klimaschutz durch die EU 253

Ohne Ausweg 258

Ein Widerspruch von Stoff und Form
*Zur Bedeutung der Produktion des relativen Mehrwerts
für die finale Krisendynamik* 263

Lohndumping, Hightech und Krise 294

Linkskeynesianischer Wunschpunsch 299

Spirale abwärts
Kein Ausweg aus der Schuldenkrise 302

Gerechtes Scheitern?
*Die »Zypern-Rettung« und das neue Paradigma
der europäischen Krisenverwaltung* 306

Ende des Spiels 310

Gegen die Wand
Von der gemeinsamen Ursache der ökologischen und ökonomischen Krise 316

Digitale und andere Blüten
Was die Karriere des Bitcoins über den Zustand des Geldmediums verrät 323

Die Gesundbeter
Eine Zwischenbilanz der Euro-Krise anhand amtlicher Daten 328

Krisenwirren
Überlegungen zum Jahreswechsel 2014/15 335

Vorbemerkung

Die in diesem Buch zusammengestellten Texte wurden nicht zu dem Zweck oder auch nur mit der Aussicht geschrieben, einmal unter einem gemeinsamen Titel in einem Sammelband veröffentlicht zu werden. Sie entstanden vielmehr unabhängig voneinander in unterschiedlichen Kontexten, wogegen die Wahl des Titels erst nachträglich erfolgte. Mit ihr soll ein den Texten gemeinsamer Aspekt hervorgehoben werden, nämlich die Auseinandersetzung mit dem modernen Fetischismus in seinen verschiedenen Facetten. Zu diesem Begriff sollen hier noch einige Worte verloren werden:

Die Charakterisierung der modernen Gesellschaft als fetischistisch beruht auf einer ironischen Wendung, die Karl Marx dem Fetischismus-Diskurs seiner Zeit gegeben hat. Der Begriff hat seinen Ursprung in der Religionskritik des 18. Jahrhunderts und bezeichnete Praktiken sogenannter «primitiver» Religionen, die tote Gegenstände mit übersinnlichen Fähigkeiten ausstatteten. In protestantischen Kreisen wurde damit auch der Katholizismus kritisiert («Fetischdiener»), und in der Tat ist nicht ganz klar, welchen Anteil katholische Missionare an der Ausübung «primitiver» Fetischismen hatten. Klar schien dagegen, dass die Rationalität des aufgeklärten Kapitalismus mit diesen Dingen nichts zu tun hatte, womit die Überlegenheit des modernen Denkens wieder einmal nachgewiesen schien.

Im sogenannten «Fetischkapitel» des ersten Bandes des *Kapital* (MEW 23, 85 ff.) beschreibt Marx dagegen, wie sich die Wertgegenständlichkeit der Waren als ein Abstraktum zwischen die unmittelbaren gesellschaftlichen Verhältnisse der Personen schiebt, die diesen daher als ein gesellschaftliches Verhältnis von Dingen erscheinen. Diesen Sachverhalt bringt er mit dem Fetischismus-Begriff in Verbindung: «Es ist nur das bestimmte gesellschaftliche Verhältnis der Menschen selbst, welches hier für sie die phantasmagorische Form eines Verhältnisses von Dingen annimmt. Um daher eine Analogie zu finden, müssen wir in die Nebelregion der religiösen Welt flüchten. Hier scheinen die Produkte des menschlichen Kopfes mit eignem Leben begabte, untereinander und mit den Menschen in Verhältnis stehende selbständige Gestalten. So in der Warenwelt die Produkte der menschlichen Hand. Dies nenne ich den Fetischismus, der den Arbeitsprodukten anklebt, sobald sie als Waren produziert werden, und der daher von der Warenproduktion unzertrennlich ist.» (MEW 23, 86).

Marx hat hier den Fetischismus-Diskurs seiner Zeit verändert, er hat mit dem Warenfetischismus einen neuen Begriff gesetzt, der sich auf den bis dato gebräuchlichen Fetischbegriff nur metaphorisch bezieht, Marx nennt es ausdrücklich eine «Analogie». Die Fetische der modernen Gesellschaft, in der die kapitalistische Produktionsweise herrscht, sind systemischer Art: Nicht die einzelne Ware ist hier der Fetisch, sondern das Ware-Geld-System als Ganzes. Vielleicht sollte man daher besser von einem «Fetischsystem» sprechen. Solche Fetischsysteme erscheinen den in ihnen Befangenen[1] als ein gesellschaftliches Verhältnis von Dingen, auf das menschliches Handeln sich zwar bezieht, das den Menschen aber äußerlich ist und auf das sie keinen oder nur einen sehr geringen Einfluss haben. Alle für die bürgerliche Gesellschaft zentralen Kategorien (Wert und Abspaltung, Kapital, Arbeit, Ware, Geld, Markt, Staat, Recht u.a.) bilden derartige, wiederum miteinander verflochtene Fetischsysteme, die zusammen die kapitalistische Totalität ausmachen.

Sie konstituieren eine Gesellschaft, die sich ihrer selbst nicht bewusst ist und ihre eigene Gesellschaftlichkeit nicht unmittelbar praktisch, sondern nur durch ihre Fetische hindurch organisieren kann. Das kann dazu führen, dass eigentlich als erwünscht erkannte und rein praktisch auch machbare Ziele nicht erreicht werden können. Die angekündigte Klimakatastrophe ist dafür nur das aktuell prominenteste Beispiel: Wir wissen, was auf uns zukommt, und wir wissen, was dagegen zu tun wäre, aber wir können es nicht tun, weil das System, in dem wir uns bewegen, es nicht zulässt. Und für keines der großen Menschheitsprobleme dürfte das anders sein.

Ebenso ist der alltägliche Wahnsinn fetischistisch geprägt: Der Richter, der die Mitarbeiterinnen einer Tafel wegen Diebstahls verurteilt, weil sie im Container eines Supermarkts nach noch essbarer Nahrung gesucht haben, weiß durchaus um die Widersinnigkeit seines Urteils und drückt das ironisch dadurch aus, dass er den Delinquentinnen die Bewährungsauflage erteilt, einige Tage lang bei einer Tafel zu arbeiten (s. Spiegel-Online vom 30. und 31. Januar 2019). Aber er kann sich von dem Rechtsfetisch, dem er folgt, eben nicht einfach lösen. Und der Obdachlose, der in der Winterkälte erfriert, wenige Meter von einem Hotel mit freien Zimmern entfernt, wäre mangels Geld wohl nie auf die Idee gekommen, dort nach einer Bleibe zu fragen, wie auch der Hotelmanager diese Idee vermutlich als völlig abwegig gefunden hätte. Mit derartigen Beispielen ließe sich mit Leichtigkeit ein eigenes Buch füllen.

Im hier vorliegenden Buch geht es nicht um eine systematische Abhandlung des Titelthemas, das wäre wegen der Art seines Zustandekommens auch gar nicht möglich. Vielmehr behandeln die hier gesammelten Texte den modernen Fetischis-

---

1 In unserem Alltagshandeln sind wir das alle: Auch als Gesellschaftskritiker muss ich für meinen Lebensunterhalt sorgen, indem ich Geld durch Arbeit verdiene (eigene oder fremde). Und im Supermarkt hat nun einmal jede Ware ihren Preis, das dahinterliegende gesellschaftliche Verhältnis spielt dabei keine Rolle.

mus in seinen verschiedenen Aspekten und Erscheinungsformen. – Ich danke dem Exit!-Lesekreis Hamburg, namentlich Johannes Jauss, Thomas Koch und Malte Willms, für den Antrieb und ein Vorwort zu diesem Buch, Karin Bückle-Ulrich für ihr Einverständnis, die beiden zusammen mit Jörg Ulrich verfassten Texte hier noch einmal zu veröffentlichen, und dem Schmetterling Verlag, namentlich Jörg Hunger und Paul Sandner, für die problemlose Zusammenarbeit.

Claus Peter Ortlieb
Hamburg im Februar 2019

Vorwort des Exit!-Lesekreises in Hamburg

Schon vor einer ersten Durchsicht des Textmaterials war es für uns als Mitglieder des Exit!-Lesekreises in Hamburg evident, dass die Herausgabe einer strukturierten Anthologie der Texte von Claus Peter Ortlieb ein fruchtbares Unterfangen sein würde. Die über einen Zeitraum von nahezu 20 Jahren entstandenen Texte werden hier erstmalig inhaltlich gegliedert zueinander ins Verhältnis gesetzt und gebündelt veröffentlicht. Die hohe Relevanz der Texte ergibt sich aus der Tatsache, dass diese sowohl in ihrer Argumentation, aber auch in ihrem Stil jeglicher ideologisch zu verstehenden Aufladung entbehren, gleichwohl aber von einer Unbedingtheit der Sache selbst gekennzeichnet sind, die einzig ihrem Gegenstand verpflichtet ist: der emanzipatorischen Kritik des Bestehenden und der Möglichkeit einer menschlichen Gesellschaft, die im individuellen und gesellschaftlichen Bewusstsein durchgängig als undenkbar, als unmöglich – wenn nicht gar als absurd gesehen wird. Für uns als Exit!-Lesekreis in Hamburg ist dies ein theoretisch-kritisches Programm.

Kern der Überlegungen von Claus Peter Ortlieb ist dabei immer die Offenlegung gesellschaftlich bedingter Prozesse und Gedankenformen, Motivation das eben nicht idealistisch geprägte Verständnis des Bestehenden. Gleichwohl sind diese Bemühungen getragen von einer umfassenden Menschlichkeit und einer Einsicht in die Überflüssigkeit gesellschaftlich bedingten Leidens, die sich eigentlich nicht zu erklären hätte. Die Texte fordern dazu auf, sich mit ihnen auseinanderzusetzen, sie ggf. zu widerlegen; ganz jenseits intellektueller Scheingefechte ist der Nachweis zu führen, dass die Gedanken fehl gingen, andernfalls diesen zu folgen, sie weiterzuführen sind. Weder maßen sie sich an, alles zu erklären, noch Lösungen anbieten zu können, wohl aber betreiben sie die ungewohnte Setzung, das klar Erfasste diskutierbar gemacht zu haben. Hierin liegt ihre spezifische Qualität.

Der Gang zur Feststellung vom Kapitalismus im Niedergang wird dabei stringent entwickelt: von der geldförmigen Erkenntnis, einer Kritik der neuzeitlichen Wissenschaft (Abschnitt 1), über die Infragestellung der westlichen Werte (Abschnitt 2) bis schließlich zum Endstadium, der letzten Krise des Kapitals (Abschnitt 3). Zusammengefasst handelt es sich hierbei um eine Kritik des modernen Fetischismus bzw. seiner Aspekte, die zusammen mit der Kritik der geschlechtlich zu fassenden Wert-Abspaltungsform als in sich gebrochene Totalität eines gesellschaftlichen Gesamtverhältnisses in Anschlag gebracht werden muss. Die schlichte Zusammenstellung der Texte, die Bündelung in drei inhaltlich gefasste Abschnitte, jeweils versehen mit einer kurzen Einleitung und Beschreibung der Texte, ist konsequent.

Entfaltet wird das Panorama von Gewordenheit und Ist-Zustand des globalen Zivilisationsmodelles wert-abspaltungsförmiger Gesellschaften, welches zu keinem Zeitpunkt eine emanzipatorische Entwicklungsperspektive auf seinen eigenen

Grundlagen geboten hat und hinter uns zu lassen ist, bevor es endgültig in Verwilderung und Auflösung übergeht, wie dies bereits in vielen Regionen der Welt geschieht und von einer beständig wachsenden Anzahl von Menschen erfahren werden muss. Es ist dies nicht nur eine Frage des Überlebens: verhandelt wird hier die Möglichkeit, sie schlüssig zu stellen. Dem zu entsprechen ist Grund und Ausblick der hiermit vorgelegten Publikation.

Die vorliegenden Texte von Claus Peter Ortlieb erscheinen in einer gesellschaftlichen Atmosphäre zunehmender Unruhe. Dabei antizipiert das Unbewusste bedrohliche, künftige Entwicklungen. Dafür gibt es gute Gründe. Die Echos dieses Unbewussten und Vorbewussten jedoch bleiben an den Erscheinungen hängen. Es wird nach Verantwortlichen gesucht, nach Schuldigen, nach Verschwörungen und nach Ideologien, deren Kohärenzen abgenommen haben, die selber brüchig geworden sind vor den realen Entwicklungen und die daher oft nur noch als Mythen taugen. Autoritäre Tendenzen folgen zwangsläufig auf die damit einhergehenden Vorgänge von Projektion und Identifikation, denn die Dualität von Opfer und Täter ruft nach der dritten Position, dem Retter. Keine guten Zeiten also, um über Grundsätzliches nachzudenken und sich selbst so geartete Fragen vorzulegen. In den globalen Bewusstseinslagen hingegen nehmen Größen- und Verfolgungswahn und in deren Folge Aggressivität zu, und sie gehören bekanntlich einer paranoiden Position an, die nicht die des Erkennens und der Erkenntnis ist.

Sich davon «nicht dumm machen lassen», wie Adorno meinte – genau das sollten wir in diesen Zeiten tun. Das vorliegende Buch zeigt, wie das gehen könnte. Wir sollten einem fragmentierten wie aufgeregten, einem geschichtslosen wie zukunftslosen Zeitgeist widerstehen und auch seinen schnellen Urteilen. Wir sollten uns vielmehr Zeit nehmen für grundlegende Überlegungen, für Beobachtungen und Entdeckungen, die liegen gelassen wurden.

Dafür sind die in diesem Buch veröffentlichten Texte von Claus Peter Ortlieb eine Gelegenheit. Unabhängig davon, für welchen Anlass sie verfasst wurden, sie führen schnell in die Tiefe jener grundsätzlichen Überlegungen, die von den Oberflächenerscheinungen in eine andere Welt führen. Dabei zeigt uns der Autor etwas, was aus der Mode gekommen ist, nämlich nicht Wissen anzuhäufen und Ideen zu folgen und zu konsumieren, sondern eine selbstständige Nachdenklichkeit zu entwickeln. Die «Handschrift», die dabei entsteht, ist durchaus als Methode wahrzunehmen. Und irgendwo wird diese Beobachtung auch auf den Mathematiker stoßen, auf einen Widerhall von dem, was als mathematisches Kalkül zu bezeichnen wäre. Aber Ortlieb geht mit der Mathematik über sie hinaus und das ist ein methodologisches Merkmal kritischer Theoriebildung. Das aber geht nur mit etwas noch weniger offensichtlichem: mit emotionaler Beteiligung und mit Lust an denkendem Erkennen. Die wert-abspaltungskritische Theoriebildung dient nicht einer Praxis, sondern steht zu ihr in einem dialektischen Verhältnis. Die Lust ist keine selbstbeschränkte und positivistische, sondern in ihr sind auch jene Empfindungen aufgehoben, die für ein kritisches Denken über gesellschaftliche Themen unabdingbar sind: Die empfundene Gewissheit um das Leiden und die Empörung darüber, dass es nicht sein müsste. Auch hierbei hat jede Autorin und jeder Autor eine eigene Art und Weise, und der Verzicht auf kampfeslustige Polemik in den vorliegenden Texten geht nicht zu Lasten seiner kritischen Schärfe. Das Gegenteil ist der Fall. Die oft lakonische und manchmal fast beiläufige Art, Wesentliches auszudrücken, erinnert uns daran, dass kategorial kritisches Denken unter anderen gesellschaftlichen Umständen ganz naheliegend und selbstverständlich wäre. Statt Sendungsbewusstsein werden mit kritischer Darstellung Möglichkeiten gezeigt, in diesen Zeiten ein kohärentes wie belastbares Verständnis von gesellschaftlicher wie individueller Realität herzustellen.

Es war wiederum Theodor W. Adorno, der darauf hinwies, dass kritischer Erkenntnis über die Gesellschaft und ihre Verhältnisse stets ein Zeitkern eigen ist. Damit sprach er die Relativität und Gültigkeitsdauer theoretischer Erkenntnis über Vorgänge im Belebten und über die Gesellschaft im Besonderen an.

An den vorliegenden Texten von Claus Peter Ortlieb lässt sich dies heute nur schlecht veranschaulichen: Obwohl im Verlauf von zwei Jahrzehnten entstanden, scheint die Aktualität seiner Texte eher zuzunehmen. Dies, aber auch die Qualität, die Methode und der Stil seiner kritischen Untersuchungen waren für uns, die wir über Jahre mit dem Autor zusammen nachgedacht und kritisch-theoretisch reflektiert haben, ein weiterer Grund, seine Texte in Buchform einer breiteren Öffentlichkeit zugänglich zu machen.

Der Autor gehört mit Robert Kurz und Roswitha Scholz zu den Protagonisten der ersten Generation von Wert-AbspaltungskritikerInnen. Obwohl mit dem kritischen Denken von Adorno verbunden, hat diese Richtung der kategorialen Gesellschaftskritik in den letzten Jahrzehnten völlig neue Erkenntnisfelder erschlossen. Sie hat sich dabei gegen alle postmodernen Strömungen zu einer kohärenten und umfassenden Theorie über die unbewussten aber deshalb umso wirkmächtigeren Strukturen verselbstständigter, symbolischer Bindung entwickelt und die in ihnen enthaltenen geschlechtlichen Abspaltungen freigelegt, womit ein wesentlicher Aspekt der Kritik des modernen Fetischismus benannt ist.

Ein Ergebnis dieser Entwicklung kategorialer Kritik ist eine Krisentheorie, deren Alleinstellungsmerkmal sich bei der heutigen Ubiquität des Krisenbegriffes nicht so einfach erschließt. Der Unterschied zu den unzähligen Erscheinungen, die heute mit dem Begriff Krise bezeichnet werden, ist dass die wert-abspaltungskritische Krisentheorie die Krise des Ganzen – der gesamten globalen Gesellschaft, der Ökonomie, der Politik, des Rechts, ... bis hin zu den Wissenschaften und der Subjektstruktur – aus einer kritischen Formanalyse herleitet. Sie geht also umgekehrt vor, geht nicht von den Erscheinungen aus, sondern leitet einen Krisenprozess aus den grundlegenden theoretischen Analysen ab und versucht von dort aus, die Erscheinungsebene zu verstehen. Sie geht dabei nicht von den Phänomenen aus, weil sie erkannt hat, dass sich Erscheinung und Wesen unter den gegebenen Bedingungen von Wert und Abspaltung gegeneinander verkehren und nicht erkenntnistheoretisch auseinander abgeleitet werden können. Wo aus einem Euro zwei Euro werden sollen und müssen und das gesamte gesellschaftliche Leben unter Finanzierungsvorbehalt steht, und wo gleichzeitig dieser Umstand seinerseits auf abgespaltenen nicht-werten Voraussetzungen beruht, die geschlechtlich konnotiert sind, haben wir es zweifellos mit einer «Verkehrung von Mittel und Zweck zu tun, [...] in der die Menschen von ihren eigenen Schöpfungen unterjocht werden» (Robert Kurz). Wert-Abspaltungstheorie leitet aus dieser Erkenntnis die Notwendigkeit eines finalen historischen Krisenprozesses ab und entwickelt daraus eine Prognostik, mit der die gegenwärtigen gesellschaftlichen Entwicklungen schließlich auch in ihren Erscheinungen erklärt werden können. Dazu bedarf es aber des umgekehrten Weges über die Formanalyse. Wozu soll das gut sein? In einer auf Wert und Abspaltung vom Wert beruhenden fetischkonstituierten Gesellschaft müsste jedoch Erkenntnis stets mit der Frage ihrer eigenen Methode konfrontiert werden. Das ist allerdings überhaupt keine Selbstverständlichkeit. Im Kanon der Naturwissenschaften zählt der Ausschluss des Beobachters jedoch nach wie vor zur Voraussetzung gesicherter Erkenntnis. Als Paul Klee feststellte, dass die Relativität des Sichtbaren zu einer Gewissheit geworden sei, hatte die Quantentheorie das unabhängig von seiner Beobachtung existierende Objekt widerlegt und den Widerspruch zu Einsteins «Standpunktlehre» bzw. Relativitätstheorie eröffnet. Selbst hier noch handelte es sich um eine Auseinandersetzung um Rolle und Bedeutung der Erscheinungsebenen in der Erkenntnisform.

Der Weg, auf dem diese wert-abspaltungskritische Theorie entstand, ist erstaunlich. In den 80er Jahren, als der Marxismus in seinen verschiedenen Ausprägungen zunehmend uninteressant geworden war, haben sich einige wenige um den Theoretiker und Autor Robert Kurz noch einmal mit den Marxschen Schriften, insbesondere den erst spät veröffentlichten Maschinenfragmenten von Marx und dem 3. Band des Kapitals beschäftigt. So wurde ein Marx freigelegt, den es vorher nicht gegeben hatte, ein negierender, die Form der Wertproduktion in ihrer Destruktivität aber auch in ihrer sich selbst begrenzenden und zerstörenden Dynamik kategorial kritisierender Marx. Nicht die Fortschrittsgläubigkeit sich entwickelnder Produktivkräfte, sondern die sich gegenüber ihren Akteuren auf eine unheilvolle Weise verselbstständigenden Rückkopplung des Werts auf sich selbst war Teil dieser Marxschen Analyse gewesen, ohne dass dies seit einem Jahrhundert groß aufgefallen und von Bedeutung gewesen wäre. Aus diesem Studium des kategorial-kritischen Marx wurde dann in den 80er und 90er Jahren jene Krisentheorie entwickelt, deren Grundlagen aber auch Prognostik 2008 in der Schrift von Claus Peter Ortlieb «Ein Widerspruch von Stoff und Form» in einer bis dahin noch nicht vorgelegten Weise dargestellt wurden.

In den 90er Jahren war der damals als Wertkritik bezeichneten Krisentheorie durch die Einflüsse der 2. Generation des Feminismus, der noch Bezug auf Marx nahm, dann ein erkenntnistheoretisches «Kuckucksei» ins Nest gelegt worden, das ihre fast ausschließlich männlichen Protagonisten zu einer radikalen Veränderung zwang. Wie so oft vollzog sich dieser Prozess in immer neuen Wellen. Das nun von Roswitha Scholz eingebrachte Theorem einer geschlechtlichen Abspaltung wies darauf hin, dass der Wertform ein abgespaltener nicht-werter Bereich eigen ist, der mit den weiblichen Reproduktionstätigkeiten bis hin zur Natur und ihren Ressourcen die stumme, nicht-werte Voraussetzung der Wertform darstellt. Das war der Wertkritik bis dato nahezu vollständig entgangen. Die Implikationen des nun eingeführten Abspaltungstheorems machten den prozessierenden ökonomischen Widerspruch nun quasi zu einem Binnenwiderspruch, weil der sich damit eröffnende Gesamtzusammenhang nur noch mit einer erweiterten, in sich gebrochenen Totalität zu fassen war. Die gesellschaftliche Totalität ließ sich nun nicht mehr durch die kategorial kritisch ökonomischen Erkenntnisse und die Wertform alleine beschreiben. Gleichzeitig jedoch waren damit weitere Implikationen verbunden. Es wäre verkürzt, diese heute, also über zwanzig Jahre später, als absehbar zu bezeichnen. Wir sind wiederum bei der Methodologie gelandet: Mit dem Abspaltungstheorem war die Notwendigkeit der Positionsbestimmung, der Einbeziehung des Beobachters, des erkennenden kritischen Subjekts dermaßen dicht an die theoretischen Akteure herangerückt, dass eine männlich-allmächtige Sicht aus dem Off nicht mehr nur schwierig wurde, sondern es wurde nun nach und nach deutlich, wie, wo, wann und warum dies zu einseitigen und falschen Erkenntnissen führen muss. Claus Peter Ortlieb vollzog eben diese theoretische Weiterentwicklung vor dem Hintergrund des Abspaltungstheorems 1998 mit seinen Text «Bewusstlose Objektivität. Aspekte einer Kritik der mathematischen Naturwissenschaft».

Aus heutiger Sicht war es die Sprengkraft der Entdeckung einer geschlechtlichen Abspaltung in der Wertform, die den damals in der Gruppe Krisis versammelten Zusammenhang «aus der Fassung» brachte, auch wenn die Ereignisse der dann folgenden Spaltung dies wie so oft auf der Erscheinungsebene unvollständig widerspiegeln, weil es – anscheinend – um andere Dinge ging. Das Ergebnis war die Gründung der Gruppe EXIT!.

In der letzten Schrift von Robert Kurz – er starb 2012 – wurden mit der Kritik am methodologischen Individualismus wesentliche Beiträge zur Methode vorgelegt. Nun wurde die Entstehung des Geldes und der Wertform auf eine neue kritisch-historische Art und Weise nicht mehr aus dem isolierten Objekt und der logischen Rekonstruktion hergeleitet. Aus der kritischen Darstellung der darin verborgenen Motive und einer historischen Rekonstruktion an Artefakten wurden die ideologischen Momente bisheriger marxistischer Erklärungen zu Geld und Wert erkennbar. Auch Claus Peter Ortlieb hat sich mit den methodologischen Fragen immer wieder auseinandergesetzt, beispielsweise mit seinen kritischen Reflexionen zur Genese naturwissenschaftlicher Erkenntnis und hier insbesondere der Mathematik. Er stellte in seinem Dialog mit dem Soziologen Jörg Ulrich auch grundsätzliche Fragen zur Qualität der Produktivkräfte und thematisierte die uneingestandenen und abgespaltenen Voraussetzungen, die mit naturwissenschaftlicher Erkenntnis bisher einhergingen – alles Überlegungen, die uns heute beispielsweise in der kritischen Auseinandersetzung mit den digitalen Technologien eine belastbare Basis sind.

Schon Anfang der der 2000er Jahre hatte Claus Peter Ortlieb – zunächst an der Hamburger Uni und später im Centro Sociale in Hamburg – einen wert-abspaltungskritischen Lesekreis initiiert, der bis heute fortbesteht. Dieser Lesekreis hat sich neben den Veröffentlichungen von EXIT! in den letzten Jahren mit äußerst unterschiedlichen Themen befaßt: kritische Theorie und emanzipatorische Praxis, Gentrifizierung, Selbstmordattentate und Amok, Psychoanalyse, ökologische Krisen, bedingungsloses Grundeinkommen, Technologien und Digitalisierung, Geschlechterverhältnis, G20-Proteste; es entstanden und entstehen lebendige, theoretisch-kritische Erkenntnisse, die sich auch rückblickend als in ihrer Qualität belastbare kritische Auseinandersetzungen erweisen. Claus Peter Ortliebs Anteil daran war vielleicht gerade deshalb so groß, weil seine gelassene Art des Nachdenkens und Zuhörens uns immer wieder an jene kritische Distanz auch in der eigenen theoretischen Praxis erinnerte, die für wert-abspaltungskritische Theoriebildung unverzichtbar ist. Leider muss er aus gesundheitlichen Gründen seit 2015 auf eine regelmäßige Teilnahme verzichten, aber beide Seiten versuchen, nach wie vor einen intensiven Austausch zu ermöglichen. Diese Veröffentlichung ist ein Teil dieser Bemühungen und wir freuen uns sehr, dieses Projekt den LeserInnen vorstellen zu können.

1.

Die Texte im Abschnitt «Geldförmige Erkenntnis» verhandeln eine Kritik der modernen Naturwissenschaften, insbesondere in ihrer Ausprägung als positivistische, und ihre Verbindung mit den Denkformen des kapitalistischen Subjekts.

Claus Peter Ortlieb zeigt darin die Parallelen der Entstehungsgeschichte der modernen Wissenschaft zu der Entstehung der kapitalistischen wertförmigen Vergesellschaftung auf, die gemeinsam zu einem Weltverständnis führen, das auf der einen Seite eine «Natur» konstituiert, die als ausbeutbare Ressource verfügbar ist, wie auf der anderen Seite «Subjekte», die eine Existenz nur in den Zwangsformen der kapitalistischen Wertverwertung zugestanden bekommen, oder eben gar keine.

Der Gestus ist dabei kein belehrender eines überlegenen Außenstehenden, sondern einer der Selbstreflexion und der Selbstaufklärung, gewissermaßen eines Mittäters, der sich fragt, «was wir da eigentlich machen». Das «wir» ist dabei zentral, denn es geht Claus Peter Ortlieb nicht um individuelle Selbstaufklärung. Aufgeklärt werden soll nicht die oder der Einzelne, sondern die Gesellschaft über die Weise ihrer Vergesellschaftung.

Die Fetischsysteme sind kollektive Phänomene, eine kollektive Praxis, die dem Individuum als Teil seiner Umwelt, als Vorgefundenes und Vorgegebenes entgegentreten. Ein Verständnis von ihrer Relativität und Geschichtlichkeit muss erst entwickelt werden. Aus der Sicht der Gesellschaft sind sie ein selbstauferlegter Zwang, mithin ein sich selbst widersprechender Begriff. Für den einzelnen sind sie ein Zwang, dem er widersprechen kann, allerdings unter der Gefahr, nicht «ernst» genommen zu werden. Das Fetischsystem definiert, was für die Gesellschaft wahr und was falsch ist, was real und nicht real, was wissenschaftlich und was unwissenschaftlich.

Die verschiedenen Fetischsysteme sind miteinander verschränkt und bedingen einander. Viele ihrer Strukturen sind gleichartig aufgebaut. Im Zentrum steht als gemeinsame Schnittstelle das Konzept des Subjekts. Eine Teilhabe an der Gesellschaft, also eine erfolgreiche Vergesellschaftung, ist dem Individuum nur als Subjekt möglich. In den verschiedenen Teilfetischsystemen der kapitalistischen Moderne ist das Subjekt als Arbeitssubjekt, als Marktsubjekt, als Warensubjekt, geschlechtliches Subjekt oder als Erkenntnissubjekt entworfen.

Als Erkenntnissubjekt hat es seinen Platz im Fetischsystem der positivistischen Wissenschaft, dort ist es Teil einer spezifischen Konstellation, nämlich als dem Erkenntnisobjekt entgegengestellt, das als von ihm getrennt gesetzt wird. Zu den weiteren Bestimmungen des wissenschaftlichen Subjekts gehört wesentlich die Abspaltung jeder Emotionalität, die Reduktion auf bloße Beobachtung, die Neutralität. Dies wird in den Texten in diesem Abschnitt detailliert untersucht und dargestellt, und in den jeweiligen Entstehungszusammenhang gestellt.

Bei der Herausbildung der modernen Naturwissenschaften und ihrer Erkenntnisform markiert Immanuel Kant einen wichtigen Bezugspunkt, auf den Claus Peter Ortlieb immer wieder zurückkommt. Kant war sich in seiner Reaktion auf Hume noch dessen bewusst, dass für die Gewinnung allgemeingültiger Wahrheiten die Beschränkung des Geltungsbereichs der wahren Aussagen auf die dem Menschen unmittelbar zugängliche Sphäre, nämlich sein eigenes Denken, von Kant konzipiert in der spezifischen Form der Vernunft, eine Einschränkung darstellt. Für Kant blieb das «Ding an sich» außerhalb der Reichweite des menschlichen Erkenntnisvermögens.

Die sich entwickelnden modernen positivistischen Naturwissenschaften ließen diese Grenze unsichtbar werden, indem sie alles außerhalb ihres eigenen Geltungsbereichs als nicht real abspalteten, zur Vernutzung freigaben oder bestenfalls ignorierten. Was innerhalb ihres Geltungsbereichs verblieb, wurde Gegenstand der aus den Wissenschaften hervorgehenden modernen Technik, und dieser Bereich, jetzt als Herrschaftsbereich der Technik, wurde zur wirklichen und einzig relevanten Welt erklärt. Relevant deshalb, weil er den Konzepten der Naturwissenschaft und den Instrumenten der Technik zugänglich war. Dies war aber nur möglich, weil eben diese ihn erst in seiner spezifischen Form hervorgebracht haben.

Wissenschaft ist ein Fetischsystem, das ein Weltverhältnis durch die Aufteilung in Subjekt und Objekt konstituiert. Für Claus Peter Ortlieb ist sie aber dennoch kein rein kulturalistisch zu betrachtendes Phänomen. Die Mittel der Naturwissenschaft wie Zahlen, experimentelle Konstellationen, Messinstrumente sind menschengemacht, und dies heißt, sie sind relativ und von dem betrachteten Gegenstand unterschieden. Trotzdem bieten sie eine Möglichkeit der Begegnung mit einem widerständigen Anderen, über das Aussagen gemacht werden können. Diese Aussagen müssen aber immer die Bedingungen ihrer Entstehung mit benennen. Eine solche wissenschaftliche Redlichkeit wäre ein Schritt hin zur Minderung ihrer fetischistischen Wirksamkeit.

Die Aporie einer Kritik, die mit den Mitteln der Aufklärung die Aufklärung kritisiert, verliert bei dem Lesen der Texte von Claus Peter Ortlieb von selber ihren Schrecken, denn der Leser erfährt Zeile für Zeile am eigenen Leib, wie ein Bewusstwerden der unausgesprochenen Voraussetzungen den Blick weitet und neue Einsichten hervorbringt. Die Frage nach der Möglichkeit einer Aufklärungskritik, der dafür gegenwärtig nur die Mittel der Aufklärung zur Verfügung stehen, wird durch die Teilhabe an ihrer Durchführung eindeutig beantwortet.

Die hier vorgeführte Möglichkeit des kritischen Wissens bedeutet aber nicht nur eine Zunahme an historischer Erkenntnis und Selbsterkenntnis, sondern vor allem auch von Verantwortung. Die Kenntnis der Genese der modernen Naturwissenschaft, und daher das Wissen um ihre Begrenztheit, rufen zum einen zu ihrem angemessenen Einsatz auf, zum anderen aber dazu, eine Alternative zu ihr zu entwickeln. Dies ist ein Auftrag, der an uns alle geht, die wir uns auch in dem Fetischsystem der modernen Naturwissenschaft vergesellschaftet finden.

Die Texte Claus Peter Ortliebs lassen die Fetischsysteme aus ihrer Unsichtbarkeit hervortreten, in ihrem ganzen totalisierenden Umfang. Und dadurch wird ebenfalls, zumindest potentiell, erkennbar, was außerhalb ihrer existiert, was ihnen vorausgegangen ist und was nach ihnen sein könnte.

2.

Gegenwärtig unterliegen Werte wie Grundlagen der Aufklärung einem einzigartigen Erosionsprozess. Das liegt nicht nur an der Krise, wie sie sich beispielsweise in den Ereignissen und Handlungen der globalen Politik und deren Eliten offenbart, oder an den Diskursen, die als kulturalistische daherkommen. Natürlich blamiert sich die Verkündung von Demokratie und Menschenrechten am Waffenexport, den von den Demokratien unterhaltenen Kriegen, den Beziehungen zu menschenverachtenden Regimen oder der rücksichtslosen Ausbeutung von Menschen wie Bodenschätzen oder der Umweltzerstörung. Aber es sind die politische Form oder um dieses Beispiel zu erweitern, die Rechtsform, die Geldform u.a., es sind damit die essentiellen Teile der Aufklärung selber, die sich in ihrem Kern offenbaren als das, was sie irgendwie immer schon waren. Politische Handlungsfähigkeit ist bedroht oder zerbricht, längst überwunden geglaubte autoritäre Strukturen halten Einzug, und im Zerfallsprozess Europas steht in seiner ältesten Demokratie Großbritannien im Verlaufe der Auseinandersetzungen um den Brexit plötzlich die Frage im Raum, wer die höchste Autorität im Staat, wer der oberste Souverän ist und wer ihn kontrolliert. Sicher geglaubte Gewissheiten erweisen sich nun unversehens als nie geklärt.

Während die aufrechten Demokraten von der Verteidigung dieser Demokratie und den Menschenrechten reden, ertrinken Tausende im Mittelmeer, die nichts als ihr nacktes Leben haben und denen die Verkünder die Hilfe und Rettung verweigern, die sie ihnen geben könnten. Vor diesen realen Toten offenbart sich der Geltungsbereich der Aufklärung offensichtlich als einer, der immer schon begrenzt war und der eine stillschweigende Exklusion immer schon voraussetzte. Ihr ideologischer Kern ist jedoch damit noch nicht freigelegt, denn die Verfechter der Aufklärung entlasten sich stets mit dem Hinweis, sie sei eben noch nicht vollständig durchgesetzt und realisiert.

Eine kritische Auseinandersetzung mit der Aufklärung kommt nicht an Max Horkheimer und Theodor W. Adorno und insbesondere ihrer «Dialektik der Aufklärung» vorbei. Weil dem so ist und weil die Wert-Abspaltungskritik an die Kritische Theorie anknüpft, bezieht sich Claus Peter Ortlieb denn auch darauf, allerdings nicht ohne mit Horkheimer und Adorno auf ein Darüberhinaus hinzuweisen. Denn deren Aufklärungsbegriff kann die kritische Distanz nicht durchhalten, wird positivistisch dort, wo ihr Aufklärungsbegriff transhistorisch verwendet wird. Dieser positiven Besetzung der Aufklärung und dem davon abgeleiteten notwendigen Umschlagen in die Barbarei muss schließlich ihr grundlegender Pessimismus folgen, den Ortlieb nicht teilt. Er weist in seinem Text «Die Aufklärung und ihre Kehrseite» darauf hin, dass nicht die Kehrseite der Aufklärung, die Gegenaufklärung das Problem von Zivilisation und Barbarei erfasst, sondern dass es die Aufklärung selber ist, die zu kritisieren ist. Auch weist Ortlieb darauf hin, dass der Nachweis eines historisch notwendigen Umschlagens von Zivilisation in Barbarei und Gewalt so nicht wirklich gelingen kann. Einbezogen werden muss dabei auch die immer wieder misslingende Reproduktion der Gesellschaft.

Exemplarisch ist ihm der Hinweis Horkheimers und Adornos, die Aufklärung wolle «die Mythen auflösen und Einbildung durch Wissen stürzen». Kritisch zu reflektieren sei aber eben auch die Art des Wissens und die Methode, mit der dieses Wissen entsteht, die damit verbundene Vernunft. Wohl kein anderer Begriff ist so unauflöslich mit der Aufklärung verbunden. Was heute selbstverständlich an ihr erscheint, ist ein ideologisches Konstrukt, dessen historische Entstehungsgeschichte nicht nur auf die Wertform bezogen, sondern auch in den geschlechtlichen, sexistischen, rassistischen, antisemitischen und antiziganistischen Voraussetzungen zu untersuchen ist.

Die Theoriebildung der Gruppe EXIT! ist dieser Thematik mit einer fortgesetzten wie fundamentalen Kritik an der Aufklärung und ihren Protagonisten in den letzten Jahren nachgegangen. Sie verweigerte sich dabei jeder Ontologisierung und positiven Besetzung der Aufklärung. Nur so, in einem fortgesetzten und durchzuhaltenden kategorial-kritischen Prozess der Reflexion können wir dem Umstand gerecht werden, dass wir selber das Ergebnis einer Jahrhunderte währenden Zurichtung durch eben diese Aufklärung sind. Um es am Beispiel der Rechtsform zu verdeutlichen: Ihre unverzichtbare Urgeschichte als Reflex auf die eigene Gewalt kann nicht sichtbar gemacht, bearbeitet und schließlich überwunden werden, wenn der Versuch fortbesteht, sie positivistisch zu besetzen. Das heißt nicht, sie für unbedeutend zu erklären und leichtfertig zur Disposition zu stellen. Zu berücksichtigen ist vielmehr, dass wir selber Teil einer fetisch-konstituierten Totalität sind, die es zu transformieren gilt. Dieser Umstand fordert die Dualität von Subjekt und Objekt auf eine besondere Weise heraus, weil er darin nicht mehr aufgehen kann.

3.

In den Texten des dritten Abschnittes wird das faktische Endstadium einer historischen Entwicklung beschrieben, die global durch das Verhältnis der geschlechtlich zu fassenden, wert-abspaltungsförmigen Vergesellschaftung als in sich gebrochener Totalität definiert ist. Damit wird gleichzeitig die Historizität dieser spezifischen, gesellschaftlichen Verfasstheit gesetzt. Dieses übergreifende Prinzip ist als gesamt-gesellschaftlicher Vermittlungsmodus ebenso global von einer breit gefächerten Ungleichzeitigkeit gesellschaftlicher Entwicklungen und Verlaufsformen geprägt. Als «prozessierender Widerspruch» (Marx) ist der Kapitalismus als solcher krisenhaft; allerdings bezeichnet Krise in diesem Zusammenhang keine periodisch-bereinigende Funktion, die den als immer nur vorübergehend gedachten Krisen im Kapitalismus auch vom Marxismus zugewiesen wird, sondern den Kern der Krisentheorie, die den wert-abspaltungsförmig verfassten Gesellschaften ab einem historisch zwar nicht zu bestimmenden, gleichwohl aber logisch zu fassenden Punkt der kapitalistischen Dynamik keine erweiterten Entwicklungsperspektiven mehr ermöglicht.

Der Text «Ein Widerspruch von Stoff und Form. Zur Bedeutung der Produktion des relativen Mehrwerts für die finale Krisendynamik» aus dem Jahre 2008 ist (neben «Die Krise des Tauschwerts» von Robert Kurz aus dem Jahre 1986) einer der zentralen theoretischen Texte der entwickelten Krisentheorie, die hier um die stofflich-ökologische Krisendimension erweitert wurde. In diesem wird, abweichend von der vorherrschenden, verkürzt-positivistischen Volkswirtschaftslehre und ausgehend von der Arbeitswerttheorie, eine Untersuchung der der Wert-Abspaltung immanenten Dynamik der Verwertungsbewegung, hier der Entwicklung der gesamtgesellschaftlichen Mehrwertmasse, vor dem Hintergrund der stofflichen Gesamtproduktion geführt. Die Argumentation des Textes konnte bislang nicht widerlegt werden.

Die fundamentale Krise dieser gesellschaftlichen Form ist eben nicht als Ereignis, sondern notwendig selbst als historischer Prozess zu begreifen, der sich über einen längeren Zeitraum im mehreren Schüben und Phasen erstrecken wird. Diese fundamentale Krise impliziert aber keineswegs eine Transformation hin zu einer emanzipatorischen Gesellschaft, sondern nur den Zerfall der bisherigen Form von Vergesellschaftung, mithin also keinen Automatismus zu deren Überwindung, wie sie seitens einer vulgären Interpretation der Krisentheorie beständig unterstellt wird.

Zwei gängige, gleichwohl völlig verkürzte Diskurse begleiten die gesellschaftliche Krise im Weltmaßstab: der ökonomische und der ökologische, mit welchen sich die Texte im dritten Abschnitt auseinandersetzen. Eine Entkopplung von der konstatierten, destruktiven Wachstumsdynamik ist aber systemimmanent nicht möglich. Für beide gilt auch hier: Ursache der – gleichermaßen globalen – ökonomischen und ökologischen Krise ist das übergreifende Prinzip geschlechtlich zu fassender, wert-abspaltungsförmiger Vergesellschaftung. Ohne kategorial-negatorischen Bruch mit dieser gesamtgesellschaftlichen Vermittlungsform kann diese Krise nicht überwunden werden: Die Wert-Abspaltung als übergreifendes Basisprinzip setzt gleich ursprünglich die Krise der Subjektform, des Geschlechterverhältnisses, der Reproduktion, der politischen Form, der Rechtsform, der Psyche u.a., welche wiederum ideologische Verarbeitungsformen wie Sexismus, Rassismus, Antisemitismus und Antiziganismus hervortreiben.

Alle in der breiten Öffentlichkeit geführten Diskussionen über die Ursachen der im eigentlichen Sinne gesellschaftlichen Krise blenden diese Ebenen und deren strukturelle Verbindungen nach wie vor völlig aus und fokussieren auf Phänomene, die entweder völlig verkürzt diskutiert oder aber ideologisch interpretiert werden: auf die spezifische Qualität der gesellschaftlichen Form wird nicht reflektiert. Es handelt sich dabei um einen emotional-psychischen Prozess, der sich als einer von gesamt-gesellschaftlicher Verdrängung beschreiben lässt. Von der Gewahrwerdung dieses Prozesses und seiner Verfasstheit hängt die Möglichkeit einer Verhandlung der fetischistischen, gesellschaftlichen Form und somit also eines Bruches mit dem gesellschaftlichen Formprinzip ab. Die Krise ist eine der gesellschaftlichen Form, die ihre psychisch-sozialen und stofflich-ökologischen Voraussetzungen, mithin ihr eigene, ungesellschaftliche Gesellschaftlichkeit zerstört.

Jenseits der Unterwerfung?

Die in diesem Zusammenhang angestellten Überlegungen rekurrieren wiederholt auf die Notwendigkeit einer bewussten Überwindung dieser gesellschaftlichen Form – und somit auch der ihr spezifischen Subjektform. Damit ist verbunden, dass die kritisch-emanzipatorische Transformation des Bestehenden bislang nicht anders denn als bewusster Prozess gefasst und gedacht werden kann – die sich damit stellenden Probleme sind ungeklärt, da sich Gesellschaftlichkeit nicht per se bewusst und in direkter oder indirekter Abstimmung entfalten kann. Auch die Kategorie einer Gegenbewegung ist kritisch zu fassen. Die sich verschärfende, fundamentale Krise generiert zunehmend ein dystopisches Panorama, welches notwendig in einen gesamtgesellschaftlichen Diskussionsprozess zur Transformation zu überführen ist. Dieser muss von der schlichten Einsicht in die Krisenhaftigkeit, deren Ursachen und die unbedingte Notwendigkeit zur Überwindung des gesellschaftlichen Formprinzips der Wert-Abspaltung getragen sein. Obgleich offensichtlich ist, dass dieser Prozess nicht ohne Konflikte ablaufen kann, muss es gelingen, das antagonistische Paradigma physisch und psychisch gewaltförmig geprägter, destruktiver Auseinandersetzungen zu verlassen. Hierzu ist es notwendig, die fortgesetzte und sich in der Krise verschärfende Beschädigung der Subjekte – die kapitalistischen Prägungen und die von diesen bedingten Verwüstungen – durch die geschlechtliche Wert-Abspaltung in die Überlegungen miteinzubeziehen. Das hieße aber auch, dass eine wie auch immer gefasste, singuläre Gegenbewegung nicht mehr zur Disposition steht, da sich der Diskussionsprozess notwendig auf gesamtgesellschaftlicher Ebene zu bewegen hat.

Der Versuch einer Annäherung an den Charakter des fetischistischen Bannes – der gesellschaftlichen Fetischkonstitution – durch gesellschaftskritische Theorie, ist für die Bewältigung dieses konflikthaften Prozesses der Verdrängung im gesellschaftlichen Bewusstsein unabdingbar. Sowohl die wert-abspaltungskritische Theoriebildung der Gruppe EXIT! als auch der Exit!-Lesekreis in Hamburg sind der auch von Claus Peter Ortlieb im offenen Brief «Krisenwirren. Überlegungen zum Jahreswechsel 2014/15» formulierten Möglichkeit einer Auseinandersetzung mit den psychoanalytischen Kategorien im Verhältnis zur Wert-Abspaltungskritik gefolgt. Der Versuch einer gesellschaftskritischen Revision der Freudschen Psychoanalyse wurde – vergleichbar der von und an Marx geleisteten – intensiviert, steht aber immer noch am Anfang. Die Begrenzungen vermeintlich bewusster Vergesellschaftung und der ihr eigenen, unbewussten Widersprüche – auch der Individuen – gegen alle kritische Reflektion anerkennen zu müssen, mag ein Ausgangspunkt sein.

Die beschriebene «Erfahrung von Vernichtung und Selbstvernichtung» (Claus Peter Ortlieb) ist für diejenigen, die trotz der für das Alltagsbewusstsein notwendigen Anpassungsleistungen emphatisch bleiben, eine Realität, die nicht negiert werden darf, so denn eine kritisch-emanzipatorische Reformulierung menschlicher

Gesellschaftlichkeit möglich sein soll: Nur diese i.d.R. abgewehrten Erfahrungen ermöglichen die notwendigen Veränderungen. Beschreibung und kritische Negation der gesellschaftlichen Realität, wie sie in den Texten von Claus Peter Ortlieb formuliert werden, sind ein kohärenter Ausdruck dieser Erfahrung. Diese ist «Träger», Bedingung und Voraussetzung der kritischen Negation der in sich gebrochenen Totalität der geschlechtlich bestimmten, fetischistisch verfassten Wert-Abspaltung und somit Begründung und Grundlage zu deren Überwindung, zum kategorialen Bruch mit den Verhältnissen, zugleich.

Es kann gelingen, aus der Dynamik einer sich selbst notwendig setzenden Destruktivität herauszukommen. Der Fortgang menschlicher Geschichte ist offen. Womit die Kategorie Hoffnung zu revidieren ist: Die Möglichkeit gesellschaftlicher Emanzipation besteht allein schon aufgrund ihrer Denk- und Formulierbarkeit, nicht als teleologische Behauptung, sondern als Kontingenz menschlicher Gesellschaftlichkeit.

Johannes Jauss, Thomas Koch und Malte Willms
für den Exit!-Lesekreis in Hamburg | https://exit-lesekreis-hh.de
Hamburg im März 2019

Geldförmige Erkenntnis
Zur Kritik der neuzeitlichen Wissenschaft

Einleitung

Die Aufklärungsvernunft hat es auf ihrem Weg in den Positivismus fertig gebracht, die Brille, durch die sie die Wirklichkeit betrachtet, für die Wirklichkeit selbst zu halten. Was sich durch diese Brille nicht sehen lässt, soll es auch nicht geben, jedenfalls nicht als Gegenstand wissenschaftlicher Erkenntnis. «Der Aufklärung wird zum Schein, was in Zahlen, zuletzt in der Eins, nicht aufgeht. Der moderne Positivismus verweist es in die Dichtung.» (Horkheimer/Adorno 1988, 13)

Dem positivistischen Programm ist dabei eine unverkennbare Aggressivität zu eigen:

Nachdem derartige vorbereitende Übungen von selbst die völlige Nichtigkeit der der anfänglichen Philosophie – sei sie nun theologisch oder metaphysisch – eigenen unklaren und willkürlichen Erklärungen bewiesen haben, verzichtet der menschliche Geist fortan auf absolute Forschungen, wie sie nur seiner Kindheit angemessen waren, und beschränkt seine Bemühungen auf das von da an rasch sich entwickelnde Gebiet der echten Beobachtung, der einzig möglichen Grundlage der wirklich erreichbaren und unseren tatsächlichen Bedürfnissen weise angemessenen Erkenntnisse. [...]

Die reine Einbildungskraft verliert dann unwiderruflich ihre alte geistige Vorherrschaft und ordnet sich notwendig der Beobachtung unter, sodaß ein völlig normaler Geisteszustand herbeigeführt wird; [...]

Mit einem Wort, die grundlegende Revolution, die das Mannesalter unseres Geistes charakterisiert, besteht im wesentlichen darin, überall anstelle der unerreichbaren Bestimmung der eigentlichen Ursachen die einfache Erforschung von Gesetzen, d. h. der konstanten Beziehungen zu setzen, die zwischen den beobachteten Phänomenen bestehen.
Comte (1884/1994, 15 ff.)

Bestimmte Fragen werden «im Mannesalter unseres Geistes» einfach nicht mehr gestellt, sondern tabuisiert. Sie sind allenfalls noch den Kindern (und Frauen?) vorbehalten, unter erwachsenen (weißen) Männern lösen sie nur noch peinliches Schweigen aus. Im Zentrum steht fortan die positive Methode als inhaltsleere Form, erlaubt ist, was sich von ihr fassen lässt, verboten, was sich ihr nicht fügt. Sich dem «völlig normalen Geisteszustand» zu verweigern, ist nur noch um den Preis der Pathologisierung oder zumindest der Verbannung in das geistig minderbemittelte «metaphysische» Stadium möglich.

Als «normal» gilt diesem Denken die Vorstellung, die *Gesetze*, die es erforschen will, seien Eigenschaften der beobachteten Phänomene selbst. Wer nach gesetzmäßigen Vorgängen sucht, findet sie, aber eben auch nur sie, muss also alles, was nicht gesetzmäßig ist, entweder ausblenden oder aber gewaltsam in die Fasson bringen, die gesetzesförmige Erkenntnis erst möglich macht. Nun kann es hinsichtlich der hier aufzubringenden und aufgebrachten Gewalttätigkeit durchaus einen Unterschied machen, ob man sich – mit Kant – ein Bewusstsein dafür bewahrt hat, dass im «Ding an sich» etwas existiert, was sich dieser Erkenntnisform entzieht bzw. von ihr abgespalten wird, oder ob man die Gesetzesförmigkeit für eine Eigenschaft der «Natur» bzw. der Dinge selbst hält, ohne dass ein Rest bleibt. Zumindest besteht im ersteren Fall auf dem Wege einer Historisierung dieser Erkenntnisform und der ihr zu Grunde liegenden Subjekt- und Gesellschaftsform die Möglichkeit ihrer Kritik und Überwindung, die anknüpfend an den Positivismus unmöglich ist.[2]

Es wäre schon viel gewonnen, nicht als Vollendung, aber doch als Vorbedingung der Überwindung einer gewalttätigen Gesellschafts-, Subjekt- und Erkenntnisform, wenn sich ein Bewusstsein dafür verbreiten ließe, dass das als Positivismus bekannte End- und Verfallsprodukt des Aufklärungsdenkens seinerseits zu entsorgen ist.

Die hier zusammengestellten Texte setzen sich mit der «objektiven» Erkenntnisform und dem falschen, positivistischen Bewusstsein von ihr auseinander, wie sie (und es) sich in der neuzeitlichen Naturwissenschaft konstituiert, inzwischen aber ebenso in den Wirtschafts- und Sozialwissenschaften Fuß gefasst hat.

Zur Einführung ist dieser Sammlung ein Interview vorangestellt, das im November 2011 in der Zeitschrift *brand eins* unter dem Titel «Die Welt lässt sich nicht berechnen» veröffentlicht wurde. Es handelt sich um eine nachträgliche journalistische Popularisierung der hier anschließend folgenden Texte.

Mit dem 1998 in *Krisis 21/22* erschienenen und für diesen Teil des Buches zentralen Aufsatz «Bewusstlose Objektivität» wurde erstmals eine auf die Naturwissenschaft bezogene Erkenntniskritik in die wert-abspaltungs-kritische Diskussion eingeführt. Ausgangspunkt des Textes ist die feministische Kritik an den Naturwissenschaften, und wie diese wendet er sich gegen die naive Vorstellung, es handele sich hier um eine wertfreie, von der Gesellschaftsform unabhängige Veranstaltung. Tatsächlich ist die mathematische Naturwissenschaft mit dem Aufstieg der bür-

---

2 Wenngleich die von der Wert-Abspaltungs-Kritik (s. Scholz 2011) diagnostizierten Grenzen begrifflichen Denkens in dem der objektiven Erkenntnis sich entziehenden «Ding an sich» einen Referenzpunkt haben, ist auch Kant selbstverständlich radikal zu kritisieren. Die «Blutige Vernunft» (Kurz 2004) ist schließlich die von ihm propagierte, in den Stand einer «allgemein menschlichen» erhobene, tatsächlich aber historisch spezifische, bürgerliche Vernunft. Aus dieser Sicht ist der Unterschied zwischen Kant und den Positivisten eher zu beschreiben als der zwischen einem genialen Verbrecher und billigen Ganoven, die sich allerdings – auch das gehört dazu – in Form des «normalen Geisteszustands» inzwischen durchgesetzt haben.

gerlichen Gesellschaft eng verbunden und setzt Denkformen voraus, die es in der Vormoderne nicht gegeben hat. Neu an dem Text war vor allem der Versuch, die Erkenntniskritik mit der erst wenige Jahre zuvor von Roswitha Scholz entwickelten Wert-Abspaltungs-Theorie zu verbinden, wodurch eine tiefere Begründung insbesondere der feministischen Kritik an den Naturwissenschaften ermöglicht wird.

Die bereits vorher erschienene Kritik «Automatische Moderne?» des Textes «Automatische Moderne» von tim telekom widerspricht der im Zusammenhang mit der Künstlichen Intelligenz verbreiteten Gleichsetzung

menschliches Denken = mathematisches Denken = Abarbeitung von Algorithmen,

die in der irrealen Vorstellung mündet, durch Algorithmen gesteuerte Maschinen würden denken oder jedenfalls irgendwann einmal denken können.

Der Text «Der Rhythmus des Absoluten» setzt sich mit dem 2004 erschienenen Buch «Im Takt des Geldes» von Eske Bockelmann auseinander. Bockelmann führt die historisch spezifischen Formen des modernen Denkens auf den alltäglichen Umgang mit Ware und Geld zurück. Auch wenn seine Argumentation im Wesentlichen schlüssig ist, stellt sich die Frage, ob sie als Erklärung der Genese modernen Denkens ausreicht, oder ob dafür weitere Kategorien des im Aufstieg begriffenen Kapitalismus herangezogen werden müssen. Ungeklärt bleibt auch, wie die weitere Entwicklung der neuzeitlichen Wissenschaft mit der kapitalistischen Binnengeschichte seit den Anfängen Ende des 16. Jahrhunderts zusammenhängt.

Der für den Sammelband *Media Marx* geschriebene Beitrag «Die Zahlen als Medium und Fetisch» setzt sich mit der positivistischen Vorstellung auseinander, die Welt lasse sich (nur) durch Zahlen oder komplexere mathematische Formen erfassen. Tatsächlich sind Zahlen das nahezu einzige Medium geworden, sich über den Zustand der modernen Gesellschaft über den pluralistischen Meinungsaustausch hinaus zu verständigen. Die methodologische Frage, wie sich denn eine komplexe Wirklichkeit durch wenige Zahlen adäquat beschreiben lässt, wird dabei ausgeblendet, und die Zahlen werden zum Fetisch. Letztlich lässt sich durch sie über unsere Gesellschaft nur wenig in Erfahrung bringen.

Bei der zusammen mit Jörg Ulrich verfassten Polemik «Quantenquark» handelt es sich um einen Eingriff in eine breitere öffentliche Diskussion, gerichtet gegen das «Potsdamer Manifest», das im Herbst 2005 eine gewisse Prominenz erreichte. Unter dem Deckmantel angeblich gesicherten naturwissenschaftlichen Wissens verbreitet dieses Manifest völkische und biologistische Esoterik, die als «neues Denken» propagiert wird, das geeignet sei, der offensichtlichen Krise der modernen Gesellschaft zu entkommen. Immerhin ist es uns gelungen, eine Woche nach der Veröffentlichung von Teilen des Manifestes in der Frankfurter Rundschau eine Kurzfassung unserer Entgegnung in der selben Zeitung unterzubringen.

Auf den allzu früh verstorbenen Jörg Ulrich (19.9.1954 – 29.4.2010) geht die Idee zurück, unsere im damaligen EXIT-Zusammenhang geführten, zum Teil kontroversen Diskussionen zur Kritik der Naturwissenschaft in die Form eines schriftlichen Dialoges zu bringen. Das Ergebnis ist der Dialog «Die metaphysischen Abgründe der modernen Naturwissenschaft». Weiterführend scheinen mir insbesondere die hier auftretenden Dissense und damit verbundenen offenen Fragen zu sein, so u. a. die nach der Stellung des Objekts im naturwissenschaftlichen Erkenntnisprozess und die nach dem Verhältnis von Kontinuität und Bruch im Übergang zur Moderne.

Der Tagungsbeitrag «Heinrich Hertz und das Konzept des mathematischen Modells» versucht, den Zusammenhang des im Übergang vom 19. zum 20. Jahrhundert entwickelten Begriff des mathematischen Modells mit der mit den Namen Galileis und Newtons verbundenen mathematisch-naturwissenschaftlichen Methode darzustellen. Letztere lässt sich als mathematische Modellierung auffassen, wogegen sich die dahinter liegenden Vorstellungen gewandelt haben: Während Galilei das Buch der Natur in mathematischen Zeichen geschrieben sah, also letztlich die Identität von Mathematik und Natur propagierte, wird bei dem modernen Modellbegriff deutlich, dass hier die Mathematik von außen an den Untersuchungsgegenstand herangetragen wird. Diese Erkenntnis scheint allerdings bis zu den verbreiteten positivistischen Auffassungen noch nicht vorgedrungen zu sein.

Eine besondere Problematik liegt in der Übertragung der mathematisch-naturwissenschaftlichen Methode in Bereiche, für die sie ursprünglich nicht gedacht war, und in denen erkennbar die Voraussetzungen für ihr Funktionieren nicht erfüllt sind, nämlich die Wirtschafts- und Sozialwissenschaften. Einen besonders unbekümmerten Umgang mit allen damit zusammenhängenden methodischen Problemen pflegt der neoklassische Mainstream der akademischen Volkswirtschaftslehre. Mit ihm setzen sich zwei im Jahr 2004 erschienene Artikel auseinander:

Der Text «Methodische Probleme und methodische Fehler der mathematischen Modellierung in der Volkswirtschaftslehre» setzt sich mit der neoklassischen Lehre des Gleichgewichts von Angebot und Nachfrage auseinander. Eine genaue mathematische Analyse zeigt, dass diese Lehre wesentlich darauf beruht, die bei der mathematischen Modellierung notwendig gemachten Annahmen anschließend zu negieren, die Modelle also auf Situationen anzuwenden, für die sie völlig ungeeignet sind. Der Text ist in den *Mitteilungen der Mathematischen Gesellschaft in Hamburg* erschienen und setzt über die Schulmathematik hinausgehende mathematische Kenntnisse voraus.

Demgegenüber kommt der in der 2004 neu gegründeten Zeitschrift *EXIT! – Krise und Kritik der Warengesellschaft* erschienene Text «Markt-Märchen – Zur Kritik der neoklassischen akademischen Volkswirtschaftslehre und ihres Gebrauchs mathematischer Modelle» fast ohne Mathematik aus und ist eher polemisch gehalten. Außer der Gleichgewichtstheorie werden noch weitere neoklassische Essentials untersucht, darunter der methodologische Individualismus, der die Forderung aufstellt, alles ökonomische Geschehen auf das Handeln einzelner Akteure zurückzuführen. Der Befund ist weitgehend der gleiche: Die neoklassische Volkswirtschaftslehre beruht auf dem Taschenspielertrick, ihre Modelle auf Situationen anzuwenden, in denen die bei der Modellentwicklung gemachten Voraussetzungen überhaupt nicht erfüllt sind.

Mit dem methodologischen Individualismus der Grenznutzenlehre u. a. von Schumpeter setzen sich bereits die Frühschriften Sohn-Rethels auseinander, dessen späte Publikationen in der Rezension «Die Täuschungen des Individualismus» behandelt werden. Sohn-Rethel betont die Notwendigkeit eines anderen Zugangs zur Theorie der Gesellschaft, als ihn die naturwissenschaftliche Methode bietet.

Das 2011 in der *Frankfurter Allgemeinen Sonntagszeitung* unter dem Titel «Ökonomie ist eigentlich keine Wissenschaft» erschienene Interview fasst diese vor allem auf die Mainstream-Ökonomie bezogenen Ergebnisse noch einmal auf journalistische Weise zusammen.

Literatur

Adorno, Theodor W. / Horkheimer, Max: *Dialektik der Aufklärung*, Frankfurt 1988

Comte, Auguste: *Rede über den Geist des Positivismus*, Neuausgabe der deutschsprachigen Ausgabe, Hamburg 1994

Kurz, Robert: *Blutige Vernunft*, Bad Honnef 2004

Scholz, Roswitha: *Das Gechlecht des Kapitalismus,* verbesserte und erweiterte Neuausgabe, Bad Honnef 2011

Die Welt lässt sich nicht berechnen
Interview mit *brand eins*
Ausgabe 11/2011 – Schwerpunkt Rechnen

Erstveröffentlichung in: brand eins 11/2011

Herr Ortlieb, woran liegt es, dass die meisten Menschen Schwierigkeiten mit Mathematik oder gar Angst vor ihr haben?
Ich habe mich oft gefragt, warum das so ist. Eine einfache, allgemeingültige Antwort gibt es natürlich nicht und schon gar nicht von mir, schon allein deswegen, weil ich als Mathematiker diese Probleme nie hatte. Aber es stimmt schon, die Schwierigkeiten anderer mit der Mathematik lassen sich feststellen. Und auch, wenn ich keine direkte Antwort geben kann, kann ich zumindest sagen: Der Widerwillen gegen die Mathematik zeigt, dass der mathematische Blick auf die Welt nicht allgemein menschlich ist.

Das müssen Sie erklären.
Die moderne Mathematik ist sicher nicht aus einem gewachsenen, überhistorisch begründbaren, menschlichen Bedürfnis heraus entstanden. Die Menschen kamen sehr gut ohne die moderne Mathematik zurecht. Letztlich ist sie eine Erfindung der Neuzeit. Die meisten Menschen erfassen die Welt seit jeher sinnlich und unmittelbar, empathisch und emotional. Die Erklärung für die Ursache einer Wirkung von Vorgängen wird zumeist aus eigenen, selbst erlebten Erfahrungen hergeleitet, die für plausibel und nachvollziehbar gehalten werden. Der mathematische Blick auf die Welt hingegen beruht nicht auf unmittelbarer Erfahrung, er nimmt die Vorgänge abstrahierend auf und versucht, sie mathematischen Gesetzmäßigkeiten unterzuordnen. Das widerstrebt den meisten Menschen, sie haben schlicht einen anderen, unmittelbar empirischen Zugang zu den Dingen, die sie umgeben. Was historisch gesehen wohl auch eher dem menschlichen Naturell entspricht.

Die menschliche Natur als Grund, schlecht in Mathematik zu sein. Sie liefern den Schülern ein hübsches, neues Argument.
Ich spreche vom mathematischen Blick auf die Welt und nicht von Mathematik schlechthin, die es ja schon etwa so lange geben dürfte wie die menschliche Sprache. Das sind nicht dieselben Dinge. Außerdem spielen natürlich auch kulturelle Gründe eine Rolle. So ist es etwa ein sehr deutsches Phänomen, damit zu kokettieren, man sei schlecht in Mathe gewesen, das ist hierzulande ja sehr en vogue. In Frankreich ist das interessanterweise ganz anders.

Woran liegt das?
Das könnte sich dort niemand leisten. Dort gehört Mathematik stärker zur nationalen Kultur und hat ein höheres Ansehen als hierzulande. Die Deutschen definieren sich seit jeher stärker über die Geisteswissenschaften.

Inwiefern hat die Mathematik unsere Sicht der Welt verändert?
Sie hat eine ungeheure Bedeutung, die alles umgewälzt hat. Heute macht man sich das nicht mehr klar, weil wir die moderne Beschreibung der Welt verinnerlicht haben und für selbstverständlich halten. Doch der mathematische Blick ist letztlich erst im 17. Jahrhundert entstanden, als Galilei die These aufstellte, die gesamte Welt funktioniere nach mathematischen Gesetzen und lasse sich mit der Sprache der Mathematik beschreiben, erklären und berechnen. In dieser Zeit ist von den Mathematikern sehr vieles zum ersten Mal gemacht und gedacht worden, was wir bis heute in Mathematik und Naturwissenschaften machen und denken. In der Vormoderne kam die Gesellschaft ohne Gott und die Erklärungsmuster der Religion nicht aus. An deren Stelle trat die mathematisch-naturwissenschaftliche Betrachtung der Welt, die Gott zur Privatsache machte. Inzwischen ist die mathematisch-naturwissenschaftliche Deutung der Dinge konkurrenzlos. Was nicht berechtigt ist.

Warum?
Weil es natürlich ein Irrtum ist, zu glauben, man könne die gesamte Welt auf diese Weise erfassen.

Das sagen Sie als Mathematiker?
Das sage ich als Mathematiker.

Wie kommen Sie dazu?
Die Behauptung, die neuzeitlichen Wissenschaften würden, im Gegensatz zum finsteren Mittelalter etwa, den Tatsachen ins Auge sehen, ist Unsinn. In Wahrheit beruhen sie auf Annahmen, die oft völlig fiktiv sind und gerade nicht auf Erfahrungen beruhen.

Haben Sie ein Beispiel?
Das erste Gesetz von Newton zum Trägheitsprinzip etwa besagt, dass ein Körper, der sich in einem kräftefreien Raum bewegt, seine Geschwindigkeit aufrecht erhält und diese nicht ändert. Die Annahme eines kräftefreien Raumes ist eine reine Fiktion. Ein solcher Raum existiert nicht. Insofern beschreibt Newton etwas, das es so nicht geben kann. Das Interessante ist, dass es eines der Gesetze ist, auf der die newtonsche Mechanik beruht.

Was sagt das über die Mechanik?
Dass sie rein mathematisch ist. Der Wissenschaftshistoriker Alexandre Koyré hat das so ausgedrückt: Die galileische Wissenschaft versucht das Reale durch das Unmögliche zu erklären. Das Axiom Newtons beschreibt eine fiktive, real nicht

herstellbare, gleichwohl mathematische Situation. Einen mathematischen Idealzustand, den es in Wirklichkeit nicht gibt. Auf diesem aufbauend wird dann Mathematik entwickelt, die die Realität beschreibt. Und wenn ich Glück habe, kann man diese in Experimenten letztlich nachweisen, aber das ursprüngliche Axiom nicht. Nur die Folgerungen, die man daraus zieht. Dieses Beispiel erklärt den mathematischen Blick auf die Welt sehr gut. Man beschreibt eine ideale, mathematische Situation und sagt, wie sich die Welt in dieser Situation verhalten würde, obwohl es diese Situation nicht geben kann.

Eine Anmaßung.
Ja, zumindest dann, wenn man so tut, als folge die ganze Welt den Ableitungen eines rein mathematischen Modells und als ließe sich die Welt unter die eigenen Regeln zwingen. Man muss sich bewusst machen, dass die Erfassung der Welt durch Mathematik Grenzen hat. Die Annahme, sie funktioniere allein nach mathematischen Gesetzen, führt dazu, dass man nur noch nach diesen Gesetzen Ausschau hält. Natürlich werde ich sie in den Naturwissenschaften auch finden, doch ich muss mir im Klaren darüber sein, dass ich die Welt durch eine Brille hindurch betrachte, die von vornherein große Teile ausblendet. Ich darf dabei nicht vergessen, dass nicht die Welt so ist, sondern vielmehr dass allein ich so vorgehe. Diese Methode hat eine lange Tradition, die bis in die Aufklärung zurückgeht. Immanuel Kant etwa hat diese Vorgehensweise der Naturwissenschaften sehr korrekt beschrieben und behauptet, das sei die einzige Art und Weise, wie man überhaupt zu Erkenntnis gelange.

Teilen Sie seine Ansicht?
Das ist Quatsch. Kant blendet aus, dass die Menschen vor seiner Zeit auf andere Weise auch zu Erkenntnissen gelangt sind und natürlich auch, dass es Bereiche gibt, die man mit dieser Methode nicht erkennen kann. Die alten Griechen etwa haben die Mathematik verwendet, aber nicht so, wie es die modernen Naturwissenschaften tun. Sie haben Mathematik als eine Art Philosophie der reinen Form betrieben, und gleichzeitig war ihnen bewusst, dass die Welt komplexer war als diese reine Form. In der neuzeitlichen Wissenschaftsgeschichtsschreibung gibt es die Tendenz, die neuen Disziplinen gegenüber denen der Zeiten vorher zu glorifizieren und den Weg der Erlangung von Erkenntnissen mit netten Geschichten auszuschmücken. Galilei etwa ist nicht vor versammelter Mannschaft auf den Schiefen Turm von Pisa gestiegen, um von oben zwei Kugeln fallen zu lassen. Das weiß man mit Sicherheit seit den dreißiger Jahren des 20. Jahrhunderts. Galilei hat sehr viel geschrieben und war in seinen Schriften ein begnadeter Selbstdarsteller. Er hat die Szene mit dem Turm selbst nie erwähnt, hätte sie stattgefunden, hätte er es mit Sicherheit aufgeschrieben. Vielmehr hat er seine Versuche an einer schiefen Ebene als Ersatz für den freien Fall beschrieben, an denen er die Kugeln runterrollen ließ. Aber selbst das ist umstritten.

Die Welt bleibt also unberechenbar?
Selbstverständlich bleibt sie das. Das bedeutet nicht, dass der mathematische Blick auf die Welt per se blödsinnig ist, ganz im Gegenteil: Er ist eine echte Erfolgsgeschichte, und wir verdanken ihm viele Erkenntnisse, unsere gesamte wissenschaftliche und technische Entwicklung und die Art, wie wir heute leben. Doch die Erfolgsgeschichte ist gleichzeitig das Problem. Denn aus ihr entsteht nicht nur die Illusion zu glauben, man könne alles auf diese Weise erfassen und entschlüsseln, sondern man gerät durch diese Illusion auch noch in den Zwang, die Welt in diese Form zu pressen. Und das ist gefährlich.

Warum gefährlich?
Weil es dazu führt, dass Entscheidungen getroffen werden, die in das Leben von Menschen eingreifen. Die mathematische Methode ist längst von Wissenschaftlern fast aller Disziplinen übernommen worden und wird in allen möglichen Bereichen angewandt, wo sie eigentlich nichts zu suchen hat. Teile der Gesellschaftswissenschaften etwa begreifen sich als eine Art Sozialphysik und glauben, dass das Zusammenleben der Menschen in einer Gesellschaft nach bestimmten mathematischen Gesetzen funktioniert, die es zu erkennen gilt. Dummerweise sind gerade dort die Voraussetzungen der mathematischen Methode erkennbar nicht erfüllt. Man kann in den Gesellschaftswissenschaften nämlich keine Experimente machen, durch die Mathematik und Wirklichkeit ja erst miteinander verbunden werden. In manchen Sozialwissenschaften mag das nicht so gravierend sein, sofern dort das Verhalten von Menschen nur im statistischen Mittel beschrieben und eingeräumt wird, dass der Einzelne davon abweichen kann. Die eigene methodische Begrenztheit wird also erkannt und eingestanden. Die herrschende Volkswirtschaftslehre etwa macht das nicht. Sie missbraucht die Mathematik.

Was meinen Sie damit?
Anders als in anderen Sozialwissenschaften wird die begrenzte Aussagekraft nicht konzediert, sie wird nicht einmal mehr erkannt. Die herrschende Volkswirtschaftslehre ist eigentlich eine bloß noch mathematische Disziplin, sie erstellt mathematische Modelle, die man real nie nachbauen könnte und die trotzdem verwendet werden, um auf deren Grundlage Berechnungen anzustellen und komplexe ökonomische Vorgänge auf wenige Zahlen zu reduzieren. Auch dort wird versucht, das Reale mit dem Unmöglichen zu beschreiben, denken Sie an das Beispiel der Mechanik Newtons. Im Prinzip ist das derselbe Vorgang, nur kann man die Ableitungen aus Annahmen des mathematischen Modells, das ja nichts anderes ist als ein fiktiver Idealzustand, nicht im Experiment mit der Wirklichkeit verbinden, so wie es die Naturwissenschaften können. Schon aus diesem Grund ist es legitim zu bezweifeln, dass man in der Volkswirtschaft überhaupt Mathematik einsetzen darf. Dazu kommt, dass ökonomische Prozesse letztlich von Menschen gemacht werden und nie naturgesetzlich ablaufen. Menschen haben immer Entscheidungsfreiheit. In den Naturwissenschaften ist es möglich, von Gesetzmäßigkeiten auszugehen,

sobald ich ihre Bedingungen kenne, um Prozesse letztlich eindeutig determinierbar zu beschreiben. Sobald der Mensch ins Spiel kommt, ist das anders, erst recht, wenn sein Verhalten im komplexen gesellschaftlichen Raum betrachtet wird. Geschichte wird gemacht. Sie ist kein Naturprozess, der einfach so abläuft. Die neoklassische Lehre blendet das aus und kommt zu absurden Ergebnissen.

Zum Beispiel?

Das geschieht etwa dadurch, dass die per se anzweifelbare mathematische Methode innerhalb der Volkswirtschaftslehre auch noch falsch angewandt wird. Die neoklassische Lehre vom Markt etwa wird fälschlicherweise vom Gütermarkt auf andere Märkte übertragen. Der Gütermarkt wird über Angebot und Nachfrage beschrieben. Angebot ist eine monoton wachsende Funktion des Preises und Nachfrage eine monoton fallende Funktion des Preises. Diese beiden Linien kreuzen sich irgendwo, und da entsteht das Gleichgewicht, auf das sich der Markt einstellt. Der Anschaulichkeit halber wird das mit dem berühmten Bild eines Marktplatzes beschrieben, auf dem sich Anbieter und Nachfrager treffen und die Preise aushandeln. So fangen alle VWL-Lehrbücher an, die sich kreuzenden Linien der Funktionen aus Angebot und Nachfrage bilden das sogenannte Marshall-Kreuz, das jeder VWL-Student kennt. Und dann der Fehler: Dieses Modell wird auf Teufel komm raus auf alle möglichen Situationen angewandt, etwa den Arbeitsmarkt.

Warum ist das nicht legitim?

Weil auf ihm die Grundannahmen des Gütermarkt-Modells schlicht nicht zutreffen. Im Niedriglohnbereich ist die Annahme einer monoton wachsenden Angebotsfunktion nicht korrekt. Wenn ich die Löhne senke, muss jemand, der davon leben will, mehr arbeiten, um auf dieselbe Summe zu kommen. Die Modellannahme geht aber davon aus, dieser Jemand würde dann weniger arbeiten, weil der Einsatz seiner Arbeitskraft für ihn nicht attraktiv ist. Das geht an der Wirklichkeit vollkommen vorbei, wird aber einfach so behauptet und als Argument gegen Tarif- oder Mindestlöhne herangezogen. Wenn diese zu hoch angesetzt würden, könne sich das Gleichgewicht nicht einstellen und es entstehe Arbeitslosigkeit. Das ist die herrschende Auffassung der neoklassischen Volkswirtschaftslehre. Man kann Bücher von Harvard-Professoren lesen, die so bezogen auf den Arbeitsmarkt argumentieren, obwohl sie hundert Seiten vorher in einem anderen Modell nachgewiesen haben, dass die Annahmen keineswegs erfüllt sind.

Wollen diese Autoren das nicht wahrhaben?

Man kann sich schwer vorstellen, dass das jemand aus Versehen macht, schon gar nicht, wenn es sich um ein Buch handelt, das inzwischen in der dritten Auflage erschienen ist. Die neoklassische Lehre der Volkswirtschaft geht von einer Art Harmonielehre der Märkte aus. Wenn man die Märkte sich selbst überlasse, stelle sich alles zum Besten ein. Zum Beleg dieser Meinung werden Scheinargumente benutzt, die sich der Mathematik bedienen und sie missbrauchen, um Ideologie zu transportieren. Die Mathematik eignet sich hierfür deswegen sehr gut, weil sie die Erfolgsgeschichte der exakten Naturwissenschaften auf ihrer Seite hat und in Bezug auf Exaktheit das Maß aller Dinge ist. Was mathematisch exakt berechnet wurde, kann doch nicht falsch sein. Deswegen vertrauen viele Menschen auch den Informationen, die in Gestalt von Zahlen daherkommen. Zahlen scheinen vordergründig leicht nachvollziehbar, gerade auch in wirtschaftlichen Zusammenhängen.

Wie groß ist die Macht der Zahlen?
Sie sind extrem mächtig, moderne Menschen sind zahlengläubig und über Zahlen sehr leicht manipulierbar. Zahlen verkörpern schlichte Objektivität, sie verselbständigen sich leicht und werden dadurch schnell zum Fetisch. Es ist zum Beispiel im Grunde irrsinnig, die Wirtschaftsleistung Deutschlands auf eine einzige Zahl zu bringen, das Bruttoinlandsprodukt, das dann jedes Jahr wachsen muss, damit die Welt in Ordnung ist. Die Zahl als solche ist vergleichsweise nichtssagend im Vergleich dazu, was hinter dieser Zahl an menschlichem Handeln steht.

Was wäre die Alternative?
Es gibt keine, jedenfalls sehe ich in unserer modernen, komplexen Welt keine. Man muss Informationen handhabbar machen, um handlungsfähig zu sein. Es ist jedoch wichtig, die Zahlen nicht zum Fetisch zu machen. Vor allem dann, wenn ihre Herleitung zweifelhaft ist und zu Ergebnissen führt, die Zwänge zur Folge haben.

Woran denken Sie?
Im alltäglichen Leben denke ich etwa an die Vergabe von Noten, die über Lebensläufe entscheiden. Ich bin selbst Hochschullehrer und muss die Arbeiten von Studenten auf eine Zahl bringen. Letztlich ist das nicht möglich. Eine komplexe geistige Leistung ist nur komplex beschreibbar und komplex zu bewerten. Ich schreibe zwar auch für jede Diplomarbeit ein mehrseitiges Gutachten, aber am Schluss muss ich eine Zahl darunter setzen. Doch Noten sind nie objektiv, letztlich pendelt sich ein Bewertungsschema ein. Am mathematischen Fachbereich etwa haben wir bei Diplomarbeiten einen ziemlich hohen Notendurchschnitt, der ungefähr bei der Note Zwei liegt. Bei den Juristen wiederum ist im Examen die Note Drei ein gutes Ergebnis. Das zeigt schon, wie wenig objektiv und vergleichbar Zahlen sind.

Und außerhalb des Alltagslebens?
Bedenklich sind Zahlen immer dann, wenn sie zu Normierungen führen, obwohl niemand mehr nachvollziehen kann, wie die Zahlen ursprünglich zustande gekommen sind. Die Herleitung der Zahlen wird immer irgendwann abgeschnitten, weil sie nicht vermittelbar ist, das versteht kein Mensch. Die Zahlen verselbständigen sich und stehen irgendwann allein da ohne noch hinterfragt zu werden. Denken Sie etwa an das Zweigrad-Ziel, das im Zusammenhang mit der Klima-Erwärmung immer genannt wird. Die Behauptung, zwei Grad Erwärmung können wir uns gerade noch erlauben, alles darüber führt zur Katastrophe. Das ist eine gegriffene Zahl. Warum zwei Grad? Warum nicht ein Grad? Warum nicht drei? Das weiß keiner

so genau. Es wird so getan, als seien das objektive Erkenntnisse, die in Computermodellen errechnet wurden. Aber es ist falsch und unwissenschaftlich zu sagen, es gebe eine absolute Zahlengrenze unterhalb derer alles in Ordnung ist, während die Katastrophe ausbricht, wenn sie überschritten wird. Natürlich ist ein Grad besser als zwei Grad und zwei Grad besser als drei Grad. Auch bei anderen gesetzlichen Grenzwerten ist das so. Wie viele Schadstoffe dürfen in einem Lebensmittel enthalten sein? Wie hoch darf die Konzentration an Feinstaub in der Luft sein? Diese Zahlen sind einfach gesetzt, und die Fachleute wissen das auch. Aber in der Öffentlichkeit wird das praktisch nicht kommuniziert.

Zweifeln Sie die Klimaerwärmung an?
Nein, keinesfalls. Die Leute, die den Klimawandel prognostizieren, machen das nach bestem Wissen. Sie arbeiten mit qualitativ hochwertigen Methoden und mit einigermaßen gehärteten, naturwissenschaftlichen Daten. Diejenigen, die ihn anzweifeln, haben ja im Vergleich null Begründung. Wir wüssten nichts vom Klimawandel, wenn wir nur auf das Hamburger Wetter schauen. Wetter und Klima sind nicht dasselbe. Dennoch sind die Zahlen, die genannt werden, nichts anderes als die verkürzte Darstellung einer wissenschaftlichen Hypothese. Und jeder Hypothese sollte man mit Skepsis begegnen, darin besteht Wissenschaft. Letztlich haben wir in den Klimawissenschaften dieselbe Situation wie bei der Volkswirtschaftslehre oder den Gesellschaftswissenschaften: Man kann keine Experimente machen. Die Zahlen beruhen nicht auf Erfahrung, sie sind eine reine Prognose und das Ergebnis von mathematischen Modellen. In Wahrheit weiß niemand so genau, welche Temperatur wir im Jahr 2100 haben werden.

Also stößt die Mathematik und ihre Modelle bei Fragen, die eine gewisse Komplexität übersteigen, immer an eine Grenze?
Das tut sie. Jedes hinreichend mächtige formale System ist widersprüchlich oder unvollständig, auch in der Mathematik selbst. Diese Einsicht verdanken wir dem Mathematiker Kurt Gödel, der in den dreißiger Jahren des 20. Jahrhunderts gezeigt hat, dass die bis dahin herrschende Vorstellung falsch ist, innerhalb der Mathematik könne man alles formalisieren, in dem Sinne, dass man nur einen Algorithmus anwenden muss, um alle wahren Sätze herauszukriegen. In jeder hinreichend komplexen formalen Theorie gibt es Sätze, die man innerhalb der Theorie weder beweisen noch widerlegen kann. Das ist ein wichtiger Punkt: Wenn es schon innerhalb der Mathematik Dinge gibt, die sich nicht klären lassen, dann gilt das natürlich erst recht, wenn Mathematik auf informelle Systeme wie Klima, Wirtschaft, Gesellschaften angewandt wird. Es gibt viele mathematische Probleme, Vermutungen und Fragestellungen, von denen man nicht sagen kann, ob sie wahr, falsch oder jemals beweisbar sind.

Zum Beispiel?
Die Goldbachsche Vermutung etwa sagt, jede gerade Zahl, die größer als zwei ist,

sich als die Summe zweier Primzahlen darstellen lasse. Acht ist drei plus fünf, zehn ist sieben plus drei und so weiter. Es hat noch nie ein Mensch eine gerade Zahl entdeckt, bei der das nicht so ist. Andererseits hat noch nie einer beweisen können, dass es wirklich immer so ist.

Und das lässt sich nicht beweisen?
Bislang hat es noch niemand geschafft. Das klingt jetzt nach keiner großen Sache, aber um 1900 ist die Mathematik wegen solcher unlösbarer Fragen in eine echte Grundlagenkrise gekommen. Am bekanntesten ist in diesem Zusammenhang wohl Bertrand Russell, der im Jahr 1903 mit den nach ihm benannten Antinomien aufkreuzte, und auf einmal gab es in der Mathematik Paradoxa, die häufig popularisiert wurden und recht unterhaltsam sind. Die Mathematik fand das weniger unterhaltsam, die Basis schwankte gewaltig. Kennen Sie das Barbier-Paradoxon?

Nie gehört.
Es geht so: «Ein Barbier lässt sich definieren als jemand, der die Leute rasiert, die sich nicht selbst rasieren. Und die Frage ist: Rasiert ein Barbier sich selbst?» Denken Sie es mal durch.

Bei Gelegenheit gern. Sie sagten, die Basis schwankte. Wie ging die Mathematik mit ihrer Grundlagenkrise um?
Sehr menschlich. Sie beschloss irgendwann, sich nicht weiter darum zu kümmern.

Interview: Oliver Link

Bewusstlose Objektivität
Aspekte einer Kritik der mathematischen Naturwissenschaft

Erstveröffentlichung in: Krisis 21/22, 15–51, Bad Honnef 1998

Im späten 20. Jahrhundert nach alternativen Zielsetzungen der Wissenschaft zu fragen ist kein müßiges oder rein akademisches Unterfangen. Die Wissenschaftler haben sich als gewitzt genug erwiesen zu lernen, was sie wissen müssen, um zu erreichen, was wir ihrer oder unserer Meinung nach brauchen, und zumindest manche von uns sind alarmiert. Etwas ist ganz und gar falsch gelaufen. Gerade das Können der modernen Wissenschaft konfrontiert uns mit dem Faktum, daß wir aus irgendeinem Grund vergessen haben, unser eigenes Überleben in die Zielsetzungen wissenschaftlicher Erkenntnis einzubringen. Vielleicht ist es nicht zu spät, das Unternehmen, das sich als eine so gewaltige Ressource erwiesen hat, neu zu erwägen, neu zu benennen und neu zu definieren; das Projekt der Wissenschaft in einer Sprache umzugestalten, die ein Bekenntnis zum Überleben – unserem eigenen und dem der Welt um uns – als erste Priorität kodifiziert.
Evelyn Fox Keller (1995, 91)

Es dürfte kaum ein Subsystem der modernen Gesellschaft geben, das sich in seinem Selbstverständnis wie in der öffentlichen Wahrnehmung gegen Kritik als so resistent erweist wie die «hard sciences», die «eigentliche Wissenschaft» im Sinne des Kantschen Diktums (Kant 1786, Vorrede),

daß in jeder besonderen Naturlehre nur so viel eigentliche Wissenschaft angetroffen werden könne, als darin Mathematik anzutreffen ist.

Von ihr soll im folgenden die Rede sein. Kritik an der Naturwissenschaft gibt es durchaus, seit den 70er Jahren getragen vor allem von der Frauen- und der Alternativbewegung, das Eingangszitat ist dafür ein Beispiel. Die moderat und eher abstrakt vorgetragenen Erwägungen der Biophysikerin und feministischen Wissenschaftstheoretikerin Evelyn Fox Keller dürften bei praktisch tätigen Naturwissenschaftlern[3] in der Regel weniger auf Ablehnung als auf blankes Unverständnis stoßen. Massiver daherkommende Sätze wie die folgenden (Hofmann 1981, 8/22) mögen dagegen, sofern sie überhaupt zur Kenntnis genommen werden, zunächst eine gewisse Empörung auslösen:

---

3 Sofern ich im folgenden die männliche Form benutze, ist die weibliche ausdrücklich *nicht* gemeint. Die Gründe dafür sollten im Laufe der weiteren Erörterungen noch deutlich werden.

Denn die Wissenschaft muß endlich begriffen werden als Institutionalisierung der Denkform einer auf Unterdrückung und Männerherrschaft beruhenden Gesellschaft. [...]
Eine Ernährungskatastrophe wird durch die wissenschaftliche Forschung, ihre technologische Anwendung und die kapitalistische Verbreitung vorbereitet. [...]
Die wissenschaftliche Denkweise hängt zwar unmittelbar zusammen mit der akuten Gefährdung der Menschheit durch ökologische Katastrophen, atomare Aufrüstung, ökonomische, soziale und psychische Verelendung. Es ist aber nicht möglich, im Rahmen der heutigen Wissenschaft wirkungsvolle Maßnahmen zur Abwendung dieser Gefährdung zu entwickeln. Vielmehr bringt uns jede Maßnahme, die mit den Mitteln heutiger Wissenschaft entwickelt und durchgesetzt wird, der Katastrophe näher.

Doch diese Empörung (wer lässt sich schon gern der Unterdrückung oder gar des Völkermords beschuldigen) wird sehr schnell einem achselzuckenden Übergang zur Tagesordnung weichen. Dabei könnte eine inhaltliche Auseinandersetzung mit derartigen Behauptungen durchaus ergeben, dass sie so nicht haltbar sind,[4] aber diese Auseinandersetzung findet gar nicht statt. Was nämlich Naturwissenschaftler an Thesen dieser Art frappiert und regelhaft in Abwehrhaltung bringt, ist der Umstand, dass hier nicht nur die Folgen der Naturwissenschaften kritisiert werden, sondern die Naturwissenschaften selbst. Dass die *gesellschaftliche Verwendung* naturwissenschaftlicher Erkenntnisse mehr als prekär ist, gilt bei vielen Naturwissenschaftlern fast schon als Gemeinplatz, und die schärfsten (und kompetentesten) KritikerInnen an derartigen Entwicklungen kommen aus ihren Reihen.[5] Was aber, bitteschön, solle an den naturwissenschaftlichen Erkenntnissen selbst, an der Entdeckung von Naturgesetzen und unumstößlichen Tatsachen, am Ringen um Wahrheit kritisiert werden können?

Die von der feministischen Wissenschaftskritik gestellte und heute keineswegs schon positiv zu beantwortende Frage nach einer *anderen* Wissenschaft wird so von vornherein noch nicht einmal als Frage ernst- bzw. als Problem wahrgenom-

---

4   Ganz offensichtlich ist das für die Thesen der Fall, die ausschließlich auf der Erscheinungsebene argumentieren: Ohne naturwissenschaftliches Instrumentarium lassen sich viele Gefährdungen (Ozonloch, radioaktive Strahlung, Umweltgifte usw.) noch nicht einmal erkennen. Auf eine drohende Ernährungskatastrophe durch Erosion der Böden auf Grund von Entwaldung und Überdüngung wird vor allem von naturwissenschaftlichen Fachleuten hingewiesen. Die kapitalistische Wirtschaftsweise schließlich nur für die «Verbreitung» aller Übel verantwortlich zu machen, die dann wohl von einer entfesselten und enthemmten Wissenschaft und Technik in eigener Regie produziert werden, bringt zudem die tatsächlichen Verhältnisse einigermaßen durcheinander. Für eine Auseinandersetzung mit einer derartigen «Produktivkraftkritik» vgl. Kurz 1986/87 und Lohoff 1987.

5   Manche von ihnen bringt das in die absurde und auf Dauer unhaltbare Situation, gewissermaßen am Wochenende gegen das zu protestieren, was sie während der Woche selbst eifrig mitbetreiben.

men, sondern allenfalls mit der spöttischen Gegenfrage konterkariert, ob denn wohl zukünftig das Fallgesetz nicht mehr gelten oder gar zwei mal zwei nicht mehr vier sein solle, womit sich dann jede weitere Diskussion erübrigt.

Das empiristische Bild von der wertfreien Wissenschaft

Diese Abwehrhaltung, die gegen alle Kritik immunisiert, speist sich aus der Vorstellung von der Naturwissenschaft als einem neutralen Werkzeug, der «wertfreien Wissenschaft». Hierzu ist zunächst einmal festzuhalten, dass historisch gesehen dieses Leitbild eine Rückzugsposition darstellt. Die Zeitgenossen Galileis, etwa Francis Bacon, Thomas Hobbes oder René Descartes hatten durchaus weitergehende Auffassungen: Naturwissenschaftliches Denken als Weg zum guten Leben, zu beständigem Frieden und letztlich zur Lösung aller Probleme, die überhaupt menschlicher Erkenntnis zugänglich sind. Ich möchte diese Vorstellungen hier nicht nachzeichnen, weil sie im Zeitalter der Nukleartechnologie und durch Anwendung wissenschaftlicher Erkenntnisse hervorgerufener globaler ökologischer Risiken ohnehin nicht mehr geteilt werden. Aus heutiger Sicht handelt es sich um jugendliche Flausen, und die Naturwissenschaft ist schließlich schon vor langer Zeit erwachsen geworden.

Die moderne Auffassung von der wertfreien Wissenschaft ist da aus härterem Holz. In ihrer eher naiven Variante, die in der nichtwissenschaftlichen Öffentlichkeit wohl vorherrschen dürfte, handelt es sich bei naturwissenschaftlichen Erkenntnissen in aller Schlichtheit um wahre Aussagen über die Natur, die durch genaue Beobachtungen und deren präzise mathematische Beschreibung gewonnen würden. Dieser Vorstellung hat insbesondere der Positivismus Vorschub geleistet, dem auch manche seiner Kritiker aufsitzen, die völlig zu recht dessen Wissenschaftsauffassung für die Erkenntnis gesellschaftlicher Zusammenhänge ablehnen, aber gleichwohl denken, seine Beschreibung der Naturwissenschaften als einer ungeheuren Sammlung positiver Tatsachen in Gestalt empirischen Materials (Beobachtungen und daraus abgeleiteter Naturgesetze) sei zutreffend.

Angesichts der in der Geschichte der Naturwissenschaften nicht zu übersehenden Brüche, die es bei einer Methode, die schlicht Tatsachen feststellt, ja wohl nicht geben könnte, sehen Naturwissenschaftler selbst, sofern sie darüber nachdenken, die Sache etwas differenzierter und gehen davon aus, dass das menschliche Denken in seiner Unvollkommenheit die volle Wahrheit vielleicht nie entdecken könne. Was sie aber in ihrer großen Mehrheit mit der aufgeklärten Öffentlichkeit teilen, ist die Idee, es gebe eine universell, für alle Menschen gleichermaßen und unabhängig von der Gesellschaftsform gültige Sicht der Natur, und dass der naturwissenschaftliche Fortschritt darin bestehe, den Wissensstand dieser Sicht immer besser anzunähern.

Untrennbar verbunden mit dieser Auffassung ist die Vorstellung einer linearen Entwicklung, eben des wissenschaftlichen Fortschritts, dessen Ursprünge bis in die menschliche Vorgeschichte oder sogar noch weiter zurückverlagert werden, so etwa von Popper (1973, 288/289:

Das alles läßt sich so ausdrücken, daß der Erkenntnisfortschritt das Ergebnis eines Vorgangs ist, der dem sehr ähnlich ist, was Darwin «natürliche Auslese» nannte; es gibt also eine natürliche Auslese von Hypothesen*: unsere Erkenntnis besteht zu jedem Zeitpunkt aus denjenigen Hypothesen, die ihre (relative) Tüchtigkeit dadurch gezeigt haben, daß sie bis dahin in ihrem Existenzkampf überlebt haben, einem Konkurrenzkampf, der die untüchtigen Hypothesen ausmerzt.*

Diese Interpretation läßt sich auf das tierische Wissen, das vorwissenschaftliche Wissen und die wissenschaftliche Erkenntnis anwenden. Das Besondere der wissenschaftlichen Erkenntnis ist, daß der Existenzkampf durch die bewußte und systematische Kritik unserer Theorien erschwert wird. Während also das tierische und das vorwissenschaftliche Wissen hauptsächlich dadurch wächst, daß diejenigen, die untüchtige Hypothesen haben, selbst ausgemerzt werden, läßt die wissenschaftliche Kritik oft unsere Theorien an unserer Stelle sterben; sie merzt dann unsere falschen Vorstellungen aus, ehe wir selbst ihretwegen ausgemerzt werden.

Damit möchte ich beschreiben, wie die Erkenntnis tatsächlich fortschreitet. Ich meine es nicht bildlich, obwohl ich Bilder verwende. Die Erkenntnistheorie, die ich vorschlagen möchte, ist weitgehend eine darwinistische Theorie des Erkenntnisfortschritts. Von der Amöbe bis Einstein ist der Erkenntnisfortschritt immer derselbe: wir versuchen, unsere Probleme zu lösen und durch Auslese zu einigermaßen brauchbaren vorläufigen Lösungen zu kommen.

Diese konsequent bis zur Groteske vorangetriebenen Überlegungen, die Popper hier ohne eine Spur von Selbstironie vorträgt, bestätigen bloß den Verdacht, dass bereits der Darwinismus selbst, und nicht erst seine erkenntnistheoretische Variante, nur die Prinzipien bürgerlicher Vergesellschaftung in die Biologie projiziert. Aber auch wenn man nicht bei der Amöbe, sondern erst beim Urmenschen beginnt, so bringt die These, der Mensch habe sich durch immer bessere Anpassung seiner Vorstellungen und Verhaltensweisen an die Natur vervollkommnet, «das Kunststück fertig, im schulpflichtigen mitteleuropäischen Großstädter den eigentlichen Naturmenschen zu sehen, oder seriöser formuliert: sie verklärt die bestehende soziale und materielle Wirklichkeit ideologisch zum Naturzustand» (Greiff 1980, 60).

Es überrascht nicht, dass der Arbeiterbewegungs-Marxismus ähnliche Auffassungen hervorgebracht hat, sie passen einfach zu gut zu seinem deterministischen Fortschrittsoptimismus. Danach treibe der Kapitalismus als historisch notwendiges Durchgangsstadium die menschlichen Fähigkeiten zur objektiven Erkenntnis voran, die im Prinzip unverändert in den Sozialismus und schließlich Kommunismus übernommen werden können. Und auch hier ist objektive Erkenntnis einfach der letzte Schritt einer Jahrmillionen währenden Auseinandersetzung mit der Umwelt, durch die der Mensch sich immer besser an die objektiv-reale Außenwelt angepasst habe.[6]

Doch selbst noch die kulturpessimistischen, zivilisations- und wissenschaftskritischen Gegner dieser Auffassung eines linearen Fortschritts von der Urzeit bis heute fallen, indem sie sie einfach nur negativ wenden und ihres Optimismus entkleiden, auf sie herein, so etwa Adorno (1975, 31):

Die Behauptung eines in der Geschichte sich manifestierenden und sie zusammenfassenden Weltplans zum Besseren wäre nach den Katastrophen und im Angesicht der zukünftigen zynisch. Nicht aber ist darum die Einheit zu verleugnen, welche die diskontinuierlichen, chaotisch zersplitterten Momente und Phasen der Geschichte zusammenschweißt, die von Naturbeherrschung, fortschreitend in die Herrschaft über Menschen und schließlich die über inwendige Natur. Keine Universalgeschichte führt vom Wilden zur Humanität, sehr wohl eine von der Steinschleuder zur Megabombe.

«Naturbeherrschung» als Sündenfall von Herrschaft überhaupt, die offenbar als ein ontologisches Prinzip zur Seinsbestimmung des Menschen gehört; in dieser Vorstellung kann auch Naturwissenschaft (und Technik) gar nichts anderes sein als ein Herrschaftsinstrument wie andere vor ihm, nur eben in seiner höchstentwickelten Form besonders effektiv und raffiniert.

Vom Faustkeil zum Computer, von der Amöbe zu Einstein, von der Steinschleuder zur Megabombe, angesichts dieser universellen und deterministischen Dynamik im Guten oder Bösen bleibt offenbar nur die Wahl zwischen einem fortschrittsoptimistischem «Weiter so» oder kulturpessimistischer Resignation bzw. hilflosen Forderungen nach einem Zurückdrehen der Produktivkräfte mindestens bis zur mittelalterlichen Subsistenzwirtschaft. Diese Alternative beruht aber auf einer falschen, nämlich ahistorischen Sichtweise, die moderne Verhältnisse einfach in die Vergangenheit (und in die Zukunft) projiziert und sie damit in den Rang von Naturverhältnissen hebt, womit gerade die *Besonderheiten* der Moderne, zu denen auch die Naturwissenschaft zählt, verfehlt werden müssen.

Ein Charakteristikum der Naturwissenschaften ist, dass sie historisch nur in einer einzigen Kultur aufgetreten sind, der bürgerlichen Gesellschaft. Nichtsdestoweniger hat die Aufklärung es fertiggebracht, entsprechend ihrer Vorstellung von sich selbst als höchstem und letztem Stadium menschlicher Geschichte, diese ihr eigene Erkenntnisform für universell zu erklären, so dass etwa Aristoteles oder Buddha, wenn sie es denn hätten erleben dürfen, einem Galilei oder Newton nachträglich hätten Recht geben müssen. Dieser objektivistischen Auffassung naturwissenschaftlicher Erkenntnis ist von außen, allein mit dem Hinweis auf ihren kulturellen und gesellschaftlichen Zusammenhang, nicht beizukommen. Deshalb

---

6 vgl. die Auseinandersetzungen mit der «Widerspiegelungstheorie» bei Greiff 1976

soll hier die mathematisch-naturwissenschaftliche Tätigkeit zunächst immanent analysiert werden, wobei ich an Immanuel Kant anknüpfe. In dieser Hinsicht Sohn-Rethel 1970, 1990, Greiff 1976 und Müller 1977 folgend, denke ich, dass der große Philosoph der Aufklärung das Instrumentarium bereits entwickelt hat, das geeignet ist, das Aufklärungsdenken von innen heraus aufzulösen, auch wenn er selbst diesen zweiten Schritt nicht mehr gemacht hat.

Der Empirist David Hume, der nach Kants eigenen Worten diesen aus seinem «dogmatischen Schlummer» erweckt habe, hatte bereits nachgewiesen, dass eine empiristische Begründung objektiver Erkenntnis unmöglich ist, da sich aus Erfahrung keine Naturgesetze zwingend ableiten lassen (Hume 1748, S 37/38):
Denn alle Ableitung aus Erfahrung setzt als ihre Grundlage voraus, daß die Zukunft der Vergangenheit ähnlich sein wird, und daß gleichartige Kräfte mit gleichartigen sinnlichen Eigenschaften zusammenhängen werden. Schöpfte man irgendwie Verdacht, daß der Naturlauf sich ändern könne und daß in der Vergangenheit nicht die Regel für die Zukunft enthalten sei, so wäre jede Erfahrung nutzlos und könnte zu keinem Ableiten oder Schließen Veranlassung geben. Daher ist es unmöglich, daß irgendwelche Erfahrungsbegründungen diese Ähnlichkeit der Vergangenheit mit der Zukunft belegen können, denn all diese Begründungen beruhen ja auf der Voraussetzung dieser Ähnlichkeit.

Der ehrliche Empirist muss zum Skeptiker werden, will er sich nicht selbst in die Tasche lügen (Hume 1748, S 163):
Mir scheint, daß die einzigen Gegenstände der abstrakten Wissenschaften oder der Demonstration Größe und Zahl sind, und daß alle Versuche, diese vollkommeneren Wissensarten über diese Grenzen hinaus zu erstrecken, nur Blendwerk und Täuschung bedeuten.

Das hindert allerdings den modernen Empirismus nicht daran, es immer wieder zu versuchen und auf einer empiristischen Begründung aller naturwissenschaftlichen Erkenntnis zu beharren. Dabei dürfte die historisch gesehen jüngste Erkenntnisform, die sich nur auf die unmittelbare Erfahrung bezog, wenn es denn je eine solche gab, die Naturlehre des Aristoteles gewesen sein, wie sie vom Mittelalter adaptiert wurde. Demgegenüber konstituiert sich die neuzeitliche Naturwissenschaft gerade durch die Verabschiedung von der unmittelbaren Empirie, und diese «Revolution der Denkart» (Kant) macht ihren besonderen Erfolg aus.[7] Ich möchte im folgenden versuchen, dies an einigen Beispielen aus ihren Anfängen deutlich zu machen bzw. in Erinnerung zu rufen.

---

7 weshalb hier auch nicht für eine «anarchistische Erkenntnistheorie» des «anything goes» eines Feyerabend 1976 plädiert werden soll. Feyerabend, selbst in der Tradition des Empirismus stehend, zeigt, daß die moderne Wissenschaft sich den empiristischen Maßstäben nicht fügt. Daraus folgt aber keineswegs die Beliebigkeit der Methodenwahl. Vielmehr sind die angelegten Maßstäbe verfehlt.

Geozentrisches und heliozentrisches Weltbild

Der Aufstieg der bürgerlichen Epoche beginnt mit einem mathematischen Modell. Nikolaus Kopernikus (1473–1543) bricht in dem kurz vor seinem Tode gedruckten Buch De Revolutionibus Orbium Coelestium mit dem das Mittelalter bestimmenden ptolemäischen oder geozentrischen Weltbild: Die Erde bewege sich zusammen mit den anderen Planeten auf Kreisbahnen um die Sonne und drehe sich selber um ihre eigene Achse.

Dieses Weltbild gehört in modifizierter Form inzwischen zum gesicherten Bestand unseres Wissens. Kein aufgeklärter Mensch wird ihm zugunsten des ptolemäischen widersprechen wollen. Doch woher wissen wir das? Die mittelalterlichen Menschen wussten schließlich etwas anderes, und der unmittelbare Augenschein spricht für sie. Eine ebenso banale wie zutreffende Antwort ist, daß uns dieses Wissen in frühem Alter schlicht mitgeteilt wurde, in der Schule und in Büchern. *Das neue Kinderlexikon in Farbe*, Bechtermünz-Verlag 1995, etwa gibt unter dem Stichwort Himmelskunde die folgende Auskunft:

Wer hat recht?

Im 2. Jahrhundert n. Chr. beschrieb der griechische Astronom Ptolemäus *ein Universum von bescheidenen Ausmaßen, in dessen Mittelpunkt sich die feststehende Erde befindet, um die herum die Sonne, die Planeten und die Sterne kreisen.*

Im 16. Jahrhundert erklärte der Astronom Kopernikus *dieses Weltbild für falsch und behauptete, daß im Gegenteil die Erde und die übrigen Planeten sich um die Sonne drehen und außerdem um sich selbst.*

Im 17. Jahrhundert bestätigte der italienische Gelehrte Galilei *die Richtigkeit der kopernikanischen Lehre, wurde deswegen aber von der Kirche verurteilt. Heute wissen wir, daß er recht hatte.*

Die treuherzige Berufung auf Autoritäten ist immerhin ehrlich, mehr lässt sich nämlich kaum sagen. Das große Ravensburger Lexikon 1995 wagt sich dagegen etwas weiter vor:

Im 3. Jh. n. Chr. stellte der griechische Astronom Aristarchos von Samos *die Behauptung auf, daß sich die Erde und die Planeten um die Sonne bewegen.*

Mit dem Teleskop, das erstmals von Galilei zu Himmelsbeobachtungen benutzt worden war, konnte diese Aussage bestätigt werden.

Der erste Satz ist richtig und legt die Frage nahe, warum sich das heliozentrische Weltbild im dritten Jahrhundert nicht durchsetzen konnte, in der Neuzeit dagegen schon. Der zweite Satz ist dagegen einfach nur falsch, allenfalls geeignet, die empiristische Auffassung von den Naturwissenschaften in Kinderköpfen zu verankern. Eine Bestätigung des kopernikanischen Systems ist auf der rein empirischen Ebene nämlich überhaupt nicht möglich:

Tycho Brahe (1546–1601), der bedeutendste beobachtende und messende Astronom vor Erfindung des Fernrohrs, blieb zeitlebens Ptolemäer. Das kopernikanische System lehnte er aus physikalischen Gründen bzw. aus Gründen des gesunden Menschenverstandes ab: In seinem System steht die Erde fest und unbeweglich im Zentrum, wie wir sie unter unseren Füßen spüren können, die Sonne bewegt sich um sie, die übrigen Planeten bewegen sich um die Sonne. Während also Kopernikus mit seinem System die von der Erde aus zu beobachtenden Bewegungen der Himmelskörper für *scheinbar* erklärte, hielt Brahe dieselben Himmelsbewegungen für *real*.

Es ist klar, dass es keine astronomische Beobachtung geben kann, die mit dem einen Weltbild übereinstimmt, mit dem anderen aber nicht, denn hinsichtlich der Beobachtungen sind sie völlig identisch. Aus dem Blickwinkel der modernen Physik handelt es sich einfach um einen Wechsel des Bezugssystems.

Auch das Fernrohr, das Galilei erstmals für die Beobachtung von Himmelsbewegungen einsetzte, kann hier keine Entscheidung bringen. Was Galilei beobachtete, waren vielmehr die Bewegungen der Jupitermonde um den Jupiter, aber dadurch wird die Richtigkeit des kopernikanischen Systems nicht bewiesen, jedenfalls nicht durch Beobachtung, sondern allenfalls auf der Basis der Annahme eines allgemeinen Prinzips, nach dem sich die kleineren Himmelskörper um die größeren drehen.

Dieses Konzept des allgemeinen Prinzips, des *Naturgesetzes*, ebenso das damit zusammenhängende Konzept der *Einfachheit* setzte sich in den 150 Jahren zwischen Kopernikus und Newton durch. Bereits Kopernikus 1543 hebt denn auch in der als Brief an Papst Paul III. abgefassten Vorrede seines Werkes weniger auf die bessere Übereinstimmung mit den Beobachtungen ab als vielmehr auf die Kategorien Ordnung und Einheitlichkeit. Er konstatiert die methodischen Probleme der Mathematiker, die auf der Basis des ptolemäischen Systems Berechnungen anstellen und dabei ständig neu mit adhoc-Annahmen operieren müssen. *Dagegen* vor allem wendet er sich:

Auch konnten sie die Hauptsache, nämlich die Gestalt der Welt und die tatsächliche Symmetrie ihrer Teile, weder finden noch aus jenen berechnen, sondern es erging ihnen so, als wenn jemand von verschiedenen Orten her Hände, Füße, Kopf und andere Körperteile, zwar sehr schön, aber nicht in der Proportion eines bestimmten Körpers gezeichnet, nähme und, ohne daß sie sich irgendwie entsprächen, mehr ein Monstrum als einen Menschen daraus zusammensetzte. Daher zeigt es sich, daß sie in der Beweisführung, die man Methode nennt, entweder etwas Notwendiges übergangen oder etwas Fremdartiges und zur Sache nicht Gehörendes hinzugesetzt haben, was ihnen gewiß nicht widerfahren wäre, wenn sie sichere Prinzipien befolgt hätten.

Die Übereinstimmung mit den Beobachtungen konnten schon deswegen für die Entscheidung zwischen dem kopernikanischen und dem ptolemäischen (bzw. braheschen) System nicht relevant sein, weil sie bekanntlich auf der Basis der von beiden Systemen angenommenen Kreisbewegungen gar nicht zu errreichen war.

Erst mit *Johannes Kepler* (1571–1630), dem Nachfolger Tycho Brahes als Hofastronom am Hof Kaiser Rudolfs II. in Prag, löst sich die Astronomie von dieser Vorstellung, an die Stelle der Kreisbahnen treten Ellipsen, ein einheitliches Prinzip vermag erstmals, eine Vielfalt astronomischer Beobachtungen zu erklären. Kepler nimmt es mit der Übereinstimmung von Voraussage und Beobachtung genau. So soll ihn einem eigenen Berichte zufolge eine Diskrepanz von gerade mal acht Minuten veranlasst haben, seine bis dahin aufgestellte Hypothese zu verwerfen und die gesamte Astronomie zu reformieren.

Nichtsdestoweniger hebt er die besondere Rolle der selbständigen Tätigkeit des Geistes für den Erkenntnisprozess hervor, so etwa in *Harmonices Mundi*, Kepler 1619:

Nicht der Einfluß des Himmels ist es, der jene Erkenntnisse in mir gewirkt hat, sondern sie ruhten gemäß der Platonischen Lehre in der verborgenen Tiefe meiner Seele und wurden nur geweckt durch den Anblick der Wirklichkeit. Das Feuer des eigenen Geistes und Urteils haben die Sterne geschürt und zu rastloser Arbeit und Wißbegier entfacht: nicht die Inspiration, sondern nur die erste Anregung der geistigen Kräfte stammt von ihnen.

Der zentrale Begriff in Keplers wissenschaftlichem System ist der der Harmonie im Sinne einer «Anschauung der Welt als eines geordneten, nach geometrischer Gesetzlichkeit gegliederten Kosmos» (Cassirer 1910, Bd. 1, 330). Das folgende Beispiel für die dadurch in Gang gesetzte Denkart stammt aus dem Mysterium Cosmographicum, Kepler 1596. Die Planetenbahnen werden mit den fünf platonischen Körpern in Verbindung gebracht:

Die Erde ist das Maß für alle anderen Bahnen. Ihr umschreibe ein Dodekaeder; die dieses umspannende Sphäre ist der Mars. Der Marsbahn umschreibe ein Tetraeder; die dieses umspannende Sphäre ist der Jupiter. Der Jupiterbahn umschreibe einen Würfel; die diesen umspannende Späre ist der Saturn. Nun lege in die Erdbahn ein Ikosaeder; die diesem einbeschriebene Sphäre ist die Venus. In die Venusbahn lege ein Oktaeder; die diesem einbeschriebene Sphäre ist der Merkur. Da hast du den Grund für die Anzahl von Planeten.

Man kann es offenbar auch übertreiben. Deutlich wird aber gerade an einem solchen, aus heutiger Sicht angesichts der inzwischen hinzugekommenen Planeten in die Irre gehenden Argument, welches Gewicht die selbständige, an rein mathematischen Vorstellungen orientierte Spekulation im Vergleich zur Empirie in Keplers System besitzt.

Und um noch einmal auf die beiden Weltbilder zu sprechen zu kommen: Eine Entscheidung zwischen ihnen kann auch Kepler nicht bringen. Denn natürlich hätte ein zweiter Tycho Brahe auftreten und behaupten können: Die Sonne bewegt sich auf einer Ellipse um die Erde, die übrigen Planeten bewegen sich auf Ellipsen um die Sonne. Andererseits dürfte kaum ein Zweifel bestehen, dass Kepler nur auf der Basis des kopernikanischen Systems die Kreise durch Ellipsen ersetzen und die nach ihm benannten Bewegungsgesetze aus den Beobachtungsdaten herauslesen konnte. Aber erst mit Newton, der den Begriff der Kraft ins Spiel brachte und die zu beobachtenden Keplerschen Gesetze theoretisch erklärte, gibt es einen Unterschied zwischen den beiden Systemen, allerdings nach wie vor nicht auf der Ebene der Beobachtungen, und im übrigen erst 150 Jahre nach Kopernikus` Tod.

Die Begründung der experimentellen Methode

Keplers Zeitgenosse Galileo Galilei (1564–1642) gilt als handfester, weniger spekulativ in seinen Methoden, mit denen aber auch er keineswegs an der unmittelbaren Erfahrung ansetzt. Mulser 1996 (S. 157) verspottet die empiristische Auffassung, Ausgangspunkt aller Naturwissenschaft habe die Beobachtung zu sein, indem er eine bekannte Legende um Galilei und den schiefen Turm seiner Heimatstadt Pisa als «Schwank» erzählt:

Der junge Galilei stieg eines Tages auf den Schiefen Turm in seiner Heimatstadt Pisa, bepackt mit allerlei Gegenständen, die er samt und sonders mit sichtlichem Vergnügen in die Tiefe fallen ließ, einen nach dem anderen: eine Kugel aus Blei, ein altes Fernrohr, seine Brille, einen Kochlöffel, einen Lampion aus Papier, Bettfedern, Blütenpollen und einen Vogel. Dann rannte er nach unten und stellte fest, Kugel, Kochlöffel, Brille und Fernrohr lagen im Gras, und der Lampion ging vor seinen Augen nieder, aber einige Bettfedern tänzelten immer noch in der Luft, die Pollen waren eine Beute des Windes und nicht mehr auszumachen, und dem Vogel gelüstete es nach Höhe und Weite, er entschwand in den Lüften. Galilei faßte seine Versuchsergebnisse zusammen und verkündete: «Alle Körper fallen gleich schnell.»

Es gibt zu dieser Legende natürlich auch die heroische Version, eine Art *Mythos des Empirismus»*. Danach habe Galilei die aristotelische Wissenschaft herausgefordert und vor der versammelten Professoren- und Studentenschaft der Pisaner Universität ihre Falschheit durch Experimente demonstriert, ausgeführt von der Höhe des Pisaner Glockenturms. Die Geschichte ist 60 Jahre nach dem angeblichen Ereignis zum ersten Mal verfasst und später von Wissenschaftshistorikern immer wieder aufgegriffen und weiter ausgeschmückt worden. Sie widerspricht allen Gebräuchen an Universitäten dieser Zeit, sie ist von Galilei selbst, der die Kunst der Selbstdarstellung in hohem Maße beherrschte, nie erwähnt worden, und schließlich: Die Experimente, so wie beschrieben, wären schiefgegangen (s. Koyré 1998, 123–134).

Nun hat Galilei selbst in einem reichhaltigen Schrifttum die von ihm entwickelten und verwendeten Methoden sehr genau beschrieben, und es überrascht nicht, dass sie ganz anders sind, als die Legende es erzählt. Galileis Alterswerk, die *Discorsi* von 1638 werden 300 Jahre später in der Jubiläumsausgabe von Max v. Laue als «erstes Lehrbuch der Physik» bezeichnet. Das typische Vorgehen wird

am Dritten Tag[8] am Beispiel des freien Falls deutlich. Es beginnt *nicht* mit einer Beobachtung, sondern mit einer (mathematischen) *Definition*:
Gleichförmig oder einförmig beschleunigte Bewegung nenne ich diejenige, die von Anfang an in gleichen Zeiten gleiche Geschwindigkeitszuwüchse ertheilt.

Es folgt ein mathematischer Satz:
Wenn ein Körper von der Ruhelage aus gleichförmig beschleunigt fällt, so verhalten sich die in gewissen Zeiten zurückgelegten Strecken wie die Quadrate der Zeiten,

der dann zunächst mathematisch bewiesen wird. Erst danach beginnt überhaupt die Empirie, aber nicht etwa in Form von Beobachtungen, die mit unbewaffnetem Auge vorgenommen werden, sondern als Handlungsanweisung zur *Herstellung* von Versuchsbedingungen, die dem Ideal der gleichförmig beschleunigten Bewegung möglichst nahekommen: Eine nach aller Handwerkskunst herzustellende, ebene, schiefgestellte Platte, eine sehr gerade Rinne und eine glattpolierte Messingkugel. Schließlich kann das Experiment beginnen und können *Messungen* vorgenommen werden, wobei der zuvor bewiesene mathematische Satz den Hinweis darauf gibt, *was* überhaupt gemessen werden soll. Die genaue Messung der Zeit stellt dabei ein großes Problem dar, das gesondert behandelt wird.[9]

Ebenso beginnt die Behandlung der Wurfbewegung im Vierten Tag mit einem mathematischen Satz:
Ein gleichförmig horizontaler und gleichförmig beschleunigter Bewegung unterworfener Körper beschreibt eine Halbparabel.

Eine Definition ist nicht nötig, da die verwendeten Begriffe bereits eingeführt sind. Aber wie es sich gehört, wird der Satz zunächst einmal mit geometrischen Mitteln bewiesen. Ob wirkliche Körper sich so verhalten, ist dann eine ganz andere Frage, da insbesondere der Luftwiderstand störende Effekte hervorrufen kann:
Über alle die unendlich verschiedenen Möglichkeiten hinsichtlich der Schwere, der Geschwindigkeit und der Gestalt kann keine Theorie gegeben werden.
Übrigens muß selbst, um diesen Gegenstand wissenschaftlich zu handhaben,

---

8   Die *Discorsi* sind als ein sich über mehrere Tage hinziehendes Gespräch dargestellt.
9   Die tatsächliche Ausführung von Experimenten stößt in Galileis Zeiten auf große Schwierigkeiten, weil die technischen Voraussetzungen dafür erbärmlich sind, verglichen etwa mit denen, die heute die Physiksammlung einer normalen Schule bietet. Galileis Versuche zur Bestimmung der konstanten Beschleunigung im freien Fall sind völlig wertlos, er vermeidet daher auch soweit wie möglich die Angabe eines konkreten Zahlenwerts, und wenn er es doch tut, liegt er jedesmal völlig falsch, nämlich etwa bei der Hälfte des heute gültigen. Dieser Sachverhalt unterstreicht noch einmal, dass die Ablösung der qualitativen, aristotelischen Physik durch die mit mathematischer Strenge und Präzision arbeitende quantitative Physik Galileis nicht auf Erfahrung beruht (s. Koyré 1998, 151–184). Galilei selbst bediente sich denn auch zur Stützung seiner Auffassung hin und wieder des «Kunstgriffs», Experimente, die er sich bloß erdacht hatte, als wirklich durchgeführte zu beschreiben (Koyré 1998, 129).

zuerst von Schwierigkeiten abstrahiert werden, es müssen, abgesehen von Hindernissen, die bewiesenen Theoreme praktisch geprüft werden, innerhalb der Grenzen, die die Versuche uns selbst vorschreiben. Der Nutzen wird nicht gering sein, denn Stoff und Gestalt werden so gewählt werden können, daß der Widerstand möglichst gering sei, d. h. wir werden recht schwere und runde Körper wählen: dabei sollen die Strecken sowohl, als auch die Geschwindigkeiten nicht so exorbitant groß sein, daß wir sie nicht mehr genau messen können.

Auch hier geht es also um die bewusste Herbeiführung einer Situation, die den in der mathematischen Konstruktion unterstellten Idealbedingungen möglichst nahe kommt. Es ist klar, dass ein Experiment nie am Anfang einer solchen Untersuchung stehen kann, sondern nur an deren Ende, denn die experimentellen Bedingungen müssen zielgerichtet hergestellt werden, und das kann nur in Kenntnis des Ziels, also theoriegeleitet geschehen.

Der Unterschied zwischen Beobachtung und Experiment kann gar nicht scharf genug hervorgehoben werden, seine Nichtbeachtung hat schon viele in die Irre geführt, so etwa den braven Übersetzer Emil Strauss von Galileis *Dialog* ins Deutsche 1890 in seiner Einleitung, der

die falsche, ja thörichte aristotelische Behauptung [...], daß die Fallgeschwindigkeit proportional zur Schwere und umgekehrt proportional der Dichtigkeit des Mediums sei

als Beleg für die Überlegenheit der neuzeitlichen Naturwissenschaft gegenüber mittelalterlichen und anderen Denkweisen anführt. Dieser Ausspruch ist ein besonders schönes Beispiel für das typische Aufklärungsdenken, das die eigene Erkenntnisform für die einzig mögliche und Vertreter anderer Kulturen, die zu anderen Ergebnissen kommen, einfach nur für dumm oder verblendet hält. Dabei hat Aristoteles so unrecht ja nicht, solange man sich auf alltägliche Beobachtungen bezieht. Oder anders gesagt: Galilei wäre zu einem ähnlichen Ergebnis gekommen, wenn er so vorgegangen wäre, wie die Legende vom Schiefen Turm es erzählt. Galileis ganz anderes, als Fallgesetz formuliertes Ergebnis beruht auf einer ganz anderen Methode, die u. a. gerade darin besteht, von der «Dichtigkeit des Mediums» zu abstrahieren. Seine Überprüfung im Experiment setzt voraus, dass Versuchsbedingungen hergestellt werden, bei denen die Dichte vernachlässigt werden kann. Aristoteles aus seiner Behauptung einen Vorwurf zu machen, heißt daher, ihm vorzuwerfen, er habe die experimentelle Methode der neuzeitlichen Physik nicht gekannt.

Experimente können bekanntlich schiefgehen. Dass dadurch die theoretischen Überlegungen keinesfalls entwertet werden, betont Galilei 1637 in einem Brief an Carcaville (zitiert nach Cassirer 1910, Bd. 1, 386):

Zeigt die Erfahrung nunmehr, daß solche Eigenschaften, wie wir sie abgeleitet, im freien Fall der Naturkörper ihre Bestätigung finden, so können wir ohne Gefahr des Irrtums behaupten, daß die konkrete Fallbewegung mit derjenigen, die wir definiert und vorausgesetzt haben, identisch ist: ist dies nicht der Fall, so verlieren doch unsere Beweise, da sie einzig und allein für unsere Voraussetzung gelten wollten, nichts von ihrer Kraft und Schlüssigkeit.

In der modernen Terminologie des 20. Jahrhunderts mit der Mathematik als einem inzwischen eigenständig gewordenen Fach heißt das, dass die Korrektheit mathematischer Beweise nicht von der Empirie abhängt, was heute als Selbstverständlichkeit gilt. Auf die Idee, so an die Erkenntnis der Natur heranzugehen, muss man aber erst einmal kommen.

Tatsächlich können abstrakte Vorstellungen selbst über völlig irreale, nirgends zu beobachtende Bewegungen sinnvoll sein, und eben davon lebt die Physik und mit ihr die gesamte mathematische Naturwissenschaft spätestens seit Isaac Newton (1642–1727):

Newton gelang 1687 mit seinen *Principia* die mathematisch-deduktive und vereinheitlichende Begründung der Himmelsbewegungen und der sublunaren Physik. Er musste dazu aus Galileis nicht empirischem, sondern mathematischem Begriff der Bewegung die letzte Konsequenz ziehen, «das Wirkliche aus dem Unmöglichen zu erklären» (Koyré 1998, 73), was hier durch die Betrachtung einiger seiner Axiome noch einmal verdeutlicht werden soll:

Jeder Körper verharrt in seinem Zustand der Ruhe oder der gleichförmig-geradlinigen Bewegung, sofern er nicht durch eingedrückte Kräfte zur Änderung seines Zustands gezwungen wird.

Es handelt sich gewissermaßen um ein Naturgesetz im Konjunktiv: Keine derartige gleichförmig-geradlinige Bewegung wurde je beobachtet, und Newton weiß, dass das auch gar nicht sein kann, da es einen kräftefreien Raum seinem eigenen Gravitationsgesetz nach nicht gibt. Das hindert ihn aber nicht, ein solches durch Empirie nicht unmittelbar belegbares Gesetz an den Anfang seiner *Principia* zu stellen.

Die Bewegungsänderung ist der eingedrückten Bewegungskraft proportional und geschieht in der Richtung der geraden Linie, in der jene Kraft eindrückt.

Wiederum spricht alle unmittelbare Empirie gegen Newton und im übrigen noch einmal für Aristoteles, dem zufolge eine Kraft nötig ist, um einen Bewegungszustand *aufrechtzuerhalten*, wogegen seine Änderung (Abbremsung) von selbst geschieht.

Auch der für Newtons Theorie zentrale *Begriff der Kraft* ist nichtempirisch: Kräfte lassen sich direkt weder beobachten noch messen, gemessen werden können immer nur die ihnen von der Theorie unterstellten Wirkungen.

Wir sind als moderne Menschen an die grundlegenden Auffassungen und Prinzipien der neuzeitlichen Naturwissenschaft so gewöhnt, dass wir die Welt nur noch in ihrem Lichte sehen und deshalb meinen, sie aus Erfahrung und Beobachtung gewonnen zu haben. «Uns entgeht die Waghalsigkeit Galileis, mit der er beschließt, die Mechanik als Zweig der Mathematik zu behandeln, also die wirkliche Welt der täglichen Erfahrung durch eine bloß vorgestellte Welt der Geometrie zu ersetzen» (Koyré 1998, 73), und Aussagen über die Natur gegen alle Empirie aus *mathematischen* Begriffen wie Zeit, Raum und Bewegung abzuleiten. Die hieraus entwickelte Naturauffassung, die uns so evident erscheint, wäre in der griechischen Antike und im Mittelalter als offenkundig falsch oder gar absurd eingestuft worden (vgl. Koyré 1998, 70–87).

Revolution der Denkart

Insbesondere Galileis präzise Beschreibung seines Vorgehens macht es möglich, die Methode systematisch zu bestimmen, die sich in der Zeit zwischen Kopernikus und Newton herausgebildet hat, und die für die mathematische Naturwissenschaft immer noch grundlegend ist. Bei kritischer Betrachtung wird deutlich, dass diese Methode auf einer Reihe sich gegenseitig stützender Grundannahmen beruht, die sich ihrerseits nicht empirisch begründen lassen, sondern vielmehr umgekehrt aller naturwissenschaftlichen Erkenntnis vorausgehen:

Die mathematische Naturwissenschaft beruht auf der Grundannahme, dass es *universell gültige, d.h. von Ort und Zeit unabhängige Naturgesetze* gebe. Diese Annahme läßt sich durch einfache Beobachtung nicht belegen, die Wirklichkeit erscheint eher ungeordnet und unregelmäßig. Die aristotelische Wissenschaft meinte, dass die himmlischen Sphären ganz anderen Gesetzen folgen als die sublunare, sofern sie denn überhaupt von «Gesetzen» in unserem Sinne gesprochen hat, denn die Vorstellung universeller Naturgesetze setzt einen objektiven Begriff der *linearen und beliebig teilbaren Zeit* und einen Begriff des *Raumes als homogen* und nicht etwa in Sphären aufgeteilt voraus.

Die nächste Annahme lautet, dass sich die *Naturgesetze mathematisch beschreiben* lassen. Sie liegt dem für die Naturwissenschaften zentralen Begriff der *Messung* zugrunde. Denn die Idee, den Naturgesetzen auf dem Wege der Messung nachspüren zu können, wäre ansonsten ziemlich sinnlos.

Die ungeordnete und vielfältige Wirklichkeit lässt sich nicht messen. Daher wird denn auch anders vorgegangen, wie aus allen Schriften etwa Galileis und Newtons deutlich wird. Am Beginn steht ein *Gedankenexperiment*, also die Formulierung von *Idealbedingungen* (was wäre, wenn ...), aus denen auf mathematischem Wege Schlussfolgerungen gezogen werden können. Sowohl die Idealbedingungen als auch die mathematischen Schlussfolgerungen gehen dann in die experimentelle Überprüfung ein, erstere als Randbedingungen, die im Experiment genauestens zu beachten sind, letztere als Hinweise darauf, *was* eigentlich zu messen sei.

Erst auf der Basis derartiger Überlegungen kann ein *Experiment* stattfinden. Gute Experimentatoren müssen in der Lage sein, Versuchsanordnungen zu ersinnen, die den unterstellten Idealbedingungen möglichst nahekommen und die die gewünschten Messungen ermöglichen, ohne dass der Messvorgang (der körperliche Einsatz des Experimentators) den idealen Ablauf stört. Das ist bekanntlich eine Wissenschaft für sich und erfordert, besonders in der Physik des 20. Jahrhunderts, einen ungeheuren technischen Apparat. Als Kriterium für ein gelungenes Experiment gilt seine *Wiederholbarkeit*: Wann immer dieselben Bedingungen hergestellt werden, muss sich derselbe Effekt einstellen, müssen die Messungen zum selben Ergebnis führen.

Die Tatsache, dass wirkliche Experimente bei Wiederholung nie zu exakt demselben Ergebnis führen, noch nicht einmal im Rahmen der Messgenauigkeit, gilt nicht als Gegenargument. Die experimentelle Methode beruht nämlich auf der Vorstellung, die zu beobachtenden Erscheinungen seien eine Überlagerung von mathematisch formulierbaren Naturgesetzen und sogenannten *Störfaktoren*, das sind gewissermaßen Naturgesetze, die wir noch nicht im Griff haben. Experimente sind Handlungen, aktive Eingriffe in die Natur mit dem Ziel, Situationen künstlich zu schaffen, in denen Störfaktoren ausgeschaltet sind.[10]

Wird das eher regellos erscheinende Naturgeschehen durch die Brille der mathematisch-naturwissenschaftlichen Methode gesehen, so stellt es sich dar als ein Zusammenwirken verschiedener Naturgesetze. Um ein einzelnes von ihnen erkennen zu können, müssen die anderen ausgeschaltet, in ihrer Wirkung konstant gehalten werden. In diesem *analytischen* Vorgehen, der Zerlegung in Einzelfaktoren, liegt die Verbindung der Naturwissenschaften zur Technik: In dem Maße, wie es gelingt, Einzelfaktoren zu isolieren, lassen sie sich nach Belieben wieder neu zusammensetzen und zu technischen Systemen *synthetisieren*.

Immanuel Kant, selbst zehn Jahre lang naturwissenschaftlich tätig, fasst die mathematisch-naturwissenschaftliche Methode in der Vorrede zur 2. Auflage seiner *Kritik der reinen Vernunft* 1787 in der ihm eigentümlichen Sprache zusammen:

Die Vernunft muß mit ihren Prinzipien, nach denen allein übereinkommende Erscheinungen für Gesetze gelten können, in einer Hand, und mit dem Experiment, das sie nach jenen ausdachte, in der anderen, an die Natur gehen, zwar um von ihr belehrt zu werden, aber nicht in der Qualität eines Schülers, der sich alles vorsagen läßt, was der Lehrer will, sondern eines bestallten Richters, der die Zeugen nötigt, auf die Fragen zu antworten, die er ihnen vorlegt. Und so hat sogar Physik die so vorteilhafte Revolution ihrer Denkart lediglich dem Einfalle zu verdanken, demjenigen, was die Vernunft selbst in die Natur hineinlegt, gemäß, dasjenige in ihr zu suchen (nicht ihr anzudichten), was sie von dieser lernen muß, und wovon sie für sich selbst nichts wissen würde. Hierdurch ist die

---

10 Die von den Naturwissenschaften selbst unterstellte Allgegenwart von Störfaktoren macht übrigens den Gedanken des modernen Empirismus, es ginge um die «Falsifikation wissenschaftlicher Hypothesen durch Experimente» (Popper), mehr als fragwürdig. Das Fallgesetz etwa lässt sich nicht falsifizieren. Ein Experiment, dessen Messungen im Widerspruch zu diesem Gesetz stünden, würde entweder nicht ernstgenommen oder aber Anlass geben, nach unbekannten Störfaktoren zu suchen.

Naturwissenschaft allererst in den sicheren Gang einer Wissenschaft gebracht worden, da sie so viel Jahrhunderte durch nichts weiter als ein bloßes Herumtappen gewesen war.

Zum einen wird hier deutlich, welch wichtige Rolle Kant den «Prinzipien der Vernunft» zuschreibt, die sich nicht aus der Empirie ableiten lassen (das Kantsche Apriori). Er löst damit das Problem, an dem Hume zum Skeptiker wurde und das die modernen Empiristen immer noch umtreibt, wie nämlich objektive Erkenntnis möglich ist.

Zum anderen schlägt zumindest in Kants Sprachduktus das Denken der Aufklärung durch, das «die Vernunft» für eine allgemein-menschliche Eigenschaft oder Fähigkeit hält, diese aber gleichwohl ausschließlich für sich selbst reklamiert und sie anderen oder früheren Kulturen abspricht. Streift man dieses Vorurteil ab, so lässt sich festhalten, dass in der Tat die mathematisch-naturwissenschaftliche Methode sich gegen das mittelalterliche Denken erst durchsetzen musste und die Rede von der «Revolution der Denkart» somit die Sache trifft, dass diese Revolution aber einer Vernunft zum Durchbruch verhalf, die der bürgerlichen Epoche spezifisch ist, gegen die Vernunft des Mittelalters, die ganz anders, aber deswegen nicht schlechthin unvernünftig war.[11]

Auch der Begriff der «objektiven Erkenntnis» erhält damit eine andere Bedeutung als die in unserem Sprachgebrauch übliche einer ahistorischen, von der Gesellschaftsform unabhängigen und für alle Menschen gleichermaßen gültigen, weshalb denn auch Greiff 1976 von der «objektiven Erkenntnis*form*» spricht. Ein Vertreter einer anderen oder früheren Kultur, der die Grundannahmen der mathematisch-naturwissenschaftlichen Methode, die Prinzipien der bürgerlichen Vernunft nicht anerkennt, würde auch von der Wahrheit naturwissenschaftlicher Erkenntnis nicht zu überzeugen sein. Der einzige Bestandteil der Naturwissenschaft, den man ihm glaubhaft vorführen könnte, ist das Experiment: Wenn ich diese bis ins kleinste Detail festgelegte (dem anderen vermutlich rituell bis skurril anmutende) Handlung A ausführe, so stellt sich regelmäßig der Effekt B ein. Aber daraus folgt nichts weiter, solange mein Gegenüber meine Grundannahme der universellen Naturgesetze, die im Experiment angeblich zum Ausdruck kommen, nicht teilt, sondern das Naturgeschehen für willkürlich und regellos hält.

---

11 Es hängt eben immer von den Beurteilungskriterien ab: Das «finstere Mittelalter» hat etwa Gewaltexzesse wie die der bürgerlichen Epoche nicht gekannt, auch die ihm üblicherweise zugeschriebenen (Hexenverfolgung, Pogrome) fanden in der frühen Neuzeit statt. Zinn 1989 weist darauf hin (und belegt), dass die Ernährungssituation der großen Bevölkerungsmehrheit sich im Zeitraum von 1450 bis 1850 stetig verschlechtert hat und erst seither wieder besser wird, allerdings nur in den industrialisierten Ländern (durch Industrienahrung mit den bekannten Folgen der Fehlernährung). Nimmt man als Maßstab die jeweilige gesellschaftliche Wirklichkeit im Verhältnis zu den Möglichkeiten des jeweiligen Standes der Produktivkräfte, so erscheint die moderne Gesellschaft gar als die unvernünftigste aller bisher dagewesenen Gesellschaftsformen.

Der handfeste Erfolg der mathematisch-naturwissenschaftlichen Methode ist nicht zu bestreiten, er ist etwa in Form der technischen Systeme zu besichtigen; das sind Systeme, in denen künstlich Bedingungen geschaffen werden, wie sie für Experimente typisch sind, Störfaktoren also weitgehend ausgeschaltet werden (wenn nicht, versagen sie regelhaft). Aber aus dem Erfolg bestimmter Handlungen folgt nicht zwingend die (gar Gesellschaftsformen übergreifende) «Wahrheit» der dahinter liegenden Vorstellungen. Erfolgreich ist beispielsweise auch die chinesische Kunst der Akupunktur, wie viele erfahren haben, denen die westliche Medizin nicht weiterhelfen konnte. Daraus auf die Wahrheit der dahinterstehenden Vorstellungen zu schließen, würde aber zumindest in Widerspruch zu naturwissenschaftlichen Erkenntnissen über den menschlichen Körper stehen.

Noch weniger kann die zuweilen als Argument vorgebrachte Tatsache, dass das naturwissenschaftliche Denken zusammen mit der Warengesellschaft weltweit sich durchsetzen konnte, für die Überlegenheit dieser im Vergleich zu anderen Denkweisen herhalten. Die Methoden, denen das von Europa ausgehende warenproduzierende System seinen Aufstieg verdankt, sind schließlich bekannt: Die Ausrottung und Kolonialisierung fremder Völker gehört ebenso dazu[12] wie das von der Warenlogik erzwungene und daher nur umso erbarmungslosere Ausnutzen von Marktvorteilen und Modernisierungsvorsprüngen. Dass die europäische Denkweise Angehörige anderer Kulturen «bekehrt» habe, weil sie ihnen tiefere Erkenntnisse habe vermitteln können, klingt demgegenüber wenig überzeugend. So wie das naturwissenschaftliche Denken zunächst mit den Machtmitteln der Kirche, die Galilei zum Widerruf zwang, behindert wurde, so wurde es danach mit den Machtmitteln der Warengesellschaft durchgesetzt.

Objektive Erkenntnis und bürgerliches Subjekt

Ein derart offenkundiger äußerer Zusammenhang wie der zwischen bürgerlicher Gesellschaft und mathematischer Naturwissenschaft[13] legt die Frage nach dem inneren, kausalen Zusammenhang nahe. Ein kruder «materialistischer» Ansatz, der

---

12 Die in diesem Zusammenhang entscheidende Überlegenheit der Waffentechnik in den Anfängen der Neuzeit verdankt sich nicht einem technischen Entwicklungsvorsprung, sondern dem in Europa gesamtgesellschaftlich sich durchsetzenden Impetus, das vorhandene technische Wissen und gewaltige ökonomische Ressourcen vorrangig für die Entwicklung und Produktion von Feuerwaffen einzusetzen. Aus dieser Zeit bereits datiert der für die bürgerliche Gesellschaft anscheinend charakteristische «militärisch-industrielle Komplex», vgl. Zinn 1989.
13 Er lässt sich entstehungsgeschichtlich sogar örtlich und zeitlich lokalisieren: Stätten der neuzeitlichen Wissenschaft waren die Zentren des städtischen Bürgertums, deren Verlagerung von Norditalien und Deutschland nach England und den Niederlanden zeitverzögert die Verlagerung der wissenschaftlichen Zentren zur Folge hatte. Vgl. Lefevre 1978, der die These vertritt, die Naturwissenschaften seien zunächst vor allem ein ideologisches Instrument des Bürgertums gegen die Privilegien des Adels gewesen: Wenn die Natur universellen Gesetzen folgt, dann ist eine Gesellschaftsordnung «natürlich», für deren Mitglieder das ebenso gilt.

alle gesellschaftlichen Erscheinungen auf die ökonomische Entwicklung zurückführen will (und dabei die Ökonomie als abgetrennte Sphäre immer schon voraussetzt), muss an dieser Frage schon deswegen scheitern, weil die Naturwissenschaften erst im Industriekapitalismus, also ungefähr 300 Jahre nach ihrem Auftreten, auch als Produktivkräfte eine Rolle spielen. Und selbst wenn es bereits in der frühen Neuzeit ökonomisch relevante Probleme gegeben hätte, zu deren Lösung die Naturwissenschaften einen Beitrag hätten leisten können, wäre damit der radikale Methodenwechsel im Übergang von der mittelalterlichen zur neuzeitlichen Wissenschaft nicht zu erklären.

Alfred Sohn-Rethel hat mit seiner These einer «geheimen Identität von Warenform und Denkform» (Sohn-Rethel 1970, 1990) ein sehr weitgefasstes Programm entwickelt, in dem er das Aufkommen des abstrakten abendländischen Denkens mit der ersten Münzprägung und dem Warentausch in Verbindung bringt. Dagegen ist einzuwenden, dass es, erstens, den einfachen Warentausch, den Marx als *logische* Vorstufe der entwickelten kapitalistischen Gesellschaft analysiert, als eigenständige historische Gesellschaftsformation nie gegeben hat[14], und dass, zweitens, Vorstufen des Industriekapitals bis hin zum Handels- und Wucherkapital auch in anderen Gesellschaften (China, Indien) aufgetreten sind, ohne dass deshalb das Denken dieselbe Entwicklung genommen hat wie im Westen und, im übrigen, ohne dass dort eine eigenständige kapitalistische Dynamik entstanden ist.[15]

Ich möchte diese Diskussion hier nicht weiterführen, da es mir nicht um das abstrakte abendländische Denken schlechthin geht, sondern nur um seine besondere Form der objektiven Erkenntnis in den mathematischen Naturwissenschaften. Ferner strebe ich, da mir hierzu die Mittel fehlen, keine kausale Erklärung der historischen Entwicklung an, sondern beschränke mich auf die strukturellen Beziehungen zwischen der oben idealtypisch beschriebenen mathematisch-naturwissenschaftlichen Methode und der Logik der Warengesellschaft in ihrer heute vorzufindenden entwickelten Form. Sohn-Rethels Programm, in dieser Weise abgespeckt, scheint mir dann immerhin durchführbar, wenn auch im folgenden nur ansatzweise realisiert.

Das Verbindungsglied zwischen der Warengesellschaft und der objektiven Erkenntnisform ist das *bürgerliche Subjekt*, also die spezifische Konstitution des Bewusstseins, die einerseits erforderlich ist, um in der waren- und geldförmigen

---

14 was Sohn-Rethel anzunehmen bzw. zu unterstellen scheint, weswegen Halfmann/Rexroth 1976 von einem *produktiven Missverständnis* sprechen, ohne das Sohn-Rethel seine Theorie wohl nicht hätte entwickeln können.

15 Zinn 1989 entwickelt die These, die bürgerlichen Gesellschaft sei durch eine Art «historischen Betriebsunfall» entstanden, nämlich durch die Pest im 14. Jahrhundert und die damit verbundene Zerstörung feudaler Strukturen sowie das gleichzeitige Aufkommen der Feuerwaffen, deren Massenproduktion die Herausbildung staatlicher Zentralgewalten und die Geldwirtschaft forciert (Ersetzung der bäuerlichen Sachabgaben durch Steuern). Das würde immerhin erklären, warum nur in Europa die Keimformen der Warengesellschaft in der Lage waren, die feudalen Strukturen zu sprengen.

Vergesellschaftung bestehen zu können (vgl. Müller 1977, Bolay/Trieb 1988, Klein 1992, Kurz 1993), und die andererseits das *Erkenntnissubjekt* haben muss, um zu objektiver Erkenntnis fähig zu sein. Es geht hier also nicht um die individuellen Unterschiede, wie es in der Sprechweise vom «subjektiven Faktor» nahegelegt wird, sondern um das, worin sich alle bürgerlichen Menschen gleichen bzw. was sie zu Gleichen macht:

Die Warenform, also die gesellschaftliche Bestimmung von Dingen, Waren zu sein, ist in der modernen bürgerlichen Gesellschaft dadurch zur allgemeinen Form geworden, dass der Kapitalismus die Arbeitskraft zu einer Ware gemacht hat, über die ihre Träger frei verfügen können, frei von persönlichen Abhängigkeitsverhältnissen, frei von allen Zwängen außer dem einen, Geld verdienen zu müssen. Dieser unpersönliche Zwang allerdings ist umfassend, Geld daher zum einzigen Zweck aller Arbeit und der Verkauf der eigenen Arbeitskraft (ihr Tausch gegen Geld) zur vorherrschenden Form der Reproduktion geworden. Vor die Befriedigung eines jeden konkreten Bedürfnisses hat die Warengesellschaft das Geld gesetzt. Das Bedürfnis, über möglichst viel Geld zu verfügen, wird daher zum ersten, für alle Gesellschaftsmitglieder gleichen, abstrakten «Eigeninteresse», also einem Interesse, das alle gleichermaßen haben, gleichwohl als wirtschaftliche Monaden in Konkurrenz zueinander verfolgen müssen.[16]

Die in diesem abstrakten Sinne freien und gleichen Subjekte des Warenverkehrs imaginieren sich als autonome Einzelne, die sich ihren Lebensunterhalt durch ihre Arbeit redlich «verdienen». Von der thatcheristischen Version des Neoliberalismus wird diese Illusion geradezu zum Programm erhoben, wenn sie feststellt, es gebe keine Gesellschaft, sondern nur Einzelne. Auch die antisemitische Wut über «Spekulanten, die ihr Geld ohne Arbeit verdienen», oder gar über «Sozialschmarotzer», die von «unseren» Steuergeldern leben, wird hieraus gespeist. Die Kehrseite dieses illusionären Bildes vom «homo faber» ist das Elend des Arbeitslosen, der seine Arbeitslosigkeit nur als selbstverschuldet begreifen kann und «nicht mehr Manns genug, seine Familie zu ernähren» letztendlich sein Lebensrecht verwirkt sieht. Dabei sollte angesichts des inzwischen erreichten Niveaus der Arbeitsteilung und der Vernetzung der Produktion jedem modernen Menschen klar sein, dass er von seiner *konkreten* Arbeit allein keine Woche überleben könnte.[17]

Dem Schein der Autonomie des Einzelnen korrespondiert der Schein der Naturhaftigkeit des ökonomischen Prozesses, der den wirtschaftlichen Monaden als ein gesetzmäßiger gegenübertritt und sich offenbar nur noch mit den Naturwissenschaften entlehnten Konzepten der Systemtheorie beschreiben lässt. Doch anders

---

16 Vgl. Klein (1992, 24/25). Klein stellt im ersten Kapitel seines Buches auf knappe und klare Weise den Zusammenhang von Kapitalismus und Demokratie sowie der dazugehörigen Subjektkonstitution dar.

17 Ein mittelalterlicher Bauer, der seine Reproduktion in weit höherem Maße autonom besorgen konnte, dürfte ein weitaus stärkeres Bewusstsein für die Außensteuerung seines Lebens gehabt haben als ein moderner Mensch.

als etwa die Himmelskörper in ihrem Lauf kommen gesellschaftliche Systeme, und mögen sie als noch so verselbständigt erscheinen, ohne Menschen nicht aus.

In diesem doppelten Sinne ist sich das bürgerliche Subjekt der eigenen Gesellschaftlichkeit nicht bewusst: Verpflichtet nur der eigenen Reproduktion, für die es als Einzelner doch gar nicht sorgen kann, füttert es mit abstrakter Arbeit die Megamaschine der Kapitalverwertung, für deren Lauf es gleichwohl keine Verantwortung übernimmt, da es ihn als naturgesetzlich, außerhalb der Reichweite des eigenen Handelns stehend erfährt.

Bereits eine elementare Grundvoraussetzung sowohl der Warenform als auch der wissenschaftlichen Rationalität lässt sich keineswegs in anderen Gesellschaften in derselben Weise wiederfinden, nämlich das Bewusstsein oder, je nach Standpunkt, die Illusion der Ich-Identität, sprachlich ausgedrückt durch das Wörtchen «ich». Müller 1977 weist an Hand ethnologischer Studien darauf hin, dass viele Sprachen (indianische, vietnamesische u.a.) dieses Wort nicht kennen, sondern stattdessen an die jeweilige Situation angepasste Wendungen verwenden (z. B. «der, der spricht»). Solche Gesellschaften kennen weder die als Ich-Störungen auftretenden psychischen Erkrankungen wie Schizophrenie noch unsere auf dem logischen Satz von der Identität (A = A) aufbauende Form der Rationalität, was Europäer, die dort die Segnungen der westlichen Wissenschaft verbreiten wollen, schon mal zur Verzweiflung treiben kann (Müller 1977, 11 ff., 242 ff.).

Der Zusammenhang zwischen der Möglichkeit objektiver Erkenntnis und Identitätsbewusstsein wurde bereits von Hume und Kant hervorgehoben, mit den auch hier für sie charakteristischen Unterschieden: Für den Empiristen und Skeptiker Hume ist nicht nur die Vorstellung eines identischen Objekts, sondern auch das Bewusstsein der persönlichen Identität, da aus der Erfahrung nicht ableitbar, eine metaphysische Täuschung (Hume 1739, Bd. 1, 327):

Jede wirkliche Vorstellung muß durch einen Eindruck veranlaßt sein. Unser Ich oder die Persönlichkeit aber ist kein Eindruck. Es soll ja vielmehr das sein, worauf unsere verschiedenen Eindrücke und Vorstellungen sich beziehen. Wenn ein Eindruck die Vorstellung des Ich veranlaßte, so müßte dieser Eindruck unser ganzes Leben lang unverändert bleiben; denn das Ich soll ja in solcher Weise existieren. Es gibt aber keinen konstanten und unveränderlichen Eindruck. [...]

Wenn ich aber von einigen Metaphysikern, die sich eines solchen Ich zu erfreuen meinen, absehe, so kann ich wagen, von allen übrigen Menschen zu behaupten, daß sie nichts sind als ein Bündel oder ein Zusammen (bundle or collection) verschiedener Perzeptionen, die einander mit unbegreiflicher Schnelligkeit folgen und beständig in Fluß und Bewegung sind.

Kant argumentiert komplementär: Da objektive Erkenntnis offenbar möglich (zu Zeiten Humes und Kants eine Tatsache) ist, die Bedingungen ihrer Möglichkeit sich aber, wie Hume gezeigt hat, nicht aus der Empirie ableiten lassen, müssen sie a priori vorhanden, also aller Erfahrung vorgelagert sein. Objektive Erkenntnis setzt ein erkennendes Subjekt voraus, das in der Lage sein muss, Gegenstände der Erfahrung als identische Objekte zu konstituieren, was seinerseits das Bewusstsein eines mit sich selbst identischen Ich voraussetzt (Kant 1787, B 132/134).:

> *Das: Ich denke, muß alle meine Vorstellungen begleiten können, denn sonst würde etwas in mir vorgestellt werden, was gar nicht gedacht werden könnte, welches ebensoviel heißt, als die Vorstellung würde entweder unmöglich, oder wenigstens für mich nichts sein. [...]*
>
> *Der Gedanke: diese in der Anschauung gegebenen Vorstellungen gehören mir insgesamt zu, heißt demnach soviel, als ich vereinige sie in einem Selbstbewußtsein, oder kann sie wenigstens darin vereinigen, und ob er gleich selbst noch nicht das Bewußtsein der Synthesis der Vorstellungen ist, so setzt er doch die Möglichkeit der letzteren voraus, d. i. nur dadurch, daß ich das Mannigfaltige derselben in einem Bewußtsein begreifen kann, nenne ich dieselben insgesamt meine Vorstellungen; denn sonst würde ich ein so vielfarbiges verschiedenes Selbst haben, als ich Vorstellungen habe, deren ich mir bewußt bin.*

Das Identitätsbewusstsein lässt sich nicht aus der Erfahrung ableiten, es ist aller Empirie vorgelagert. Es ist aber auch nicht qua Menschsein angeboren, sondern gesellschaftlich konstituiert. Müller 1977 und Bolay/Trieb 1988 versuchen, einen engen Zusammenhang zwischen der Warenform, der individuellen Ich-Identität und dem Identitätsbegriff der Logik herzustellen. Nun ist es sicher richtig, dass die Warengesellschaft mit einem derartigen Bewusstsein ausgestattete Subjekte voraussetzt und ihrerseits hervorbringt. Daraus folgt aber nicht, dass ein Identitätsbewusstsein *nur* in der Warengesellschaft möglich ist. So wird etwa in den buddhistischen Lehren mehr als 2000 Jahre vor Hume das individuelle Ich-Bewusstsein als ein Trugbild gekennzeichnet, das es durch meditative Versenkung zu überwinden gelte. In der indischen Gesellschaft dieser Zeit muss es ein solches Bewusstsein also bereits gegeben haben. Im Zuge der hier geführten Diskussion erscheint es daher sinnvoller, nicht beim Identitätsbewusstsein schlechthin stehenzubleiben, sondern seine spezifisch bürgerliche Ausprägung zu untersuchen.

Um die Konstitution eines Subjekts, das zu objektiver Erkenntnis fähig ist, genauer zu bestimmen, ist es nützlich, sich die Anforderungen anzuschauen, die zur Durchführung der mathematisch-naturwissenschaftlichen Methode erfüllt werden müssen. Greiff 1976 weist anhand der geläufigen, imperativisch formulierten Vorschriften in Lehrbüchern der experimentellen Physik zur Ausführung von Experimenten (Ausschaltung des «subjektiven Faktors» bei gleichzeitiger Aufrechterhaltung des Beobachterstatus) nach, dass sie sich auf ein Subjekt beziehen, dessen Verstand nicht von seinen Empfindungen abhängt, denn nur diese sind auszuschalten. Der im Experiment vorgenommene aktive Eingriff in die Natur ist zuallererst eine Handlung des Experimentators an sich selbst, nämlich die Ausschaltung seiner Körperlichkeit und seiner Empfindungen. So entsteht der Schein, es habe das Subjekt mit dem Erkenntnisprozess gar nichts zu tun (Greiff 1976, 93):

Denn scheinbar kommt ein Subjekt im Erkenntnisakt nach seiner Eliminierung gar nicht mehr vor. Scheinbar ist es für die Objektivität der Erkenntnis hinderlich und störend, zumindest überflüssig. Die Tatsache, daß sich der Betrachter im Vollzug der Erkenntnis wirklich als verzerrendes Störmoment begreifen und eliminieren muß, erzeugt den Gedanken, die Wahrheit läge in der Natur und nicht in der Erkenntnis der Natur, die Gesetzmäßigkeit habe natürliche, und die Abweichung von ihr menschliche Ursachen. Sie produziert den Schein, die Gesetzmäßigkeit sei eine Natureigenschaft, die sich in ihrer ganzen Pracht und Vollkommenheit äußern würde, wenn es überhaupt kein Subjekt gäbe.

Doch das ist bloßer Schein. Denn auch und gerade die Eliminierung des Subjekts stellt eine subjektive Handlung dar, eine Operation, die vom erkennenden Subjekt selbst ausgeführt werden muß. [...] (Die Gesetzmäßigkeit) wird vom Wissenschaftler durch die Befolgung besonderer und angebbarer Regeln selbst hervorgebracht. Würden die vorgeschriebenen Handlungen unterlassen, dann würde die Natur nicht als gesetzmäßige Natur erkannt, d. h. dann gäbe es anstelle von objektiven und gesetzmäßigen Erkenntnissen nur von Beobachter zu Beobachter variierende subjektive Wahrnehmungen.

Jede Messung ist eine durch die mathematisch-naturwissenschaftliche Methode vermittelte *Wechselbeziehung von erkennendem Subjekt und der zu seinem Objekt gemachten Natur* und kann sich daher nie auf die Natur «an sich», sondern immer nur *auf diese ganz spezifische Form der Interaktion* beziehen.[18] Die im Experiment hervorgebrachte gesetzesförmige Subjekt-Objekt-Beziehung lässt sich nicht einfach nach einem ihrer Pole hin auflösen, auch nicht zum Subjekt hin, wie ein strikter Kulturalismus es vielleicht nahelegen mag. Naturgesetze sind weder Diskursprodukte, die sich unter Absehen von der Objektseite beliebig herstellen lassen, noch bloße Natureigenschaften, die mit den Erkenntnissubjekten gar nichts zu tun haben.

Bei der Ausführung von Experimenten geht es denn auch nicht um die «Eliminierung des Subjekts», sondern um die Abspaltung seiner körperlichen und empfindenden Individualität, die eben im Akt der objektiven Erkenntnis nichts zu suchen hat. Das wiederum *setzt ein Subjekt voraus, das sich in dieser Weise spalten lässt* und bei dem der nach der Abspaltung allein übriggebliebene urteilende Verstand (das Kantsche Transzendentalsubjekt) nichts Besonderes oder Individuelles mehr enthalten darf.

Der Schein, die im Experiment erzeugte Gesetzmäßigkeit sei eine Natureigenschaft, ist derselbe Schein, der in der Warengesellschaft den blinden gesellschaftli-

---

18 In der Quantenphysik, in der Beobachtungen ohne schwerwiegenden Eingriff in den «natürlichen Ablauf» gar nicht möglich sind, ist diese Einsicht durchaus geläufig, wird aber meist gleich wieder zugeschüttet mit der durch nichts begründeten Annahme, hinter den in der Interaktion von Subjekt und Mikrostruktur produzierten Gesetzmäßigkeiten stünden die «wirklichen», vom Subjekt unabhängigen Naturgesetze, vgl. Penrose 1991.

chen Prozess den Menschen als einen ihnen äußerlichen und gesetzmäßigen gegenübertreten lässt, obwohl dieser sich doch durch ihr eigenes Handeln als bürgerliche Subjekte erst konstituiert.

Das Subjekt als «ein bewußter Aktor, der sich seiner eigenen Form nicht bewußt ist» (Kurz 1993, 68) denkt sich selbst als von der Natur und den anderen Subjekten geschieden, die es als bloße Außenwelt erlebt. Der für die bürgerliche Gesellschaft spezifische gesamtgesellschaftliche Rahmen, der diese Bewusstseinsform erst herstellt, wird dabei seinerseits bewusstlos vorausgesetzt (Kurz 1993, 69):

Die Begrenztheit des Wahrnehmungs- und Handlungsbewußtseins erlaubt es nicht, eine Meta-Ebene zu erklimmen und sich selbst (das Subjekt) in seinem Bezug zur Außenwelt wahrzunehmen und also den Gesamtkomplex zu begreifen, in den das Subjekt und seine Wahrnehmungs- bzw. Handlungsgegenstände eingeschlossen sind. Die Form-Unbewußtheit des Subjekts, die eine bloße Dichotomie von Subjekt und Außenwelt konstituiert, setzt damit die Gegenstände von Wahrnehmung und Handlung (Natur und andere Subjekte) zu Objekten herab. Der Subjekt-Objekt-Dualismus ist Folge der Tatsache, daß die Metaebene, von der aus der Aktor und seine Gegenstände als ein gemeinsames Ganzes erscheinen, sozusagen «nicht besetzt» ist; diese Metaebene nimmt eben die subjektlose Form des Subjekts ein, wodurch sich der scheinbar unausweichliche und unüberbrückbare Dualismus herstellt.

Der derart objektivierte Systemzusammenhang der Warenform konstituiert auch die Gleichheit der Subjekte, die der objektiven Erkenntnisform vorausgesetzt ist, ihre Gleichheit als Waren- und Geldmonaden, als mündige und geschäftsfähige Bürger, mit den gleichen Rechten ausgestattet und den gleichen Regeln und Gesetzen unterworfen.

Doch diese Gleichheit ist erst herzustellen in einem Akt des Subjekts an sich selbst, in dem Körper und Geist zugerichtet, die eigenen Befindlichkeiten und Fähigkeiten objektiviert, die individuellen Besonderheiten abgespalten werden. Dies ist im übrigen der gar nicht so heimliche Lehrplan des Humboldtschen Konzepts der deutschen Universitäten einer «Bildung durch Wissenschaft», der sich insoweit die «geheime Identität von Warenform und Denkform» praktisch zunutze machte, lange bevor Sohn-Rethel sie theoretisch formulierte. Noch ein Mathematik-Hasser wie Schopenhauer mochte hier der Mathematik ihre heilsame Wirkung für die Selbstdisziplinierung nicht absprechen.

Nun ist an sich gegen Selbstdisziplin und Ordnung im Denken wenig einzuwenden, und die Auflösung allen Denkens im «Fühlen» sprengt ja nicht die Warenform,[19] ist noch nicht einmal eine Revolte, sondern eher die Selbstauslieferung an den objektivierten Prozess und allenfalls geeignet, den grauen Alltag karnevalistisch zu kompensieren. Zu kritisieren ist aber die Bewusstlosigkeit, mit der die Disziplin des objektiven Denkens angeeignet wird, zu besichtigen etwa in einer

---

19   die die Trennung von «Körper» und «Geist», «Fühlen» und «Denken» ja erst hervorbringt.

beliebigen Mathematikvorlesung für StudienanfängerInnen, denen die Mathematik in ihrer heutigen Gestalt einfach so vorgesetzt wird, ohne Entstehungsgeschichte oder gesellschaftliche Bezüge auch nur mit einem Wort zu erwähnen. Hierin besteht der eigentliche Dressurakt, die Zurichtung des seiner Form nicht bewussten Bewusstseins: Sich formale Regeln und Kalküle ohne jeden Sinnzusammenhang anzueignen, bis sie im Kopf ihre Eigenlogik entwickelt haben und sich die Frage nach dem Sinn nicht mehr stellt.

Die Abspaltung individueller Besonderheiten, die das erkennende Subjekt an sich selbst in der Durchführung eines Experiments zum Zwecke seines Gelingens vornehmen muss, vollzieht es in der mathematischen Abstraktion des Gedankenexperiments an den Gegenständen seiner Betrachtung, die es zu Objekten macht: Von deren Beschaffenheit, ja von konkreten Dingen überhaupt wird abstrahiert; man denke in diesem Zusammenhang an Galileis oben aufgeführte Definition der gleichförmig beschleunigten Bewegung oder an den berühmten «Massenpunkt» der Newtonschen Mechanik.

Für die mathematische Ableitung schließlich ist es ein wesentliches Kriterium, dass die abgespaltene, konkrete Wirklichkeit von ihr ferngehalten wird. Die Geschichte der Mathematik seit Galilei ist gekennzeichnet durch die zunehmende Abschottung gegen diesen abgespaltenen Anteil menschlichen Denkens, der durch irgendwelche Hintertüren immer wieder in das mathematische Denken hineingerät und es zu «verunreinigen» droht. Während noch bis ins 19. Jahrhundert hinein das Selbstbild der Mathematik weitgehend geprägt ist von ihrer Rolle als *Sprache, in der das Buch der Natur geschrieben sei* (so eine auf Galilei zurückgehende Metapher) und insofern doch letztlich dem Konkreten verhaftet bleibt, konstituiert sie sich 1900 mit dem formalistischen Programm David Hilberts als Wissenschaft eigenen Rechts, bestehend in der Anwendung festgelegter Regeln zur Umformung von Zeichenketten, denen keinerlei inhaltliche Bedeutung mehr zukomme.[20] Es ist sicher kein historischer Zufall, dass diese Entwicklung in eine Zeit fällt, in der sich die Warenform als Vergesellschaftungsprinzip umfassend durchgesetzt hat und die aus dem Feudalismus überkommenen persönlichen Abhängigkeits- und Herrschaftsverhältnisse weitgehend durch formale Regeln abgelöst sind, die für alle gleichermaßen gelten und keinem individuellen Zweck mehr dienen.[21] Die Mathematik als der abstrakte Kern der (mathematischen) Naturwissenschaft schwingt

---

20 Um einem verbreiteten Missverständnis entgegenzutreten: Die Hilbertsche Definition der Mathematik als einem *rein* formalen System beschreibt nicht die mathematische Tätigkeit, welche immer noch von Menschen ausgeführt wird, die so gar nicht denken könnten. Es wird nur der Anspruch erhoben, jedes Ergebnis dieser Tätigkeit müsse sich als formales System und unter Absehen von allen Inhalten codieren lassen.

21 Vgl. Heintz 1993; in ihrem Buch mit dem programmatischen Titel «Die Herrschaft der Regel» wird deutlich, dass die mathematischen Wissenschaften nicht nur hinsichtlich ihrer Entstehung, sondern auch ihrer weiteren Entwicklung mit dem warenproduzierenden System und seiner Eigendynamik eng verknüpft sind. Ob ich mit dieser Beschreibung die Intention der Autorin richtig beschreibe, bleibe dahingestellt.

sich im 20. Jahrhundert zur «Königsdisziplin» (Hilbert) auf, ohne die keine andere Wissenschaft mehr auskommen mag. Zu dieser Entwicklung gehört auch das Ende der zwar abstrakten, doch gleichwohl der Anschauung entnommenen Modelle der klassischen Physik, die etwa in der Elementarteilchenphsik durch rein mathematische, keinem mechanischen Analogon mehr verpflichtete Modelle ersetzt werden, so dass man jetzt in populärwissenschaftlichen Zeitschriften lesen kann, der Raum sei «in Wirklichkeit» elfdimensional und in sich gekrümmt; doch diese Darstellung ist bereits eine eigentlich unzulässige Veranschaulichung.

Geschlechtliche Abspaltung

Ernstzunehmende Kritik an den Naturwissenschaften ist in den letzten Jahrzehnten vor allem von Seiten des Feminismus gekommen (s. Keller 1986, List/Studer 1989, Harding 1994, Scheich 1993, 1996, Orland/Scheich 1995). Soweit ich sehe, gibt es zwei Hauptstoßrichtungen. Die eine zielt auf den biologischen Begriff des Geschlechts, mit dem in vielen Arbeiten auf fast schon groteske Weise nur die Geschlechterrollen der bürgerlichen Gesellschaft reproduziert werden: Männchen haben aktiv zu sein, Weibchen passiv, und wenn sie es nicht sind, so zeigen sie eben ein untypisches Verhalten. Die andere richtet sich weniger auf die Inhalte und mehr auf die mathematisch-naturwissenschaftliche Methode, weshalb meine bisherigen Überlegungen sich daran anschließen lassen:

Die Warengesellschaft ist durch eine Spaltung in voneinander abgetrennte Sphären gekennzeichnet, die es früher oder auch in anderen Kulturen so nicht gegeben hat. Die erste Sphärentrennung, die jeder und jede am eigenen Leibe verspürt, ist die in Öffentlichkeit und Privatheit: Der öffentlichen Sphäre der abstrakten Arbeit, die nach den Regeln des Geldes funktioniert, und im übrigen in weitere Abteilungen ausdifferenziert ist, steht die der Kompensation und der Reproduktion des Lebens und der Arbeitskraft dienende private Sphäre gegenüber. Auf der Ebene der einzelnen Subjekte findet sich diese Sphärentrennung wieder in Form einer Spaltung in ein abstraktes Verstandeswesen und ein empfindendes Körperwesen.

Diese Spaltung ist geschlechtlich besetzt («Abspaltungstheorem», Scholz 1992, 23):

Der Grundwiderspruch der Wertvergesellschaftung von Stoff (Inhalt, Natur) und Form (abstrakter Wert) ist geschlechtsspezifisch bestimmt. Alles, was in der abstrakten Wertform an sinnlichem Gehalt nicht aufgeht, aber trotzdem Voraussetzung gesellschaftlicher Reproduktion bleibt, wird an die Frau delegiert.

Zur Frauenrolle gehört es, für die Privatsphäre zuständig zu sein, für die Sinnlichkeit, für die Reproduktion des Lebens, für den emotionalen Haushalt (des Mannes), für Kindererziehung und Altenversorgung. Der Zweck dieser Abspaltung ist, dem Mann in seiner Rolle die eigene Zurichtung auf die nur an abstrakten Kalkülen orientierte öffentliche Späre zu erleichtern bzw. überhaupt erst zu ermöglichen. Das heißt natürlich nicht, dass wirkliche Frauen und Männer sich nur entsprechend der für sie vorgesehenen Rollen verhalten, schließlich handelt es sich hier nicht um biologische Determinanten, sondern um gesellschaftliche Zuschreibungen. Doch der Zwang ist groß, sich den durch die Wertvergesellschaftung kodifizierten Attributen von «weiblich» und «männlich» zu fügen. Er beginnt in frühester Kindheit und setzt sich bis in die Verhaltensweisen fort, die frau/man aufweisen muss, um als sexuell attraktiv zu gelten. Deshalb ist nach wie vor, statistisch gesprochen, die positive Korrelation zwischen Geschlechterrolle und biologischem Geschlecht sehr hoch.

Der meines Erachtens entscheidende Gehalt des «Abspaltungstheorems» ist die Aussage, dass Warenform und Patriarchat in der bürgerlichen Gesellschaft eine untrennbare Verbindung miteinander eingegangen sind und sich wechselseitig bedingen, so dass von dem aus der Klassenkampf-Rhetorik vielleicht noch bekannten «Nebenwiderspruch» nicht die Rede sein kann. Die Unterdrückung der Frau, so verschieden ihre historischen Formen auch gewesen sein mögen, ist in ihrer modernen Gestalt der Abspaltung und damit Herabsetzung des Weiblichen an die Warengesellschaft geknüpft, deren Produkt und die Bedingung ihrer Möglichkeit zugleich.

Wo sind nun hinsichtlich dieser Spaltung die Naturwissenschaften zu verorten? Die Antwort ist völlig eindeutig: Sie stehen gewissermaßen mit beiden Beinen auf der öffentlichen/männlichen Seite. Empirische Belege dafür gibt es zuhauf, beginnend etwa mit der Auffassung der Klassiker, die Naturwissenschaft betreffend, etwa Francis Bacons, dessen sexuelle Metaphorik auf eine *eheliche Zusammenkunft von Geist und Natur* zielt, deren *innerste Kammern* durch *Zwang, Belästigung, Verfolgung, Eroberung* offenzulegen seien (Keller 1986, 41 ff.). Die Natur selbst wird dabei selbstverständlich als weiblich verstanden, und selbstverständlich können Frauen bei diesem Geschäft nur stören. Frauenfeindliche Äußerungen sind fast von jedem großen Naturwissenschaftler zu haben, die folgende von Max Planck ist nur besonders plastisch (zitiert nach Pietschmann 1995, 249):

Es wäre höchst verfehlt, durch Gründung besonderer Anstalten die Frauen zum akademischen Studium heranzuziehen, wenigstens sofern es sich um die rein wissenschaftliche Forschung handelt. Amazonen sind auch auf geistigem Gebiet naturwidrig. Bei einzelnen praktischen Aufgaben, zum Beispiel in der Frauenheilkunde, mögen vielleicht die Verhältnisse anders liegen, im allgemeinen aber kann man nicht stark genug betonen, daß die Natur selbst der Frau ihren Beruf als Mutter vorgeschrieben hat, und daß Naturgesetze unter keinen Umständen ohne schwere Schädigungen, welches sich im vorliegenden Falle besonders an dem nachwachsenden Geschlecht zeigen würden, ignoriert werden können.

Aber jemand wie Albert Einstein steht ihm in dieser Hinsicht in nichts nach (s. Pietschmann, 333 ff.).

Ein Problem mit diesen Äußerungen ist, dass sich die Kritik an ihnen festbeißen und der Eindruck entstehen kann, als würde Naturwissenschaft nur von den falschen Menschen betrieben. Richtig ist, dass Naturwissenschaft überwiegend von Männern betrieben wird, dass der Frauenanteil deutlich geringer ist als in anderen akademischen Sparten und mit dem Aufstieg in höhere akademische Positionen noch einmal rapide sinkt. Neben männerbündischen Mechanismen gibt es dafür aber auch einen strukturellen Grund, und er erscheint mir im Zusammenhang der hier geführten Diskussion wichtiger: Bei der vom Experimentator in der Durchführung des Experiments an sich selbst vorzunehmenden Abspaltung individueller Besonderheiten, des «subjektiven Faktors», ebenso wie in denen der mathematischen Abstraktion handelt es sich um die *bewusste Anstrengung zur Abspaltung des privaten/weiblichen Anteils*, und genau hierdurch ist die objektive Erkenntnis qua Methode geprägt. In der Metaphorik Bacons ausgedrückt: Der Experimentator muss sich im Experiment erst zum Manne zurichten, um die «eheliche Zusammenkunft von Geist und Natur» vollziehen zu können.

Es ist klar, dass Frauen damit ihre Probleme haben, oder anders formuliert: Der Frauenanteil unter den naturwissenschaftlich Tätigen ist (auch) deshalb so gering, weil Frauen beim Betreiben von Naturwissenschaft in Konflikt mit der ihnen zugeschriebenen Rolle geraten, Männer dagegen in der ihren noch bestätigt werden.

Die Feststellung von Evelyn Fox Keller im Eingangszitat, «daß wir aus irgendeinem Grund vergessen haben, unser eigenes Überleben in die Zielsetzungen wissenschaftlicher Erkenntnis einzubringen», lässt sich unter dem Aspekt der geschlechtlichen Abspaltung präzisieren und verschärfen: Die Frage des Überlebens der Menschheit und der Welt um uns ist an die abgespaltene weibliche Sphäre delegiert und kommt in der warenförmigen öffentlichen Sphäre, der hierfür jedes Instrumentarium fehlt, gar nicht vor, zuallerletzt in der objektiven Erkenntnis, deren Methode ja gerade darin besteht, den weiblichen Anteil abzuspalten.

Diese Sichtweise impliziert, dass es zu kurz greifen muss, Programme zur Förderung von Frauen in den Naturwissenschaften aufzulegen, auch wenn das Ziel richtig ist, damit die Handlungsmöglichkeiten von Frauen zu erweitern und den Wissenschaftsbetrieb wenigstens an seiner Oberfläche zu verändern.[22] Die von der feministischen Wissenschaftskritik gestellte Frage nach einer *anderen* Wissenschaft wird damit aber nicht beantwortet und die für die Naturwissenschaft konstitutive Abspaltung des Weiblichen gar nicht berührt. Um hier weiterzukommen, nützt es nichts, die eine oder andere der getrennten Sphären durch bestimmte Personen zu besetzen, selbst wenn diese zur fortschrittlicheren Hälfte der Menschheit gehören

---

22 Chancen dazu bestehen vielleicht noch am ehesten in dem *gebrochenen Verhältnis*, das Frauen einer Methode gegenüber haben müssen, die das Weibliche abspaltet. Die unmittelbare Folge ist aber nur ein besonders harter individueller Anpassungsdruck. Und im übrigen hat die Ausübung von zwei unvermittelt nebeneinanderstehenden, reduzierten Tätigkeiten noch nichts mit Persönlichkeitsentwicklung zu tun, noch weniger allerdings der Rückzug auf nur eine von ihnen.

sollten. Das Ziel kann nur darin bestehen, die Sphären*trennung* aufzuheben. Diese allerdings ist, siehe oben, der Warengesellschaft immanent.

Es hilft daher nichts: Wer das Ziel verfolgt, die bestehende Wissenschaft in einem umfassenderen System menschlichen Wissens aufzuheben, muss beginnen, über die Aufhebung der Warenform selbst nachzudenken.

Perspektiven der Aufhebung

Sowenig davon auszugehen ist, dass das warenproduzierende System sich einfach in Wohlgefallen auflöst und im blinden Selbstlauf auf eine höhere Stufe hebt, sowenig Sinn hätte es, über die Bedingungen für eine postkapitalistische Gesellschaft nachzudenken, wenn die Konturen eines systemischen Zusammenbruchs der Warengesellschaft sich nicht bezeichnen ließen, obzwar mit offenem Ausgang. In einer Zeit, in der ökonomische Vorhersagen die Verfallszeiten von Wetterberichten haben, scheint es etwas aberwitzig, zu diesem Zweck auf eine immerhin schon 140 Jahre alte Prognose zurückzugreifen; aber es geht hier, um im Bilde zu bleiben, auch nicht um das Wetter, sondern um schwerwiegende Klimaveränderungen.

Im Werk von Karl Marx finden sich, eher verstreut als systematisch, Passagen, in denen er versucht, aus der von ihm analysierten Logik des Kapitals auf dessen weitere Entwicklung zu schließen. Die folgenden sind einem Abschnitt aus den *Grundrissen der Kritik der politischen Ökonomie* entnommen, überschrieben mit dem Titel *Widerspruch zwischen der Grundlage der bürgerlichen Produktion (Wertmaß) und ihrer Entwicklung selbst. Maschinen etc.* (Marx 1857–58, 592 ff.). Ich empfehle ihre Lektüre vor dem Hintergrund der heute keineswegs schon abgeschlossenen «mikroelektronischen Revolution», den ungeheuren Steuerungs- und Rationalisierungspotentialen symbolverarbeitender Maschinen und dem dadurch verursachten und inzwischen allseits beschworenen «Ende der Arbeitsgesellschaft»:

In dem Maße aber, wie die große Industrie sich entwickelt, wird die Schöpfung des wirklichen Reichtums abhängig weniger von der Arbeitszeit und dem Quantum angewandter Arbeit, als von der Macht der Agentien, die während der Arbeitszeit in Bewegung gesetzt werden und die selbst wieder [...] in keinem Verhältnis steht zur unmittelbaren Arbeitszeit, die ihre Produktion kostet, sondern vielmehr abhängt vom allgemeinen Stand der Wissenschaft und dem Fortschritt der Technologie, oder der Anwendung dieser Wissenschaft auf die Produktion.

[...] Es ist nicht mehr der Arbeiter, der modifizierten Naturgegenstand als Mittelglied zwischen das Objekt und sich einschiebt; sondern den Naturprozeß, den er in einen industriellen umwandelt, schiebt er als Mittel zwischen sich und die unorganische Natur, deren er sich bemeistert. Er tritt neben den Produktionsprozeß, statt sein Hauptagent zu sein. In dieser Umwandlung ist es weder die unmittelbare Arbeit, die der Mensch selbst verrichtet, noch die Zeit, die

er arbeitet, sondern die Aneignung seiner eignen allgemeinen Produktivkraft, sein Verständnis der Natur und die Beherrschung derselben durch sein Dasein als Gesellschaftskörper – in einem Wort die Entwicklung des gesellschaftlichen Individuums, die als der große Grundpfeiler der Produktion und des Reichtums erscheint.

Im Zusammenhang mit der hier geführten Diskussion ist vor allem der Begriff der *Produktivkraft* wichtig, verstanden als die inzwischen entwickelten *Potenzen* von Naturwissenschaft, Technik und gesellschaftlichen Beziehungen. In der marxistischen Rezeptionsgeschichte scheint dieser Begriff weitgehend mit dem der *Produktionsmittel* identifiziert worden zu sein (vgl. Lohoff 1987), also der unter kapitalistischen Bedingungen tatsächlich *realisierten* Technik, wie sie in der Produktion zum Einsatz kommt.

Für eine über die bestehenden Produktionsverhältnisse hinausweisende Perspektive kann nichts falscher sein als eine solche Identifikation. Die für die Naturwissenschaft charakteristische Zerlegung des regellos erscheinenden Naturgeschehens in beherrschbare und beliebig zusammensetzbare Einzelfaktoren lässt zunächst völlig offen, in welcher Weise deren tatsächliche Synthese in technischen Produktionssystemen dann erfolgt. Da dies unter dem Diktat der Wertform geschieht, dem Zwang, aus Geld mehr Geld zu machen, werden die Produktionsmittel immer irrationaler, und das gleich in zweifacher Hinsicht:

Zum einen betrifft es das Kapital (den «prozessierenden Widerspruch») selbst, das unter dem Zwang der Konkurrenz der Einzelkapitalien die Produktivität ständig erhöhen muss, damit aber seine eigene Basis untergräbt: In einer menschenleeren Fabrik kann kein (in Arbeitszeit gemessener) Wert mehr geschaffen werden.

Zum anderen haben die allein dem Zweck der Geldvermehrung dienenden Produktionsmittel die ungeheure Vergeudung stofflicher Ressourcen und menschlicher Potenzen zur Folge, die für die Produktion von immer mehr unsinnigen und schädlichen Dingen eingesetzt werden. Die Kritik an der bestehenden Technik ist daher mehr als berechtigt. Daraus lässt sich aber noch keine Kritik der Produktivkräfte, der Technik und Naturwissenschaft schlechthin ableiten. Entsprechende Versuche[23], in denen zudem die Produktionsverhältnisse als Verursacher gar nicht dingfest gemacht werden, enden regelhaft nicht etwa in Forderungen nach Aufhebung der Geldvergesellschaftung, sondern in schlechten Utopien einer Wiedereinführung der Subsistenzwirtschaft nach dem Vorbild des Mittelalters, die natürlich schon deswegen hilflos sein müssen, weil sich die Produktivkräfte als *know how* in den Köpfen der Menschen ja nicht einfach zurückdrehen lassen. Von einer Analyse, die Ursache und Wirkung, Krankheit und Symptom durcheinanderbringt, ist allerdings auch nicht mehr zu erwarten.[24]

---

23 so Hofmann 1981 und, etwas elaborierter, Ullrich 1979, dessen Dokumentation der Irrationalität bestehender Technik an Einzelphänomenen durchaus lesenswert ist.
24 Für eine detaillierte Auseinandersetzung vgl. Kurz 1986/1987, Lohoff 1987.

Aus der Tatsache, dass eine bestimmte Kritik an den Produktivkräften falsch ist, weil sie auf einer Begriffsverwirrung, genauer: einer unzulässigen Identifikation auseinanderzuhaltender Begriffe beruht, folgt aber nicht, dass eine derartige Kritik überhaupt nicht möglich wäre. Und in der Tat impliziert der oben aufgezeigte Zusammenhang von Subjektform und objektiver Erkenntnisform als eine erste Konsequenz für jede über den Kapitalismus hinausweisende Perspektive: *Sowenig das bürgerliche Subjekt in eine postkapitalistische Gesellschaft unbeschadet hinübergerettet werden kann, sowenig ist das von den Naturwissenschaften und der von ihnen induzierten Technik zu erwarten, die gerade diese Subjektkonstitution voraussetzen.*

Diese Aussage bezieht sich nicht in erster Linie auf die *Ergebnisse* der bisherigen Naturwissenschaft. Diese lassen sich, wie schon gesagt, ja nicht einfach aus der Welt schaffen, auch wenn das vielfach wünschenswert wäre, so etwa für das Wissen zur Herstellung hochtechnologischer Waffensysteme.[25] Im übrigen sind NaturwissenschaftlerInnen, IngenieurInnen und andere BastlerInnen durchaus in ihrem Element, wenn es darum geht, das vorhandene naturwissenschaftliche Potential zu menschenfreundlichen, ressourcen- und umweltschonenden Systemen neu zu synthetisieren, wie eine Unzahl einschlägiger Studien beweist, die freilich allesamt die Rechnung ohne den Wert machen, nach einer Aufhebung der Wertform oder auch im Zuge einer entsprechenden Bewegung jedoch nützlich werden können. Exemplarisch sei hier auf den ganzen Müll von Untersuchungen zu einer «ökologischen Marktwirtschaft» verwiesen, der es schon zu mehreren Buchreihen gebracht hat. Die Crux dieser Studien ist der von vornherein zum Scheitern verurteilte und doch immer wieder unternommene Versuch, die eigenen Überlegungen und als notwendig erkannten Maßnahmen markt- und geldförmig zu vermitteln,[26] und «nur» insofern sind sie in der Tat für den Müll produziert. Doch das hier angesammelte technische und naturwissenschaftliche *know how* ist beeindruckend, und eine Aufhebungsbewegung, die die gesellschaftliche Vermittlung bewusst gestaltet und nicht der blinden Bewegung des Geldes überlässt, könnte an dieses Wissen unmittelbar anschließen.[27]

---

25 Es bleibt die Hoffnung, dass «unnützes Wissen» innerhalb weniger Generationen einfach verlorengeht.

26 oder aber von der herrschenden geld- und marktförmigen Vermittlung einfach abzusehen und damit jedenfalls so zu tun, als seien die vorgeschlagenen Maßnahmen im Rahmen der Warengesellschaft durchsetzbar. Ein Beispiel dieser Art liefert die bekannte Studie von Meadows/Randers 1992, die über ökonomische Zwänge nicht ein Wort verliert.

27 Man sollte sich naturwissenschaftlich sozialisierte Menschen, von sehr wenigen durchgeknallten Ausnahmen einmal abgesehen, nicht vorstellen als Leute, die in der objektiven Erkenntnisform völlig aufgehen. Viele von ihnen sind alarmiert und wünschen, die eigene Kompetenz sinnvoll und nicht nur fürs Geldverdienen einsetzen zu können. Das befreit sie natürlich ebensowenig wie andere Menschen von der Illusion, diesem Wunsch innerhalb der Zwangsgesetze des Geldes nachkommen zu können.

Eine darüber hinausgehende Frage aber ist die nach der Rolle und der Form, die (Natur-)Wissenschaft als Tätigkeit oder Institution in einer postkapitalistischen Gesellschaft haben soll und kann, hierauf vor allem bezieht sich der obige Hinweis auf den Zusammenhang dieser Denkform mit der Konstitution des bürgerlichen Subjekts. Geht man mit Kurz 1993 davon aus, dass «Aufhebung der Warenform» nicht bedeuten kann, bewusstlos in eine neue Zwangskonstitution hinüberzugleiten, sondern die Bewusstwerdung des Subjekts und seine bewusste Selbstaufhebung meint, auch hinsichtlich seiner Spaltung in «männlich» und «weiblich», so zeichnen sich nach dem bisher Gesagten Konsequenzen für die Naturwissenschaft ab, wenngleich vorerst nur als negative Bestimmungen:

Insoweit die Naturwissenschaft die menschlichen Handlungsmöglichkeiten erweitert, ist sie nützlich und sollte auf dieses Werkzeug nicht verzichtet werden. Doch die «Naturwissenschaft als Religion unserer Zeit» (Pietschmann), die die von der objektiven Erkenntnisform produzierte Gesetzmäßigkeit zur Natureigenschaft und die gesetzmäßige Natur zum Weltbild erhebt, das bestimmt, was wir sehen und was wir nicht sehen, wird unsere Zeit, die Moderne, nicht überdauern. Das Bild von «der Natur» ist immer ein gesellschaftlich konstituiertes gewesen. Es ist nicht einzusehen, warum eine Gesellschaft, die sich jeder bewusstlosen, abstraktallgemeinen Form entledigt, noch eines einheitlichen, für alle gleichermaßen und zu jeder Zeit verbindlichen Naturbildes bedarf.[28]

«Aufhebung» bedeutet «Bewahrung», aber eben auch «Abschaffung»: Zur Bewusstwerdung der Subjekte gehört, dass sie sich nicht mehr auf eine borniterte Tätigkeiten reduzieren lassen werden. Für die lebenslange Arbeit in einem winzigen Teilgebiet etwa der Mathematik, dem Produzieren von Ergebnissen, die gerade mal von einem halben Dutzend Experten auf der Welt nachvollzogen werden können, wird sich daher niemand mehr finden lassen. Das mag auf Kosten der «Leistung» gehen und aus heutiger Sicht bedauert werden, doch eben *nur* aus heutiger Sicht, in der «Leistung» ohne Ansehen ihres Inhalts und Zwecks hochgehalten wird. Eine kulturelle Hochleistung ist freilich auch der Pyramidenbau vor mehr als 4000 Jahren gewesen, und doch denkt heute niemand daran, es den alten Ägyptern nachzumachen.

Schwierig zu beantworten scheint mir die Frage, ob eine Methode, die auf der Abspaltung des «Weiblichen» beruht, die Aufhebung der Trennung der geschlechtlich besetzten Sphären überdauern kann, und sei es auch nur zum nützlichen Gebrauch. Für eine Menschheit, die ihr Geschick in die eigenen Hände nimmt und es nicht mehr dem blinden Prozess der Kapitalverwertung überlässt, ist das möglicherweise kein besonders wichtiges Problem. Denkbar ist daher, dass sowohl «weibliche» als auch «männliche» Fragen an die Natur gestellt und die unterschiedlichen

---

28 Noch einmal, weil ich auf dieses Missverständnis bereits gestoßen bin: Es geht hier nicht um ein «anything goes» im Sinne von Feyerabend 1976, sondern darum, einer Methode die Bedeutung zuzuweisen, die ihr zukommt. Damit steht sie selbstverständlich nicht auf derselben Ebene wie etwa ein Voodoo-Zauber.

Antworten erst nachträglich zusammengeführt und beurteilt werden. Denkbar im Sinne des feministischen Projekts einer *anderen* Wissenschaft ist aber auch die Aufhebung der bisherigen in einem umfassenderen System menschlichen Wissens, wie immer dieses dann aussehen mag.

Um abschließend doch noch einmal den Boden der «Tatsachen» zu betreten: Das alles sind für unser Alltagsverständnis natürlich schon deshalb völlig unrealistische Spekulationen, weil bereits die Vorstellung einer Menschheit ohne Geld als absurd, als so unmöglich gilt wie das Übertreten von Naturgesetzen. Dabei sehen alle, dass die Geldvergesellschaftung selbst zunehmend verrückt spielt. Alle wissen oder ahnen es zumindest, dass die Weltmarktkonkurrenz keine Gewinner mehr kennen wird, und doch scheint die einzige Konsequenz aus dieser Einsicht zu sein, sich für diese Konkurrenz nur umso besser zu rüsten. Was soll man gegen Naturkatastrophen auch sonst schon ausrichten? Die Wissenschaft spielt hierbei als «Standortfaktor» eine besondere Rolle, noch der längste studentische «Streik» in der Geschichte der bundesdeutschen Hochschulen vermochte Ende 1997 über diese Perspektive nicht hinauszukommen. Und erst recht versucht die etablierte Wissenschaft, die allgemeine Konkurrenzangst zu nutzen, um staatliche Gelder in die richtigen Kanäle zu lenken.[29]

Zukunftsvisionen können dann nur noch als technische gedacht werden. Angesichts der offensichtlichen, aber nicht weiter hinterfragten Irrationalität der nichtwissenschaftlichen Welt wird die mathematische Naturwissenschaft als «höchste Form der Rationalität» angepriesen, als Mittel zur Lösung aller gesellschaftlichen Probleme, so etwa in den Phantasmen einer «rationalen» Steuerung gesellschaftlicher Prozesse durch Automaten, mit denen Vertreter der «Künstlichen Intelligenz» für sich Forschungsgelder lockermachen.

Die Grenzen einer Methode nicht einschätzen zu können, ist ein sicheres Zeichen für die Bewusstlosigkeit, mit der sie betrieben wird. Doch während auf der einen Seite allen Ernstes nach der «Großen Vereinheitlichten Theorie», der «Weltformel» gesucht wird, die die letzte Erklärung für alles liefern soll (s. Barrow 1994), verbreitet sich mehr als 350 Jahre nach Galilei auch die Einsicht in die Grenzen der mathematischen Naturwissenschaft. So spricht etwa der theoretische Physiker Herbert Pietschmann 1995 vom «Ende des naturwissenschaftlichen

---

29 Um nur ein gerade aktuelles Beispiel zu nennen: «Die Third International Mathematical Sciences Study (TIMSS) deckt gravierende Rückstände im mathematischen Grundwissen der Jahrgangsstufen 7, 8 in Deutschland auf. Für eine hochtechnisierte und auf dauernde technologische Innovationen angewiesene Gesellschaft ist dies ein Alarmsignal, das Maßnahmen verlangt. [...] Der Stand der mathematischen Wissenschaften ist ein wesentlicher Indikator für das Leistungsvermögen einer Zivilisation und damit für ihre Wettbewerbsfähigkeit. Diese historisch überprüfbare Tatsache gewinnt Brisanz für die heutige Bildungs- und Forschungspolitik angesichts der Herausforderungen des kommenden Jahrhunderts», so die Deutsche Mathematiker-Vereinigung im Internet als Reaktion auf eine Studie, die deutschen SchülerInnen im Vergleich zu SchülerInnen anderer Länder (vor allem Japan) niedrigere Mathematik-Kenntisse und -Fertigkeiten bescheinigt.

Zeitalters», das er an der Unmöglichkeit festmacht, einer Lösung der wirklichen Menschheitsprobleme durch naturwissenschaftliches Denken allein auch nur einen Schritt näherzukommen. Die Selbstbescheidung seiner Darstellung macht diese sympathisch, zugleich aber auch hilflos, weil der Bezug zur Warengesellschaft und ihren Widersprüchen nicht entwickelt wird. Doch ein solcher Versuch, die eigene Rolle selbstkritisch zu reflektieren, ist allemal hoffnungsvoller als das bewusstlose Weitermachen wie bisher. Zumindest bietet er Ansatzpunkte.

Von einem Naturwissenschaftler und bürgerlichen Subjekt wie dem Autor des vorliegenden Textes ist eine positive Bestimmung einer Lebens-, Denk- und Erkenntnisweise jenseits der Warenform nicht zu leisten. Es wäre aber schon viel gewonnen, wenn sich darüber wenigstens eine Diskussion eröffnen ließe. Denn schließlich: Warum sollte die von Kant konstatierte «Revolution der Denkart», die die moderne Naturwissenschaft begründete, die letzte Revolution dieser Art gewesen sein?

Literatur

Adorno, Theodor W.: *Negative Dialektik*, Frankfurt 1975

Barrow, John D.: *Theorien für Alles. Die Suche nach der Weltformel*, Reinbek 1994

Bolay, Eberhard / Trieb, Bernhard: *Verkehrte Subjektivität. Kritik der individuellen Ich-Identität*, Frankfurt 1988

Braitenberg, Valentin / Hosp, Inga (Hrsg.): *Die Natur ist unser Modell von ihr*, Reinbek 1996

Cassirer, Ernst: *Das Erkenntnisproblem in der Philosophie und Wissenschaft der neueren Zeit*, Erster Band 1910, Zweiter Band 1907, 3. Auflage 1922, Nachdruck, Darmstadt 1994

Feyerabend, Paul: *Wider den Methodenzwang. Skizze einer anarchistischen Erkenntnistheorie*, Frankfurt 1976

Galilei, Galileo: *Discorsi e dimostrazioni matematiche, intorno a due nove scienze*, 1638, Übersetzung von A. v. Oettingen 1890, Nachdruck, Frankfurt 1995

Galilei, Galileo: *Dialogo sopra i due massimi sistemi del mondo*, 1632, Übersetzung von E. Strauss 1890, Nachdruck, Stuttgart 1982

Greiff, Bodo v.: *Gesellschaftsform und Erkenntnisform. Zum Zusammenhang von wissenschaftlicher Erfahrung und gesellschaftlicher Entwicklung*, Frankfurt 1976

Greiff, Bodo v.: *Wissenschaft, Technik und Aufklärung. Zur politischen Philosophie des Fortschritts*, Technologie und Politik 16, 52–70, Reinbek 1980

Halfmann, Jost / Rexroth, Tillmann: *Marxismus als Erkenntniskritik. Sohn-Rethels Revision der Werttheorie und die produktiven Folgen eines Mißverständnisses*, München 1976

Harding, Sandra: *Das Geschlecht des Wissens*, Frankfurt 1994

Heintz, Bettina: *Die Herrschaft der Regel. Zur Grundlagengeschichte des Computers*, Frankfurt 1993

Hofmann, Claudio: *Smog im Hirn. Von der notwendigen Aufhebung der herrschenden Wissenschaft*, Bensheim 1981

Hume. David: *A Treatise of Human Nature*, 1739, Übersetzung von Theodor Lipps, Hamburg 1978/1989

Hume, David: *An Enquiry concerning Human Understanding*, 1748, Übersetzung von Raoul Richter, Hamburg 1993

Kant, Immanuel: *Kritik der reinen Vernunft*, 1781, 2. Auflage 1787, Nachdruck, Hamburg 1990

Kant, Immanuel: *Metaphysische Anfangsgründe der Naturwissenschaft*, 1786, Kants Werke auf CD-ROM, Berlin 1996

Keller, Evelyn Fox: *Liebe, Macht und Erkenntnis. Männliche oder weibliche Wissenschaft?*, München 1986

Keller, Evelyn Fox: *Geschlecht und Wissenschaft: Eine Standortbestimmung*, in Orland/Scheich 1995, 64–91

Kepler, Johannes: *Mysterium Cosmographicum de admirabili proportione orbium coelestium*, 1596, Übersetzung von M. Caspar, München 1936

Kepler, Johannes: *Harmonices mundi*, 1619, Übersetzung von M. Caspar, München 1939

Klein, Peter: *Die Illusion von 1917*, Bad Honnef 1992

Kopernikus, Nikolaus: *De Revolutionibus orbium coelestium*, 1543, Deutsch-Lateinische Ausgabe von G. Klaus, Berlin 1959

Koyré, Alexandre: *Leonardo, Galilei, Pacal. Die Anfänge der neuzeitlichen Naturwissenschaft*, Frankfurt 1998

Kurz, Robert: *Die Herrschaft der toten Dinge*, Teil I in Marxistische Kritik 2, 1986, Teil II in Marxistische Kritik 3, 1987

Kurz, Robert: *Subjektlose Herrschaft*, Krisis 13, 1993. 17–94

Lefèvre, Wolfgang: *Naturtheorie und Produktionsweise*, Darmstadt 1978

List, Elisabeth / Studer, Herlinde (Hrsg.): *Denkverhältnisse. Feminismus und Kritik*, Frankfurt 1989

Lohoff, Ernst: *Technik als Fetischbegriff*, Marxistische Kritik 3, 1987

Marx, Karl: *Grundrisse der Kritik der politischen Ökonomie*, 1857–58, Berlin 1974

Meadows, Donella und Dennis / Randers, Jörgen: *Die neuen Grenzen des Wachstums*, Stuttgart 1992

Müller, Rudolf-Wolfgang: *Geld und Geist. Zur Entstehungsgeschichte von Identitätsbewußtsein und Rationalität seit der Antike*, Frankfurt 1977

Mulser, Peter: *Über Voraussetzungen einer quantitativen Naturbeschreibung*, in Braitenberg/Hosp 1996, 155–168

Orland, Barbara / Scheich, Elvira (Hrsg.): *Das Geschlecht der Natur*, Frankfurt 1995

Penrose, Roger: *Computerdenken*, Heidelberg 1991

Pietschmann, Herbert: *Das Ende des naturwissenschaftlichen Zeitalters*, Stuttgart 1995

Popper, Karl R.: *Objektive Erkenntnis. Ein evolutionärer Entwurf*, Hamburg 1973

Scheich, Elvira: *Naturbeherrschung und Weiblichkeit. Denkformen und Phantasmen der modernen Naturwissenschaften*, Pfaffenweiler 1993

Scheich, Elvira (Hrsg.): *Vermittelte Weiblichkeit. Feministische Wissenschafts- und Gesellschaftstheorie*, Hamburg 1996

Scholz, Roswitha: *Der Wert ist der Mann*, Krisis 12, 19–52, 1992

Sohn-Rethel, Alfred: *Geistige und körperliche Arbeit. Zur Theorie der gesellschaftlichen Synthesis*, Frankfurt 1970

Sohn-Rethel, Alfred: *Das Geld, die bare Münze des Apriori*, Berlin 1990

Ullrich, Otto: *Technik und Herrschaft*, Frankfurt 1979

Zinn, Karl-Georg: *Kanonen und Pest. Über die Ursprünge der Neuzeit im 14. und 15. Jahrhundert*, Opladen 1989

Automatische Moderne?

Erstveröffentlichung unter dem Titel «Automatische Moderne light»
in: karoshi Nr. 2, 1997, S. 47–55

Wenn es denn die Mikroelektronik ist, die mit ihren in der Geschichte des Kapitalismus nie dagewesenen Rationalisierungspotentialen das warenproduzierende System in die finale oder doch zumindest eine dauerhafte Krise stürzt, dann muss eine wertkritische Position sich nicht nur mit ihren Folgen, sondern auch mit ihren gesellschaftlichen und wissenschaftlichen Voraussetzungen auseinandersetzen, zu denen unter anderem die Mathematik gehört. Hier liegt eine Schwierigkeit, gelten doch allgemein die Mathematik als «stolze Festung des Dogmatismus» (Lakatos) und ihre Ergebnisse als unangreifbar und von gesellschaftlichen Entwicklungen unbeeinflusst. So hat denn auch die Wissenssoziologie bis vor einigen Jahren einen weiten Bogen um die Mathematik gemacht. Das Buch von Bettina Heintz (1993) scheint der erste Versuch zu sein, sie in die wissenssoziologische Analyse einzubeziehen.

In karoshi Nr. 1 referiert team telekom (1997) einige in diesem Buch beschriebene Entwicklungen und versucht, Konsequenzen über den Kapitalismus hinaus zu ziehen. Was mir zuallererst auffällt, sind die im Text enthaltenen Widersprüche. Es gibt kaum eine Aussage, die sich nicht durch eine andere konterkarieren ließe. telekom 1997 führt Positionen und Gegenpositionen vor, ohne die Diskussion auszutragen, darin bestand offenbar nicht der Anspruch. Es bleiben Fragen, die Antworten stehen noch aus.

Um ihnen näherzukommen, möchte ich einige der von telekom (1997) angesprochenen Probleme sortieren in solche, die sich schlicht durch Klärung der zugrundeliegenden Begriffe und Sachverhalte lösen lassen, und solche, die weitergehende Untersuchungen erfordern. Die folgenden Bemerkungen beziehen sich vor allem auf eine von telekom 1997 zwar nicht durchgehaltene, aber dennoch erkennbare Linie, die mir darauf hinauszulaufen scheint, die Fähigkeiten von symbolverarbeitenden Maschinen ihrer Qualität nach zu überschätzen, etwa nach dem Motto: Einer Technologie, die den Kapitalismus zu sprengen vermag, ist alles zuzutrauen.

Mathematischer Formalismus

Seit Beginn des 20. Jahrhunderts hat sich der mathematische Formalismus als die Auffassung von der Mathematik durchgesetzt, die zwar von der mathematischen Praxis täglich widerlegt wird, nichtsdestoweniger aber das Nachdenken über Mathematik ideologisch zu beherrschen scheint. Dieser Ideologie zufolge besteht Mathematik in der Anwendung festgelegter Regeln zur Umformung von Zeichenketten, denen keinerlei inhaltliche Bedeutung mehr zukommt. MathematikerInnen wären demnach so etwas wie geistige FließbandarbeiterInnen. Derjenigen Hälfte der modernen Menschen, die den Mathematikunterricht in der Schule als Horror erlebt hat, mag diese Vorstellung vielleicht nachträglich aufgestaute Rachegefühle befriedigen, dennoch ist sie falsch: Mathematische Tätigkeit besteht nicht in der blinden Abarbeitung von Kalkülen und Algorithmen, sondern u.a. in deren Entwicklung auf der Grundlage inhaltlicher Überlegungen und Schlussweisen.

Tatsächlich bezieht sich die von David Hilbert 1900 begründete «axiomatische Methode» keineswegs auf die mathematische Tätigkeit, sondern ausschließlich auf die Form, in die ihre Ergebnisse zu bringen seien: Alle Grundannahmen (Axiome) und verwendeten Schlussregeln sind offenzulegen, und in mathematischen Theorien dürfen ausschließlich sie zur Anwendung kommen. Auf diesem Wege soll es möglich werden, die Korrektheit mathematischer Beweise schematisch (letztlich nur durch symbolische Umformungen, im Prinzip also maschinell) und unter Absehen von allen Inhalten sicherzustellen.

Die Betonung des Unterschiedes von mathematischer Tätigkeit und ihrem Ergebnis, auf das allein der mathematische Formalismus sich bezieht, ist deswegen wichtig, weil meines Erachtens die Rede von «denkenden Maschinen», die ja zumindest das mathematische Denken als irgendwie maschinenhaft charakterisieren, auf einer unzulässigen Gleichsetzung von Prozess und Produkt beruht. Es ist geradezu, als würde ich die Tätigkeit eines Maurers, der ein Haus aus Stein baut, deswegen als «steinern» bezeichnen.

Mathematische Moderne

Hilbert hat mit seinem Programm die im 19. Jahrhundert sich bereits abzeichnende Entwicklung zusammengefasst und damit die Mathematik als eigenständiges Fach konstituiert (vgl. Mehrtens 1990, Kap. 2), welches sich nicht über seine Inhalte definiert, sondern ausschließlich über die Form, in die diese zu bringen seien. Damit stellt sich die Frage nach der «mathematischen Wahrheit»: «Niemand kann zwei Herren dienen. Man kann nicht der Wahrheit dienen und der Unwahrheit. Wenn die euklidische Geometrie wahr ist, so ist die nichteuklidische Geometrie falsch, und wenn die nichteuklidische wahr ist, so ist die euklidische Geometrie falsch» (Frege, Gottlob: *Nachgelassene Schriften*, Mehrtens 1990, S. 117), so die traditionelle Gegenposition. Hilberts Antwort darauf lautet: Beides ist möglich. Zwei in ihren Grundannahmen sich gegenseitig widersprechende Theorien können nebeneinander Bestand haben: Welche der beiden die «wirkliche Welt» besser beschreibe, sei dagegen eine Frage, die außerhalb der Mathematik liege. Mathematische Wahrheit wird durch die Forderung nach Widerspruchsfreiheit abgelöst: Die Grundannahmen einer mathematischen Theorie dürfen nicht zu Ergebnissen führen, die einander logisch widersprechen.

Sowohl Mehrtens als auch Heintz betonen zu Recht die Freiheit, die Hilbert mit seinem axiomatischen Programm für die Mathematik gewonnen habe: Alles ist erlaubt, solange nur die strenge Form gewahrt wird (Mehrtens 1997, Kap. 2, Heintz 1993, Abschn. 1.1). Die strukturelle Analogie zur Freiheit der Warenwelt wird augenscheinlich, in der von allen Inhalten oder sinnlichen Kriterien abstrahiert werden darf, wenn nur die «ehernen Gesetze des Marktes» (Graf Lambsdorff) beachtet werden und das Geld zu seinem Recht kommt. So ist es wohl mehr als nur ein historischer Zufall, daß die Mathematik in diesem Jahrhundert zu einer «Königsdisziplin» expandiert (Heintz 1993, S. 24) und die Verwissenschaftlichung der Produktion wesentlich in deren Mathematisierung besteht, was heute zu dem in Festreden beschworenen Selbstbild vieler MathematikerInnen geführt hat, die «höchste Form der Rationalität» zu vertreten. Die Geschichte der Mathematik unter dem Aspekt ihrer Warenförmigkeit wäre allerdings erst noch zu schreiben.

Mathematischer Imperialismus

Das Absehen von allen Inhalten und die damit verbundene Loslösung der Mathematik von der Physik erweitert die Anwendungsfelder. Wo kein bestimmter inhaltlicher Bezug mehr nötig ist, scheint jeder Inhalt möglich. «Ich glaube: Alles was Gegenstand des wissenschaftlichen Denkens überhaupt sein kann, verfällt, sobald es zur Bildung einer Theorie reif ist, der axiomatischen Methode und damit mittelbar der Mathematik», so Hilbert 1918, und vier Jahre später: «Ich bemerkte einmal, daß die Frage, was angewandte Mathematik sei, mit der Gegenfrage beantwortet werden könnte: Was ist nicht angewandte Mathematik? In der Tat, was wir auch für Gegebenheiten oder Erscheinungen in der Natur oder im praktischen Leben antreffen, überall wird der mathematisch Gesinnte und Eingestellte einen mathematischen Kern finden» (Mehrtens 1997, S. 132/133). Descartes' Traum scheint in Erfüllung gegangen: «Jene langen Ketten ganz einfacher und leichter Begründungen, die die Geometer zu gebrauchen pflegen, um ihre schwierigsten Beweise durchzuführen, erweckten in mir die Vorstellung, daß alle Dinge, die menschlicher Erkenntnis zugänglich sind, einander auf dieselbe Weise folgen ...» (Descartes, René: *Discours de la methode pour bien conduire sa raison et chercher la vérité dans les sciences*, 1637).

Die Frage allerdings, ob der angeblich überall zu findende «mathematische Kern» einen Sachverhalt angemessen beschreibt, wird gar nicht erst gestellt. Was sich bei Descartes mit der Anfangseuphorie einer neuen Zeit erklären läßt, bedarf 300 Jahre später schon mehr als nur einer positivistischen Beschränkung des Gegenstandsbereiches wissenschaftlichen Denkens, um dieses auf mathematisches Denken reduzieren zu können. An dieser Stelle mag der lapidare Hinweis genügen, daß noch nicht einmal der Vorgang der Mathematisierung eines nichtmathematischen Problems sich mit mathematischem Denken allein bewältigen lässt (weshalb denn auch Mathematisierungsprozesse aus dem Mathematikunterricht an Schulen und Hochschulen regelhaft ausgeblendet bleiben).

Grenzen

Die von Alan M, Turing und seinen Apologeten aufgestellte These (telekom 1997, S. 30), daß «Denken überhaupt, nicht bloß Rechnen, als formaler Prozess beschrieben werden kann, als regelgeleitete und schrittweise Umbildung von Symbolen», geht über den mathematischen Imperialismus sogar noch hinaus, indem sie

Denken = mathematisches Denken = mechanische Abarbeitung von Kalkülen

setzt. Aber nicht nur die erste, auch die zweite Gleichung ist falsch. Turing selbst hat 1936, wie in anderer Weise vor ihm schon Kurt Gödel 1931, nachgewiesen, daß es formalisierte (mathematisch formulierte) Probleme gibt, die sich der Lösung durch einen Kalkül entziehen (s. telekom 1997, S. 28). Die Grenzen der Möglichkeiten algorithmischer Verfahren verlaufen also bereits innerhalb des Bereichs des mathematischen Denkens.

Es ist deswegen einfach nur irreführend, das «Reich von Regel, Sinn und Verstand» dem «Turingdenken» zuzuschlagen, während das «Nicht-Turingdenken» dem «Irregulären, dem Unsinn, dem Amusement» vorbehalten bleibt (telekom 1997, S. 33). Es ist ja nachvollziehbar, daß jemand die heutige Gesellschaft mit ihrer Aufspaltung in eine von Regeln beherrschte öffentliche und eine der Kompensation dienende private Sphäre so erlebt. Daraus aber ein (gar mathematisch bewiesenes?) Naturgesetz zu machen, schränkt das Nachdenken über eine mögliche postkapitalistische Moderne doch wohl unnötig ein.

Maschinendenken?

Trotz der prinzipiellen Einschränkungen, denen sie unterliegen, ist die Leistungsfähigkeit der Computer erstaunlich, sie nimmt täglich zu, und ein Ende der Entwicklung ist schwer abzusehen. Der «Horror des Kapitals vor der menschenleeren Fabrik» (telekom 1997, S. 31) jedenfalls wird sie nicht bremsen, denn das Kapital als ein bewusstloser Prozess kennt keinen Horror, nicht einmal den vor dem eigenen Untergang. Solange die Automatisierung auch nur kurzfristige Konkurrenzvorteile verspricht, wird sie weitergetrieben werden.

Die Entwicklung wird begleitet von Euphorie etwa auf seiten mancher VertreterInnen der «Künstlichen Intelligenz», die überhaupt keine Grenzen mehr zu erkennen vermögen, und von Ängsten etwa auf seiten mancher PädagogInnen, die Kindern den Umgang mit einem Computer am liebsten verbieten würden, weil dieser sie mit «binärem Denken» infiziere. Beiden gemeinsam ist, daß sie einer

Maschine Fähigkeiten zum Denken zuschreiben. Aber ein Computer denkt nicht. Algorithmisierung bedeutet im Gegenteil, komplexe Tätigkeiten in eine Form zu bringen, in der sie sich auch unter Ausschaltung jeglichen Denkens durchführen lassen und nur deshalb auch von Maschinen übernommen werden können.

Der Computer ist ein Kind des warenproduzierenden Systems, damit werden sich auch linke Computerfreaks abfinden müssen. Ohne die bereits stattgefundenen Formalisierungs- und Rationalisierungsprozesse in bürgerlicher Gesellschaft und kapitalistischem Betrieb wäre eine Maschine wie die Turings nicht denkbar, die darauf aufbauende Entwicklung nicht möglich gewesen (s. telekom 1997, S. 29/30). Auf der anderen Seite ist es gerade unsere eigene Unterwerfung unter die gesellschaftliche «Herrschaft der Regel», die uns den Blick trübt und eine kritische Einschätzung des Potentials der Computertechnologie erschwert. «Was auf der einen Seite erst die Erfahrungsbasis dafür geschaffen hat, dass der Computer überhaupt denkbar wurde, ist gleichzeitig auch die Voraussetzung für seine Verwendung. Ohne die tiefgreifende Umstrukturierung von Handlungsfeldern unter der Maxime der Regelhaftigkeit und Berechenbarkeit wäre nicht ein breites Spektrum menschlichen Handelns so weit normiert worden, dass seine maschinelle Imitation problemlos möglich wurde. Oder anders formuliert: Nur weil menschliches Handeln unter bestimmten Bedingungen tatsächlich mechanischen Charakter hat, konnten überhaupt Maschinen entwickelt werden, die den Anschein machten, intelligent zu sein» (Heintz 1993, S. 299). «Künstliche Intelligenz» ist ein Kampfbegriff von Leuten, die Forschungsgelder eintreiben wollen. Ihn ernst zu nehmen, verweist vielleicht nur auf den bereits erreichten Stand unserer eigenen sinnlichen und geistigen Verarmung.

Literatur

Heintz, Bettina: *Die Herrschaft der Regel. Zur Grundlagengeschichte des Computers*, Franfurt am Main 1993

Mehrtens, Herbert: *Moderne – Sprache – Mathematik. Eine Geschichte des Streits um die Grundlagen der Disziplin und des Subjekts formaler Systeme*, Frankfurt am Main 1990

team telekom: *Automatische Moderne*. in karoshi 1,1997, S. 24–55

Der Rhythmus des Absoluten

Erstveröffentlichung auf: www.exit-online.org 2005

I. Eske Bockelmanns «Im Takt des Geldes»

Uns modernen, in «Kopf» und «Bauch» gespaltenen Subjekten erscheint kaum etwas so eindeutig letzterem zugehörig, also in der eigenen Körperlichkeit verwurzelt, wie unser Gefühl für Rhythmus. Was rhythmisch ist und was nicht, mag sich allgemein verbindlich nur schwer in Worte fassen lassen, und dennoch wissen wir es, sobald wir es hören. Es liegt nahe, eine derart elementare Empfindung als natürlich, zu unserer biologischen Grundausstattung gehörig anzusehen, und so geschieht es denn auch, wenn das Rhythmusgefühl etwa am Herzschlag oder am Takt des (zweibeinigen) Gehens festgemacht wird. Aber so ist es nicht. Wie so Vieles, was das Aufklärungsdenken fälschlicherweise für «allgemein menschlich» hält oder sogar in der Biologie fundiert sieht, ist auch *unser* Rhythmus, der Takt-Rhythmus nämlich, historisch spezifisch. Er tritt erstmals zu Beginn des 17. Jahrhunderts und nur in Westeuropa auf, es gab ihn nirgendwo sonst als eben in der bürgerlichen Gesellschaft, er gehört zu ihr und nur zu ihr.

Dieser Befund bildet den Auftakt des fünfhundert Seiten starken Buches von Eske Bockelmann: «Im Takt des Geldes. Zur Genese modernen Denkens» (im Folgenden: TG). Der Befund selber wird auf mehr als hundert Seiten akribisch ausgebreitet. Er besagt nicht etwa, dass es außerhalb der bürgerlichen Gesellschaft so etwas wie Rhythmus nicht gegeben habe, nur war er nicht dasselbe wie für uns. In Antike und Mittelalter ebenso wie in den außereuropäischen Gesellschaften besteht Musik und Poesie aus Elementen «erfüllter Zeit», deren Länge in ganzzahligen Proportionen zueinander stehen. Die zugehörige *Quantitätsrhythmik* entsteht durch den Wechsel langer und kurzer Abschnitte und wird von uns (bei traditionalem Vortrag) als rhythmisch gar nicht mehr wahrgenommen. Demgegenüber besteht die moderne *Taktrhythmik* darin, ein Raster gleichlanger Zeitintervalle, die zunächst *leeren* Takte, durch Elemente auszufüllen, die nach dem Schema betont-unbetont aufeinander folgen, ein Schema übrigens, das wir durch unsere Art des Hörens in die Töne auch selbst erst hineinlegen, indem wir sogar noch einen gleichmäßig tropfenden Wasserhahn nach diesem Muster hören. Der Verweis auf moderne Musik- oder Poesiestile, die dieser Gesetzmäßigkeit nicht folgen, verfängt hier nicht: Sie werden von uns nämlich nicht als rhythmisch erlebt. Dieser Wechsel des Rhythmusgefühls ist im Westeuropa des beginnenden 17. Jahrhunderts nahezu schlagartig erfolgt und lässt sich nicht auf Veränderungen in Musik und Poesie zurückführen, sondern ist umgekehrt deren Ursache. Bockelmann (TG

119) macht das beispielhaft fest an dem «Buch von der deutschen Poeterey» von Martin Opitz aus dem Jahre 1624, in dem dieser als erster die Forderung erhebt, Verse seien von nun an als Akzentverse, also nach dem Schema betont-unbetont zu dichten, weshalb Opitz selber seine bisherigen Verse als unzureichend empfindet und nach den neuen Regeln umschreibt. Offenbar wird zu dieser Zeit in den Subjekten ein Reflex implantiert, der uns seither zwingt, dem Taktrhythmus zu folgen und alles, was darin nicht aufgeht, als unrhythmisch zu empfinden, wie es Opitz seinen eigenen, älteren Versen gegenüber erging, die vor dem neuen Rhythmus nur noch als Knittelverse erscheinen.

Woher kommt dieser Zwang? Bockelmann macht sich auf die Suche und findet seine Ursache im Geld, genauer: in der durch Geld vermittelten Vergesellschaftung, die dann im weiteren Fortgang des Buches als Grund für zwei weitere Phänomene dingfest gemacht wird, die der bürgerlichen Gesellschaft und nur ihr in derselben Weise verhaftet sind wie der Taktrhythmus, nämlich die (mathematische) Naturwissenschaft und die neuzeitliche Philosophie. Die letzteren Zusammenhänge sind nicht neu, werden aber im vorliegenden Buch so dargestellt. Allem Anschein nach ist Eske Bockelmann ein Einzelkämpfer, so empfindet er sich jedenfalls, wenn er die Genese allen neuzeitlichen Denkens aufdeckt, die diesem bisher verborgen geblieben sei. Soweit sie den positivistischen Mainstream betrifft, ist diese Feststellung sicher richtig. Bockelmann aber rezipiert weder Marx noch Sohn-Rethel noch die Kritische Theorie und auch nicht die neueren wert- und wertabspaltungskritischen Ansätze zur Aufklärungs-, Subjekt- und Erkenntniskritik. Seine Adressaten sind dem Aufklärungsdenken verhaftete Leserinnen und Leser, als könne es andere gar nicht geben. Das macht die Lektüre des Buches passagenweise ärgerlich, doch ich kann nur empfehlen, darüber hinweg zu lesen, es lohnt sich. Bockelmann erfindet in verschiedener Hinsicht das Rad neu, doch kommt dabei am Ende eben nicht nur das alte Rad heraus. Seine Unkenntnis bzw. Nichtbeachtung bestehender Ansätze zum Zusammenhang von «Geld und Geist» lässt ihn eigene Wege gehen, von denen dann auch andere Zugänge profitieren könnten. Man müsste sie nur zusammenbringen.

Bockelmanns Vorteil ist es, mit dem taktrhythmischen Reflex etwas erklären zu müssen, was sehr präzise zu Beginn der Neuzeit in Erscheinung getreten ist und keinerlei Vorläufer kennt. Anders als Sohn-Rethel und zum Teil auch Adorno/Horkheimer (in «Dialektik der Aufklärung») kann er daher gar nicht erst in Versuchung kommen, moderne Verhältnisse in die griechische Antike rückzuprojizieren und dort nach den gesuchten Zusammenhängen zu fahnden. Derartige aus dem Aufklärungsdenken stammende Ansinnen weist er denn auch auf allen betrachteten Ebenen (Geld, Wissenschaft, Philosophie) begründet zurück. Auf der anderen Seite wäre ihm ein Versuch, den voll entwickelten Kapitalismus in seinem Wesen und seiner Rückwirkung auf die bürgerlichen Subjekte erfassen zu wollen, für seine Fragestellung ebenfalls eher hinderlich. Bockelmann konzentriert sich daher darauf, den zu Beginn des 17. Jahrhunderts erreichten Stand der Geldvergesellschaftung möglichst genau zu fassen und die anderen Bereiche daraus zu erklären. Gelingt dies, so sollte es auch möglich sein, spätere Entwicklungen des Denkens mit dem jeweils erreichten Stand kapitalistischer Vergesellschaftung in Beziehung zu setzen, so etwa die «wissenschaftliche Revolution» zu Beginn des 20. Jahrhunderts, ein Problem, dessen Lösung meines Wissens noch aussteht.

Mit Bockelmann lässt sich der Beginn des 17. Jahrhunderts als der historische Moment kennzeichnen, in dem in den bürgerlichen Zentren Westeuropas das Geld beginnt, sich gegenüber den (übrigen) Waren zu verselbständigen, da sein Gebrauchswert unabhängig vom Material und allen konkreten Inhalten nur noch darin besteht, Träger von Wert zu sein, für den sich alle anderen Waren kaufen lassen. Vom Inhalt *löst sich der Wert in dem historischen Moment, da das Geld bestimmende Allgemeinheit gewinnt: wenn es ein historisch erstes Mal also heißen kann, «all things came to be valued with money, and money the value of all things». Dann beginnt Geld – in diesem für uns prägnanten Sinn – Geld zu sein, indem es als Geld allein noch fungiert. Der feste Bestand, den es bis dahin nur im wertvoll gedachten Material hatte, geht dann nämlich über in die bestandsfeste Allgemeinheit des Bezugs aller Dinge auf den Geldwert – und also in dessen für sich genommen festes Bestehen. Wenn die Handlungen des Kaufens und Verkaufens für die Versorgung bestimmende Allgemeinheit erlangen, entsteht damit die allgemeine Notwendigkeit, den Markt, zu dem es dafür gekommen sein muss, als das Geflecht dieser Kaufhandlungen fortzusetzen, ganz einfach deshalb, damit die Versorgung, die daran hängt, nicht ihrerseits abreißt. Die Notwendigkeit, allgemein über Geld zu verfügen, übersetzt sich so in die Allgemeinheit, mit der die Geldfunktion auch weiterhin notwendig ist; und übersetzt sich damit in die Festigkeit dieser Funktion als einer für sich bestehenden Einheit. [...]*

Der gesellschaftliche Zusammenhang von Geldhandlungen, der Markt, lässt den Wert sich also vom Material lösen, macht ihn zu einem nicht-material, nicht-inhaltlichen und insofern – man halte kurz die Luft an – zu absolut gedachtem Wert. ... Nicht das Metall der Münze, nicht das Papier eines Geldscheins ist uns wertvoll, nicht in dessen vielleicht kunstvollem Druck besteht für uns sein Wert, sondern darin, dass sich dieser Wert in einer Geldhandlung realisiert, *und zwar zuverlässig* wird realisieren lassen ... *(Wir) denken diesen Wert nicht in der Materie des Stücks Papier, sondern allein darin, dass sie uns seinen* Gebrauch als Wert verbürgt. *Wert ist sie uns allein* in diesem Gebrauch, *der uns auf solche materiale oder egal welche andere Weise verbürgt wird. Als Wert denken wir, in der Form einer quantifizierbar für sich bestehenden Einheit, eben diesen Gebrauch, die* Funktion *des Geldes.*

So – und so einfach – denken wir Wert als absolut, als die quantifizierbare Einheit der Geldfunktion. Was aber, wenn absolut, ist dann diese Einheit «Wert», worin besteht sie, als was bewegen wir sie in unseren Köpfen, die da unablässig, stündlich, täglich, ein Leben lang mit ihr befasst sind? Der univer-

selle Bezug auf Waren als Werte, den wir mit dem Geld vollziehen, scheint uns im Geldwert als ein eigenes Ding zu bestehen, als ungreifbar immaterielles, eigenschaftsloses Wesen, festesten Bestands, aber ohne allen Inhalt und, mehr und genauer noch, jenseits allen Inhalts, eben weil es jenen universellen Bezug auf die Inhalte selbst und abgetrennt von ihnen darstellt. Es ist also notwendig bezogen auf Inhalte und insofern das Gegenteil von absolut; zugleich aber ist es unabhängig davon, auf welche Inhalte es jeweils bezogen wird, und, indem es nichts darstellt als diesen Bezug, also ohne auch nur abstrakt leerer Inhalt zu sein – wie es als solcher etwa der Wert eines Goldstücks wäre – , besteht es selbst als dieser von den Inhalten abgetrennte Bezug auf sie; insofern aber absolut. Die Einheit, als die wir Wert denken, ist demnach, der bloße Bezug als Einheit genommen, reine Verhältnisbestimmung und in diesem Sinne endlich, reine Einheit.
TG 225 ff, Hervorhebungen im Original

An dieser Kennzeichnung der Wertabstraktion hängt gewissermaßen die Gesamtkonstruktion des Buches, der Rest ergibt sich fast von allein. Der Wertbegriff, der hier entwickelt wird, ist – obwohl nicht subjektiv – nur auf die Sphäre der Distribution bezogen, er kommt ohne «Wertsubstanz» aus, von der Arbeit also ist an keiner Stelle die Rede, weshalb es auch nicht möglich wäre, eine Wertgröße aus ihm abzuleiten. Aber darum geht es Bockelmann nicht. Ihn interessiert allein, was das Geld in den von ihm vergesellschafteten Subjekten anrichtet, wie es sie konstituiert. Allerdings wäre es an dieser Stelle durchaus angebracht, eine Verbindung zum Marxschen Fetischbegriff herzustellen, sie würde Bockelmanns Darstellung noch mehr Stringenz verleihen.

Die hat sie so schon. Auch wenn Bockelmann diesen Begriff nicht benutzt, so beschreibt er hier eine *Realabstraktion* par excellence. Sie liegt nicht – wie bei Sohn-Rethel – bereits in der Tauschhandlung, sondern in der bestimmenden Allgemeinheit des Geldes, und gehört deshalb eindeutig erst der Neuzeit an. Sie verlangt den Marktteilnehmern eine Abstraktionsleistung ab, die sie erbringen müssen, ohne sie als bewusste Denkleistung zu vollziehen: «Sie wissen es nicht, aber sie tun es» (Marx), bzw. sie müssen es tun. Sie müssen sie um ihrer Überlebensfähigkeit willen als einen Reflex ausbilden, der fortan als ein ihnen nicht bewusster Zwang nicht nur die Geldhandlungen, sondern ihren Zugang zur Welt überhaupt bestimmt:

Dies die Form, in der kein Mensch bis dahin hatte denken müssen und keiner daher hatte denken können, die neuzeitlich bedingte synthetische Leistung, welche die Menschen damit aufzubringen haben: zwei auf Inhalte bezogene, selbst aber nicht-inhaltliche Einheiten im reinen Verhältnis von bestimmt gegen nichtbestimmt. Diese Synthesis wird dem Denken, so bedingt, zur Notwendigkeit und zum Zwang. [...]

Ihren genuinen Bereich hat diese Synthesis im Umgang mit Geld, und ebendort haben die Menschen sie anzuwenden auf alle, unbestimmt welche *Inhalte,*

haben sie die reine Einheit «Wert» auf gleichgültig welchen Inhalt zu beziehen.
... Über die ältere und ebenfalls synthetische Leistung materialer Denkform, nämlich Wert in den Dingen zu denken und sie nach diesem inhärent gedachten Wert aufeinander zu beziehen, legt sich die neue, funktionale Leistung, ihn zu formen in die nicht-inhaltlichen Einheiten.
Ganz entsprechend der Vorgang in der Rhythmuswahrnehmung. Dort war bis dahin ebenfalls eine ältere synthetische Leistung am Werk, nach der die Menschen Klangeinheiten als Einheiten erfüllter Zeit proportional aufeinander bezogen, nach inhaltlichen Bestimmungen und also wiederum material. Wenn nun die funktionale Synthesis am Geld wirksam wird und dank ihrer Genese keine Beschränkung darin kennt, auf welche Art von Einheiten sie sich zu legen hat, legt sie sich daher notwendig auf andere synthetische Einheiten, die sie im «Denken» dort, wo sie wirkt, bereits vorfindet und die ihrer Art des Zugriffs vor allem sehr gut nachgeben können: Die materialen, erfüllten Zeiteinheiten formt und verbindet sie nunmehr nach ihnen, den funktionalen Bestimmungen und schafft sie damit zu den leeren, nach bestimmt gegen nicht-bestimmt unterschiedenen Zeiteinheiten der Taktschläge.
TG 229 ff, Hervorhebungen im Original

Die damit geleistete Erklärung der neuzeitlichen Rhythmuswahrnehmung aus der Geldvergesellschaftung ist trotz des entsprechenden Titels des Buches nicht dessen eigentliches Thema, das viel weiter reicht. Dennoch spielt dieser Auftakt auch im weiteren Gang der Erörterung eine Rolle. Mit ihm kann Bockelmann seine eigene Denkbewegung erklären, und das ist wohl auch nötig angesichts seiner These, alle neuzeitliche Wissenschaft und Philosophie, da ihrer eigenen Genese nicht bewusst, befinde sich im Irrtum, *bis jetzt*.

Wie kann es sein, dass all dies so lange nicht erkannt wurde? Gute vier Jahrhunderte hätte jenes Konstituens der gesamten Neuzeit im Verborgenen gewirkt? Und die schärfsten Geister und ihre genaueste Reflexion wäre blind dafür geblieben? Hätten zwar mit und nach ihm gedacht, doch nicht gewusst, was sie da taten? Ja, so muss es sein und es ist kein Wunder. Kein Philosoph konnte und kann, indem er noch so durchdringend auf seine Gegenstände blickt, in den Blick bekommen, was schon seinen Blick bestimmt, dasjenige, durch das hindurch er seine Gegenstände sieht. Niemand vermöchte gleichsam die Färbung der Gläser zu erkennen, durch die sich ihm die Welt so gefärbt zeigt, wie sie es sind, allein indem er auf diese Welt schaut. Kein Philosoph, keine Größe der Naturwissenschaft und auch niemand sonst könnte auf diese Weise zu einem anderen Urteil kommen als zu dem: Weit und breit von Färbung nichts zu sehen! Kein Begriff und keine Reflexion gelangt noch hinter das, was vor aller Reflexion und vor allen Begriffen liegt und sie eben dadurch immer schon formt.
Dorthin zu gelangen, das konnte nur gelingen, wo sich dies Formende in seiner Wirkung gerade so begriffslos und unreflektiert zeigt, wie es dies in sich

ist. Der einzige Ort solcher Wirkung aber ist der Rhythmus, der neuzeitliche, der Taktrhythmus.
TG 487 ff

Diese im Kontext des Buches durchaus schlüssige Erklärung erscheint mir gleichwohl unzureichend: Zum einen hat Bockelmann den Taktrhythmus ja nicht erstmals als für die bürgerliche Gesellschaft historisch spezifisch entdeckt, dieser Sachverhalt ist schon länger bekannt, sondern ihn mit der Geldvergesellschaftung in Verbindung gebracht, eine nicht zu unterschätzende Leistung auch und insbesondere dies, aber eben nicht dieselbe. Und zum anderen, ich sagte es bereits: So einsam, wie Bockelmann zu sein glaubt, ist er nicht. Seit der späten Veröffentlichung der Werke Sohn-Rethels Anfang der 1970er Jahre ist die Diskussion über den Zusammenhang von Gesellschaftsform und Erkenntnisform nicht mehr abgerissen, auch wenn Sohn-Rethels Ansatz selber diesen Zusammenhang noch nicht wirklich nachweisen konnte. Da zumindest doch seither denkbar ist, was als Erster gedacht zu haben Bockelmann von sich fälschlicherweise annimmt, ist eher nach einer anderen, tiefer liegenden Ursache zu suchen, etwa dieser: Dass es mit der in Rede stehenden Denkform selber ebenso zu Ende geht wie mit der ihr zu Grunde liegenden Warenform.

In einer weiteren Hinsicht ist der Befund von Interesse, dass die Geldvergesellschaftung nicht nur das bewusste Denken, sondern noch vorbewusste Reflexe bestimmt, wirft er doch ein bezeichnendes Licht auf die Konstitution des modernen Subjekts:

Ich will es einmal an dem beliebten Modell durchspielen, welches Freud zwar aufgestellt, selbst aber nur zurückhaltend gebraucht hat, nach dem Modell von Es, Ich und Über-Ich. Die Rhythmusempfindung müsste auf Grund ihrer unwillkürlichen Präsenz zweifellos zum Bereich des Es zählen, und ebenso sicher zum Bereich des Über-Ich die Anforderungen, durch die sich das Ich durchs Geld hinauf und hinab bis in seine feinsten und gröbsten sozialen Verhaltensmuster hinein gestellt sieht. Zwischen beiden Bereichen hätte das modellhafte Ich nun zu vermitteln und in dieser Vermittlung sich zu festigen. Wenn nun aber die Synthesis am Geld unmittelbar identisch ist mit der taktrhytmischen, so tritt auch jenes Über-Ich direkt und unvermittelt bereits im Es auf, wie immer es durchs Ich vermittelt dorthin gelangt sein sollte. Das Es bleibt also nicht, wie es gedacht war, Bereich der ursprünglichen Triebe, die im Ich erst in Richtung Über-Ich gemodelt würden, sondern es trägt in sich noch das Äußerste an Abstraktion, was dem Über-Ich nur entstammen kann. Das Über-Ich ist schon allhier im Es, die Struktur des Geldes im triebhaft-natürlichen Reflex. Der Ausgleich, den das Ich zu treffen hätte zwischen Es und Über-Ich, ist keiner mehr, da er längst besteht. Das Ich erarbeitet keinen Ausgleich, sondern ist kurzgeschlossen zwischen Polen, die einander vorweg ausgeglichen haben, die einander gleich sind und von denen das Ich gar keine Kraft und keinen Anlass mehr findet sich zu

unterscheiden. So wird der Inbegriff von Außen, das Geld, zu einem Äußersten an Innen – unentrinnbar, umfassend, allüberall: im Es, im Ich, im Über-Ich.
TG 239 ff, Hervorhebungen im Original

Das sei allen ins Poesiealbum geschrieben, die ihre Berufung auf «Bauch», Unmittelbarkeit oder das «wirkliche Leben» bereits für einen Akt des Widerstands gegen das abstrakte Allgemeine halten.

Die zweite Hälfte des Buches befasst sich mit dem modernen Denken im engeren Sinne, und zwar in Gestalt der neuzeitlichen Naturwissenschaft und der durch das «Erkenntnisproblem» sich konstituierenden neuzeitlichen Philosophie, auch sie vom Zwang der «funktionalen Synthesis» des Geldes determiniert. Hinsichtlich der Naturwissenschaft gibt es viele Übereinstimmungen zu bestehenden Ansätzen, die genauer zu erörtern hier nicht der Platz ist (s. www.exit-online.org, Schwerpunkt Wissenschafts- und Erkenntniskritik): Die aus der Gesetzesförmigkeit der Warengesellschaft blind hervorgehende, daher aber vortheoretische Annahme, die Natur gehorche mathematischen Gesetzen, und die Charakterisierung des Experiments als Veranstaltung zum Zwecke der Herstellung (nicht der bloßen Beobachtung) von Gesetzmäßigkeiten:

Das Experiment ist das Medium zur Verwandlung *von Natur in Funktion. Der neuzeitlich veränderte Blick auf das empirisch Gegebene ist keiner der Betrachtung mehr, sondern dringt ein, um das darin zu finden, was er voraussetzen muss, das gesetzmäßige Verhalten.*
TG 354, Hervorhebung im Original

Auch die fehlende Bewusstheit für das eigene Handeln auf Seiten der naturwissenschaftlich Tätigen findet bei Bockelmann eine Begründung:

Welt und Natur werden funktional gedacht: das heißt – solange die Genese der funktionalen Denkform unerkannt bleibt –, *sie werden gedacht, als wäre die funktional* gedachte *ihre* wirkliche *Form. Danach muss es die Naturgesetze wirklich so geben, wie wir sie denken und voraussetzen, wirklich in dieser Form funktionaler Nicht-Inhaltlichkeit.*
TG 358, Hervorhebungen im Original

An dieser Stelle wäre eine explizite Auseinandersetzung mit Kant von Interesse, die im Buch unterbleibt. Kant, der wie kaum einer vor oder nach ihm die funktionale Denkform als Vernunft *schlechthin* propagiert, von ihrer Genese im Geld mithin nichts gewusst hat, hat gleichwohl gewusst, dass die Gesetzmäßigkeit keine Natureigenschaft ist, sondern zu den Vernunftprinzipien gehört, die wir an die Erkenntnisobjekte herantragen *müssen*; auch der damit verbundene *Zwang* war ihm geläufig, er hat ihn bewusst affirmiert.

Wenngleich Bockelmann mit seinem Ansatz der *funktionalen Synthesis* Vieles genauer erfasst, als das bisher geschehen ist, so bleiben gewisse einschlägige Charakteristika der Naturwissenschaft bei ihm doch ausgeblendet, nämlich diejenigen, die erst einer in die Tiefe gehenden Subjekt- und damit Wert*abspaltungs*-Kritik zugänglich sind: So etwa die – bei Bacon sehr deutliche – geschlechtliche Konnotation der Naturerkenntnis, ebenso die doppelte Abspaltung im naturwissenschaftlichen Erkenntnisprozess, der Spaltung also nicht nur des Objekts, die von Bockelmann immerhin angedeutet wird, sondern auch des Erkenntnissubjekts, das sich aller individuellen Eigenschaften und weitgehend der eigenen Körperlichkeit zu entledigen hat, um zu objektiver Erkenntnis zu gelangen. An dieser Stelle, wie vermutlich auch noch an anderen, wäre es lohnend, die verschiedenen Ansätze zusammenzubringen.

In seiner Auseinandersetzung mit der neuzeitlichen Philosophie am Beispiel von Descartes, Spinoza und Leibniz zeigt Bockelmann, wie der Zwang, alles «in der ausschließenden Form reiner Einheit und rein bezogener Einheit zu denken» (TG 377), worunter sich nun mal die Welt als Ganze nicht fassen lässt, entweder in logischen Widersprüchen (Descartes) oder aber im Wahnsystem (Leibniz) enden muss, womit die Leibniz'sche Monadologie durchaus adäquat bezeichnet ist, auch wenn ihr sehr viel später bescheinigt wurde, sie habe die Verhältnisse der spätkapitalistischen Gesellschaft vorhergesagt, woran Leibniz selber aber nie gedacht hat noch hat denken können:

Die Menschen, monadisch jeder für sich, alle fensterlos und ohne Verbindung zu den anderen in ihr Einzelinteresse gebannt, welches sie verfolgen, als gäbe es nur jeweils sie auf der Welt, stimmen doch genau darin mit allen anderen überein und fügen sich so, im blinden Verfolg des je nur Eigenen, insgesamt zum Universum der Marktbeziehungen und der Marktgesellschaft: So schien es Leibniz nun mit den Monaden gemeint und so schien er es verblüffend genau getroffen zu haben. ...

Hat der große Monadologe daran gedacht, als er philosophierte? Hat er seine Monaden auf diese *Verhältnisse gemünzt? Hat er diese Verhältnisse gemeint?*

Er hat sie jedenfalls getroffen. Aber er hat nicht über sie geschrieben, nicht über sie nachgedacht, keinen Gedanken auf sie *gewandt. Hätte Leibniz gesellschaftliche Verhältnisse, wie er sie erlebte oder vielleicht nur für die Zukunft abzusehen begann, in dieser monadischen Verfassung erkannt, nichts hätte ihn abgehalten, es auszusprechen. Er, der noch jeden Frosch auf diese Form brachte, welches Bedenken hätte er getragen, auch hier zu sagen, was er sah – wenn er es denn gesehen hätte? Hier aber hat er nichts gesehen. Und hat doch etwas getroffen. Wenn man in sehr viel späteren Zeiten verblüfft festzustellen hat, schon im 17. Jahrhundert habe Leibniz die Form beschrieben, nach der sich die menschlichen Verhältnisse jetzt so offensichtlich modeln, verdankt sich diese Übereinstimmung keiner adäquaten Erkenntnis des frühen Denkers. Leibniz hat nicht* über *diese Verhältnisse nachgedacht, er hat* nach *ihnen gedacht. Sie sind es, die ihm jene Form vorgeben, aber nicht als Gegenstand, sondern als Modus der Erkenntnis. Sie sind es, die* zugleich *jene äußere Gesellschaft for-*

men – damals zu formen begannen und weiter geformt haben bis heute – und die dem Denken eben damit, wir wissen wie, jenen Erkenntnismodus vorgeben. Es sind die Geldverhältnisse, *die sich in unserer monadisch verfassten Gesellschaft niederschlagen und diese nach derselben Form* bestimmen, *welche sie* dem Denken *mittels eben dieser Formung der Gesellschaft abverlangen und einbeschreiben. Dies die historische Realität einer prästabilierten Harmonie. Indem Leibniz nichts weiter tut, als die Welt nach der funktionalen Abstraktion des Geldes zu durchdenken, trifft er die Formung einer Gesellschaft, die nach dieser selben Abstraktion eingerichtet ist: indem er ihr blind, ohne etwas davon zu erkennen, folgt. So bildet er Gesellschaft ab. Und so – noch einmal – zeigt sich dieses Denken im Innersten bestimmt durchs Geld.*
TG 480 ff, Hervorhebungen im Original

Hier hat gewissermaßen das Geld persönlich über seine Zukunft nachgedacht, musste sich dazu allerdings eines der von ihm konstituierten philosophischen Köpfe bedienen.

Abschließend sei noch einmal auf die Gesamtkonstruktion des Buches verwiesen: Bockelmanns gedanklicher Ausgangspunkt ist die Konstitution der Subjekte durch den Markt und die von ihm erzwungenen Geldhandlungen in dem historischen Moment, in dem das Geld bestimmende Allgemeinheit erlangt. Die Konstitution der Subjekte durch Arbeit und Wertabspaltung bleibt dagegen ausgeblendet. Bockelmann hat aus dem von ihm ins Auge gefassten Teilaspekt der Wertvergesellschaftung für die Erklärung der Genese des modernen Denkens herausgeholt, was herauszuholen ist, dennoch: es bleibt ein Teilaspekt. Der Bezug nur auf ihn könnte sich zumindest für Untersuchungen, wie die von ihm bereits angekündigte zur Quantentheorie, deren Gegenstände in der entwickelten kapitalistische Gesellschaft angesiedelt sind, als unzureichend erweisen. Ein weiterer Einwand betrifft den Charakter des Buches. Es handelt sich hier um etwas selten gewordenes, nämlich um Theorie in einem ganz klassischen Sinne, und die unterliegt als solche ihrerseits der funktionalen Denkform, was sich im vorliegenden Fall auch leicht festmachen lässt: Bockelmann bestimmt den Taktrhythmus, die Naturwissenschaft, die neuzeitliche Philosophie jeweils als Funktion eines durch das Geld in die Gesellschaft gekommenen Denkzwangs. Der Einwand ist also berechtigt, er ist jedoch nicht wirklich ein Einwand, sondern verweist nur darauf, dass Theorie in der an ihr Ende gelangenden Warengesellschaft nur dann noch sinnhaft sein kann, wenn sie einen Beitrag dazu leistet, sich aus der ihr eigenen Denkform herauszuarbeiten. Und diesen Sinn hat das vorliegende Buch allemal.

Das Schlusswort dieses Abschnitts überlasse ich Eske Bockelmann, im letzten Absatz seines Buches (TG 489):
Es sind die Menschen, die (den Zwang des Geldes) eingerichtet haben, durch nichts sonst auf ihn verpflichtet als durch sich selbst. Aber sie haben ihn eingerichtet zu dem, was ihre Welt im Innersten zusammen hält; und glauben nun

doppelt gezwungen – durch ihn, den sie eingerichtet haben, und ihn, den sie fest schon in sich tragen –, nicht sie hätten mehr über ihn, sondern er allein über sie zu entscheiden. Und fast will mir scheinen, am empfindlichsten seien sie gegen alles, was sie mahnt, dass sie darin irren.

II. Einige offene Fragen

Eske Bockelmanns Buch «Im Takt des Geldes» hat u. a. einen Beitrag zu einer Fragestellung geleistet, der ich mich in dem Text «Bewusstlose Objektivität» (Krisis 21/22, im Folgenden: BO) zu nähern versucht habe, nämlich der nach der Genese der neuzeitlichen Naturwissenschaft aus der spezifischen Struktur der Gesellschaft, in der sie stattfindet, der bürgerlichen, durch das Geld bzw. die Warenform konstituierten. Der im folgenden gestellten Frage, worin dieser Beitrag besteht, wie weit er reicht und welche Probleme er ungeklärt lässt bzw. gar nicht behandelt, wird TG insofern nicht gerecht, als der Inhalt dieser Frage ausdrücklich *nicht* sein eigentliches Thema ist, das Buch hier also an Ansprüchen gemessen wird, die es gar nicht erfüllen will. TG identifiziert einen *Teilaspekt* der historisch spezifischen, der Neuzeit angehörenden und den Subjekten nicht bewussten Denkform, der hier TG folgend als «funktionale Denkform» bezeichnet wird, am Taktrhythmus, weist seine Genese aus dem Geld – bzw. dem alltäglichen Umgang mit ihm zwecks Fristung des eigenen Daseins – nach und zeigt, wie er das moderne Denken in Naturwissenschaft und Philosophie beeinflusst.

Auch wenn ich die in TG vorgetragene Argumentation im Wesentlichen für schlüssig halte, folgt daraus nicht, jedenfalls nicht per se, dass damit Sohn-Rethels Frage nach der Genese der Denkform aus der Warenform abschließend geklärt sei, sondern nur, dass der in TG aufgezeigte Zusammenhang hierfür eine wesentliche Rolle spiele. Wie wesentlich, wäre zu klären, und danach wird hier gefragt.

«Ein dünner Faden von stählerner Kraft»

Wenn man so will, verschränken sich damit externalistische und internalistische Deutung. Soziologisch – und also externalistisch – erklärt der Umschlag in die Marktgesellschaft das Entstehen einer neuen – bislang rein internalistisch zu deutenden – kognitiven Leistung. Kognition ist hier in sich gesellschaftlich vermittelt, nämlich als internalistisches Moment externalistisch hergeleitet; in sich kognitiv vermittelt dagegen das gesellschaftliche Phänomen Wissenschaft, nämlich als die soziologisch wirkmächtige Einrichtung hergeleitet aus einem Innern des Denkens, ohne das sie nicht bestünde. Durch dieses Nadelöhr – auch durch dieses Nadelöhr – läuft die Verbindung zwischen Wissenschaft und Gesellschaft, wie weit sie sich sonst immer erstrecken und wie vielfältig sie sonst noch immer verbunden sein mögen. Es scheint nur ein dünner Faden zu sein, was dort hindurchläuft, etwas, das kaum einen Bruchteil des Gewichts zu halten

vermag, welches da auf beiden Seiten an ihm lastet. Und doch ist es ein Ding von solch stählerner Kraft, dass es dieses Gewicht nicht nur hält, sondern als ganzes trägt.
TG 281

Es geht um eine Erklärung der Genese der (Natur-)Wissenschaft und ihres Denkens, die weder internalistisch (wissenschaftsimmanent, kognitiv) noch externalistisch (soziologisch) ist. Wissenschaftsimmanente Deutungen können den Bruch – die Revolution – nicht erklären, durch den Wissenschaft allererst in die Welt gekommen ist. Soziologische (auf Interessen, Institutionen oder außerwissenschaftliche Probleme rekurrierende) Deutungen können nicht erklären, *was* da in die Welt gekommen ist. Ein bloßes Zusammenwerfen beider Ansätze muss unzusammenhängend bleiben, und wäre daher ebenfalls nicht tragfähig. Zu erklären ist übrigens auch, wieso die Protagonisten der neuen Herangehensweise diese für völlig «natürlich», auf der Hand liegend und klar halten, obwohl sie (so Koyré) in Antike und Mittelalter als «offenkundig falsch, ja absurd» eingestuft worden wäre, was dann umgekehrt für uns nicht mehr nachvollziehbar ist. Damit verbietet sich aber auch jede Erklärung, die darin besteht (Sohn-Rethel), bestimmte mit dem Aufkommen des Geldes verbundene Vorstellungen (Tausch- und Geldhandlungen, unternehmerisches Kalkül) seien *bewusst* auf andere Bereiche übertragen worden. Wäre dem so, dann läge die Genese des modernen Denkens nicht in dem Dunkel, in dem sie tatsächlich liegt.

Unter Berücksichtigung all dieser Schwierigkeiten ergibt sich als (vermutlich) einzige Gestalt, die eine tragfähige Erklärung ihrer Logik nach nur haben kann:

Die Gesellschaft konstituiert ihre Subjekte, die sich dieser ihrer historisch spezifischen Form aber nicht bewusst sind, sondern sie für natur- oder gottgegeben halten. Als Erkenntnissubjekte bringen sie wiederum die ihnen adäquate Erkenntnisform hervor als eine kognitive Leistung, deren Form – als «natürlich» empfunden – unbewusst und deren Genese verborgen bleibt.

In diesem «Forschungsprogramm» und seinen aufklärungskritischen Prämissen stimmen BO und TG überein und unterscheiden sich von fast allen anderen.[30] Die Unterschiede liegen in der inhaltlichen Ausführung, also darin, welche Aspekte der bürgerlichen Gesellschaft, des bürgerlichen Subjekts und seiner objektiven Erkenntnisform besonders hervorgehoben und miteinander in Beziehung gesetzt,

---

30 Der wissenschaftstheoretische Mainstream bis hin zur soziologischen Wissenschaftstheorie eines Kuhn blendet das historisch spezifische Erkenntnissubjekt aus seiner Betrachtung aus, behandelt es m.a.W. also als anthropologische Konstante. Auf die Idee, dass sich in der Konstitution der Individuen etwas verändert haben könnte, wodurch «objektive Erkenntnis» im modernen Sinne allererst möglich wird, kommt er nicht, auch ihm bleibt die Genese dieses Denkens verborgen. Eher wird man hier in Abhandlungen fündig, die das Subjekt selber und sein Verhältnis zur bürgerlichen Gesellschaft zum Gegenstand haben und dabei die naturwissenschaftliche Erkenntnisform gewissermaßen «nebenbei» abhandeln, so etwa Ulrich 2002, Kurz 2004.

welche «Fäden» zwischen Wissenschaft und Gesellschaft mithin gezogen werden. Ihre Tragfähigkeit ist jeweils zu prüfen.

TG verfolgt nach eigener Aussage unter diesen Fäden nur einen einzigen, den jedoch in aller Akribie und Genauigkeit. Gerade die Wucht der Argumentation macht es aber beim ersten Lesen schwierig zu erkennen, *wo tatsächlich Verbindungen hergestellt werden können und wo nicht. Daneben gibt es Verbindungen, die von vornherein außer Betracht bleiben, als wichtigste die zwischen bürgerlichem Geschlechterverhältnis, geschlechtlicher Bestimmtheit der Subjektform und männlicher Dominanz in der (Natur-)Wissenschaft.* Hier sind weitere «Fäden» zu ziehen und miteinander zu «verweben».

Gesetz – Experiment – Fortschritt

TG erklärt die allgemein anerkannte Charakterisierung von Wissenschaft (TG 270) mit dem durch die Geldsynthesis hervorgebrachten funktionalen Denken.

Naturgesetz = *Funktion, nach der Inhalte als Variable aufeinander bezogen werden (TG 352), Denkform des reinen Verlaufs, eines Bezugssystems von reinen Quanta (TG 357)*

Experiment = *Medium zur Verwandlung von Natur in Funktion, von Inhalt in Variablen (TG 354), Annäherung der Inhalte an die vorausgesetzte ideale Form (TG 355),*

Fortschritt = *immer bessere Anpassung der Wirklichkeit ans Ideal (TG 356)*

Am überzeugendsten erscheint mir dabei die Erklärung der gesetzesförmigen Naturauffassung. Sie entsteht durch die unwillkürliche Übertragung einer Denkform, deren reflexhafte Anwendung für das Überleben in der durch das Geld vermittelten Gesellschaft erforderlich ist. Da dieses Denken unbewusst ist, erscheint es «natürlich» (wie der Taktrhythmus) und muss deshalb in den Erkenntnisgegenstand selbst hineinprojiziert werden:

Welt und Natur werden funktional gedacht: das heißt – solange die Genese der funktionalen Denkform unerkannt bleibt –, sie werden gedacht, als wäre die funktional gedachte ihre wirkliche Form. Danach muss es die Naturgesetze wirklich so geben, wie wir sie denken und voraussetzen, wirklich in dieser Form funktionaler Nicht-Inhaltlichkeit.
TG 358

Muss aber für Experiment und Fortschritt nicht noch etwas hinzukommen? Zum Experiment: Es gibt ja Wissenschaften, die ganz im Geiste der funktionalen Denkform nach Gesetzen suchen, sich aber auf die nicht eingreifende Beobachtung beschränken müssen, weil Experimente ihnen nicht möglich sind, so etwa die Astronomie, die Klimaforschung, die VWL oder die Ökologie. Das heißt aber, dass sich das Experiment (als notwendiges Werkzeug) aus der funktionalen Denkform allein nicht zwingend ableiten lässt, sonst dürfte es solche Wissenschaften nicht geben.

Die Rolle des Experiments als für die neuzeitliche Naturwissenschaft konstitutiv soll damit nicht bestritten werden, im Gegenteil. Sie zeigt sich u.a. darin, dass sich die mathematisch-experimentelle Methode ihre Probleme nach der Möglichkeit ausgesucht hat, sie mit ihren Werkzeugen und insbesondere dem des Experiments zu traktieren (beginnend mit den allereinfachsten Problemen der Mechanik), und sich erst nach und nach auf immer neue Wissensgebiete ausgeweitet hat (als einzige Ausnahme bleibt die Astronomie, die von Anfang an dazugehörte).

Das Experiment ist ein mehr oder weniger gewaltsamer Eingriff in die natürlichen (soll heißen: ohne solche Eingriffe sich vollziehenden) Abläufe und soll dann merkwürdigerweise Auskunft geben darüber, was auch ohne derartige Eingriffe immer passiert, ohne sie aber überhaupt nicht sichtbar wäre. *Lässt sich diese «offenkundig falsche, ja absurde» Vorstellung allein mit der funktionalen Denkform und ihrer Genese erklären? Oder zielt vielleicht von Anfang an die neuzeitliche Naturwissenschaft ihrer Struktur nach weniger auf Erkenntnis und mehr auf die technische Neuschöpfung der Welt (Bacon)?* Die *Art* dieser Neuschöpfung ergibt sich wiederum aus der funktionalen Denkform, nicht aber das Ziel an sich, die ganze Welt nach deren Bild zu *gestalten*. Zu seiner Erklärung müssten evtl. andere konstituierende Elemente der bürgerlichen Gesellschaft herangezogen werden.

An diesem Ziel orientiert sich laut TG auch der Fortschritt, mit dem immer mehr Teile der Wirklichkeit immer besser an das Ideal der funktionalen Denkform angepasst werden. Von Bacon, Hobbes, Descartes usw. als ein Versprechen aufgefasst, kann es heute nur noch als Drohung angesehen werden. Auch bei der Idee des Fortschritts stellt sich die Frage, ob sie allein aus der funktionalen Denkform folgt oder andere Strukturelemente der Moderne hinzu kommen. Zu denken ist hier insbesondere an die Selbstverwertung des Werts mit der Tendenz, letztlich alle Inhalte in seine Form zu bringen. Ein weiterer, mit dieser Beschreibung der Fortschrittsauffassung noch nicht erfasster Aspekt ist die Vorstellung von der Wissens*akkumulation*, der zufolge objektives Wissen nie verloren geht, sondern allenfalls im fortgeschritteneren Wissen aufgehoben wird, das seinerseits auf früherem Wissen *aufbaut*. Auch hier die Frage: *Lässt sich diese Vorstellung von Wissenschaft als Gebäude allein mit der funktionalen Denkform erklären? Die Analogie zur Akkumulation von Geld/Kapital springt ins Auge, aber ist es mehr als nur eine Analogie?*

«Die natürliche, die handgreifliche Evidenz»

Das Koyré-Zitat
«Die natürliche, die handgreifliche Evidenz, die diese Auffassungen genießen, ist nämlich vergleichsweise jungen Datums: wir verdanken sie Galileo und Descartes. In der griechischen Antike ebenso wie im Mittelalter wären die gleichen Auffassungen als ‹offenkundig› falsch, ja absurd eingestuft worden.»
TG 321

erscheint als eines der immer wieder auftretenden Leitmotive von TG (und darauf nimmt auch BO positiv Bezug, Koyré ist eine der wenigen gemeinsamen Quellen beider Texte). Damit werden Bilder vermittelt, als habe das Geld gewissermaßen einen Schalter im Denken umgelegt bzw. den Menschen die rosa Brille des Mittelalters abgenommen und die blaue Brille der Neuzeit aufgesetzt, sodass sie fortan dieselbe Wirklichkeit in völlig anderem Licht sehen. Derartige Metaphern sind nicht falsch, und hinsichtlich der Nicht-Vermittelbarkeit des naturwissenschaftlichen Weltbildes anderen Epochen gegenüber dürften sie sogar den wesentlichen Punkt treffen.

Dass aber die Auffassungen der mathematischen Naturwissenschaft modernen Menschen per se als «natürlich» und «evident» erscheinen, lässt sich empirisch nicht halten, andernfalls bedürfte es nicht der Bildungsinstitutionen, die diese Auffassungen ihren SchülerInnen und Studierenden erst einbläuen müssten, mit eher mäßigem Erfolg. Das Schulfach Mathematik gilt vielen als unzugänglich und ist an den Hochschulen immer noch *das* Selektionsinstrument. Ebenso wäre es, wenn es denn gelehrt würde, mit dem Fach «Mathematische Naturwissenschaft» (was in den Schulen tatsächlich gelehrt wird, sind so genannte naturwissenschaftliche «Tatsachen», weitgehend unter Absehung von der Methode, mit der sie produziert wurden), das den Blick auf die Welt durch die «mathematische Brille» zu vermitteln hätte («Mathematische Modellierung» in moderner Terminologie).[31]

Anders als der Taktrhythmus, der jeder und jedem Einzelnen scheinbar «im Blut» liegt, stößt das mathematisch-naturwissenschaftliche Denken auch heute noch auf den Widerstand des «gesunden Menschenverstands», weil Naturgesetze wie

- die Erde dreht sich um ihre eigene Achse und die Sonne,
- alle Körper fallen gleich schnell,
- ein Körper, auf den keine Kraft wirkt, bewegt sich ad infinitum geradlinig gleichförmig weiter

den alltäglichen Erfahrung in einer Weise widersprechen, dass ihre «handgreifliche Evidenz» erst der naturwissenschaftlichen Bildung bedarf, also «von Staats wegen» in den Köpfen verankert werden muss. Allein der Umgang mit Geld reicht dazu offensichtlich nicht aus, und auf der individuellen Ebene gibt es meines Wissens hier auch keinen nachweisbaren Zusammenhang im Sinne einer Korrelation zwischen naturwissenschaftlichem Verständnis und der Fähigkeit, mit Geld umzugehen.

Das ändert nichts daran, dass erst die Geldvergesellschaftung das naturwissenschaftliche Weltbild hervorgebracht hat und dieses ohne jene nicht wäre. Der Wert ist die Bedingung der Möglichkeit der neuzeitlichen Wissenschaft und der zu ihr gehörigen Denkform, *doch wie gelangt der Wert in die Köpfe?* Offenbar gibt es

---

31 Noch schlechter ist es übrigens um die Nachvollziehbarkeit neuzeitlicher Philosophie bestellt, die heute (mangels «praktischer Relevanz») nur noch von SpezialistInnen verstanden wird.

hier ein Vermittlungsproblem, das auf der «individualpsychologischen» Ebene nicht zu lösen ist und sich vermutlich für den Taktrhythmus anders darstellt als für die Wissenschaft und wieder anders für die Philosophie.

Anzumerken ist (wieder eine bloße Analogie?), dass auch der Kapitalismus seinen Leuten erst gewaltsam aufgeherrscht werden musste (vgl. Kurz 1999), von denen die meisten ihn alles andere als «natürlich» angesehen haben dürften.

Moderne vs. Neuzeitliche Wissenschaft

Die in TG und BO in den Blick genommene «Revolution der Denkart» (Kant) bezieht sich auf eine Mathematik und Naturwissenschaft, die heutzutage als «klassisch» gilt. Wenn dagegen von «moderner» Mathematik oder Physik die Rede ist, so ist die des 20. Jahrhunderts gemeint. Vorbereitet durch im 19. Jahrhundert auftretende Probleme und Inkonsistenzen hat es ziemlich genau um 1900 wissenschaftliche Revolutionen im Kuhn'schen Sinne (Paradigmenwechsel) gegeben, von der aber in voller Breite verschiedene Fächer erfasst wurden:

- Die Physik verabschiedet sich mit der Quantenphysik (Planck 1900) und der Relativitätstheorie (Einstein 1905) vom mechanistischen Weltbild (nicht allerdings vom Bild der Welt als einer mathematischen bzw. auf diese Weise adäquat beschreibbaren Maschine).
- Galileis Vorstellung vom «Buch der Natur, das in der Sprache der Mathematik geschrieben» sei, wird ersetzt durch den instrumentellen Einsatz mathematischer Modelle (Hertz 1894). Es kann fortan für denselben Wissensbereich mehrere konkurrierende oder sich ergänzende Modelle geben, und diese brauchen auch keine «anschauliche» (mechanische) Bedeutung mehr zu haben, sodass es unterschiedliche (und umstrittene) «Deutungen» ein und desselben mathematischen Modells geben kann (so etwa die Kopenhagener Deutung der Quantentheorie).
- Die Mathematik konstituiert sich als Fach eigenen Rechts (Hilbert 1900), indem sie ihre Probleme nicht mehr nur aus den Realwissenschaften bezieht (Auftrennung in «reine» und «angewandte» Mathematik) und sich von allen Inhalten ablöst. Mathematische Sätze sind nicht mehr «wahre Aussagen über die Natur», vielmehr weicht der mathematische Wahrheitsbegriff auf: eine mathematische Theorie gilt fortan genau dann als «wahr», wenn sie widerspruchsfrei ist.
- Mathematische Modelle werden in der Folge (Biologie) oder auch schon vorher (Ökonomie) zunehmend in anderen Wissenschaften eingesetzt, es bilden sich Fachrichtungen wie «Mathematische Wirtschaftstheorie», «Mathematische Ökologie», «Mathematische Psychologie» aus, in denen die «mathematisch-naturwissenschaftliche» Methode eingesetzt wird, aber ohne das Instrument des Experiments auskommen muss.

Diese Entwicklung könnte deutlich machen, dass die Mathematik nicht im Erkenntnisgegenstand liegt, sondern Teil des Erkenntnis-Instrumentariums und damit des erkennenden Subjekts ist. Sie erleichtert auch uns (TG und BO) damit die

Kritik. Auf der philosophischen Ebene jedoch werden vom Positivismus zugleich bestimmte, als «metaphysisch» denunzierte Fragestellungen als sinnlos, unlösbar und nicht zur positiven Wissenschaft gehörig abgeschnitten und nicht mehr gestellt, gerade damit aber eine ihren Verfechtern nicht bewusste Metaphysik kreiert, ein *universeller Fetischismus*, der die mathematische Gesetzmäßigkeit endgültig zu einer Eigenschaft der Dinge selbst erklärt.

Wie ist diese neuerliche wissenschaftliche Revolution zu erklären? Handelt es sich um eine oder mehrere, nur zeitgleiche, aber nicht zusammenhängende? Reicht zur Erklärung die Kuhn`sche «Struktur wissenschaftlicher Revolutionen» aus? Lassen sich Beziehungen zur Entwicklung des Kapitalismus herstellen? Es handelt sich hier – anders als die Revolution von 1600 – tatsächlich um eine innerwissenschaftliche Revolution und nicht um eine Neukonstitution, im Rahmen des Fortschrittsparadigmas werden die «klassischen» Vorläufer nicht verworfen, sondern aufgehoben (so jedenfalls die Sichtweise der «modernen» Wissenschaft). Dennoch ist die Umwälzung derart umfassend und tiefgehend, wie es das seit 1600 nur dieses eine Mal gegeben hat. Die Frage nach dem Charakter *dieser* Revolution stelle ich hier deswegen, weil TG dazu einige Andeutungen enthält, die allerdings auf spätere Ausarbeitungen verweisen. Danach wären bestimmte Vorstellungen der modernen Physik (Teilchen-Welle-Dualismus der Quantenphysik, Schwarze Löcher, Urknall) nur der konsequente Ausfluss dessen, was bereits 1600 in die Welt gesetzt wurde. Ich möchte daran ein paar Zweifel anmelden.

Literatur

Adorno, Theodor W. / Horkheimer, Max: *Dialektik der Aufklärung*, Frankfurt 1988

Bockelmann, Eske: *Im Takt des Geldes. Zur Genese modernen Denkens*, zu Klampen, Springe 2004

Koyré, Alexandre: *Leonardo, Galilei, Pacal. Die Anfänge der neuzeitlichen Naturwissenschaft*, Frankfurt 1998

Kurz, Robert: *Schwarzbuch Kapitalismus. Ein Abgesang auf die Marktwirtschaft*, Eichborn, Frankfurt a. M. 1999

Kurz, Robert: *Blutige Vernunft. Essays zur emanzipatorischen Kritik der kapitalistischen Moderne und ihrer westlichen Werte*, Bad Honnef 2004

Ortlieb, Claus Peter: *Bewusstlose Objektivität. Aspekte einer Kritik der mathematischen Naturwissenschaft*, Krisis 21/22, 15–51, Bad Honnef 1998

Sohn-Rethel, Alfred: *Geistige und körperliche Arbeit. Zur Theorie der gesellschaftlichen Synthesis*, Frankfurt 1970

Ulrich, Jörg: *Individualität als politische Religion. Theologische Mucken und metaphysische Abgründe (post-)moderner Individualität*, Albeck bei Ulm 2002

Die Zahlen als Medium und Fetisch

Erstveröffentlichung in: Schröter, J. / Schwering, G. / Stäheli, U.: *Media Marx. Ein Handbuch*, 153–167, transcipt-Verlag, Bielefeld, Juni 2006

Als Anfang des Jahres 2005 die Anzahl der Arbeitslosen in Deutschland die Marke von fünf Millionen überschritt, war die Aufregung groß, und die Stimmung verdüsterte sich. Der Kanzler nannte diese Zahl «bedrückend», obwohl er doch wie alle wusste, dass sie nur einer neuen Zählweise geschuldet war. Offenbar war es hier die Zahl selbst und nicht die dahinter liegende gesellschaftliche Realität, die die öffentliche Wahrnehmung auf sich zog und ihrerseits beeinflusste. Die Bundesregierung hätte vielleicht besser daran getan, sich ein Beispiel an der früheren britischen Regierung Thatcher zu nehmen, die in ihrer Regierungszeit die Arbeitslosigkeit dadurch bekämpfte, dass sie sie in dreizehn aufeinanderfolgenden gesetzlichen Vorschriften immer weiter herunter rechnete. Wenn nur die Zahlen sinken, ist alles in Ordnung.

Gut drei Monate später war die Zahl der Arbeitslosen in Deutschland auf 4,97 Millionen gesunken, und der Wirtschaftsminister beeilte sich auf einer Podiumsdiskussion zu dem von den anwesenden Arbeitslosen mit Gelächter quittierten Schwur: «Wir werden ab jetzt nie mehr die fünf Millionen überschreiten. Da können Sie Gift drauf nehmen.» Ob mit dem Nachsatz das Unbewusste dem Minister einen Streich gespielt und eine verdrängte Lösung des Problems an die Oberfläche gespült hat, bleibe dahingestellt.

Es soll im Folgenden auch nicht um die Frage gehen, wie man Arbeitslose «richtig» zählt, sondern vielmehr um das Phänomen, dass Zahlen sich gewissermaßen verselbständigen können und für die Wirklichkeit genommen werden, obwohl sie tatsächlich eine sehr geringe Aussagekraft haben. Dieser offenkundigen Verrücktheit sind sich auch die von ihr Erfassten durchaus bewusst, wenn etwa in Tageszeitungen die fünf Millionen mit leiser Ironie als «magische» Grenze (einschließlich der Anführungszeichen) bezeichnet werden, mithin gesehen wird, dass hier Magie am Wirken ist, die doch gleichwohl in unseren aufgeklärten Zeiten nichts zu suchen habe. Es wird zu zeigen sein, dass es sich genau darum handelt: Um die Magie der Aufklärung und ihres Denkens.

Die Arbeitslosenzahl ist nur ein Beispiel für das hier eingekreiste und hinsichtlich seiner Ursachen genauer zu bestimmende Phänomen. Man braucht nicht lange zu suchen, um weitere in beliebiger Anzahl und Vielfalt zu finden. Die gesamte institutionalisierte statistische Erhebungs- und Prognosetätigkeit lebt von ihnen. Zu nennen sind etwa die jährlich aufgestellten Wachstumsprognosen der wirtschaftswissenschaftlichen Institute und ihre monatlichen Korrekturen, die Inflationsrate und, damit zusammenhängend, das «reale» Bruttoinlandsprodukt, die in Zahlen gefassten Ergebnisse der PISA- und anderer Studien, die Bestimmung des Intelligenzquotienten oder – für viele elementarer – der Schulnoten, der Waldschadensbericht, die Prognosen zum Weltklima, ausgedrückt in Grad Celsius der zu erwartenden Erhöhung der Durchschnittstemperatur usw. Umgekehrt schlagen in Gesetzen und Vorschriften die Zahlen, deren genaue Bedeutung niemand zu bestimmen vermag, als Normen auf die Wirklichkeit durch, indem sie ebenso magische wie reale Grenzen setzen: die drei Prozent des Bruttoinlandsprodukts etwa, die die Neuverschuldung eines EU-Landes nicht überschreiten darf; die Schulnoten, die einen gewissen Standard nicht unterschreiten dürfen, soll die Versetzung gesichert sein; die die erlaubte Umweltverschmutzung regelnden «Grenzwerte» etwa für Feinstaub in der Luft, Gifte in Nahrungsmitteln o.Ä., so als wäre die Welt darunter vollkommen in Ordnung und bräche sie darüber sofort in sich zusammen.

Die Erhebung bzw. Festlegung dieser Zahlen ist in jedem Einzelfall mit erheblichen methodischen Problemen verbunden, die den beteiligten Fachleuten zwar auch nicht stets bewusst sind, es aber immerhin sein könnten. In der öffentlichen Wahrnehmung und gesellschaftlichen Wirkung jedoch wird der mehr oder weniger «wissenschaftliche» Herstellungsprozess, dessen Ergebnis die Zahlen erst sind, samt seinen Unwägbarkeiten vollständig ausgeblendet. Die Zahlen verselbständigen sich dadurch und erhalten eine eigenständige, von aller Wirklichkeit außer ihnen absehende Bedeutung. In Konfliktfällen scheint dieser Sachverhalt manchmal auf, wenn z. B. Eltern nicht einsehen mögen, dass die Fünf in Mathematik den Leistungsstand der Tochter angemessen beschreibe, wobei allerdings regelhaft nur die Wahrnehmung der «ungerechten» Lehrerin und eher selten die Zumutung angegriffen wird, die darin besteht, Fähigkeiten und Verständnis in einer Zahl ausdrücken zu müssen.

Das hier beschriebene, offenkundig magische Verhältnis, in dem wir als moderne Menschen zu den Zahlen stehen, sollte nicht verwechselt werden mit der Zahlenmagie in vormodernen oder außereuropäischen Kulturen. Diese bezog sich immer auf die einzelne Zahl: Die Sieben etwa, die Drei oder die Fünf, die jede für sich eine eigene Qualität hatten. Die haben sie heute gerade nicht mehr, weder im Alltagsbewusstsein noch in der modernen Mathematik und mathematischen Naturwissenschaft, in der sich die Zahlen als qualitätslose Punkte auf dem Zahlenstrahl nur noch hinsichtlich ihrer Anordnung unterscheiden. Worum es also geht, sind die Zahlen als Gesamtheit und ist der Sachverhalt, dass sie für uns ein Medium sind, uns über die Welt zu verständigen, auch dort noch, wo es ohne jeden Sinn ist.

Angesichts der Komplexität der modernen Welt erscheint es immer dann angemessen, sich der Zahlen als Medium zu bedienen, wenn es um Sachverhalte geht, die die Einzelerfahrungen übersteigen. Das inzwischen wohl als gesichert geltende Ergebnis der PISA-Studien etwa, dass in keinem anderen vergleichbaren Land Bildungschancen und Schulerfolg von der sozialen Herkunft abhängen wie in Deutschland, wäre ohne die methodisch durchaus problematische zahlenmäßige Erfassung von Bildungsinhalten wohl kaum erreichbar gewesen. Bei den Geldflüssen, um einen anderen Bereich zu nennen, handelt es sich, so sie sich denn erfassen lassen, um aussagekräftige Größen: Wenn sich etwa laut UNCTAD im Weltmaßstab die ausländischen jährlichen Direktinvestitionen im Zeitraum zwischen 1980 und 2003 ungefähr verzehnfacht und ihre Bestände sich mehr als verhundertfacht haben, dann sagt das etwas über die Neuartigkeit des mit dem Wort «Globalisierung» ein wenig unscharf beschriebenen Phänomens und widerlegt jedenfalls die Behauptung, es sei alles schon mal dagewesen. Und schließlich, zum Dritten: Von den ökologischen Gefährdungen, dem Ozonloch etwa oder den absehbaren Klimaveränderungen und ihren jeweiligen, von der modernen Gesellschaft hervorgebrachten Ursachen würden wir ohne ihre zahlenmäßige Erfassung in Millionen von Messdaten keinerlei Kenntnis haben. Man beachte allerdings die dieser Argumentation zu Grunde liegende Logik: Sie besagt, dass wir an bestimmte, über Einzelerfahrungen hinausgehende Sachverhalte *nur* über das Medium der Zahlen herankommen können. Daraus folgt aber *nicht*, dass das dann auch gelingt.

Die Aussage, dass wir über unsere Welt ohne das Medium der Zahlen nur wenig wissen würden, ist insofern richtig und gleichwohl nur der kleinere Teil der Wahrheit. Zum größeren gehört, dass es ohne dieses Medium und seine teilweise gewalttätige Verselbständigung in Naturwissenschaft und Technik viele Probleme gar nicht gäbe, die sich dann nur noch mit diesem Medium erfassen lassen; dazu gehört, dass die ausschließliche Verwendung dieses Mediums ohne Bewusstsein für seine Grenzen in die Irre bzw. genauer gesagt zu magischen Vorstellungen führt; und dazu gehört schließlich, gewissermaßen als Quintessenz, dass wir von unserer Welt letztlich nicht mehr wissen als andere Kulturen von der ihren.

Positive Wissenschaft als Magie

Die Zahlen stehen hier stellvertretend für die Mathematik, in die sie eingebettet sind und die bekanntlich nicht nur eine Lehre von den Zahlen ist. In Verallgemeinerung des bisher Gesagten geht es im Folgenden daher um die moderne Vorstellung, die Welt folge mathematischen Gesetzmäßigkeiten und alle objektive Erkenntnis bestehe darin, diese Gesetze aufzuspüren, wodurch aber die Mathematik letztlich zum Medium wird, das eine allgemein verbindliche Verständigung über die Wirklichkeit allererst ermöglicht. Die Zahlen spielen hier insofern eine besondere Rolle, als sie in der Gestalt von Messergebnissen die Verbindung zwischen den mathematischen Modellen und der Empirie herstellen. «Tatsachen» werden – auf dem Wege der Messung – durch Zahlen ausgedrückt, wogegen deren gesetzesförmige Erklärung komplexerer mathematischer Konstruktionen bedarf.

Wer nach den Ursprüngen sucht, stößt auf Galilei. Dem vor allem von der Wissenschaftsgeschichtsschreibung des 19. Jahrhunderts ins Leben gerufenen modernen Volksglauben nach, welchem auch einige der heute noch in Gebrauch befindlichen Physikbücher anhängen, war Galilei der erste, der den Blick von den tradierten Schriften des Aristoteles und der Kirchenväter abwendete und den «Tatsachen» ins

Auge blickte. Kennzeichnend dafür ist die Legende der «berühmten» Fallversuche vom schiefen Turm von Pisa, mit der Galilei angeblich aller Welt sein Fallgesetz («Alle Körper fallen gleich schnell») bewies und Aristoteles, der das anders gesehen hatte, widerlegte. Die Legende ist noch nicht einmal gut erfunden (vgl. Koyré 1998, 123 ff.): Zum einen hätten die beschriebenen Versuche Galileis Fallgesetz nicht bestätigt, sondern falsifiziert, zum anderen wird hier, wie in vielen Physikbüchern noch immer, der Charakter der in der Person des Galilei kulminierenden wissenschaftlichen Revolution zu Beginn des 17. Jahrhunderts vollständig verfehlt. Nach Galileis Überzeugung ist «das Buch der Natur» in der Sprache der Mathematik geschrieben, und diese Überzeugung hat er und mit ihm die neuzeitliche Physik gegen alle unmittelbare Empirie durchgehalten (vgl. Ortlieb 1998, 24 ff., S. 45 ff. in diesem Buch). Um es an einem Beispiel zu verdeutlichen: Das bereits Galilei und Descartes geläufige und von Newton zum Axiom erhobene Prinzip, demnach ein bewegter Körper sich gleichförmig weiterbewege, auf einer geradlinigen Bahn, solange ihn keine äußere Kraft daran hindert, ist rein hypothetisch, es wurde nie beobachtet, kann gar nicht beobachtet werden, und gehört gleichwohl zu den Grundlagen der neuzeitlichen Physik. «In der griechischen Antike ebenso wie im Mittelalter wären die gleichen Auffassungen als ‹offenkundig› falsch, ja absurd eingestuft worden» (Koyré 1998, 72), und es gibt überhaupt keinen Grund, Antike oder Mittelalter deswegen als irrational oder autoritätshörig zu qualifizieren.

Sie haben nur die Methode der neuzeitlichen Wissenschaft nicht gekannt. Deren Vermittlung ihrer mathematischen Konstruktionen mit der Wirklichkeit besteht im Experiment und einer der größten anzunehmenden wissenschaftlichen und wissenschaftshistorischen Irrtümer darin, dieses mit der schlichten Beobachtung gleichzusetzen, wie sie Antike und Mittelalter zur Verfügung stand. Im Experiment wird Realität nicht einfach beobachtet, sondern *hergestellt*, den idealen mathematischen Konstruktionen zumindest näherungsweise entsprechend. Hierin und nur hierin ist der Erfolg der mathematischen Naturwissenschaft begründet: Die Realität, die sie beschreibt, ist eine von ihr selbst produzierte.

Wie bereits von Kant (1787/1990) festgestellt, ist die Gesetzmäßigkeit der Natur ikeine Natureigenschaft, sondern hat ihren Platz im erkennenden Subjekt und dessen Prinzipien der «Vernunft». Kant führt es in der «Kritik der reinen Vernunft» genauer aus: Er analysiert und kennzeichnet das tatsächliche Vorgehen der Naturwissenschaft so genau und zutreffend wie niemand vor und kaum einer nach ihm. Und zugleich erhebt er es zur Norm und erklärt diese spezifische Erkenntnisform zur einzig möglichen, indem er mit der ganzen Arroganz der Aufklärung alle anderen Erkenntnisformen als «bloßes Herumtappen» disqualifiziert. Völlig blind bleibt er schließlich, auch hierin ganz Aufklärungsphilosoph, gegenüber der Frage, woher denn die von ihm propagierte Vernunft wohl kommen möge, er scheint sie für eine Natureigenschaft des (männlichen, weißen) Menschen zu halten.

Diese Blindheit treibt der seit anderthalb Jahrhunderten den wissenschaftlichen Mainstream bestimmende Positivismus gewissermaßen zur Vollendung, indem er Kants Metaphysik dadurch «überwindet», das er sich ausgerechnet des an ihr Zutreffenden entledigt. Comte (1844/1994, 5) entwickelt mit seinem «Gesetz der Geistesentwicklung der Menschheit oder Dreistadiengesetz» eine Geschichtsphilosophie, die drei notwendig nacheinander durchlaufene Stadien (Erkenntnisformen) unterscheidet, denen die Kindheit, eine Art pubertäre Übergangsphase und schließlich das Mannesalter (!) der Geistesentwicklung bzw. der Menschheit zugeordnet wird, wobei einzelne Menschen oder auch die «drei Rassen» (!) in ihrer Entwicklung unterschiedlich weit fortgeschritten sein können: Das «theologische oder fiktive» Stadium, das «metaphysische oder abstrakte» Stadium und schließlich das «positive oder reale» Stadium. Entscheidend ist nun – und hier ist Comte sehr klar –, dass der im Übergang zur Erwachsenenphase liegende Fortschritt nicht etwa durch einen sprunghaften Erkenntniszuwachs, sondern vielmehr durch eine Veränderung der Fragestellung begründet wird. So weise etwa das theologische Stadium «eine typische Vorliebe für die unlösbarsten Fragen über Gegenstände auf, die einer entscheidenden Nachprüfung am unzugänglichsten sind» und suche nach «absoluten Wahrheiten» (a. a. O.). Das metaphysische Übergangs-Stadium behandele die gleichen Fragen, jedoch mit Mitteln, die eine «kritische oder auflösende» Wirkung erzielen: «Die Metaphysik ist also in Wahrheit im Grunde nichts anderes als eine Art durch auflösende Vereinfachungen schrittweise entnervte Theologie.» (Comte 1844/1994, 13) Und als Ergebnis und Krönung dieser Entwicklung, die damit zugleich abgeschlossen sei, stelle sich wie von selbst das positive oder reale Stadium ein:

Diese lange Reihe notwendiger Vorstufen führt schließlich unsere schrittweise frei gewordene Intelligenz zu ihrem endgültigen Stadium rationaler Positivität [...] . Nachdem derartige vorbereitende Übungen von selbst die völlige Nichtigkeit der der anfänglichen Philosophie – sei sie nun theologisch oder metaphysisch – eigenen unklaren und willkürlichen Erklärungen bewiesen haben, verzichtet der menschliche Geist fortan auf absolute Forschungen, wie sie nur seiner Kindheit angemessen waren, und beschränkt seine Bemühungen auf das von da an rasch sich entwickelnde Gebiet der echten Beobachtung, der einzig möglichen Grundlage der wirklich erreichbaren und unseren tatsächlichen Bedürfnissen weise angemessenen Erkenntnisse.
Comte (1844/1994, 15/16)

Bestimmte Fragen werden einfach nicht mehr gestellt, jedenfalls nicht unter erwachsenen (weißen) Männern. Die sind fortan der positivistischen «Grundregel» verpflichtet, «daß keine Behauptung, die nicht genau auf die einfache Aussage einer besonderen oder allgemeinen Tatsache zurückführbar ist, einen wirklichen oder verständlichen Sinn enthalten kann» (Comte 1844/1994, 16). Da spielt es dann schon keine Rolle mehr, dass etwa das oben erwähnte Newton`sche Axiom der gleichmäßig geradlinigen Weiterbewegung eines Körpers im kräftefreien Raum nach dieser Regel nicht hätte formuliert werden dürfen, weil es einen solchen Raum bekanntlich nicht gibt. Das Vorgehen der mathematischen Naturwissenschaft wird vom Positivismus verallgemeinernd propagiert und zugleich hinsichtlich seines Charakters völlig verfehlt:

Mit einem Wort, die grundlegende Revolution, die das Mannesalter unseres Geistes charakterisiert, besteht im wesentlichen darin, überall anstelle der unerreichbaren Bestimmung der eigentlichen Ursachen die einfache Erforschung von Gesetzen, d. h. der konstanten Beziehungen zu setzen, die zwischen den beobachteten Phänomenen bestehen. Ob es sich nun um die geringsten oder die höchsten Wirkungen, um Stoß und Schwerkraft oder um Denken und Sittlichkeit handelt, wahrhaft erkennen können wir hier nur die verschiedenen wechselseitigen Verbindungen, die ihrem Ablauf eigentümlich sind, ohne jemals das Geheimnis ihrer Erzeugung zu ergründen.
Comte (1844/1994, 17)

Im «Mannesalter» der Aufklärung werden die in Zahlen und anderen mathematischen Formen gefassten Gesetze endgültig für eine Eigenschaft der Natur gehalten, das Erkenntnissubjekt kommt als Gegenstand der entsorgten Metaphysik nicht mehr vor, und solche feinen Unterscheidungen wie die zwischen Experiment und Beobachtung lässt man doch besser weg, sie stören nur noch. Diese Schludrigkeit erst erlaubt es, die mathematisch-naturwissenschaftliche Methode umstandslos für Gebiete wie etwa die Volkswirtschaftslehre geeignet zu halten, in denen Experimente nicht möglich sind. Und die Überschätzung der nicht verstandenen Methode führt dazu, alle Fragen, die sich mit ihr nicht angehen lassen, auszublenden bzw. in die irrelevant gewordene «Kindheitsphase» der Menschheit zu verweisen. «Der Aufklärung wird zum Schein, was in Zahlen, zuletzt in der Eins, nicht aufgeht; der moderne Positivismus verweist es in die Dichtung.» (Horkheimer/Adorno 1988, 13)

Die tabuisierte Metaphysik allerdings kehrt, wenn sich ihre Fragen auch im Rahmen positivistischer Wissenschaft nicht mehr wegdrängen lassen, in ihren ganz alten Formen, nämlich in Gestalt magischer Vorstellungen zurück. Regelmäßig passiert das dann, wenn sich Positivisten über das Verhältnis von Mathematik und Wirklichkeit Gedanken machen und ihrer Verwunderung Ausdruck geben, dass beide so gut zueinander passen. Der positivistische Wissenschaftsphilosoph Carnap etwa spricht von einem «Glücksfall» und zieht dafür zu Recht den Spott von Adorno (1969, 30) auf sich. Erst recht löst diese Frage bei in der Wissenschaft praktisch Tätigen ehrfürchtiges Staunen aus:

Echte Wissenschaft hingegen bleibt wirkliche Magie. Es ist faszinierend zu sehen, wie viele physikalische Phänomene sich mit unheimlicher Genauigkeit an Theorien und Formeln halten, was nichts mit unseren Wünschen oder kreativen Impulsen, sondern mit der reinen Wirklichkeit zu tun hat. Es macht einen völlig sprachlos, wenn es sich herausstellt, daß Phänomene, die zunächst nur theoretisch begründet und mit Formeln errechnet worden sind, sich in der Folge als

Realität erweisen. Warum sollte die Wirklichkeit so sein? Es ist reine Magie!
Dewdney (1998, 30)

In der letzten Konsequenz der Aufklärung, deren Pathos doch immer darin bestand und noch besteht, die irrigen Vorstellungen der Vormoderne hinter sich gelassen und überwunden zu haben, fällt der von ihr so betonte Gegensatz von Religion/ Magie auf der einen und Wissenschaft auf der anderen Seite in sich zusammen.

Fetischismus

Ein Fetisch ist ein Ding, in das übersinnliche Eigenschaften projiziert werden und das damit über die ihm Verfallenen Macht auszuüben vermag. Über solcherart Fetischismus, wie er zu Beginn des Kolonialismus vor allem an westafrikanischen Religionen festgemacht wurde, weiß die Aufklärung sich erhaben. Marx (1867/1984, 86/87) sah das bekanntlich anders:

Das Geheimnisvolle der Warenform besteht also einfach darin, daß sie den Menschen die gesellschaftlichen Charaktere ihrer eignen Arbeit als gegenständliche Charaktere der Arbeitsprodukte selbst, als gesellschaftliche Natureigenschaften dieser Dinge zurückspiegelt, daher auch das gesellschaftliche Verhältnis der Produzenten zur Gesamtarbeit als ein außer ihnen existierendes gesellschaftliches Verhältnis von Gegenständen. [...] Es ist nur das bestimmte gesellschaftliche Verhältnis der Menschen selbst, welches hier für sie die phantasmagorische Form eines Verhältnisses von Dingen annimmt. Um daher eine Analogie zu finden, müssen wir in die Nebelregion der religiösen Welt flüchten. Hier scheinen die Produkte des menschlichen Kopfes mit eignem Leben begabte, untereinander und mit den Menschen in Verhältnis stehende selbständige Gestalten. So in der Warenwelt die Produkte der menschlichen Hand. Dies nenne ich den Fetischismus, der den Arbeitsprodukten anklebt, sobald sie als Waren produziert werden, und der daher von der Warenproduktion unzertrennlich ist.

Die Analogie zum Gegenstand dieses Aufsatzes springt ins Auge. Die inzwischen auch außerhalb der Naturwissenschaften reichlich verwendete mathematisch-naturwissenschaftlichen Methode ist der Versuch, Produkte des menschlichen Kopfes, hier also Zahlen und andere mathematische Formen, an die Wirklichkeit anzulegen und diese nach ihrem Bilde zu gestalten oder jedenfalls durch sie hindurch wahrzunehmen. Und das Ende dieser Geschichte besteht in dem Glauben, die Wirklichkeit bzw. die «Natur» selber sei gesetzesförmig und der Erfolg der Naturwissenschaft der schlagende Beweis dafür.

Doch es handelt sich nicht um eine bloße Analogie, nicht um die zufällige Parallelität zweier voneinander unabhängiger Fetischismen. Seit der späten Veröffentlichung des Ansatzes von Sohn-Rethel (1970) hat es immer wieder Versuche gegeben, die von der Aufklärung ausgeblendete und vom Positivismus schließlich tabuisierte Frage anzugehen, also den Zusammenhang von «Warenform und Denkform», «Gesellschaftsform und Erkenntnisform», «Geld und Geist» auszuleuchten, so etwa von Greiff (1976), Müller (1977), Bolay/Trieb (1988), Ortlieb (1998). Die Angelegenheit ist komplex und lässt sich nicht auf wenigen Seiten klären. Den direktesten Weg nimmt Bockelmann (2004), den ich hier kurz skizziere. Eine der Schwierigkeiten, an der der erste Versuch Sohn-Rethels letztlich gescheitert ist, besteht darin, die moderne Form der Erkenntnis ebenso wie der Warengesellschaft in ihrer Besonderheit von ihren Vorläufern in der Antike klar abzugrenzen. Es ist nicht das bloße Vorhandensein von Geld oder der Tausch der überschüssigen Produktion, die die moderne Denkform auf den Weg bringen, sondern dazu ist notwendig, dass das Geld zur bestimmenden Allgemeinheit und dem eigentlich Zweck der Produktion wird,

wenn es ein historisch erstes Mal also heißen kann, «all things came to be valued with money, and money the value of all things». Dann beginnt Geld – in diesem für uns prägnanten Sinn – Geld zu sein, indem es als Geld allein noch fungiert. Der feste Bestand, den es bis dahin nur im wertvoll gedachten Material hatte, geht dann nämlich über in die bestandsfeste Allgemeinheit des Bezugs aller Dinge auf den Geldwert – und also in dessen für sich genommen festes Bestehen. Wenn die Handlungen des Kaufens und Verkaufens für die Versorgung bestimmende Allgemeinheit erlangen, entsteht damit die allgemeine Notwendigkeit, den Markt, zu dem es dafür gekommen sein muss, als das Geflecht dieser Kaufhandlungen fortzusetzen, ganz einfach deshalb, damit die Versorgung, die daran hängt, nicht ihrerseits abreißt. Die Notwendigkeit, allgemein über Geld zu verfügen, übersetzt sich so in die Allgemeinheit, mit der die Geldfunktion auch weiterhin notwendig ist; und übersetzt sich damit in die Festigkeit dieser Funktion als einer für sich bestehenden Einheit.
Bockelmann (2004, 225)

Die historisch neue Situation besteht in einer *Realabstraktion*. Sie verlangt von den Marktteilnehmern eine Abstraktionsleistung, die sie erbringen müssen, ohne sie als bewusste Denkleistung zu vollziehen; in der Marxschen Formulierung:
Die Menschen beziehen also ihre Arbeitsprodukte nicht aufeinander als Werte, weil diese Sachen ihnen bloß sachliche Hüllen gleichartiger menschlicher Arbeit gelten. Umgekehrt. Indem sie ihre verschiedenartigen Produkte einander im Austausch als Werte gleichsetzen, setzen sie ihre verschiednen Arbeiten einander als menschliche Arbeit gleich. Sie wissen das nicht, aber sie tun es.
Marx (1867/1984, 88)

Es sollte darauf hingewiesen werden, dass Bockelmann sich an keiner Stelle auf Marx bezieht, der Begriff der (abstrakten) Arbeit tritt bei ihm nirgendwo auf. Hinsichtlich der Frage, was die Warenproduktion, die Produktion also zum alleinigen Zwecke des durchs Geld vermittelten Erwerbs anderer Waren, in den ihr unterworfenen Menschen bewirkt, sind beide Erklärungen aber kompatibel. Die Waren-

subjekte müssen um ihrer Überlebensfähigkeit willen einen Reflex ausbilden, der fortan als ein ihnen nicht bewusster Zwang nicht nur die Geldhandlungen, sondern ihren Zugang zur Welt überhaupt bestimmt:
> *Dies die Form, in der kein Mensch bis dahin hatte denken müssen und keiner daher hatte denken können, die neuzeitlich bedingte synthetische Leistung, welche die Menschen damit aufzubringen haben: zwei auf Inhalte bezogene, selbst aber nicht-inhaltliche Einheiten im reinen Verhältnis von bestimmt gegen nichtbestimmt. Diese Synthesis wird dem Denken, so bedingt, zur Notwendigkeit und zum Zwang. [...] Ihren genuinen Bereich hat diese Synthesis im Umgang mit Geld, und ebendort haben die Menschen sie anzuwenden auf alle, unbestimmt welche Inhalte, haben sie die reine Einheit «Wert» auf gleichgültig welchen Inhalt zu beziehen. [...] Über die ältere und ebenfalls synthetische Leistung materialer Denkform, nämlich Wert in den Dingen zu denken und sie nach diesem inhärent gedachten Wert aufeinander zu beziehen, legt sich die neue, funktionale Leistung, ihn zu formen in die nicht-inhaltlichen Einheiten.*
> Bockelmann (2004, 229/230)

Es ist unschwer zu erkennen, wie weitgehend der hier abstrakt beschriebene, von der Warenform erzwungene Weltzugang dem der mathematischen Naturwissenschaft entspricht und sich noch in den Details ihrer Methode wiederfindet:
> *Das Experiment ist das Medium zur Verwandlung von Natur in Funktion. Der neuzeitlich veränderte Blick auf das empirisch Gegebene ist keiner der Betrachtung mehr, sondern dringt ein, um das darin zu finden, was er voraussetzen muss, das gesetzmäßige Verhalten.*
> Bockelmann (2004, 354)

Und auch das fehlende bzw. fetischistische Bewusstsein positivistischer Wissenschaft von ihrer Methode und ihrem Gegenstand lässt sich auf diese Weise zwanglos erklären:
> *Welt und Natur werden funktional gedacht: das heißt – solange die Genese der funktionalen Denkform unerkannt bleibt –, sie werden gedacht, als wäre die funktional gedachte ihre wirkliche Form. Danach muss es die Naturgesetze wirklich so geben, wie wir sie denken und voraussetzen, wirklich in dieser Form funktionaler Nicht-Inhaltlichkeit.*
> Bockelmann (2004, 358)

Dass für die Überwindung dieses Bewusstseins die Kenntnis der Genese seiner Form notwendig ist, heißt nicht – und wird von Bockelmann auch nicht behauptet –, dass sie allein ausreichen wird, wenn damit nicht zugleich die Überwindung des ihm zu Grunde liegenden Warenfetischs einhergeht.

Geschlechtliche Abspaltung

Es sollte deutlich geworden sein, dass jede Erklärung des Zusammenhangs zwischen Gesellschafts- und Erkenntnisform das Subjekt der Erkenntnis in den Blick zu nehmen hat, welches immer zugleich Staatsbürger und Warenmonade ist, geprägt von der Gesellschaft, in der Erkenntnis stattfindet. Auch wenn es nur darum gehen soll, das hier als Zahlenfetischismus gekennzeichnete Phänomen besser zu verstehen, können davon unabhängige Untersuchungen zur Konstitution der Subjektform durchaus hilfreich sein, vgl. etwa Ulrich (2002), Kurz (2004). Ein grundlegendes, aber bisher nicht berührtes Moment soll hier noch herausgehoben werden, nämlich die Gespaltenheit des modernen Subjekts und die (damit zusammenhängende) geschlechtliche Konnotation der wertförmigen Vergesellschaftung ebenso wie der zahlenförmigen Erkenntnis.

Objektive Erkenntnis, wie sie sich etwa im physikalischen Experiment vollzieht, lässt sich als ein Vorgang der Abspaltung beschreiben, nämlich der Abspaltung derjenigen Aspekte der Wirklichkeit, die den gesetzesförmigen Ablauf stören würden. Einer der auszuschaltenden «Störfaktoren» ist der Experimentator selbst. Seine Körperlichkeit und seine Empfindungen könnten den «idealen» Ablauf durcheinander bringen und sind daher soweit wie möglich zu eliminieren, ohne damit seinen Beobachterstatus zu gefährden, was Greiff (1976) anhand der geläufigen, imperativisch formulierten Vorschriften in Lehrbüchern der experimentellen Physik zur Ausführung von Experimenten herausarbeitet. Der im Experiment vorgenommene aktive Eingriff in die Natur ist also zuallererst eine Handlung des Experimentators an sich selbst, nämlich seine Spaltung in ein Verstandes- und ein Körperwesen. Diese Erkenntnisform setzt mithin ein Subjekt voraus, das sich in dieser Weise spalten lässt.

Derartige Subjekte sind keineswegs in allen Gesellschaftsformen vorzufinden, sondern vielmehr ein Spezifikum einer einzigen, nämlich der bürgerlichen Gesellschaft, für die die Spaltung in Gefühl und Verstand, Körper und Geist, privat und öffentlich samt der dazugehörigen geschlechtlichen Konnotation konstitutiv ist. In der an abstrakten Kalkülen orientierten öffentlichen Sphäre sind nur die «männlichen» Anteile gefragt, die «weiblichen» dagegen abzuspalten. Letztere, da für das individuelle Überleben wie die gesellschaftliche Reproduktion gleichwohl erforderlich, sind damit aber nicht verschwunden, sondern werden vielmehr an die Frau delegiert («Wertabspaltung», vgl. Scholz (2000, 13 ff. und 107 ff.). Wohin denn auch sonst, ließe sich einwenden, aber «weiblich» werden diese Anteile – und «männlich» die anderen – eben erst durch die entsprechende Zuweisung, sie sind es nicht von Natur aus. Zu beachten ist ferner, dass es sich hier um ein Schema handelt, das in den Individuen vielfach gebrochen ist, schließlich ist nicht von biologischen Determinanten, sondern von gesellschaftlichen Verhältnissen die Rede. Nicht jeder Mann ist also gleichermaßen «männlich», nicht jede Frau gleichermaßen «weiblich», doch der Zwang ist groß, sich diesen von der Warengesellschaft kodifizierten geschlechtlichen Attributen zu fügen, sodass nach wie vor, statistisch gesprochen, die positive Korrelation zwischen gesellschaftlichem und biologischem Geschlecht hoch ist.

In diesem Sinne ist der Experimentator, ist das Subjekt und der Träger der objektiven, gesetzes- und zahlenförmigen Erkenntnis «männlich», und zwar nicht nur strukturell, sondern auch empirisch, und das desto ausgeprägter, je höher sein Rang in der wissenschaftlichen Hierarchie. Es ist daher kein Zufall, dass Kritik an den unangreifbar scheinenden mathematischen Naturwissenschaften in den letzten Jahrzehnten fast ausschließlich von feministischer Seite erhoben wurde. Stellvertretend für viele seien hier Scheich (1993) und Keller (1995) genannt. Die Tiefendimension des Problems lässt sich freilich ohne Bezug auf die Wertabspaltung als ebenso umfassendes wie «in sich gebrochenes Formprinzip der gesellschaftlichen Totalität» (Scholz 2004, 19) schwerlich erreichen. Wer nur die institutionalisierte Erkenntnisgewinnung und ihre Mechanismen für sich betrachtet, kann allenfalls an ihrer Oberfläche kratzen.

Harte Fakten?

Als «harte Fakten» (man beachte auch hier die geschlechtliche Konnotation) gelten in der Regel solche Tatbestände, die durch eine Zahl, eine Zahlenkolonne oder eine mathematische Funktion ausgedrückt werden. Über deren Bedeutung ist damit aber noch gar nichts gesagt. In den experimentellen Wissenschaften ergibt sie sich aus der technischen Herstellbarkeit, also präzisen Handlungsanweisungen, mit denen sich das behauptete Ergebnis erzielen lässt. Darin liegt das ganze Geheimnis der «Exaktheit» der mathematisch-naturwissenschaftlichen Methode. Bei der Übertragung auf Wissensbereiche, in denen Experimente nicht möglich sind, sondern die Verbindung zur Empirie nur in der nicht eingreifenden Beobachtung oder statistischen Erhebung liegt, muss diese Exaktheit verloren gehen. Was an ihre Stelle tritt, bleibt unklar. Die Frage, welchen Sinn eine mathematische Erfassung der Wirklichkeit noch hat, wie weit also die den Naturwissenschaften entnommene Methode noch trägt, wenn sie ihrer basalen Anbindung an die Empirie beraubt ist, verfällt, da nicht Gegenstand «positiver Wissenschaft», der Nichtbeachtung. Ganze Fächer leben von derartigem Selbstbetrug, allen voran der Mainstream der akademischen Volkswirtschaftslehre (vgl. Ortlieb 2004). Die «Härte» der Fakten erweist sich als Schein und pure Fassade.

Betrachtet man im Einzelfall die von solchen Fächern produzierten Daten, so zeigt sich oft, dass unvergleichliche Qualitäten unter einen Hut gebracht, Äpfel also gewissermaßen mit Kartoffelsäcken addiert wurden. Das soll an einem abschließenden Beispiel verdeutlicht werden, bei dem es wiederum – obwohl hier wirklich nicht das eigentliche Thema – um die empirische Erfassung des Phänomens der Arbeitslosigkeit geht:

Für wohlmeinende, um den Zustand der Welt besorgte Menschen, die ein wenig Aufheiterung brauchen, ist wohl eine Meldung wie diese gedacht («tageszeitung» 15.2.2005):

Weltweit weniger Joblose: Der jahrelange Trend steigender weltweiter Arbeitslosigkeit ist 2004 unterbrochen worden. Das geht aus dem Weltarbeitsbericht der Internationalen Arbeitsorganisation (ILO) für 2004 hervor. Demnach sank die Arbeitslosenquote von 6,3 Prozent auf 6,1 Prozent, die Zahl der Erwerbslosen ging auf 184,7 (2003: 185,2) Millionen zurück.

Wer die deutsche Arbeitslosenquote vor Augen hat, könnte den Eindruck gewinnen, die damit bezeichnete Krisenerscheinung sei ein Problem vor allem Deutschlands bzw. Europas, und wird darin durch dieselbe Meldung sogleich bestätigt: «In den 25 EU-Ländern gab es mit einem Rückgang von 9,1 Prozent auf 9,0 Prozent fast einen Stillstand. Die Quote sei aber niedriger als vor 10 Jahren, als sie bei 11,2 Prozent lag.»

Tatsächlich wird hier aber Unvergleichbares miteinander verglichen, obwohl die ILO die Arbeitslosigkeit weltweit auf einheitliche Weise erfasst: Als erwerbstätig wird von ihr gezählt, wer mindestens eine Stunde pro Woche bezahlt arbeitet. Als arbeitslos gilt, wer in diesem Sinne nicht erwerbstätig ist, eine solche ihr/ihm angebotene «Arbeit» innerhalb von 14 Tagen nach eigenen Angaben aber antreten würde. Von den Schwierigkeiten bei der Datenerhebung einmal abgesehen: Bereits die Anhebung der völlig willkürlichen Grenze von 1 auf 3 Stunden pro Woche bezahlter Arbeit würde die so errechnete Arbeitslosenquote in einigen Ländern drastisch in die Höhe treiben, in anderen dagegen überhaupt nicht verändern. Hinzu kommt, dass «Arbeit» und «Arbeitslosigkeit» in verschiedenen Ländern ganz verschiedene Bedeutung haben können. Ein grelles Licht auf diesen Sachverhalt wirft eine andere Zahl, die in der Mitteilung der ILO (2005) enthalten ist, auf den auch die obige Zeitungsmeldung sich bezieht: Der Anteil der «$ 2 working poor» unter den weltweit als arbeitend Geltenden lag 2002 bei 50,4 Prozent und sank trotz der Dollarentwertung in den beiden Folgejahren nur auf 48,7 Prozent im Jahr 2004. Etwa die Hälfte aller «Arbeitenden» verdient also weniger als zwei Dollar pro Tag, weniger als ein Viertel des Zuverdienstes eines 1-Euro-Jobbers. Auch diese Zahl sagt über die dahinter liegenden Wirklichkeiten wenig aus, von ihr erfasst sind ohne Vertrag arbeitende Lohnsklaven ebenso wie Elendsunternehmer, die am Straßenrand eine Handvoll Früchte am Tag auf eigene Rechnung verkaufen, und sie bezieht sich auf Länder, in denen man für zwei Dollar zumindest noch eine anständige Mahlzeit bekommt ebenso wie auf solche, in denen sie nicht einmal für ein Sonderangebot bei McDonalds reichen. Dennoch zeigt sich auch an ihr, dass bei der Berechnung der weltweiten Arbeitslosenquote ganz offensichtlich «Äpfel mit Kartoffelsäcken addiert» wurden. Anders gesagt: Die Zahl von 6,1 Prozent, die immerhin eine Zeitungsmeldung wert war, ist nicht einfach falsch, sondern hat keinerlei sachlichen Gehalt. Dasselbe gilt dann für die Nachricht ihrer Veränderung entsprechend.

Damit wird die «Korrektheit» der erhobenen Zahlenwerte nicht bestritten. Ob die ILO bei ihren repräsentativen Umfragen sauber oder unsauber gearbeitet hat, lässt sich von mir nicht überprüfen, spielt aber auch gar keine Rolle. Die Zahlen mögen korrekt sein, sie verlieren aber jeden Sinn, wenn mit ihnen Länder mit unterschiedlichen ökonomischen Verhältnissen und gesetzlichen Regelungen verglichen und dann über solche Ländergruppen hinweg gar noch Mittelwerte gebildet werden.

Wenngleich sinnlos, sind die Zahlen doch nicht ohne Wirkung, weil sie in fast beliebiger Weise instrumentalisiert werden können. Sind sie einmal in der Welt, lassen sich aus ihnen munter Schlüsse ziehen. Beispielsweise kann man mit ihnen jetzt den «empirischen Beweis» antreten, dass die Deregulierung von Arbeitsverhältnissen und die Senkung der Löhne zu einer Verringerung der Arbeitslosigkeit führt, da die ja schließlich, so orakeln jedenfalls die Zahlen, in den Billiglohnländern geringer ist. Aber um mehr als ein Orakel handelt es sich in der Tat nicht.

Zahlen scheinen in der modernen Gesellschaft nahezu das einzige Medium zu sein, sich «objektiv», also über den pluralistischen Meinungsaustausch hinaus, über den Zustand unserer Welt zu verständigen. Der abgespaltene, von Zahlen gar nicht erfassbare «weibliche» Bereich muss dabei von vornherein außer Betracht bleiben. Wie sich zeigt, sind aber auch die zahlenförmigen Kenntnisse über den öffentlichen «männlichen» Bereich mehr als fragwürdig. Letztlich lässt sich auf diesem Wege über unsere Gesellschaft nur wenig in Erfahrung bringen. Dem Glauben an den Zahlenfetisch und seine umfassende Geltung tut das allerdings keinen Abbruch.

Literatur

Adorno, Theodor W.: *Der Positivismusstreit in der deutschen Soziologie. Einleitung*, Neuwied 1969

Adorno, Theodor W. / Horkheimer, Max: *Dialektik der Aufklärung*, Frankfurt 1988

Bockelmann, Eske: *Im Takt des Geldes. Zur Genese modernen Denkens*, Springe 2004

Bolay, Eberhard / Trieb, Bernhard: *Verkehrte Subjektivität. Kritik der individuellen Ich-Identität*, Frankfurt 1988

Comte, Auguste: *Rede über den Geist des Positivismus*, 1844, Neuausgabe der deutschsprachigen Ausgabe, Hamburg 1994

Dewdney, Alexander K.: *Alles fauler Zauber?*, Basel 1998

Greiff, Bodo v.: *Gesellschaftsform und Erkenntnisform. Zum Zusammenhang von wissenschaftlicher Erfahrung und gesellschaftlicher Entwicklung*, Frankfurt 1976

ILO 2005: Pressemitteilung vom 14.2.2005 (ILO 05/8), Appendix http://www.ilo.org/public/english/bureau/inf/pr/2005/8tables.pdf

Kant, Immanuel: *Kritik der reinen Vernunft*, 1781, 2. Auflage 1787, Nachdruck, Hamburg 1990

Keller, Evelyn Fox: *Geschlecht und Wissenschaft: Eine Standortbestimmung*, in Orland, Barbara / Scheich, Elvira (Hrsg.): *Das Geschlecht der Natur*, Frankfurt 1995, 64–91

Koyré, Alexandre: *Leonardo, Galilei, Pacal. Die Anfänge der neuzeitlichen Naturwissenschaft*, Frankfurt 1998

Kurz, Robert: *Blutige Vernunft. Essays zur emanzipatorischen Kritik der kapitalistischen Moderne und ihrer westlichen Werte*, Bad Honnef 2004

Marx, Karl: *Das Kapital. Erster Band*, 1867, MEW 23, Berlin 1984

Müller, Rudolf-Wolfgang: *Geld und Geist. Zur Entstehungsgeschichte von Identitätsbewußtsein und Rationalität seit der Antike*, Frankfurt 1977

Ortlieb, Claus Peter: *Bewusstlose Objektivität. Aspekte einer Kritik der mathematischen Naturwissenschaft*, Krisis 21/22, 15–51, Bad Honnef 1998, s. www.exit-online.org

Ortlieb, Claus Peter: *Markt-Märchen. Zur Kritik der neoklassischen akademischen Volkswirtschaftslehre und ihres Gebrauchs mathematischer Modelle*, EXIT!, Krise und Kritik der Warengesellschaft, Heft 1, 166–183, Bad Honnef 2004

Scheich, Elvira: *Naturbeherrschung und Weiblichkeit*, Pfaffenweiler 1993

Scholz, Roswitha: *Das Geschlecht des Kapitalismus. Feministische Theorien und die postmoderne Metamorphose des Patriarchats*, Bad Honnef 2000

Scholz, Roswitha: *Neue Gesellschaftskritik und das Dilemma der Differenzen*, EXIT!, Krise und Kritik der Warengesellschaft, Heft 1, 15–43, Bad Honnef 2004

Sohn-Rethel, Alfred: *Geistige und körperliche Arbeit. Zur Theorie der gesellschaftlichen Synthesis*, Frankfurt 1970

Ulrich, Jörg: *Individualität als politische Religion. Theologische Mucken und metaphysische Abgründe (post-)moderner Individualität*, Albeck bei Ulm 2002

Quantenquark:
Über ein deutsches Manifest
Eine kritische Stellungnahme zu «Potsdamer Manifest» und «Potsdamer Denkschrift»

zusammen mit Jörg Ulrich

Erstveröffentlichung: www.exit-online.org 2005
in gekürzter Form erschienen in: Frankfurter Rundschau vom 28.10.2005

Im Jahre 1955 formulierte Bertrand Russell angesichts der Entwicklung der Massenvernichtungswaffen ein Manifest, dem Albert Einstein kurz vor seinem Tode als prominentester Mitunterzeichner beitrat. Das so genannte Russell-Einstein-Manifest fordert in durchaus pathetischer, aber dennoch klarer Diktion zu einem «neuen Denken» auf: Es stelle sich nicht mehr die Frage, auf welchem Wege militärische Siege errungen werden können, weil diese Möglichkeit in einem Nuklearkrieg gar nicht mehr bestehe. «Die Frage, die wir uns stellen müssen, ist vielmehr: Auf welchem Wege lässt sich eine militärische Auseinandersetzung verhindern, deren Ausgang für alle Parteien nur noch unheilvoll sein kann.» Die Alternative bestehe letztlich darin, entweder der Menschheit oder aber dem Krieg ein Ende zu setzen. Dass es gerade Naturwissenschaftler waren, die sich hier zu Wort meldeten, wurde mit ihrer genaueren Kenntnis der Zerstörungskraft thermonuklearer Waffen begründet, in gewisser Weise also mit ihrer Fachkompetenz.

50 Jahre später wird wieder ein Manifest veröffentlicht, das sich selber in der Nachfolge des Russell-Einstein-Manifestes sieht. Doch das ist bestenfalls ein Missverständnis. Das «Potsdamer Manifest 2005» (http://www.gcn.de/download/manifest_de.pdf) und seine Langfassung, die «Potsdamer Denkschrift 2005» (http://www.gcn.de/download/denkschrift_de.pdf), verfasst von dem Physiker Hans-Peter Duerr, dem Geografen Daniel Dahm und dem Sozialwissenschaftler Rudolf zur Lippe, erweisen sich in einem eigentlich überwunden geglaubten Sinne als ein Produkt der «deutschen Ideologie». Der einzige Anknüpfungspunkt zum Russell-Einstein-Manifest ist dessen Formulierung vom «neuen Denken». Doch weder die dunkel wabernde Diktion noch der mit ihr transportierte Inhalt haben mit dem 50 Jahre älteren Vorbild irgendetwas gemein. Mit dem «neuen Denken» ist ein ganz altes gemeint, eine Art völkischer Esoterik, die von sich gewiss behaupten kann, im Trend zu liegen, wie etwa die gerade angelaufene Kampagne «Du bist Deutschland» zeigt. Jener Deckel passt auf diesen Eimer, auch wenn das wohl nicht in der Intention seiner Autoren liegt. Sie meinen ja nicht nur «Deutschland», sondern «die ganze Welt», doch auch das hat bekanntlich Tradition.

Die Fachkompetenz, die von den Autoren des «Potsdamer Manifestes» in Anspruch genommen wird, liegt u. a. in der Quantenphysik und soll hier nicht bestritten werden. Nur hat das ganze Manifest mit Quantenphysik nicht wirklich etwas zu tun, es geht vielmehr um die Propagierung eines «neuen Denkens» im Angesicht und zur Lösung der offenbaren Krise der modernen Gesellschaft, insofern ist die beanspruchte Fachkompetenz eine bloß angemaßte. Das eigentlich Unzusammenhängende wird allerdings durch eine Idee miteinander verbunden, die sich nur als irrwitzig bezeichnen lässt, die Idee nämlich, menschliches Zusammenleben künftig nach quantenphysikalischen Prinzipien oder was dafür gehalten wird zu organisieren. Eine Kostprobe (Manifest S. 2):

Die Einsichten der modernen Physik, der «Quantenphysik», legen eine Weltdeutung nahe, die grundsätzlich aus dem materialistisch-mechanischen Weltbild herausführt. Anstelle der bisher angenommenen Welt, einer mechanistischen, dinglichen (objektivierbaren), zeitlich determinierten «Realität» entpuppt sich die eigentliche Wirklichkeit (eine Welt, die wirkt) im Grunde als «Potenzialität», ein nichtauftrennbares, immaterielles, zeitlich wesentlich indeterminiertes und genuin kreatives Beziehungsgefüge, das nur gewichtete Kann-Möglichkeiten, differenziertes Vermögen (Potenzial) für eine materiellenergetische Realisierung festlegt. Die im Grunde offene, kreative, immaterielle Allverbundenheit der Wirklichkeit, erlaubt die unbelebte und auch die belebte Welt als nur verschiedene – nämlich statisch stabile bzw. offene, statisch instabile, aber dynamisch stabilisierte – Artikulationen eines «prä-lebendigen» Kosmos aufzufassen.

Nun handelt es sich bei der Quantenphysik bekanntermaßen um eine nur noch mathematisch zu fassende Theorie, die effektive Prognosen über den Ausgang experimenteller Versuchsanordnungen erlaubt, sich aber einer anschaulichen, «mechanischen» Interpretation sperrt, weshalb es verschiedene, zueinander in Widerspruch stehende und insgesamt strittige «Deutungen» dieser Theorie gibt. Der Quantenphysiker unter den Autoren des Manifestes gibt hier offenbar seine persönliche Deutung zum Besten und schlachtet sie metaphorisch aus, was ihn auf die immerhin originelle Wortschöpfung vom «prä-lebendigen Kosmos» bringt. Wieso eine solche «Weltdeutung» nahe liegen soll, bleibt allerdings sein Geheimnis, physikalisch jedenfalls lässt sie sich nicht begründen. Das ganze Vorgehen ist intellektuell unredlich, da es von einer Fachkompetenz zehrt, mit der das «abgeleitete» Ergebnis überhaupt nichts zu tun hat.

Was hier stattfindet, ist eine Verlängerung des Biologismus «nach hinten» in die subatomaren Vorgänge hinein. Im Kontext des Manifestes besteht der Sinn dieser abenteuerlichen Konstruktion darin, eine Art «biologistischer Weltformel» zu begründen: Da jedes noch so komplexe System letztlich aus Elementarteilchen besteht, laufe alles nach demselben Prinzip:

unbelebte Natur = belebte Natur = Kultur,

alles sei Organismus. Für das «Manifest» allerdings ist hinfort nur noch die zweite Gleichung von Bedeutung, denn das Thema ist schließlich das «neue Denken». Die Quantenphysik dient nur als Einstiegsdroge, als illegitime Legitimation einer Biologisierung des Sozialen, der Vorstellung menschlichen Zusammenlebens als organisch, als nur eines Spezialfalls von Leben schlechthin. Diese Vorstellung allerdings hat eine lange gegenaufklärerische Tradition, und damit sind wir beim Thema.

Biologistisch-organizistische Interpretation des Sozialen

Der These vom gegenaufklärerischen Charakter des Potsdamer Manifests könnte nun widersprochen werden unter Hinweis darauf, dass die Autoren mit ihrem Text ja gerade aufklären wollen über den destruktiven Charakter der modernen Gesellschaft und zu dessen Überwindung ein «neues Denken» fordern, also gerade nicht auf die hinlänglich bekannten biologistisch-organizistischen Ideologien des 19. und 20. Jahrhunderts zurückgreifen, sondern sich eben auf die Quantenphysik berufen, die diesbezüglich über jeden Verdacht erhaben scheint.

Doch der Schein trügt, wird aber nur denjenigen Leserinnen und Lesern als solcher deutlich, die kein naives Verständnis von Aufklärung haben. Wir können heute wissen, dass die Aufklärung von Beginn an in ihrem Innersten verbunden ist mit ihrem auf «Natur», «Mythos» und irrationale Einheitsbeschwörungen rekurrierenden vermeintlichen Gegenteil. Sie schlägt nicht nur, wie dies Horkheimer und Adorno einmal formuliert haben, auf der Höhe ihres Triumphes in Mythologie zurück, sondern diese gehört untrennbar zu ihr. «Einheit bleibt die Losung» (Horkheimer/Adorno), ob es nun um die rationalistisch-aufklärerische oder um die irrationalistisch-vitalistische Seite der modernen Medaille geht.

Den Autoren des Manifestes ist dieser Umstand offensichtlich nicht bekannt, sie sehen aber durchaus die Gefahr, falsch zugeordnet zu werden, und beeilen sich, den Vorwurf des Biologismus gleich vorab zurückzuweisen. Sie betonen (Denkschrift S. 6), es handle sich bei ihren Aussagen über das allumfassende Leben keineswegs um einen «Biologismus im alten Sinne, dem die Bedeutung des Determinierten und Ungeistigen anhaftet, denn Prä-Lebendigkeit ist Wesenszug von allem, auch der zu Grunde liegenden dinglichen – gewöhnlich als ‹tot› begriffenen – Wirklichkeit.»

Zwar bemerken sie bei sich selbst eine gewisse «Nähe zu einem mechanistisch verengten Naturalismus», beteuern aber, ihr Naturalismus bzw. Biologismus sei eben gerade nicht jener alte, abgeschmackte Blut-und-Boden-Organizismus, sondern genau das «neue Denken» und damit etwas ganz Anderes. Da stellt sich, wenn denn das neue Denken wirklich so neu ist, die Frage, warum es die erwähnte Nähe zum alten Biologismus dann noch gibt. Und in der Tat ist es nicht einsichtig, warum organizistisches Denken keines mehr sein sollte, bloß weil es auf das ausgedehnt wird, was bisher als «tote Materie» galt. Auch in der «Allverbundenheit» haben sich die Menschen gefälligst als Teil eines höheren Ganzen zu verstehen, in welches sie organisch eingebunden sind, als «Faser im Gewebe des Lebens», wie es im Manifest heißt.

Die Autoren behalten in diesem Zusammenhang auf unfreiwillig ironische Art und Weise gegen sich selber recht, wenn sie behaupten, mit ihrem «neuen Denken» werde ein «(n)eues, doch uns wohl vertrautes Menschenbild [...] sichtbar». Dass das Neue bereits vertraut sein soll, kann ja nur daran liegen, dass es so neu nun auch wieder nicht ist. «Unsere Existenz als Menschen heute zeigt uns, dass auch wir das Ergebnis einer [...] schon Milliarden Jahre währenden Entwicklung sind.» Vor Milliarden Jahren also waren wir als Menschen sozusagen schon angelegt, und eben erst aus einer solchen imaginären Ursuppe aufgetaucht, sollen wir auch gleich wieder in ihr verschwinden, denn «die Lebendigkeit sprießt in uns allen». Nichts Neues also unter der Sonne außer «Natur» und «Leben». Nicht zu vergessen die «Liebe», hier aber nicht auf konkrete Personen bezogen, sondern als universelles Prinzip und «Form der Freiheit». Die Autoren zeigen nicht einmal den Anflug einer Ahnung davon, dass das Zwingen des Konkreten unter abstrakte Formprinzipien das zentrale Charakteristikum des modernen Denkens und seines Subjekts ist, welches als strukturell männliches sich über die Welt erhebt und tendenziell ausgrenzt bzw. eliminiert, was sich mit dem «freien Willen» des «freien Mannes» als nicht kompatibel erweist. In diesem Sinne ist das Manifest auch ein ganz männlicher Text mit einem prinzipiell frauenfeindlichen Grundmuster, das der westlichen Wissenschaft allerdings noch nie sonderlich fremd gewesen ist.

Letztlich erklärt das Manifest die gesellschaftliche «Natur» des Kapitalismus zur «natürlichen Gesellschaft», die man als solche gar nicht mehr betrachten muss, weil ja ohnehin alles letztlich in «Natur» aufgeht, inklusive der universellen Konkurrenz, die zum «kooperativen Wetteifern» verniedlicht wird. Letztlich ist also «das Leben» auch nach der neuen Weltsicht der Manifestschreiber wieder «Kampf ums Überleben» – diesmal als weltweiter Kampf der Menschheit als ganzer um jene ominöse Höherentwicklung, die schon vor sehr langer Zeit begonnen hatte.

Krisenursachen

Vom Kapitalismus allerdings hat das Potsdamer Manifest gar keinen Begriff, weder dort noch in der zugehörigen Denkschrift taucht das Wort auch nur einmal auf. Das ist nicht weiter verwunderlich, weil die biologistische Weltdeutung die menschliche Geschichte einebnet zur «dynamischen Evolution des Lebens» und deshalb weder die historische Spezifik von Gesellschaftsformationen noch geschichtliche Brüche zu erkennen vermag. Daher hängen auch die Krisenerscheinungen, auf die das «neue Denken» die vermeintliche Antwort ist, argumentativ in der Luft. Sie werden zwar symptomatisch beschrieben, aber hinsichtlich ihrer Ursachen nicht analysiert. Stattdessen bleibt es bei wolkigen Behauptungen wie dieser (Manifest S. 1):

Diese vielfältigen Krisen, mit denen wir heute konfrontiert sind und die uns zu überfordern drohen, sind Ausdruck einer geistigen Krise im Verhältnis von uns Menschen zu unserer lebendigen Welt. Sie sind Symptome tiefer liegenden Ursachen, die wir bisher versäumten zu hinterfragen und aufzudecken. Sie hängen eng mit unserem weltweit favorisierten materialistisch-mechanistischen Weltbild und seiner Vorgeschichte zusammen.

Nun ja, bei der allgemeinen «Allverbundenheit» hängt eben alles mit allem zusammen. Aber etwas genauer wüssten wir schon gern, wie es denn das «materialistisch-mechanische Weltbild» geschafft hat, Menschheit und Ökosphäre an den Rand des Abgrunds zu treiben. Doch eine solche Analyse, die doch eigentlich eine Vorbedingung dafür wäre, aus einer für unerträglich gehaltenen Situation wieder herauszukommen, ist nicht im Sinne des Manifestes, dessen Autoren die Antwort auch so schon kennen: Die Ursache der Misere ist das «alte Denken», also brauchen wir ein neues, und wie das auszusehen hat, sagt uns die Quantenphysik bzw. deren biologistische Deutung. So einfach ist das und so falsch, weshalb sich denn auch die «Lösungen» weitgehend in Leerformeln oder esoterischen Nonsense-Sätzen erschöpfen.

Die gesellschaftlichen Ursachen und Gründe für die weltweite Krise können überhaupt nicht ins Blickfeld geraten, ist doch alles eigentlich schon immer von der reinsten Harmonie durchdrungen, die Krise lediglich ein Resultat falschen oder veralteten Denkens. Denken neu, alles neu. Die gesellschaftlichen Bedingungen der Krise lösen sich in vermeintlich natürliche auf. Mehr noch: Die für die Krise ursächliche gesellschaftliche Dynamik der rastlosen Veränderung und Umwälzung aller Verhältnisse im weltumspannenden Kapitalismus wird auf diese Weise zur natürlichen Dynamik erklärt, und die Überwindung der Krise kann daher auch nicht in einer Überwindung dieser Verhältnisse bestehen. Im Gegenteil: Es geht darum, «die Kraft des Differenzierten, Bewegten, des Sich-Wandelnden für uns zu nutzen». Dies erfordert eine «strategische Ausrichtung am Paradigma des Lebendigen». Die Existenz der Menschen als soziale Wesen in einem jeweils bestimmbaren historischen und sozialen Kontext kommt in einer solchen Ausrichtung konsequenterweise nicht vor. Dass diese mit dem militärischen Begriff «strategisch» charakterisiert wird, gibt darüber hinaus zu denken, soll es doch insgesamt darum gehen, der Allverbundenheit, die im Manifest mit dem Begriff der Liebe synonym gesetzt wird, endlich in vollem Umfang gewahr zu werden.

Überall dort in Manifest und Denkschrift aber, wo die Erklärungen nicht nur das «alte Denken» verantwortlich machen, sondern sich der gesellschaftlichen Wirklichkeit anzunähern versuchen, geraten sie sogleich zu Verschwörungstheorien bis hin zum strukturellen Antisemitismus. Da ist die Rede von verhängnisvollen «Machtstrategien», deren Träger nicht näher benannt werden, von «Machtinteressen von Hegemonialmächten», von der «strukturellen Gewalt [...], die von der hochzentralisierten Realwirtschaft und der weltweit eng verflochtenen Finanzwirtschaft ausgeht», von einem «lebensfeindlichen finanziellen Netzwerk» oder der «weltweiten Hegemonie des Finanzkapitals, das nicht mit der Marktwirtschaft gleichgesetzt werden darf». Spätestens hier sollten eigentlich die Alarmglocken schrillen. Das alles gab es schon einmal, auch wenn hier nicht ausdrücklich, sondern nur sinngemäß von dem guten «schaffenden» und dem schlechten «raffenden» Kapital die Rede ist. Doch so geschichtsvergessen, wie das Manifest daherkommt, wissen seine wohlmeinenden Autoren vermutlich nicht einmal, in welche Fußstapfen sie da treten, wodurch ihr Produkt aber nicht weniger grauenhaft erscheint.

Dabei könnte es doch jede und jeder bereits aus der eigenen Alltagserfahrung heraus wissen, dass ohne Wertverwertung, ohne den selbstzweckhaften Antrieb, aus Geld mehr Geld zu machen, ohne Aussicht auf Profit also in der nirgendwo in Frage gestellten Marktwirtschaft nichts liefe, nicht die geringste wirtschaftliche Aktivität mehr stattfände. Und wir alle, ob nun noch dem «alten Denken» verhaftet oder bereits vom «neuen» erleuchtet, machen mit und müssen mitmachen schon um des nackten Überlebens willen. Das lässt sich nicht einfach wegdenken. Das Kapital ist keine finstere Machenschaft mächtiger Gruppen, sondern ein gesellschaftliches Verhältnis, das alle ihm Unterworfenen erfasst und sie prägt bis tief in ihr Denken hinein. Nachzulesen bei Karl Marx, *Das Kapital, Band 1* (wenigstens den), aber auch das ist wohl schon zu viel verlangt.

Die ökologische Krise, der Raubbau an nicht erneuerbaren Ressourcen im großen Stil und die absehbare Zerstörung der menschlichen Lebensgrundlagen sind notwendiger Bestandteil dieser Gesellschaftsform. Solange an ihr nicht gerüttelt wird, bleiben sie ein «hinzunehmendes Übel», und das ist keineswegs eine bloße Frage der Wahrnehmung, wie das Manifest es nahe legt. Eine ökologisch nachhaltige Marktwirtschaft kann es ebenso wenig geben wie einen Kapitalismus ohne Wachstum, hier bleibt nur ein Entweder – Oder. Damit freilich wird ein Tabu berührt und eine Grenze des Denkens erreicht, die auch das «neue Denken» nicht überschreiten will und kann, sodass es zwangsläufig in Verschwörungstheorien und Esoterik abdriften muss.

Zu den Grenzen der Naturwissenschaft

Die Argumentation des Manifestes lautet aufs Ganze gesehen etwa so: Die tieferen Ursachen für die Misere, in die die Menschheit geraten ist, hängen eng mit dem materialistisch-mechanischen Weltbild zusammen, das auf der klassischen mathematischen Naturwissenschaft beruhe; die Erkenntnisse dieser Wissenschaft seit Beginn des 20. Jahrhunderts haben nun aber gezeigt, dass das klassische Weltbild falsch sei, weshalb die Menschheit gut daran tue, den neueren Einsichten zu folgen, insbesondere denen der Quantenphysik. Auch wenn man dieser Argumentation erst einmal folgt, stellt sich doch die Frage, warum um Himmels Willen wir dem neuen Ratschlag der Naturwissenschaft folgen sollen, nachdem die Befolgung des alten uns derart in die Bredouille gebracht hat, wie die Autoren des Manifestes selber behaupten. Und so zieht ja auch das Manifest daraus die durchaus folgerichtige Konsequenz, der Menschheit Ratschläge zu erteilen, die mit der Quantenphysik rein gar nichts zu tun haben.

Nun lässt sich in der Tat ein innerer Zusammenhang zwischen der neuzeitlichen Wissenschaft und der bürgerlichen Gesellschaft nachweisen, die sich seit Beginn des 17. Jahrhunderts in ihrem Aufstieg wechselseitig verstärkt haben. Zum einen hat die Naturwissenschaft dem Bürgertum in seinem Kampf gegen den Feudalismus das ideologische Rüstzeug geliefert nach dem Muster: Wenn die Natur universellen Gesetzen folgt, dann ist eine Gesellschaft «natürlich», die auf allgemeinen Prinzipien und Gesetzen beruht statt auf persönlicher Herrschaft. Und umgekehrt entspringt die vortheoretische Annahme, die die neuzeitliche Wissenschaft allererst möglich macht (das Kant'sche Apriori), dass nämlich die Vernunft nach (im Idealfall mathematischen) Gesetzen und nichts sonst zu suchen habe, auf sehr eindeutige Weise dem bürgerlichen Denken, das dem Mittelalter etwa völlig fremd war. Insofern lässt sich darüber streiten, ob das materialistisch-mechanische Weltbild wirklich auf der mathematischen Naturwissenschaft beruht oder nicht vielmehr aus anderen Quellen eben der Gesellschaft schöpft, die auch diese Wissenschaft erst hervorgebracht hat.

Unbestreitbar aber ist, dass sich bereits dieses Weltbild – wie jedes andere auch – nicht naturwissenschaftlich ableiten ließ. Die Naturwissenschaft bewährt sich (oder versagt) in technisch erst herzustellenden experimentellen Situationen und nur dort; auch ihre unbestreitbaren technischen Erfolge verdankt sie allein diesem Vorgehen. Über die Welt außerhalb von Experiment und Technik kann sie nur wenige, über die menschliche Gesellschaft überhaupt keine Aussagen machen, es sei denn, sie verlässt ihren eigenen Boden und wird ideologisch. Das «Orientierungswissen», das vom Manifest eingeklagt wird, ist von der Naturwissenschaft nicht zu haben.

An dieser Situation hat auch die Wissenschaft des 20. Jahrhunderts und insbesondere die Quantenphysik nichts geändert. Schließlich hat sie ja den naturwissenschaftlichen Rahmen nicht gesprengt, sondern ihn mit ihren nur noch mathematisch fassbaren Modellen erst so recht deutlich gemacht. Niels Bohr etwa, dem eine genaue Bekanntschaft mit der neuen Physik getrost unterstellt werden darf, konstatiert in diesem Zusammenhang ganz nüchtern und unromantisch: «Es gibt keine Quantenwelt. Es gibt eine abstrakte quantenphysikalische Beschreibung. Es ist falsch anzunehmen, dass es die Aufgabe der Physik sei, herauszufinden, wie Natur ist. Physik interessiert sich für das, was wir über die Natur sagen können.» Auch für die Quantenphysik also ist der abstrakt-objektivierende Zugriff auf die Natur und die Möglichkeit der Umsetzung ihrer Ergebnisse in Technik entscheidend. Und schon gar nicht kann sie herhalten für die Rede von der Verbundenheit von allem mit allem unter dem umfassenden Begriff des Lebens.

Äußern sich Naturwissenschaftler zu gesellschaftlichen Problemen öffentlich, so ist das durchaus legitim, doch tun sie es nie allein aus ihrer naturwissenschaftlichen Fachkompetenz heraus. Und das sollte um der intellektuellen Redlichkeit willen dann auch deutlich gemacht werden. Auch Wissenschaftler lassen sich von gesellschaftlichen Trends beeinflussen, im Falle des hier in Rede stehenden Manifestes ist es jener, in dem heute viele mitschwimmen und hoffen, so der Krise der modernen Gesellschaft entkommen zu können: Die Flucht in die völkische und biologistische Esoterik. Es steht damit in der legitimen Nachfolge des österreichischen Physikers und Esoterikers Frithjof Capra, der sich mit seinen quantenphysikalisch motivierten Phantasmen Anfang der 1980er Jahren zum Guru der New-Age-Bewegung aufschwingen konnte. Auch die Scharlatanerie hat ihre Geschichte. Zu ihr gehört das Potsdamer Manifest. Es in eine Linie mit dem Russell-Einstein-Manifest zu stellen, ist nur der missglückte Versuch einer Usurpation.

Die metaphysischen Abgründe der modernen Naturwissenschaft
Ein Dialog

Zusammen mit Jörg Ulrich

Erstveröffentlichung in: EXIT! Krise und Kritik der Warengesellschaft 4, 145–176, Bad Honnef 2007. Einführender Abschnitt leicht gekürzt

Nichts sonst ist nach allgemeiner Auffassung so wenig angreifbar wie ein Naturgesetz. Wer einen solchen Angriff versuchen wollte, gäbe sich bloß der Lächerlichkeit preis. Nichts sonst ist nach derselben Auffassung so sicher wie die objektive Erkenntnis der mathematischen Naturwissenschaft, nichts sonst so wenig den wechselnden Moden oder überhaupt gesellschaftlichen Veränderungen ausgesetzt. Auch wenn es natürlich die Menschen sind, die die Naturgesetze erst entdecken müssen – und dabei auch Irrtümern aufsitzen können –, so habe doch diese Erkenntnis mit ihren Subjekten gar nichts zu tun, sondern sei eben objektiv, gültig auf ewig und immerdar, schon zu Zeiten der Dinosaurier und auch dann noch, wenn sich die Menschheit unter Zuhilfenahme ihres naturwissenschaftlichen Wissens selber ausgerottet haben sollte. Aus diesem Blickwinkel ist Kritik allenfalls an den technischen Anwendungen möglich. Eine Kritik an der Naturwissenschaft selbst scheint dagegen nichts weniger als absurd zu sein.

In Zeiten der Krise, in denen alles andere den Bach hinunter geht, macht die unangefochtene Stellung der Naturwissenschaft diese zum einzig verbliebenen festen Punkt, jedenfalls für diejenigen, die sich den als «religiös» verstandenen oder esoterischen Fundamentalismen verweigern. Der offenbaren Irrationalität der modernen Gesellschaft wird die naturwissenschaftliche Rationalität als Gegenmodell vorgehalten und für gesellschaftliche Probleme nur noch nach naturwissenschaftlichen Lösungen gesucht. Der chronische Hunger etwa eines Siebtels der Menschheit und der sporadische eines Viertels, der doch bekanntermaßen mit globaler Nahrungsmittelknappheit gar nichts zu tun hat, rechtfertigt so die grüne Gentechnik. Und wenn Menschen mit den modernen Verhältnissen auch im persönlichen Bereich immer weniger zurecht kommen, spricht das nicht etwa gegen die Verhältnisse, sondern gegen die «Gattung Mensch», die es daher zu perfektionieren gelte mit Mitteln wiederum der Gentechnik und einer am Computermodell des Menschen orientierten Hirnforschung. Der Gedanke, dass es zwischen der Rationalität, die der Naturwissenschaft zugrunde liegt, und den Problemen, die mit ihren Mitteln «gelöst» werden sollen, einen tief liegenden ursächlichen Zusammenhang gibt, dass hier also möglicherweise der Bock zum Gärtner gemacht wird, blitzt nur selten auf und konnte sich jedenfalls bisher nicht durchsetzen.

Noch nicht einmal eine gegenaufklärerische, sich selbst als wissenschaftskritisch verstehende Esoterik kommt ohne den positiven Rekurs auf die moderne Naturwissenschaft aus. Geradezu paradigmatisch für dieses in der zu Ende gehenden Moderne erkennbar werdende Zusammenfallen von Aufklärung und Gegenaufklärung ist das «Potsdamer Manifest» (2005), unterzeichnet von etwa 130 mehr oder weniger Prominenten, die meisten von ihnen aus den Naturwissenschaften kommend. Das Manifest propagiert eine völkische, strukturell antisemitische Ideologeme («lebensfeindliche finanzielle Netzwerke» etc.) aufgreifende Esoterik, begründet mit einem universellen Biologismus, der These vom «prä-lebendigen Kosmos», die letztlich nur dazu dient, auch menschliches Zusammenleben unter eine biologistische Weltformel zu subsumieren, die so genannte «Allverbundenheit». Insofern steht das damit propagierte «neue Denken» ganz eindeutig in der Tradition der Gegenaufklärung. Gleichwohl kommt es ohne naturwissenschaftliche Begründung nicht aus: An die Stelle des «mechanisch-materialistischen Weltbildes» der klassischen Physik sei die Quantenphysik getreten, und daher habe alles bis hin zum menschlichen Zusammenleben ihren Prinzipien zu folgen. Davon einmal abgesehen, dass die Ableitung einer biologistischen Weltformel aus der Quantenphysik alles andere als schlüssig ist, fehlt jegliche Reflexion darauf, dass auch die Quantenphysik den Rahmen naturwissenschaftlichen Denkens ja keineswegs gesprengt hat. Wenn aber – wie hier – das «alte Denken» nicht reflektiert wird, muss das «neue» nur umso sicherer seinen Spuren folgen.[32]

Angesichts der Dominanz und Unangefochtenheit der Naturwissenschaft ist es mehr als bloß eine philosophische Übung, die nur der Erkenntnis um ihrer selbst willen verpflichtet ist, den Zusammenhang von bürgerlicher Gesellschaft und ihrer historisch spezifischen Denkform zu reflektieren, deren reinste Gestalt die mathematische Naturwissenschaft darstellt. Ein Denken, das von seiner Bedingtheit und seiner Genese nichts weiß, vermag auch die eigenen Grenzen nicht zu erkennen und muss nahezu zwangsläufig ebenso irreale wie gefährliche «Problemlösungen» hervorbringen, und das umso mehr, als es in den vierhundert Jahren bürgerlicher Gesellschaft so überaus erfolgreich gewesen ist.

Es geht hier also nicht um ein moralisches Problem, wie es in Sonntagsreden zur «Verantwortung des Naturwissenschaftlers» gern beschworen wird, nicht um die – von uns unbestrittene – Korrumpierbarkeit «deutscher Professoren, die manches soviel besser wüssten, wenn sie nicht auch noch fressen müssten», wie es einmal in einem in einschlägigen Kreisen populären Song hieß, und nicht um Kritik an einer «Wissenschaft im Kapitalinteresse», die schon deswegen verkürzt bleibt, weil sie das Kapital nicht als gesellschaftliches Verhältnis, sondern als eine Machenschaft

---

32 Zur detaillierten Kritik des Potsdamer Manifests siehe Ortlieb/Ulrich (2005)

finsterer Machthaber auffasst und «Aufklärung» im Sinne eines nicht korrumpierten wissenschaftlichen Denkens daher für das probate Gegenmittel hält. Gegenstand unserer Kritik ist vielmehr die Blindheit dieses Denkens selbst.

Der nachstehende Dialog zwischen einem philosophisch angehauchten Sozialwissenschaftler (J.U.) und einem wissenschaftstheoretisch angehauchten Naturwissenschaftler (C.P.O.) bewegt sich auf dem oben beschriebenen Terrain und ist Teil einer bereits fortgeschrittenen Diskussion. Inhaltlich geht es um den Versuch, die Kritik der Wertabspaltung (Scholz 2000, Scholz 2005) auch für eine Kritik der Naturwissenschaft fruchtbar zu machen, was bisher nur in Ansätzen geschehen ist (Ortlieb 1998). Auch der Form nach betreten wir hier Neuland (Neuland zumindest für uns). Es handelt sich hier nicht um einen nachträglich konstruierten Dialog, sondern um einen, der wirklich stattgefunden hat und den Regeln einer Art von Fernschach folgte: Eine Äußerung konnte, sobald sie auf den Widerspruch des Dialogpartners stieß, nicht mehr nachträglich redigiert werden. Wir denken, dass damit die Prozesshaftigkeit von Theoriebildung deutlicher wird, als es bei durchredigierten Texten normalerweise der Fall ist. Diese Form hat aber auch ihre Nachteile, wie die geneigten LeserInnen noch sehen werden. Wir hoffen, sie durch eine kurze Nachbetrachtung zumindest teilweise auffangen zu können.

Dialog. Erster Teil

J.U.: Was mich bei der Diskussion um die modernen Naturwissenschaften bzw. hinsichtlich der Kritik an deren spezifischer Erkenntnisform vor allem interessiert, ist der Zusammenhang mit der Metaphysik. Und dass auch die modernen Naturwissenschaften etwas mit Metaphysik zu tun haben, das wird im Gegensatz zum späteren Positivismus bei Kant ganz deutlich, der eine Schrift verfasst hat mit dem Titel «Metaphysische Anfangsgründe der Naturwissenschaft». Auch in der «Kritik der reinen Vernunft» finden sich Hinweise darauf, dass Kant keineswegs Metaphysik zerstören will oder überwinden, sondern im genauen Gegenteil: Er will sie als Wissenschaft allererst richtig begründen, wenn er etwa ausführt, er wolle auf keinen Fall «mit der Metaphysik kurzen Prozeß» machen; «vielmehr ist die Kritik die notwendige vorläufige Veranstaltung zur Beförderung einer gründlichen Metaphysik als Wissenschaft». (Kant 1787/1990, B XXXVI)

Wenn wir so weit übereinstimmen, dass Kant der bürgerliche Ideologe schlechthin genannt werden muss, dann drängt sich für mich hier der Verdacht auf, dass eine gründliche Erkenntniskritik sich zuerst klar machen muss, was es denn mit der Metaphysik auf sich hat. Ich vermute zunächst einmal, dass es sich hier ähnlich verhält wie mit dem Begriff der Religion, nämlich dass vormoderne Sozialitäten einen ganz anderen Begriff von Metaphysik hatten, wenn der überhaupt etwas mit der modernen Metaphysik gemein haben sollte. Oder noch radikaler formuliert: Vielleicht hatten bzw. kannten die vormodernen «Leute der Geschichte» (Wallner

2006) gar keine Metaphysik in dem Sinne, wie wir uns das heute vorstellen, so dass Metaphysik als die Form der Herrschaft des Allgemeinen über das Besondere auch wieder als spezifisch moderne Angelegenheit begriffen werden müsste. Da gibt es z.b. diese Stelle in der Hegelschen Logik, wo Hegel zwischen der «alten Metaphysik» und der «neuen Metaphysik» unterscheidet und sagt, die alte hätte «einen höheren Begriff» vom Denken gehabt als die neue, weil sie das Denken und das Gedachte, also Subjekt und Objekt, nicht getrennt hätte.

Wenn darin die «metaphysischen Anfangsgründe der Naturwissenschaft» liegen und die Trennung von Subjekt und Objekt auch der Anfangsgrund ist für das, was wir Wertabspaltung nennen, dann, denke ich, müssen wir hier beginnen, um die Erkenntnisform der Naturwissenschaften und ihr Subjekt als moderne Veranstaltung und eben Teil und bestimmte Form der Wertabspaltung zu kritisieren.

Vielleicht ist es möglich, dass wir durch das Herausschälen der Differenz zwischen den vormodernen Arten des Verhaltens gegenüber der Natur (z.B. Alchemie) und dem spezifisch modernen Umgang mit ihr zu einem besseren Verständnis und zu einer schärferen Kritik dessen, was da in den modernen Wissenschaften vor sich geht kommen können.

C.P.O.: Nach dem «normalen», also positivistischen Verständnis ist es ja gerade umgekehrt: Danach sei Metaphysik etwas Vormodernes, während sie heute keine Rolle mehr spiele bzw. überwunden sei, allenfalls noch etwas fürs private Kämmerlein oder für Spezialisten der Philosophiegeschichte. Schon gar nicht habe die moderne Naturwissenschaft, deren Aufgabe es schließlich sei, «harte Fakten» zu Tage zu bringen, irgend etwas mit Metaphysik zu tun. Und der unmittelbare Augenschein gibt diesem Verständnis erst einmal recht: Aristoteles` Auffassung etwa der «Metaphysik als theoretische Wissenschaft von der ersten Ursache alles Seienden» ist ebenso wie die mittelalterliche Metaphysik als philosophische, also mit begrifflicher Schärfe operierende Theologie in der Tat obsolet, während es die «Metaphysik in dem Sinne, wie wir uns das heute vorstellen», von der du sprichst, überhaupt nicht gibt, jedenfalls nicht als etwas, auf das man sich allgemein verbindlich verständigen könnte.

Soweit jedenfalls der Augenschein, aber auch mit ihm müssen wir uns wohl oder übel auseinandersetzen. Anders gesagt: Zu den wesentlichen Eigenschaften der modernen Metaphysik, die wir hier gegen den Mainstream als etwas nach wie vor in der Naturwissenschaft – und nicht nur dort – Wirkendes behaupten, gehört, dass sie verborgen ist, weil sie selber als völlig «natürlich» gilt und eben deshalb gar nicht als «Metaphysik». Dieser Schein der Natürlichkeit zeigt sich etwa in der Ideologie der «Ideologiefreiheit», die Wirtschaftswissenschaftler glauben für sich in Anspruch nehmen zu können, nur weil sie sich einer mathematisierten Methodik bedienen. Ich denke, dass eine – erst noch zu leistende – zureichende kritische Bestimmung der modernen Metaphysik auch zu erklären hat, wie und warum es ihr gelingt, sich mit dem Schein zu umgeben, sie sei gar keine.

Zur Klärung, *dass* es sich um puren Schein handelt, kann die Auseinandersetzung mit vormodernen Erkenntnisformen einen Beitrag leisten, aus deren Sicht dann nämlich die moderne, objektive Erkenntnisform der Naturwissenschaft sich alles andere als natürlich erweist. Nur ist hier Vorsicht geboten, denn ob es uns gelingt, uns in solche anderen «Arten des Verhaltens gegenüber der Natur» hineinzudenken, können wir als moderne Subjekte letztlich nie wissen.

Der auch von dir offenbar bevorzugte Zugang über die Aufklärungsphilosophen, denen es noch nicht peinlich war, von «Metaphysik» zu sprechen, scheint mir ein notwendiger Ausgangspunkt zu sein. Nur sollte man sich vor der Vorstellung hüten, es habe einmal ein bürgerliches Bewusstsein von der eigenen Metaphysik gegeben, das dann nur leider in den letzten 200 Jahren ins kollektive Unbewusste abgesunken sei, sodass es genüge, es daraus wieder ans Licht zu holen. Denn von Kritik den von ihm propagierten «Prinzipien der Vernunft» gegenüber findet sich etwa bei einem Kant, trotz der so lautenden Titel seiner Hauptwerke, keine Spur.

In der Vorrede zur bereits genannten Schrift «Metaphysische Anfangsgründe der Naturwissenschaft» sagt Kant: «Reine Vernunfterkenntnis aus bloßen *Begriffen* heißt reine Philosophie, oder Metaphysik», und darin erschöpft sich bereits deren Definition. Anders als in der antiken oder mittelalterlichen Metaphysik hat es hier die Vernunft nur noch mit sich selber zu tun. Gleichwohl «setzt eigentliche Naturwissenschaft Metaphysik der Natur voraus», weswegen Kant denn auch der Chemie seiner Zeit, da auf bloß empirischem Wissen beruhend, den Charakter einer Wissenschaft abspricht. Ich denke, dass wir uns an dieser Stelle hinsichtlich der Frage, was moderne Naturwissenschaft ist, an einer Art Angelpunkt befinden, dessen historische und gesellschaftliche Voraussetzungen und Folgen gleichermaßen auszuleuchten sind.

J.U.: Deine Aussage, dass im Positivismus eine Metaphysik ihren Ausdruck findet, die sich selber als solche nicht weiß bzw. sich als das pure Gegenteil von Metaphysik versteht und dies – zumindest dem Augenschein nach –, wie du sagst, auch wirklich ist, zielt auf den Bruch zwischen Vormoderne und Moderne. Du verweist darauf, dass für den Positivismus Metaphysik etwas Vormodernes ist, und das spiele eben in der positiven Wissenschaft jetzt keine Rolle mehr. Ich denke, das muss präzisiert werden, und zwar dahingehend, dass im Positivismus die Vormoderne als zerfallene, also gewissermaßen negativ, immer noch herumspukt und es zur durchgehenden Herausforderung wird, sich sozusagen permanent von ihr abzustoßen, was übrigens nicht zuletzt auch darin seinen Ausdruck findet, dass das moderne Bewusstsein die nur für es selbst gültigen Kategorien ontologisierend in die gesamte Geschichte zurückschreibt, um diese dann als Fortschrittsgeschichte hin zum «aktuellen Stand» darstellen zu können. «Wir» sind «weiter» (Auf welchem Weg? Wohin?) als «die Anderen» vor uns usw.

C.P.O.: Die These, die du hier als «Präzisierung» bezeichnest, ist tatsächlich etwas anderes, nämlich ein Erklärungsversuch, der aber genauer zu belegen wäre, und ich habe doch erhebliche Zweifel, dass das so ohne Weiteres möglich ist. Mir ist jedenfalls völlig unklar, auf welcher Ebene eigentlich die Vormoderne immer noch «herumspuken» und wie sich die «durchgehende Herausforderung», sich «permanent von ihr abzustoßen», darstellen soll. Für die «Normalwissenschaft» im Kuhn'schen Sinne spielt sie keine Rolle, und im Kopf des «Normalwissenschaftlers» wirst du dazu nichts finden, weil er darüber gar nicht nachdenkt. Es könnte sich also allenfalls um so etwas wie einen «heimlichen Lehrplan» der Naturwissenschaft handeln. Und hier wäre dann nochmals zu unterscheiden zwischen dem, was Naturwissenschaftler tun, und dem, was sie oder andere – z. B. Philosophen und Wissenschaftstheoretiker – darüber denken oder zugespitzt: welche Ideologie von Naturwissenschaft sie haben. Dass sich hier Abgründe auftun können, zeigt sich etwa am berühmt-berüchtigten Potsdamer Manifest (2005, kritisch dazu: Ortlieb/ Ulrich 2005).

J.U.: Dein Einwand leuchtet ein und zwingt mich nun also dazu, den Erklärungsversuch zu präzisieren. Für die vormoderne Naturwissenschaft, wenn man die denn so nennen kann, also etwa für die Alchemie, ist die Natur das sinnlich wahrnehmbare Dasein Gottes bzw. seines Wirkens und Naturwissenschaft mithin eine Art von Gotteserkenntnis. Für die moderne Naturwissenschaft gilt dies faktisch nicht mehr, auch wenn deren frühe Vertreter noch fromme Menschen waren und einige der heutigen, wie z.B. Hans-Peter Dürr, der Naturwissenschaft eine mystische, quasi religiöse, vitalistische oder pantheistische Deutung verpassen. Das gehört auf die Seite der Ideologie. Nun gilt aber m.E. auch für die von dir genannte «Normalwissenschaft», dass diese faktische Abwesenheit Gottes seine negative Anwesenheit impliziert, auch wenn das im Kopf, also im Bewusstsein «des Naturwissenschaftlers» nicht drin ist, so dass hier einmal mehr gesagt werden könnte: «Sie tun es, aber sie wissen es nicht». Und das wäre dann vielleicht der «heimliche Lehrplan» oder die heimliche Utopie der Naturwissenschaft und ihre wesentlich fetischistische Realität in einem, diejenige Instanz im Prozess des Erkenntnisfortschrittes *herzustellen*, die vorher einfach da war, nämlich Gott. Ich meine, das Absolute wird in der modernen Naturwissenschaft ja zum Prozess verflüssigt, und der «Erkenntnisfortschritt» ist die auf Dauer oder Unendlichkeit gestellte Annäherung an eben dieses Absolute. Ich habe an irgendeiner anderen Stelle einmal geschrieben, dass Gott in der Moderne zum ewigen Halbfertigprodukt wird, dass er hier also negativ anwesend ist oder, paradox formuliert, gerade in und durch seine Abwesenheit anwesend. Die vormodern daseiende Wahrheit wird zur erst noch zu findenden, zu produzierenden. Gerade weil eine vorgegebene «Ordnung der Dinge» für die Wissenschaft im Sinne Kuhns keine Rolle spielt, keine Rolle spielen darf, ist sie negativ da und bildet so gewissermaßen die Bedingung der Möglichkeit «wissenschaftlicher Revolutionen», die ja gerade darin bestehen, sich von bisher gültigen «Wahrheiten» kritisch abzustoßen, um neue «Wahrheiten» zu setzen, wobei allerdings die Methode oder die Form, in der dies geschieht, gleich bleibt, weshalb die neuen «Wahrheiten» immer nur «Wahrheiten» innerhalb dieser Form bleiben.

C.P.O.: Eine der ersten wissenschaftsimmanenten Revolutionen in diesem Sinne – wenn nicht überhaupt die erste – bestand in Newtons Konzept der weit in alle Fernen wirkenden Gravitation, mit dem er sich gegen die auf Descartes zurückgehende «rationalistische» Mechanik durchsetzte, die sich eine wechselseitige Beeinflussung von Körpern nur durch Druck oder Stoß vorstellen konnte. Für unsere Diskussion ist diese Geschichte deswegen interessant, weil Newton sehr stark von alchimistischen Ideen und solchen der Gotteserkenntnis qua Naturerkenntnis geprägt war. Er hat bekanntlich weit mehr alchimistische (und auch mehr theologische) Texte geschrieben als physikalische[33], und diese Beschäftigung lässt sich nicht einfach als private Marotte abtun, die mit Newtons Physik nichts zu tun hätte. Ohne die «magische» Vorstellung, dass Körper auch über große Distanzen hinweg aufeinander Wirkungen ausüben, hätte er das Konzept der Gravitationskraft gar nicht entwickeln können. So klar und eindeutig ist die behauptete Trennung mit der modernen Naturwissenschaft auf der einen Seite und der von der Aufklärung in die Vormoderne verwiesenen alchimistischen Natur- und Gotteserkenntnis (die ja erst im «wissenschaftlichen» 17. Jahrhundert ihren Höhepunkt hatte) auf der anderen also keineswegs. Aber das wird heute nicht mehr ernst genommen, weshalb denn auch Newtons Biograph Harro Heuser schreibt: «dieser Archaiker, mit dessen Werk laut Einstein das moderne Denken beginnt – dieser höchst zweideutige Mann hat die Tür zur Neuzeit buchstäblich mit dem Rücken zu ihr aufgestoßen.» (Heuser 2005, 13)

Aus heutiger Sicht handelt es sich um vormoderne Schlacken, die die neuzeitliche Wissenschaft erst abstreifen musste, da sie mit ihr nichts zu tun haben. Naturwissenschaft zielt auf objektive Erkenntnis, und da haben die «privaten Weltbilder» ihrer Adepten nichts zu suchen. Ob Newton ein alchimistischer Esoteriker (oder Einstein ein Pazifist) war, darf keine Rolle spielen. Was bleibt, ist das Gravitationsgesetz, wogegen die Wege, auf denen Newton zu ihm gelangt sein mag, irrelevant sind und letztlich im Dunkel bleiben. Newton selbst hat dem bereits Rechnung getragen, indem er nämlich seine alchimistischen Texte nie veröffentlichte.

Die «faktische Abwesenheit Gottes» in der naturwissenschaftlichen Erkenntnis, seine Irrelevanz also, ist daher nicht zu bestreiten. Zu klären bleibt aber, wieso sie «seine negative Anwesenheit impliziert», wie du meinst, warum er also «paradox formuliert, gerade in und durch seine Abwesenheit anwesend» sein soll. Die Erklärung kann ja nicht in Gott liegen – sie wäre dann allenfalls für ein «Wort zum Sonntag» geeignet –, sondern müsste in der Naturwissenschaft bzw. ihrem Erkenntnissubjekt gesucht werden.

J.U.: Ich hatte es bereits angedeutet: Durch die modern nicht mehr gegebene Einheit von (göttlicher) Vernunft und Wirklichkeit wird es im wahrsten Sinne des Wortes not-wendig, diese verloren gegangene Einheit als «Einheit der Vernunft» und ihres

---

33 «Newton war nicht der erste Vertreter des Zeitalters der Vernunft. Er gehörte vielmehr zu den letzten Magiern.» So die Einschätzung John Maynard Keynes, hier zitiert nach Berman (1984, 102), nachdem er die unveröffentlichten, und über Jahrhunderte hinweg unbekannten okkulten Schriften Newtons studiert hatte, s. auch Heuser (2005).

Subjekts von diesem her systematisch erst herzustellen, ergo fortlaufend Identität zu stiften, eben Ordnung zu schaffen und unter den Begriff zu zwingen, was immer ihm sich entziehen will. Und das ist zuerst und vor allem einmal die gesamte Natur. Sie muss jetzt ebenso zerrissen und gleichzeitig vereinheitlicht werden wie das empirische Individuum, das sich als solches gleichsam durchstreicht, um zu jenem abstrakten Erkenntnissubjekt werden zu können, das herrschaftlich auf die Welt der Objekte zugreift. Dieses im Sinne der Wertabspaltungstheorie als männliches, westliches und weißes zu charakterisierende Subjekt schickt sich nun mit nominalistisch-protestantischem Eifer an, der empirischen Realität theoretisch seinen begrifflichen Stempel aufzudrücken und sie gleichzeitig praktisch buchstäblich wegzuarbeiten (Theorie und Praxis sind eben nur scheinbare Gegensätze, tatsächlich aber ein und derselbe Prozess). Die in dieser Frontstellung von Subjekt und Objekt weiblich konnotierte Natur ist untrennbarer Bestandteil des in sich widersprüchlichen Ganzen, gilt sie doch einerseits als objektiver Erkenntnis zugänglich, zugleich aber auch als das nur annäherungsweise «in den Griff» zu bekommende geheimnisvolle Differente, das Andere, Äußere, das für jeden einzelnen Menschen aber ebenfalls zugleich wieder ein Eigenes ist, weil ein Individuum weder in der reinen Abstraktion noch in reiner «Natürlichkeit» aufgehen kann.

Die metaphysische Wahnvorstellung nun, die unter anderem in der Erkenntnisform der modernen Naturwissenschaften zutage tritt, besteht darin, um jeden Preis Identität stiften zu wollen, wie schreiend auch immer Differenzen, Störfaktoren usw. sich geltend machen.

C.P.O.: Ich denke, du wirst den Naturwissenschaften nicht gerecht, wenn du sie bloß auf eine metaphysische Wahnvorstellung reduzierst, die in ihrer Erkenntnisform zutage trete. Mein Kühlschrank jedenfalls, der doch wohl nach naturwissenschaftlichen Prinzipien gebaut wurde, wird sicher nicht durch eine Wahnvorstellung angetrieben. Um nicht völlig in die Irre zu laufen, ist die oben bereits getroffene Unterscheidung zwischen naturwissenschaftlichem Vorgehen und der Ideologie davon strikt zu beachten:

Die modernen Naturwissenschaften bestehen *nicht* darin, «um jeden Preis Identität stiften zu wollen», auch dort, wo das gar nicht möglich ist, sondern sie beschränken den Gegenstand ihrer Betrachtung von vornherein auf solche Phänomene, die sich über den mathematischen Apparat identitär als Naturgesetz fassen lassen, und blenden alle anderen aus ihrer Betrachtung aus. Dieses Vorgehen ist konstitutiv, wie bereits Galilei (1638/1995, 224) wusste: «Über alle die unendlich verschiedenen Möglichkeiten hinsichtlich der Schwere, der Geschwindigkeit und der Gestalt kann keine Theorie gegeben werden», sagt er im Zusammenhang mit dem Fall wirklicher Körper und beschränkt sich *deshalb* auf den mathematischen Idealfall, der dann im Experiment hergestellt wird.

Gleichwohl stammt ja bereits vom braven Katholiken Galilei die Vorstellung, dass «das Buch der Natur in der Sprache der Geometrie geschrieben» sei, womit von der Vielfalt der Erscheinungen abgesehen und die qua naturwissenschaftlicher Methode erst hergestellte Gesetzesförmigkeit zum «Wesen» der Natur selbst erhoben wird. Hier liegt in der Tat eine Wahnvorstellung begründet, ob nun metaphysisch oder nicht, die sich im Zuge der zunehmenden naturwissenschaftlichen Erfolge verfestigt hat und wohl nur wertabspaltungstheoretisch zu fassen ist: Was in der Methode nicht aufgeht, wird ins Private abgedrängt, weiblich konnotiert und letztlich unwirklich: «Der Aufklärung wird zum Schein, was in Zahlen, zuletzt in der Eins, nicht aufgeht; der moderne Positivismus verweist es in die Dichtung» (Adorno/Horkheimer 1988, 13), sodass dann umgekehrt die verrückte Idee aufkommen kann, es ließen sich etwa aus der Quantenphysik relevante Schlüsse für die menschliche Gesellschaft als Ganzes ziehen.

J.U.: Vielleicht ist es in der Tat sehr wichtig, die naturwissenschaftliche Vorgehensweise und die Ideologien, die es darüber gibt, streng zu trennen. Aber andererseits ist es doch so: Wenn wir jetzt beim Beispiel deines Kühlschrankes bleiben, dann ist es selbstverständlich richtig, dass der nicht von irgendeiner Wahnvorstellung angetrieben wird. Spannend wird es aber erst, wenn wir feststellen, dass den naturwissenschaftlichen Prinzipien, die zum Funktionieren des Kühlschrankes führen, letztlich doch die ja auch von dir konzedierte Wahnvorstellung zu Grunde liegt, nach welcher die Natur wesensmäßig gesetzesförmig sei. Anders gesagt: Es gibt nicht den «Kühlschrank an sich», der in seinem kühlenden Dasein und Sosein (ich «heideggere» hier bewusst!) ganz unabhängig wäre von der Erkenntnis(form!), die seiner Konstruktion vorhergeht. Schließlich gab es ja auch bereits vormodern technische Geräte, die nicht nach naturwissenschaftlichen Prinzipien im modernen Sinne gebaut wurden und trotzdem funktioniert haben. Da gab es in den 1970er Jahren einmal eine Diskussion über die «gesellschaftliche Formbestimmtheit» von Technik, die wir uns vielleicht in diesem Zusammenhang nochmal anschauen sollten. Und auch die Identitätsstiftung liegt bereits in der spezifisch modernen Auffassung von dem, was Natur sei, nämlich ein Haufen von totem Material, das nach Maßgabe der identitätslogischen Denkart formbar und veränderbar ist.

Wenn die Qualitäten, die sich gegen den abstrakt-identitären Zugriff sperren, eliminiert werden, dann bleibt das übrig, was unter dem Aspekt der Abstraktion tatsächlich exakt funktioniert, so dass man sagen kann: Die Vielfalt der Erscheinungen ist das qualitativ Differente, die durch die mathematische Abstraktion gewonnene Gesetzmäßigkeit das funktional Identische und in Technik Umsetzbare. Aber das lässt sich nicht auseinanderreißen. Sinnlichkeit und Abstraktion sind zwei Seiten ein und desselben Verhältnisses. Das Problem besteht darin, dass beide innerhalb ihrer Trennung zugleich untrennbar miteinander verbunden bzw. aufeinander verwiesen sind.

Ich denke, es manifestiert sich hier die Einheit von Einheit und Differenz zwischen Wert und Abspaltung als in sich gebrochene Totalität. Es kann also nicht gesagt werden, da ist die gewaltsame Zurichtung durch den Abstraktionsapparat auf der einen Seite, und auf der anderen Seite stehen wir vor der gequälten und permanent vergewaltigten Natur. Vielmehr scheint es mir so zu sein, dass beides zusammengehört, weshalb es einerseits möglich wird, Naturwissenschaft zum Modell einer ominösen Alleinheit zu erklären (siehe Potsdamer Manifest), andererseits aber den weiblich konnotierten abgespalteten Bereich zu idealisieren bzw. zu idyllisieren und zum Bild einer «heilen Welt» der «gelebten Sinnlichkeit» ohne Abstraktionen zu stilisieren, wie dies in Teilen der Ökologiebewegung oftmals geschieht. Grundlage für die Auf- bzw. Abspaltung bleibt in jedem Fall die immer schon vorausgesetzte Trennung von Subjekt und Objekt und «Einheit die Losung» (Adorno) – ob diese nun über das männliche, westliche, weiße (Erkenntnis)subjekt hergestellt oder über die weiblich konnotierte Objektwelt als immer schon gegebene Einheit halluziniert wird. Von welcher Seite dann solchermaßen auch immer versucht wird, Einheit *in* der Zerrissenheit herzustellen, kommt am Ende Ideologie heraus und letztlich barbarische Konsequenzen.

Ich denke auch, dass es zu mechanistisch bzw. sogar ableitungslogisch gedacht ist, wenn du sagst, dass alles, was in der (naturwissenschaftlichen) Methode nicht aufgeht, «ins Private abgedrängt» wird. Die von dir so charakterisierte Abspaltung scheint mir nicht Ergebnis des Erkenntnisprozesses zu sein, sondern seine Voraussetzung, eben die Konstitution der modernen Denkform und ihres Subjekts. Und die weiblich konnotierte Abspaltung ist m.E. auch nicht unwirklich, sondern wirklich da. Selbst das härteste (männliche, westliche, weiße) Subjekt bleibt auf Qualitäten verwiesen, kann nicht in der Abstraktion aufgehen und sich sozusagen als bedürftige Kreatur gleichsam durchstreichen. Und auch «am Material», das, wie du ja selber betonst, nur in der Form der mathematisch fassbaren und zurichtbaren Phänomene «in den Griff» genommen wird, ist ja das so nicht Fassbare nicht einfach verschwunden, sondern als das der vorausgesetzten Art der Wahrheitsproduktion nicht Zugängliche bloß ausgeschlossen, außerhalb der abstrakten «Wahrheit» aber durchaus existent und damit eben auch wieder eingeschlossen in die Totalität des Gesamtverhältnisses, wenn auch in diese Totalität nicht restlos integrierbar.

C.P.O.: Was meinen Kühlschrank betrifft, so wollte ich nur darauf hinweisen, dass er (meistens) funktioniert und es sich deshalb bei den ihm zu Grunde liegenden naturwissenschaftlichen Prinzipien ebenso wenig um *bloße* Wahnideen handeln kann wie das bei vormodernen Vorstellungen der Fall ist, die zu anderen funktionierenden Techniken geführt haben, wie etwa der des Brauens von Bier. Eine davon ganz verschiedene Frage ist, ob es sich hier um «Artefakte der Geschichte» (Kurz 2004, 112 ff.) handelt, die die gesellschaftliche Formation, die sie hervorgebracht hat, überdauern, oder um Techniken, die zusammen mit ihrer Gesellschaftsform untergehen. Diese Frage sollten wir vielleicht erst einmal zurückstellen, wir können sie gern später wieder aufnehmen.

An dieser Stelle wichtiger scheint mir die möglichst genaue Bestimmung des Verhältnisses von Wertabspaltung und naturwissenschaftlicher Erkenntnis zu sein.

Selbstverständlich lässt sich das gesellschaftliche Formprinzip (Wertabspaltung) nicht aus der Erkenntnisform (objektive Naturerkenntnis) ableiten, sondern ist ihr vorausgesetzt, alles andere erschiene mir nur als idealistischer Blödsinn. Es ist aber begrifflich genau zu unterscheiden zwischen der Abspaltung als Prozess, Vorgang oder auch Handlung und dem (weiblich konnotierten) Abgespaltenen, das in diesem Prozess als Kehrseite des (männlich konnotierten) Wert- oder Gesetzesförmigen ebenso wie dieses erst hergestellt wird und deshalb in der Geschichte der bürgerlichen Gesellschaft auch Veränderungen unterworfen ist. Im naturwissenschaftlichen Erkenntnisprozess wird abgespalten, was in der als «Wesen» der Natur unterstellten Gesetzesförmigkeit nicht aufgeht. Was das aber ist, steht nicht von vornherein fest und ist am Anfang des 21. Jahrhunderts auch nicht mehr dasselbe wie 400 Jahre zuvor. Die «Vielfalt des Lebendigen» beispielsweise war seit Beginn der Neuzeit ein paar Jahrhunderte lang nicht gesetzesförmig fassbar und gehörte daher zum abgespaltenen «weiblichen» Bereich. Das verändert sich aber aktuell im Zuge ihrer Subsumtion unter gentechnische Naturgesetze. Der Schrecken, den die Gentechnik unter uns bürgerlichen Subjekten auslöst, die doch sonst allerhand gewohnt sind, hat wesentlich mit der Verschiebung dieser Grenze zu tun.

Was den grundsätzlichen Zusammenhang von Wertabspaltung und naturwissenschaftlicher Erkenntnis angeht, so wird der in der Durchführung von Experimenten besonders deutlich, ja geradezu handgreiflich: Bodo von Greiff (1976) hat anhand der imperativisch formulierten Anleitungen in Lehrbüchern der Experimentalphysik sehr nachdrücklich hervorgehoben, welche Handlungen vom Erkenntnissubjekt (dem Experimentator) auszuführen sind, um die Gesetzesförmigkeit «in ihrer ganzen Pracht und Vollkommenheit» hervorzubringen. Es handelt sich dabei (in unserer Terminologie) um *Handlungen der Abspaltung*, die der Experimentator sowohl am Objekt als auch an sich selber zu vollziehen hat. Auf der Seite des Objekts geht es dabei um die Ausschaltung von Störfaktoren, also die Elimination der «Vielfalt der Erscheinungen», genauer gesagt ihre Verbannung aus dem Labor. Zu diesen Störfaktoren gehören aber auch die physische Anwesenheit und die Empfindungen des Experimentators selbst. Sie sind ebenfalls auszuschalten bei gleichzeitiger Aufrechterhaltung des Beobachterstatus`, m. a. W. der Experimentator muss sich zerlegen in ein beobachtendes Verstandeswesen und ein empfindendes Körperwesen und letzteres soweit wie möglich aus der Ausführung des Experiments heraushalten. Hier wird ganz offensichtlich das männliche, weiße, westliche Subjekt vorausgesetzt, das sich seiner weiblich konnotierten Anteile zu entledigen hat, um als naturwissenschaftliches Erkenntnissubjekt fungieren zu können. Als solches muss es tatsächlich «in der Abstraktion aufgehen und sich sozusagen als bedürftige Kreatur gleichsam durchstreichen», so jedenfalls das (nur näherungsweise zu erreichende) Idealbild des Experimentators. Und in diesem Sinne hat das Abgespaltene im Experiment in der Tat «unwirklich» zu sein, da dieses andernfalls nicht wiederholbar und deshalb als misslungen anzusehen wäre.

Dialog. Zweiter Teil

J.U.: Ich möchte auf die von dir gestellte Frage zurückkommen, wie es der Positivismus denn in diesem Zusammenhang schafft, als das genaue Gegenteil von Metaphysik auf der ontologischen Weltbühne herumzustolzieren. Der Grund liegt m.E. darin, dass der Schein, von dem du sprichst, kein reiner Schein ist, sondern Einheit von Schein und «Wahrheit», denn die modernen Naturwissenschaften sind in der Tat etwas ganz anderes als die «alte Metaphysik», von der sie sich polemisch abstoßen, die sie zum Hirngespinst erklären, zum «bloßen Herumtappen» oder was auch immer. Ruhte die «alte Metaphysik» als Substanzmetaphysik sozusagen auf einer immer schon vorausgesetzten Einheit, der nur nachgedacht werden musste (bis zu den «ersten Ursachen und Gründen»), so gerät diese modern zum erst noch zu realisierenden, erst herzustellenden Zustand angesichts der Katastrophe der Zerrissenheit. Vormoderne Menschen wären niemals auf die Idee gekommen, Einheit *herstellen* zu wollen. Die war nämlich immer schon da. Metaphysik wird in der Moderne zur Prozessmetaphysik und kann daher mit Fug und Recht behaupten, keine Metaphysik (im alten Sinne) mehr zu sein, sondern redliches und «vernünftiges» Schaffen in der Welt. Ich gehe noch einen Schritt weiter: Mit der Konstitution des modernen Subjekts und seiner (wissenschaftlichen) Erkenntnisform entsteht Metaphysik überhaupt erst, wenn wir unter Metaphysik die gewaltsame Subsumtion des Besonderen unter das Allgemeine (bei Husserl heißt es das «mathematisch Ideale») verstehen. Ist das aber so, dann stellt sich das von dir skizzierte Verhältnis genau umgekehrt dar: Nicht der Positivismus ist Metaphysik, die keine zu sein scheint, sondern die alte Metaphysik war gar keine und scheint es nur zu sein aus der Sicht des Positivismus, der sie denunziert, indem er sie metaphysisch überwindet. Insofern wäre Gerold Wallner zuzustimmen, wenn er sagt, der Begriff Realmetaphysik sei nur ein Pleonasmus und allenfalls von heuristischem Wert, wenn deutlich gemacht werden soll, dass Metaphysik etwas real Wirkendes ist und nicht ein bloß im Kopf sich abspielender Vorgang. Deswegen behaupte ich jetzt einmal ganz frech, Metaphysik ist immer Realmetaphysik oder sie ist keine Metaphysik. Und genau deswegen gibt es sie erst mit und in der modernen Gesellschaft.

C.P.O.: Das scheint mir in einer heillosen Begriffsverwirrung zu enden, die wir besser aufzulösen versuchen sollten, anstatt mit ihr herumzujonglieren. Natürlich kannst du behaupten, Aristoteles hätte keine Metaphysik getrieben, indem du eine entsprechende Verschiebung dieses Begriffs vornimmst, aber was ist das dann, was wir im «Metaphysik» überschriebenen Band seiner philosophischen Schriften nachlesen können? Sinnvoll finde ich dagegen die Unterscheidung von «Substanzmetaphysik» und «Prozessmetaphysik», aber eben vor dem gemeinsamen Hintergrund der Frage nach der Einheit und dem letzten Grund alles Seienden, an die nur ganz verschieden und unter völlig unterschiedlichen Annahmen herangegangen wird. Für die Naturwissenschaft ist es die Annahme, die Natur folge universellen Gesetzen, die sich zudem noch mathematisch fassen lassen. Damit wird eine

Einheit alles Seienden gestiftet, die aber im Prozess des wissenschaftlichen Fortschritts erst noch hergestellt werden muss. Einheit wird also nicht als immer schon vorhanden vorausgesetzt, sondern in der Tat als Projekt der (mehr oder weniger gewaltsamen) Subsumtion des Besonderen unter das Allgemeine verstanden.

J.U.: Ja, die moderne Prozessmetaphysik ist wirklich und im wahrsten Sinne des Wortes heillos, nämlich der vormodernen fraglos gegebenen Einheit von irdischem Dasein und Heil (bzw. Leben gemäß der göttlichen Ordnung) beraubt. Bleiben wir bei der Unterscheidung von Substanzmetaphysik und Prozessmetaphysik, dann wird es notwendig, den Unterschied zwischen diesen beiden Metaphysikarten genau zu beschreiben. Wenn ich in diesem Zusammenhang gesagt habe, die klassische oder «alte» oder Substanzmetaphysik sei noch gar keine gewesen, dann war dies genau in dem Sinne der Subsumtion des Besonderen unter das Allgemeine gemeint. Denn diese Subsumtion ist ja nur möglich, wenn Besonderes und Allgemeines als etwas Getrenntes gesehen werden. Und genau das ist weder bei Aristoteles noch bei anderen vormodernen Metaphysikern der Fall. Deine Frage, was Aristoteles denn betrieben habe, wenn keine Metaphysik, ist klar zu beantworten: Aristoteles betreibt Theologie. Und er tut dies erstens nicht als Subjekt, das einer Objektwelt gegenüber steht, und zweitens nicht im Blick auf Bewegtes, sondern im Blick auf das Ewige und Unbewegte, ergo das Göttliche. «Denn alles», schreibt er zum Beispiel, «hat von Natur etwas Göttliches». Insofern ist die Metaphysik als die Wissenschaft vom Seienden immer schon Theologie und Gott kein außerhalb der Welt hockendes Wesen, sondern das Wesen des Seienden als solches. Aristoteles' Denken zielt auf dieses Wesen des Seienden. Und dieses Wesen ist ewig und unbewegt, also göttlich. So gesehen ist das Wesen Substanz. Neben dieser Substanz gibt es zwar noch andere, dem substanziellen Wesen zufällig zukommende Seinsweisen, Akzidenzien, die das Wesen oder das Seiende als solches aber nicht berühren bzw. verändern. Bewegung etwa ist dem Wesen nicht wesentlich, sondern nur ein Akzidenz. Für die Metaphysik im Verständnis von Aristoteles ist das aber nicht wichtig. Wichtig ist allein das, was das Seiende allererst zum Seienden macht – und das ist das (wesentlich unbewegte) Wesen, das solchermaßen als daseiende Einheit zu verstehen ist und nicht erst intellektuell oder auf sonst irgendeine Art und Weise hergestellt werden muss.

Der Unterschied zur modernen Naturwissenschaft ist evident. Du sagst, für diese sei die «Annahme» charakteristisch, dass die Natur universellen, mathematisch fassbaren Gesetzen folge. Damit werde weiterhin eine Einheit gestiftet, die aber nicht einfach da sei, sondern im Prozess des Fortschritts der Wissenschaft erst hergestellt werden müsse. Wenn dem so ist, dann besteht der Antrieb für diese Wissenschaft ja ganz offensichtlich darin, dass diese Einheit nicht existiert, sondern nur eine Annahme darstellt, der die Wissenschaft in identitätsstiftender Absicht sozusagen hinterherhechelt. Dabei geht es darum, die erst modern zum bedrohlichen Außen gewordene Natur restlos in (wissenschaftlicher) Erkenntnis und letztlich in Technik aufgehen zu lassen, was selbstverständlich nicht geht, weil das Subjekt immer schon auch «Naturwesen» ist, sich das aber selber verschweigen muss. Deshalb ist auch die Abspaltung nichts dem Subjekt Äußerliches, sondern eben seine «andere Seite».

Problematisch scheint mir in diesem Zusammenhang auch die These zu sein, der «gemeinsame Hintergrund» von klassischer Metaphysik und Prozessmetaphysik bestehe in der «Frage nach der Einheit und dem letzten Grund alles Seienden». In der Substanzmetaphysik sind diese Einheit und dieses Seiende Voraussetzung des Denkens, das auf diese Art und Weise nur sozusagen sich selber denkt (noésis noéseos – Denken des Denkens), in der Prozessmetaphysik (und deshalb nennen wir sie ja so) wird diese Einheit zum Prozess verflüssigt und als (nie erreichbares) Ergebnis in eine unvordenkliche Zukunft verwiesen. Die Einheit ist hier auf ihrer eigenen Negation basiert. Als «unendlicher Progressus» (Edmund Husserl) ist diese Einheit gerade als herzustellende immer schon und zugleich die durchgehende Verhinderung und Zerstörung von Einheit, also ein sich selbst hintertreibender Produktionsprozess, der sich letztlich als Destruktionsprozess enthüllt, weil das «freie Subjekt» in der Natur seine eigene Unfreiheit vor sich hat und sich im Streben nach letztgültiger Verwirklichung eben dieser «Freiheit» buchstäblich den Ast absägt, auf dem es sitzt.

C.P.O.: Ich denke, wir sind uns darin einig, dass der Unterschied zwischen Substanz- und Prozessmetaphysik der entscheidende ist, und es ist wohl auch nichts dagegen einzuwenden, eine «alte» Metaphysik, die die Einheit des Göttlichen voraussetzte, unter dem Begriff der Theologie zu fassen. Die Metaphysik, von der wir hier reden, ist dann also die moderne Prozessmetaphysik, die die Einheit von Allgemeinem und Besonderem nicht vorfindet, sondern erst herstellen muss, indem sie zwanghaft dieses unter jenes subsumiert, und zwar nicht nur in einem im Kopf sich abspielenden Vorgang, sondern real. Das gibt es in der Tat erst in der bürgerlichen Gesellschaft, für die dieser Prozess auf allen ihren Ebenen konstitutiv ist.

J.U.: Aus diesem Grund hast du auch Recht, wenn du sagst, dass im Blick auf Kant, der Wissenschaft als «gründliche Metaphysik» etablieren sehen wollte, nicht behauptet werden kann, bürgerliches Bewusstsein hätte einmal etwas von seiner Metaphysikverfallenheit gewusst und dieses Wissen sei lediglich ins «kollektive Unbewusste» abgesunken. Kants Berufung auf Metaphysik scheint mir viel eher Bestandteil zu sein jener «protestantischen Apologetik», die Adorno ihm vorwirft, und Ausdruck der «Kantischen Begierde des Rettens» (Adorno) angesichts der mit der «nominalistischen Wende» wahrhaft heillos in Einzelheiten auseinandergeflogenen Welt, die mit den Mitteln der begrifflichen Abstraktion wieder zusammengefügt werden sollen. Wo Metaphysik war, soll positives Wissen werden. Dass damit die Metaphysik ihren Siegeszug überhaupt erst antritt, bleibt nicht trotz, sondern gerade wegen des berühmten Lichtes der Vernunft, die nur noch mit sich selber zu tun hat, im Dunkeln. Mit den modernen Naturwissenschaften hört das «Herumtappen» nicht auf – es beginnt erst richtig.

C.P.O.: Es gibt schon einen Unterschied zwischen Kant und dem Positivismus in Hinblick auf die Bewusstheit des eigenen Vorgehens. Für Kant ist die Gesetzmäßigkeit, nach der die Naturwissenschaft sucht, keine Natureigenschaft, sondern gehört zur Vernunft und «ihren Prinzipien, nach denen allein übereinkommende Erscheinungen für Gesetze gelten können» (Kritik der reinen Vernunft, Vorrede). Indem er aber diese (Aufklärungs-)Vernunft nicht als etwas historisch Spezifisches sieht, sondern als allgemein menschliche Errungenschaft, spielt dieser Unterschied zum Positivismus letztlich keine Rolle. Denn so oder so wäre dann die objektive Erkenntnis der Naturwissenschaft schlicht und einfach das, was «wir» über die Natur wissen können, während alle anderen Herangehensweisen bloß zu dem berühmten «Herumtappen» führten, eine Feststellung übrigens, die bereits auf Bacon zurückgeht.

Nun besteht die neuzeitliche Naturwissenschaft darin, dass sie ihren Gegenstand, also die gesetzesförmig gedachte Natur, erkennt, indem sie ihn verändert bzw. im Experiment selbst erst herstellt (auch das gehört bereits zum Bacon`schen Programm). Insofern ist die zu erreichende Erkenntnis immer eine Erkenntnis über die Interaktion zwischen dem (im Sinne der Wertabspaltungstheorie männlichen, weißen, westlichen) Erkenntnissubjekt und der zu seinem Objekt gemachten Natur. Weil aber das Subjekt von sich selber nichts weiß und im Rahmen naturwissenschaftlicher Erkenntnis auch gar nichts wissen darf, wird naturwissenschaftliche Erkenntnis nicht so, sondern als «objektiv», also bloß im Objekt liegend begriffen. Vielleicht liegt das moderne «Herumtappen», von dem ich aber nicht so genau weiß, wie du es meinst, hier begründet.

J.U.: Das moderne «Herumtappen» liegt genau in dem undurchschauten Verhältnis von Wert und Abspaltung. Ist die Abspaltung, wie Roswitha Scholz sagt, «die andere Seite des Werts» und beide nicht voneinander zu trennen bzw. das eine nicht aus dem anderen ableitbar oder im jeweils anderen aufgehend, dann «weiß» das Subjekt genauso wenig vom Objekt wie von sich selber. Es reproduziert in und mit der objektiven Erkenntnis nur die Dunkelheit des in der Trennung und zugleich untrennbaren Verbundenheit von Wert und Abspaltung liegenden Verhältnisses. Bei der objektiven Erkenntnis kommt doch nur immer wieder das heraus, was das Subjekt, wie Kant sagt, «zuvor hineingelegt» hat. Da liegt also gar nichts «im Objekt», sondern das ganze undurchschaute Verhältnis wird hier auf den Kopf gestellt, so dass man sagen könnte, Naturwissenschaft selbst und als solche ist bereits Ideologie und nicht bloß das, was irgendwelche Philosophen oder Wissenschaftstheoretiker über sie behaupten.

C.P.O.: Die Idee, objektive Erkenntnis habe mit ihrem Objekt überhaupt nichts zu tun, halte ich für ein im Zuge des postmodernen Diskurses aufgekommenes kulturalistisches Missverständnis und für ebenso grundlegend verfehlt wie ihr positivistisches Gegenstück, welches das Subjekt einfach durchstreicht. Was die Vernunft laut Kant «zuvor hineingelegt» hat, ist die historisch spezifische *Form* der Erkenntnis, die «funktionale Denkform» im Sinne von Bockelmann (2004). Festgelegt ist damit die Art der Fragen, die an das Objekt gestellt werden, und auch die, die nicht gestellt werden. Die Antworten innerhalb dieses gewaltsam eingeschränkten Rahmens aber gehören zu dem, «wovon (die Vernunft) für sich nichts wissen würde» (Kant), und sind daher ohne Bezug auf das Objekt nicht zu haben, andernfalls bedürfte es nicht des Experiments, welches ja immer diesen oder jenen Ausgang nehmen, sowohl gelingen als auch misslingen kann.

Die Tatsache, dass die Naturgesetze im Experiment erst hergestellt werden, sollte nicht zu dem Fehlschluss führen, sie seien in beliebiger Weise herstellbar, unabhängig vom Inhalt, auf den sie sich beziehen. Inhalte haben ihre Eigenqualität und erweisen sich dem objektivierenden gesetzesförmigen Zugriff gegenüber als widerständig. Wer das negieren wollte, betriebe bestenfalls Reine Mathematik, aber keine Naturwissenschaft. Die *reale* Subsumtion des Besonderen unter das Allgemeine wäre so gar nicht möglich. Um es an einer Analogie deutlich zu machen: Sowohl Leder als auch Kartoffeln sind Materialien, die sich handwerklich verarbeiten lassen. Aber auch der beste Schuhmacher dürfte bei dem Versuch scheitern, aus einem Zentner Kartoffeln ein Paar Stiefel herzustellen.

Neuzeitliche Naturwissenschaft *ist* – ich wiederhole mich – eine bestimmte Art der Wechselbeziehung zwischen Subjekt und Objekt. Ihre Basissätze sind denn auch immer von der Form einer Handlungsanleitung: Wenn ich die (bis ins letzte Detail zu spezifizierende) Handlung XYZ ausführe, dann stellt sich gesetzmäßig der zu beobachtende bzw. zu messende Effekt ABC ein. Darin liegt noch keine Ideologie. Falsches Bewusstsein kann sich erst in der Interpretation dieser Interaktion entwickeln, beispielsweise dann, wenn sie einseitig zu einem seiner beiden Pole hin aufgelöst, also entweder die Naturgesetze als Eigenschaft allein des Objekts (Positivismus) oder als bloße Erfindung oder Konvention des Subjekts (postmoderner Kulturalismus) angesehen werden. Es entsteht auch dadurch, dass die historisch spezifische Form des Erkenntnissubjekts ausgeblendet und seine besondere Erkenntnisform zur einzig möglichen erklärt wird (Kant). Die Frage, inwieweit ein derart falsches Bewusstsein «notwendig» ist, sich also beinahe zwangsläufig aus der bürgerlichen Subjektform und der ihm adäquaten objektiven Erkenntnisform ergibt, ist damit freilich nicht beantwortet. Dazu ließe sich noch einiges sagen.

J.U.: Ich bin mir nicht sicher, ob ich das alles verstanden habe oder ob das überhaupt verstehbar ist. Ein genauerer Blick jedenfalls auf vormoderne Mensch-Natur-Verhältnisse scheint mir zur weiteren Verständigung dringend nötig zu sein. Dies vor allem auch deshalb, weil zum Beispiel noch bei Adorno Geschichte immer wieder als eine Art Herausarbeiten aus irgendwelchen ominösen Naturzwängen dargestellt wird, was dann in der Moderne «umschlägt», «zurückschlägt» in Mythologie usw. Dagegen könnte nach dem oben Gesagten auch ganz locker die These gestellt werden, dass auch der «Naturzwang» erst mit der Moderne beginnt. Damit komme ich zu deinen letzten Ausführungen über das Verhältnis von Subjekt und Objekt.

Ich denke, da ist in der Tat ein Missverständnis aufgekommen, das geklärt werden muss. Die Formulierung «da liegt also gar nichts ‹im Objekt›» bedeutet nicht, «objektive Erkenntnis habe mit ihrem Objekt nichts zu tun», sondern lediglich, und das ist der kleine Unterschied, der den ums Ganze ausmacht, Objektivität könne nicht losgelöst vom Subjekt gedacht werden, das Problem liege also im Verhältnis von Subjekt und Objekt zueinander und nicht in dem einen oder im anderen. Was du in diesem Zusammenhang in die gegeneinander stehenden Positionen eines das Subjekt in den Mittelpunkt stellenden postmodern-kulturalistischen Subjektivismus einerseits und eines das Subjekt «durchstreichenden» positivistischen Objektivismus auseinanderlegst, gehört m.E. zusammen und markiert als in sich widersprüchliche Totalität des gesamten Verhältnisses den «Knackpunkt», um den es hier geht.

Eine von Kants Grundthesen, nämlich die, dass objektive Erkenntnis von Gegenständen nur dann begründet werden kann, wenn davon ausgegangen wird, dass *im Subjekt* die Formen der Konstitution dieser Gegenstände a priori bereitliegen (transzendentale Apperzeption / synthetische Einheit der Apperzeption), bedeutet, dass die Objekte *ihrer Form nach* vom Subjekt erzeugt, geschaffen werden, d.h. ihrer *Erscheinungsform* nach. Die Form der Sinnlichkeit (verstanden als Anschauung gemäß den «reinen Formen der Anschauung», nämlich Raum und Zeit, also gänzlich unsinnliche Sinnlichkeit) ist a priori gegebene Voraussetzung von Erkenntnis, während das sinnliche Material erst a posteriori zur Verfügung steht. «(S)o ist uns zwar die Materie aller Erscheinungen nur a posteriori gegeben, die Form derselben aber muß zu ihnen insgesamt im Gemüte a priori bereitliegen, und daher abgesondert von aller Empfindung können betrachtet werden.» (Kant 1781/1787/1990, A20/B 34) Die Gegenstände bieten sich der Wahrnehmung nur dar unter den immer schon gegebenen Voraussetzungen der subjektiven Wahrnehmungsstruktur. Insofern dies der Fall ist, sind sie Erscheinungen. Die «synthetische Leistung des transzendentalen Subjekts» bleibt zwar auf die empirischen Dinge verwiesen (es gibt keine Wahrnehmung reiner Formen), diese wiederum sind aber nur als bereits geformte, vom Subjekt als Erscheinungen konstituierte, erfassbar. Die «funktionale Denkform» im Sinne von Bockelmann liegt im transzendentalen (nicht im empirischen!) Subjekt und gibt nicht bloß den Rahmen vor, innerhalb dessen dann die Fragen gestellt und die Natur zu den «objektiv richtigen» Antworten «genötigt» wird, wie Kant sagt, sondern sie *ist* dieser Rahmen selbst in einer Art apriorischer Identität von Subjekt und Objekt, wobei das Subjekt das Objekt (seiner Form nach!) ursprünglich konstituiert. «Entsprechend der Experimentalanalyse», schreibt z.B. Karen Gloy, «muss das System der objektkonstituierenden Bestimmungen, das System der Naturgesetze, im Subjekt fundiert sein.» (S. 206) Das Objekt ist also gar nicht «die Natur», sondern «Natur» nur insoweit, als sie sich der nicht empirischen Erkenntnis der Empirie erschließt. Die Natur als solche ist für Kant das ganz Andere, das chaotische Außen. Und die Widerständigkeit, von der Du sprichst, entfaltet sich dort, in Gestalt der modern nicht mehr von Gott durchwalteten, vielmehr zum bedrohlichen Zwangszusammenhang gewordenen

Natur, nicht aus dem erkenntnismäßig bereits geformten Objekt. Der im Epochenbruch zwischen Vormoderne und Moderne sich ereignende Sturz der Menschen ins Ungewisse wird von Kant lediglich «verpositiviert» (Petra Haarmann) und in den Dualismus von Freiheit und Notwendigkeit auseinandergelegt.

Damit kommen wir zu dem höchst komplizierten Verhältnis zwischen Erscheinung und Ding an sich (vgl. dazu ausführlich Petra Haarmann 2005b), und ich werde das in der hier gebotenen Kürze nicht befriedigend ausführen können. Gesagt sei aber so viel, dass mir die These von Gerold Prauss zuzutreffen scheint, nach der im Verhältnis zwischen Erscheinung und Ding an sich eine «zweifache Subjektabhängigkeit» (Prauss) vorliegt. Die Natur ist in dieser Sichtweise, «aus ihrem wesenhaften Bezug auf [...] die Erfahrung machenden Subjekte nicht zu lösen. Von einer Natur kann außerhalb dieses Subjektbezugs überhaupt keine Rede sein. Sie ist wesentlich in diesem Sinne etwas Subjektabhängiges.» (Prauss 1974, 66) Das Kantsche Ding an sich ist also keineswegs ein hinter den empirischen Objekten stehendes unbegreifbares Sein, sondern ein konstitutiver Bestandteil der subjektiven Verstandesleistung, welche darin besteht, die Gegenstände als Erscheinungen in der Zeit zu betrachten. Als ein «Actus der Spontaneität» (Kant) (und für Kant letztlich der Freiheit) steht diese Betrachtung selbst aber außerhalb der Zeit und der Naturgesetze. «Die Zeit verläuft sich nicht, sondern in ihr verläuft sich das Dasein des Wandelbaren.» (Kant 1781/1787/1990, A 144/B 183). Auf Basis der Illusion, aus der vormals göttlich bestimmten Zeit könne gestaltbare Zukunft gemacht werden, geraten die Prinzipien der Freiheit und der objektiven Erkenntnis zu einer in eine unvordenkliche Zukunft projizierte «Anweisung zum Weitermachen» (Gloy 1995, 210). Naturerkenntnis ist für Kant «letztlich Vernunfterkenntnis. Die Einsicht in die Natur ist Selbsteinsicht der Vernunft.» (Ebd., 211) Von daher erscheint es mir problematisch, die modernen Naturwissenschaften als «eine bestimmte Art der Wechselbeziehung zwischen Subjekt und Objekt» zu bezeichnen. Der Riss, den wir gemeinhin Subjekt-Objekt-Trennung und dann weiter Abspaltung nennen, verläuft nicht, beide gewissermaßen als feste «Pole» voraussetzend, zwischen Subjekt und Objekt, sondern mitten durchs Subjekt. Ich formuliere jetzt mal gewagt, dass eine auf dieser Basis geübte Kritik an der naturwissenschaftlichen Erkenntnis möglicherweise vom Kritisierten, nämlich der Objektivität, gar nicht weg kommt, sondern diese nur ins widerständige Anderssein der empirischen Welt verlegt. Insofern wäre auch noch einmal über dein Beispiel mit dem Leder und den Kartoffeln zu diskutieren. Das stammt ja nicht aus der Sphäre der Naturwissenschaften, sondern aus derjenigen des empirisch-handwerklichen Umgangs mit Naturstoffen. Und das interessiert Kant z.B. überhaupt nicht. Ihm geht es in der Tat um reine Erkenntnis, lautet doch bereits die Anfangsfragestellung der Kritik der reinen Vernunft. «Wie ist reine Mathematik möglich? Wie ist reine Naturwissenschaft möglich?» Als Antwort lässt sich ganz allgemein sagen, das ist möglich wegen des Vernunftvermögens des männlich-weißen-westlichen Subhekts. Was wir in diesem Zusammenhang in der Wertabspaltungstheorie dann als «weiblich konnotierte Natur» bezeichnen, wäre aus dieser Perspektive auch nicht auf der Seite des Objekts zu verorten, sondern als genau die andere Seite des Subjekts zu bestimmen. Petra Haarmann hat in diesem Zusammenhang bereits wiederholt die Position der Frauen im Abspaltungsverhältnis mit dem Bild von der «Zaunreiterin» dargestellt, die mit einem Bein im «Naturzustand» steht, mit dem anderen im Zustand der Zivilisiertheit, nicht intelligibles Subjekt einerseits, bloßes Verstandeswesen ohne Vernunft andererseits. In der geschlechtlichen Abspaltung treten dem «freien Mann» die Auswegslosigkeit des eigenen Freiheits- und Vernunftanspruchs und der nicht zu bewältigende Naturzwang gleichermaßen gegenüber, also gewissermaßen das Andere seiner selbst.

Wenn an dem, was ich da nun gesagt habe, auch nur ein klein wenig etwas dran ist, dann sind wir wohl zunächst einmal auf grundsätzliche Fragen zurückgeworfen oder, je nach Perspektive, überhaupt erst zu ihnen vorgedrungen. Und da scheinen mir noch einige Kontroversen auf uns zuzukommen.

C.P.O.: Ein Teil der Kontroversen, die hier aufscheinen, sind m.E. terminologischer Art, und die zumindest sollten wir ausräumen. Du hast in deiner Denkbewegung mit Bezug auf Kant bzw. seine InterpretInnen das Objekt ins Subjekt hinein geholt, damit aber zugleich die Bedeutung des Begriffs «Objekt» verschoben, das jetzt nicht mehr die «res extensa» Descartes` ist, der das Subjekt («res cogitans») fremd gegenüber steht, sondern durch das Subjekt und seine allein auf Gesetzesförmigkeit zielende Vernunft allererst konstituiert wird. Dadurch wird meine Formulierung von der «Wechselbeziehung zwischen Subjekt und Objekt» der mit ihr intendierten Bedeutung beraubt und in der Tat problematisch. Aber auch deine Feststellung, «das Problem liege also im Verhältnis von Subjekt und Objekt zueinander und nicht in dem einen oder anderen», bezieht sich dann nur noch auf einen Teilaspekt, nämlich das Verhältnis des Subjekts zu dem von ihm selbst konstituierten Objekt, wovon nur die Frage der Möglichkeit der «reinen» Mathematik und der «reinen» Naturwissenschaft berührt ist. Durch die Begriffsverschiebung, für die es gute Gründe gibt, ist nun aber eine Leerstelle entstanden, die gefüllt werden muss: Jede wirkliche Naturwissenschaft hat einen realen Gegenstandsbereich, einen Inhalt, auf den sie sich bezieht. Und der darf nicht begrifflich ausgeblendet werden, sonst ließe sich weder der Unterschied etwa zwischen Physik und Biologie erklären noch die materiale Gewalt, die durch die Naturwissenschaft heute ausgeübt wird, beispielsweise in der von ihr induzierten Nuklear- oder Gentechnik.

Berücksichtigt man das, so geht es bei der Naturwissenschaft – in Paraphrasierung einer früheren Formulierung – um eine bestimmte Art der Interaktion zwischen dem historisch spezifischen, erstmals in der Neuzeit aufgetretenen, männlichen Erkenntnissubjekt und dem von ihm zum Objekt gemachten Erkenntnisgegenstand «Natur». Das «Zum-Objekt-Machen» ist der erste wesentliche, ja entscheidende Schritt in dieser Interaktion, in dem sich die neuzeitliche, westliche Naturwissenschaft von allen früheren Formen der Naturerkenntnis unterscheidet.

Durch ihn wird gewissermaßen (in Kants Diktion) die Natur vor den «Richterstuhl der Vernunft» gezerrt, und hier ist der aktive Eingriff des Subjekts gefordert, der den Gegenstand verändert oder überhaupt erst herstellt, und zwar nicht nur auf der gedanklichen Ebene («mathematische Modellbildung» in der heute gebräuchlichen Terminologie), sondern auch und vor allem auf der realen, wie es bereits Bacon (1620/1990, 55 f.) propagiert hat: «... daß ich nicht bloß eine Geschichte der freien und ungebundenen Natur (wenn sie ihrem eigenen Lauf überlassen ist und ihr Werk vollbringt) wie bei der Geschichte der Himmelskörper, der Lufterscheinungen, der Erde, des Meeres, der Gesteine, Pflanzen und Tiere darlege, sondern weit mehr noch eine Geschichte der gebundenen und bezwungenen Natur, d. h. wenn sie durch die Kunst und die Tätigkeit des Menschen aus ihrem Zustand gedrängt, gepreßt und geformt wird. ... denn die Natur der Dinge offenbart sich mehr, wenn sie von der Kunst bedrängt wird, als wenn sie sich selbst frei überlassen bleibt.»

Die zielgerichtete Herstellung ihrer Objekte nach allen Regeln der Handwerkskunst wird denn auch bereits von Galilei (1638/1995, 162) etwa im Zusammenhang mit seiner «schiefen Ebene» beschrieben: «Auf einem Lineale, oder sagen wir auf einem Holzbrette von 12 Ellen Länge, bei einer halben Elle Breite und drei Zoll Dicke, war auf dieser letzten schmalen Seite eine Rinne von etwas mehr als einem Zoll Breite eingegraben. Dieselbe war sehr gerade gezogen, und um die Fläche recht glatt zu haben, war inwendig ein sehr glattes und reines Pergament aufgeklebt; in dieser Rinne liess man eine sehr harte, völlig runde und glattpolirte Messingkugel laufen.» Es mag ja sein, dass Kant sich dafür nicht interessiert hat, aber ohne dieses experimentelle Handwerk wäre Galileis Fallgesetz ein empirisch nicht nachweisbares Gedankenspiel geblieben. Und so finden sich derartige Bauanleitungen seither in jedem Lehrbuch der experimentellen Wissenschaften, wobei heutzutage das Handwerk weitestgehend durch industrielle High-Tech-Produktion abgelöst ist.

«Objektivität» wird auf diese Weise vom Subjekt produziert, liegt also nicht im «widerständigen Anderssein der empirischen Welt», was du mir als mögliche Auffassung zu unterstellen scheinst, sondern wird ihm vielmehr abgerungen als eine originäre Leistung des Erkenntnissubjekts in der Auseinandersetzung mit seinem jeweiligen Gegenstand. Warum wird sie dann als «objektiv», also allein im Objekt liegend verstanden? Greiff (1976, 93), auf den ich mich bereits bezogen habe, stellt einen auf die Tiefenstruktur des Subjekts verweisenden Zusammenhang zur Durchführung von Experimenten her, in denen der Experimentator die eigene Physis als Störfaktor verstehen muss: «... scheinbar kommt ein Subjekt im Erkenntnisakt nach seiner Eliminierung gar nicht mehr vor. Scheinbar ist es für die Objektivität der Erkenntnis hinderlich und störend, zumindest überflüssig. Die Tatsache, daß sich der Betrachter im Vollzug der Erkenntnis wirklich als verzerrendes Störmoment begreifen und eliminieren muß, erzeugt den Gedanken, die Wahrheit läge in der Natur und nicht in der Erkenntnis der Natur, die Gesetzmäßigkeit habe natürliche, und die Abweichung von ihr menschliche Ursachen. Sie produziert den

Schein, die Gesetzmäßigkeit sei eine Natureigenschaft, die sich in ihrer ganzen Pracht und Vollkommenheit äußern würde, wenn es überhaupt kein Subjekt gäbe. Doch das ist bloßer Schein. Denn auch und gerade die Eliminierung des Subjekts stellt eine subjektive Handlung dar, eine Operation, die vom erkennenden Subjekt selbst ausgeführt werden muß.» Das korrespondiert mit deiner Feststellung, dass die «funktionale Denkform» im transzendentalen und nicht im empirischen Subjekt liege. Objektivität besteht gerade in dessen Ausschaltung. Übrig bleibt das transzendentale Subjekt, dessen Denkform zum Apriori jeder menschlichen Erkenntnis und damit unhintergehbar, eben objektiv geworden ist. Ein entscheidender Punkt in diesem Zusammenhang ist das Nichtwissen um die Genese dieser Denkform, vgl. dazu Bockelmann (2004) oder – mit ganz anderer Akzentsetzung – Haarmann (2005a).

Darin, dass der «Riss, den wir ... Abspaltung nennen, ... mitten durchs Subjekt (verläuft)», besteht ebenfalls Konsens, auch ihn hatte ich ja bereits mit der Greiff'schen Analyse experimenteller Handlungen in Verbindungen gebracht. Allerdings schließt dieser Riss andere Risse keineswegs aus, sondern sie bedingen sich vielmehr wechselseitig. Ein von dir bereits genannter geht mitten durch die moderne Auffassung von der Natur, die einerseits von universellen Gesetzen beherrscht und der Mathematisierung zugänglich sein soll und andererseits das ganz Andere, das chaotische Außen darstellt, wobei dann pikanterweise auch die «innere Natur» zu diesem «Außen» zählt. Uneinheitlicher geht es eigentlich nicht. Ohne diese Kluft wäre Naturwissenschaft nicht möglich, die die Existenz universeller (mathematischer) Naturgesetze gegen alle unmittelbare Evidenz voraussetzen muss, sonst könnte sie sie gar nicht entdecken. Im Zuge des «wissenschaftlichen Fortschritts», der «nicht endende(n) Annäherung der wirklichen Welt an diese reine Welt, die es nicht gibt» (Bockelmann 2004, 356), wird diese Kluft nur verschoben, aber nicht geschlossen, sondern eher noch vertieft. Denn es gehört ja zur mathematisch-experimentellen Methode bis in die täglichen Handlungen der Normalwissenschaft hinein, die die Gesetzesförmigkeit störenden Faktoren zu «eliminieren», was nur heißt: Sie aus der Betrachtung auszuschließen und ins «chaotische Außen» zu verweisen, das auf diese Weise immer wieder neu hergestellt und zur Voraussetzung für den späteren «wissenschaftlichen Fortschritt» wird. Die moderne Metaphysik, die die Einheit von Allgemeinem und Besonderem dadurch herzustellen versucht, dass sie dieses zwanghaft unter jenes subsumiert, reproduziert insofern beide Seiten der widersprüchlichen modernen Naturauffassung und damit das, was sie selber antreibt: das Fehlen eben jener Einheit.

J.U.: Du siehst durch meine These, dass die Konstitution des Subjekts und diejenige des Objekts ein und derselbe Prozess sind, eine Leerstelle entstehen, und zwar sowohl hinsichtlich der Erklärung des Unterschiedes zwischen verschiedenen Naturwissenschaften (etwa Physik und Biologie) als auch hinsichtlich des realen Eingreifens der Naturwissenschaften in die materielle Welt und das Gewaltverhältnis, das damit gegeben ist. Ich denke, wir drehen uns damit immer noch um die Frage nach dem Charakter der nichtempirischen Erkenntnis der Empirie bzw. um die Frage, wie die Abstraktion von aller Empirie in und an der empirischen Welt so ungeheuerlich wirksam sein kann.

Zunächst einmal sollten wir bei diesem Problem noch einmal festhalten, dass wir hier nicht allein von der naturwissenschaftlichen Erkenntnis sprechen, sondern von der modernen Erkenntnisform schlechthin, nämlich von dem Umstand, «dass die an den mathematischen Naturwissenschaften gewonnenen methodischen Einsichten zur Methodologie von Erkenntnis überhaupt avancieren» (Gloy 1995, 203) und damit eben die moderne Erkenntnis als solche insgesamt jene Leere produziert, von der Bockelmann spricht, wenn er sagt, das alles sei die «nicht endende Annäherung der wirklichen Welt an diese reine Welt, die es nicht gibt» (die leer ist und hohl, ein Nichts). Da geht es also um die Angleichung des Realen an ein abstraktes Realissimum, letztlich also um die Eliminierung der «wirklichen Welt». Das (transzendentale) Erkenntnissubjekt steht außerhalb der (chaotischen) Welt und außerhalb der Zeit (Haarmann 2005b). Sein «realer Gegenstandsbereich» besteht immer nur in dem, was sich dem abstrakten Bezugssystem (der Methode) subsumieren lässt. «Die Zeit verläuft sich nicht, in ihr verläuft sich das Dasein des Wandelbaren.» (Kant) Und davor bzw. darüber steht das transzendentale Subjekt (nicht das konkrete Individuum), zerrt die als Erscheinung konstituierte Natur vor den Richterstuhl und versucht, Ordnung zu schaffen. In dem Drama «Die Physiker» von Dürrenmatt sagt einer der vermeintlich irre gewordenen Wissenschaftler, der sich angeblich für Isaac Newton hält: «Ich bin Physiker geworden aus Ordnungsliebe, um die Unordnung der Natur auf eine höhere Ordnung zurückzuführen.»

In diesem Zusammenhang sehe ich auch den Stellenwert des Experiments bei Galilei etwas anders als du. Das Experiment bleibt bei ihm nach meiner Auffassung wirklich weitgehend Gedankenexperiment. Die berühmten Pisaner Fallversuche[34] hat es nie gegeben, und hätte es sie gegeben, dann hätten sie das Gegenteil von dem bewiesen, was Galilei beweisen wollte. ...

C.P.O.: Weder hat es sie gegeben, noch wurden sie von Galilei je angeführt, noch hätte es sich bei ihnen überhaupt um Experimente im Sinne der neuzeitlichen Naturwissenschaft gehandelt.

J.U.: ... Für ihn zählt in erster Linie das mathematisch Ideale oder Vollkommene, was z.B. in folgender Passage aus den Discorsi deutlich wird (Galilei 1638/1995,

---

34 Der Legende zufolge bestieg der junge Galilei im Jahre 1590 den Pisaner Glockenturm und ließ von dort Körper verschiedenen Gewichts fallen, die entgegen der aristotelischen Lehre gleichzeitig am Boden auftrafen. Die Legende kam 60 Jahre nach dem beschriebenen Vorfall erstmals auf, beherrschte danach dreihundert Jahre lang die Wissenschaftsgeschichtsschreibung und prägte das Selbstbild der neuzeitlichen Naturwissenschaft, obwohl sie mit deren und Galileis tatsächlichem Vorgehen nichts zu tun hat, vgl. Koyré (1998, 123–134)

162): «Indess hoffe ich in diesem Falle, ohne arrogant zu erscheinen, versichern zu dürfen, dass die Unvollkommenheit der Materie, die ja selbst die schärfsten mathematischen Beweise zu Schanden machen kann, nicht genüge, den Ungehorsam der wirklichen Maschinen gegen ideale zu erklären. Denn ich will von aller Unvollkommenheit der Materie absehen, und will die Materie als ideal vollkommen annehmen, und als unveränderlich, und will zeigen, dass bloß, weil es eben Materie ist, die größere Maschine, wenn sie aus demselben Material und in gleichen Proportionen hergestellt ist, in allen Dingen der kleineren entsprechen wird, außer in Hinsicht auf Festigkeit und Widerstand gegen äußere Angriffe: je größer, umso schwächer wird sie sein. Und da ich die Unveränderlichkeit der Materie voraussetze, kann man völlig klare, mathematische Betrachtungen darauf bauen.»

Es geht also darum, in die chaotische Natur Konstanzen oder Invarianzen hineinzutragen und diese, abgeschirmt von allen «Störfaktoren», dem theoretischen Ideal möglichst genau anzugleichen.

C.P.O.: Ja, und genau das passiert im Experiment, aber es passiert dort wirklich und nicht nur in der «Welt der Ideen».

J.U.: Je präziser daher dessen Aufbau bzw. je genauer die jeweils verwendeten Messinstrumente, desto weniger «Natur» kommt dann dort überhaupt noch vor. Und das Erkenntnissubjekt erfährt dadurch auch nichts über «die Natur», sondern lediglich etwas über die Tauglichkeit oder Untauglichkeit der eigenen «Methode», so dass sich die Vernunft hier nur sozusagen tautologisch selber erkennt, nicht aber das, was zu erkennen sie vorgibt, nämlich die Natur.

C.P.O.: Als Tautologie würde ich das nicht bezeichnen, für eine solche bedürfte es keines Experiments. Aber ansonsten hast du Recht: Wahrheit im naturwissenschaftlichen Sinne ist letztlich nichts anderes als technische Manipulierbarkeit.

J.U.: Wenn deshalb Leute, wie z.B. die Verfasser des Potsdamer Manifests, ein wissenschaftlich bzw. quantenphysikalisch begründetes «Zurück zur Natur» propagieren, dann formulieren sie nur die andere Seite der bereits in der klassischen Naturwissenschaft dominierenden Einheitsstifterei unter dem Ganzheitlichkeits- oder Alleinheitsaspekt. Zurück zur Natur könnte die Wissenschaft nur, wenn sie jemals dort gewesen wäre. Aber das war sie eben nicht. Und so gesehen wäre die wissenschaftlich betrachtete Natur auch nur insoweit Objekt, als sie sich dem Arsenal der wissenschaftlichen Erkenntnis erschließt, also insoweit es ein transzendentales Subjekt gibt, das sie zu dem macht, was anschließend als ihr Ansichsein ausgegeben wird ...

C.P.O.: ... und den Beteiligten auch so erscheint, weil sie sich aus dem zu «objektiver» Erkenntnis führenden Prozess als empirische Subjekte, als individuelle Körperwesen also mit ihren «weiblichen» Anteilen vollständig herausgenommen haben.

J.U.: An dieser Stelle muss ich noch einmal darauf hinweisen, dass ich mir nicht sicher bin, ob ich das alles überhaupt verstanden habe. Was jedenfalls bis zu dieser Stelle unseres Dialogs bei mir bleibt und weiter schwelt, ist das Unbehagen an der Diskussion über das Subjekt-Objekt-Verhältnis. Ich weiß auch nicht, ob und wie wir die da entstehenden Widersprüche, Leerstellen, Ungereimtheiten oder wie du es auch immer nennen willst, bewältigen können. Wahrscheinlich erfordert das Thema eine neuerliche Rückbesinnung auf das berühmte «Denken gegen sich selbst» bzw. eine verstärkte Reflexion auf das ja auch uns nicht in Ruhe lassende Bedürfnis, irgendetwas fest haben zu wollen und mit einer in sich stimmigen Erklärung in den ruhigen Hafen einer Ordnung einzulaufen, deren Grundlagen und Voraussetzungen wir ja allererst und eigentlich kritisieren wollten. Ich denke allerdings, es ist schon viel gewonnen, wenn wir mit diesem Dialog das Problem, um das es hier geht, zumindest als solches benannt und unter verschiedenen Aspekten betrachtet haben.

C.P.O.: Wenn ich als Naturwissenschaftler vor NaturwissenschaftlerInnen über diese Dinge vortrage, dann kommt von den Einsichtigeren regelmäßig die «praktische» Frage, wie denn Wissenschaft anders vorgehen solle, sie könnten sich jedenfalls keine andere Art, zu verbindlicher Erkenntnis zu gelangen, vorstellen. Und ich antworte darauf ebenso regelmäßig, dass ich das auch nicht wirklich könne. Ein volles Verständnis der zu Grunde liegenden, neuzeitlichen Denkform lässt sich wohl erst erreichen, wenn sie überwunden ist, womit eine Betrachtung «von außen» möglich wäre (aber vielleicht geht es dann aus anderen Gründen nicht mehr, weil sich niemand in unsere Verrücktheiten noch hineinversetzen kann). Bis dahin bleibt uns gar nichts anderes übrig, als über und gegen das moderne Denken mit seinen eigenen, eben unseren Mitteln zu reflektieren. Dass dabei Lücken bleiben oder Paradoxien entstehen, sollte nicht verwundern. Es reicht eben nicht, ein «neues Denken» bloß zu propagieren, wir müssen uns aus dem alten schon herausarbeiten.

Nachbetrachtung

Es gibt eine Reihe klassischer philosophischer Unterredungen, in denen ein kluger Meister mit einem mehr oder weniger unbedarften Stichwortgeber diskutiert, den er fortlaufend belehrt und dessen Einwände er mühelos widerlegt (nicht zufällig hört einer der Gesprächspartner in den *Discorsi* Galileis auf den schönen Namen Simplicio). Es war uns den Versuch wert, eine andere Situation zu schaffen, in der zwei von unterschiedlichen Vorgeschichten geprägte Diskutanten sozusagen auf Augenhöhe austauschen, was ihnen zu dem vorgegebenen Thema einfällt und welchen Beitrag sie zu den jeweils auftauchenden Fragen beizusteuern haben. Im Nachhinein zeigt sich, dass ein solches Vorgehen nicht nur Vorteile hat. Die – wie wir hoffen – gewonnene Lebendigkeit der Darstellung geht zu Lasten ihrer Systematik, weil ja nicht nur unsere Antwortversuche, sondern bereits die von uns aufgeworfenen Fragestellungen sich unterschiedlichen Sichtweisen auf den Untersuchungsgegenstand verdanken. Und das Ergebnis ist dann nicht einfach eine Resultante im Sinne des Newton'schen Parallelogramms der Kräfte, sondern eher eine Art von Schlingerkurs durchs Thema. Insofern erscheint uns eine kurze, systematisierende Nachbetrachtung angebracht, in der auch einige Fragestellungen benannt werden, die *nicht* behandelt wurden:

Ein gemeinsamer Ausgangspunkt, der in unserem Dialog auch deutlich geworden sein sollte, ist die Überzeugung, dass eine Kritik der Erkenntnisform der Naturwissenschaften nicht nur auf einen Teilaspekt des modernen Denkens zielt, sondern auf die moderne Denkform oder das Verhältnis der modernen Menschen zu ihrer Welt insgesamt. In dem Thema steckt also bereits jene «Ausweitung der Kampfzone», durch welche die Diskussion notwendigerweise auf grundsätzliche Fragen zurückgeführt wird, die über eine bloß ideologiekritische Betrachtung des naturwissenschaftlichen Denkens hinaus weisen. Hier haben sich an zwei Stellen zwischen den Diskussionspartnern wesentliche Differenzen ergeben, die innerhalb des Dialogs nicht überwunden werden konnten und folglich als solche stehen bleiben mussten:

- Zum einen betreffen sie das Verhältnis von Kontinuität und Bruch im Übergang zur Moderne: Ist die in den modernen Naturwissenschaften ihren Ausdruck findende Metaphysik eine spezifisch moderne Angelegenheit, so dass es für die der Moderne vorangehenden Verhältnisse in diesem Sinne gar keine Metaphysik gegeben hat (J.U.), oder führt eine solche Auffassung zu einer «heillosen Begriffsverwirrung» (C.P.O.), die das Thema entgleisen lässt, weil sie jegliche geschichtliche Kontinuität (auch als negative einer «Geschichte von Fetischverhältnissen») kappt und in den Bereich der Ideologiebildung verweist?
- Zum anderen hat sich zwischen uns als ein Problem herausgestellt, wie die Stellung des Objekts im naturwissenschaftlichen Erkenntnisprozess zu denken ist. Unstreitig (zwischen uns) ist die Dominanz des historisch spezifischen, männlich-weißen-westlichen Subjekts, ohne das es naturwissenschaftliche Erkenntnis nicht gäbe, weil es sein Objekt nach den Prinzipien der eigenen Vernunft erst herstellt. Aber geht es dabei nur «um die Fragen, die gestellt, und auch die, die nicht gestellt werden», wobei dem Erkenntnisgegenstand ein gewisses Maß an «widerständiger Eigenqualität» zugestanden wird (C. P. O.), oder sind «die Konstitution des Subjekts und diejenige des Objekts ein und derselbe Prozess», der dann letztlich auf die «Eliminierung der wirklichen Welt» hinausläuft (J. U.)? Die Frage ist von Bedeutung, weil von ihrer Beantwortung abhängt, ob eine ggf. modifizierte Naturwissenschaft in eine postkapitalistische Gesellschaft eingehen könnte, die die bürgerliche Subjektform hinter sich gelassen haben würde. Womöglich ist für eine definitive Antwort die Zeit noch nicht reif.

Auf beide im Dialog letztlich stehengebliebenen Dissense könnte die Beschäftigung mit vormodernen Mensch-Natur-Verhältnissen und Erkenntnisformen ein neues Licht werfen. Zum einen ginge es um die Frage, ob von «Natur» (im modernen Verständnis) innerhalb vormoderner Sozialitäten überhaupt die Rede sein kann, zum anderen auch hier um das Verhältnis von Kontinuität und Bruch im Übergang zur Moderne, also darum, inwieweit das fetischistische Naturverständnis der bürgerlichen Gesellschaft (Gesetzesförmigkeit als Natureigenschaft) sich einem Bruch mit oder einer Perpetuierung von früheren, in anderer Weise fetischistischen (etwa magischen) Naturverständnissen verdankt. Eine unter diesem Aspekt noch nicht entschlüsselte Hauptrolle könnte dabei die Person des «letzten Magiers» (Keynes) Isaac Newton spielen, der (nach Heuser) «die Tür zur Neuzeit buchstäblich mit dem Rücken zu ihr aufgestoßen» hat. Die Notwendigkeit der Auseinandersetzung mit vormodernen Formen der Naturerkenntnis ist von uns im Verlauf des Dialogs mehrfach betont worden. Sie erfordert die detaillierte Auseinandersetzung mit dem historischen Material und war daher in der Form des hier geführten Dialogs nicht zu leisten.

Eine weitere Problemstellung, über deren große Bedeutung wir uns einig sind, die aber im Dialog dann nicht mehr behandelt wird, betrifft die naturwissenschaftliche Technik. Sie beruht darauf, dass die Naturwissenschaft ihren Gegenstand «Natur» in Einzelfaktoren zerlegt, welche dann auf fast beliebige Weise neu zusammengesetzt werden können. Wie das geschieht, erscheint prinzipiell offen, erfolgte aber historisch nahezu ausschließlich unter dem Aspekt der Eignung für die Kapitalverwertung. Daraus resultiert die überaus schwierige Frage, ob die moderne Technik nur in ihren Erscheinungsformen durch ihr gesellschaftliches Umfeld, also den Kapitalismus korrumpiert ist, den sie in diesem Fall als «historisches Artefakt» (Kurz) überdauern könnte, oder ob bereits die der Naturwissenschaft zu Grunde liegende Denk- und Subjektform die aus ihr resultierende Technik für eine postkapitalistische Gesellschaft, die diese Form überwunden hätte, obsolet machen würde.

Unsere Kritik der neuzeitlichen Naturwissenschaft erfolgte unter Bezugnahme auf ihre historischen Anfänge (Bacon, Galilei, Descartes, Newton) und deren Zusammenfassung durch Kant. Dieses Vorgehen ist deshalb gerechtfertigt, weil die Begründer der neuzeitlichen Naturwissenschaft sich mit anderen Erkenntnisformen immerhin noch auseinandersetzen mussten (und ihnen partiell selbst noch angehangen haben), sodass bei ihnen (und für sie) der Kontrapunkt, das Neue und damit aber auch die historische Besonderheit ihres Vorgehens erkennbar ist, die bei ihren Nachfolgern verborgen bleiben muss, welche nur noch glauben, Tatsachen aufzudecken. Wir setzen uns damit allerdings dem Vorbehalt aus, Vorstellungen zu kritisieren, die die moderne Naturwissenschaft des 20. Jahrhunderts längst überwunden habe. Als Antwort auf diesen Vorbehalt sei darauf hingewiesen, dass Max v. Laue 1938 zum 300-jährigen Jubiläum der *Discorsi* Galileis diese als «erstes Lehrbuch der Physik» bezeichnet hat. Er meinte damit – wie wir – die Herangehensweise, nicht die Ergebnisse, die in der Tat im 20. Jahrhundert zum Teil als überholt gelten. Der Zugang zu ihrem Gegenstand «Natur» ist in 400 Jahren neuzeitlicher Naturwissenschaft derselbe geblieben, auch wenn er in Gestalt etwa der Quantenphysik sich selber in gewisser Weise problematisiert hat.

Die «wissenschaftliche Revolution» zu Beginn des 20. Jahrhunderts soll damit nicht negiert werden, nur handelt es sich dabei um eine *inner*wissenschaftliche und nicht um eine die Wissenschaft transzendierende Revolution. Insofern sehen wir keinerlei Anlass, in Hinblick auf die «moderne» Wissenschaft des 20. Jahrhunderts irgendetwas zurückzunehmen, was wir im Dialog an der «klassischen» Wissenschaft des 17. und 18. Jahrhunderts festgemacht haben. Gleichwohl bleibt hier ein offenes, noch zu bearbeitendes Problem, nämlich die Frage nach den tieferen, und das heißt gesellschaftlichen Gründen für die wissenschaftliche Revolution Anfang des 20. Jahrhunderts nicht nur in der Physik. Sie lässt sich vielleicht am ehesten als «Entsubstanzialisierung» fassen: Die Ersetzung mechanischer Modelle durch rein mathematische und die erst dadurch ermöglichte Übertragung der an der Physik erprobten mathematisch-naturwissenschaftlichen Methode auf viele andere Wissenschaften. Die Frage nach dem Zusammenhang zu anderen kapitalistischen Entwicklungen (Fließbandarbeit, Verselbständigung des Finanzkapitals usw.) harrt noch einer genaueren Erklärung.

Am Ende resultiert unser Dialog also weniger in Antworten als in neu auftretenden Fragen. Das freilich war sein genuiner Zweck.

Literatur

Adorno, Theodor W.: Der Positivismusstreit in der deutschen Soziologie. Einleitung, Neuwied 1969

Adorno, Theodor W. / Horkheimer, Max: *Dialektik der Aufklärung*, Frankfurt 1988

Bacon, Francis: *Neues Organon, Teilband 1*, 1620, übersetzt von Rudolf Hoffmann, Hamburg 1990

Berman, Morris: *Wiederverzauberung der Welt. Am Ende des Newton'schen Zeitalters*, München 1984

Bockelmann, Eske: *Im Takte des Geldes. Zur Genese des modernen Denkens*, Springe 2004

Bolay, Eberhard / Trieb, Bernhard: *Verkehrte Subjektivität. Kritik der individuellen Ich-Identität*, Frankfurt 1988

Dewdney, Alexander K.: *Alles fauler Zauber?*, Basel 1998

Galilei, Galileo: *Discorsi e dimostrazioni matematiche, intorno a due nove scienze*, 1638, Übersetzung von A. v. Oettingen 1890, Nachdruck, Frankfurt 1995

Gloy, Karen: *Die Geschichte des wissenschaftlichen Denkens. Das Verständnis der Natur*, München 1995

Greiff, Bodo von: *Gesellschaftsform und Erkenntnisform. Zum Zusammenhang von wissenschaftlicher Erfahrung und gesellschaftlicher Entwicklung*, Frankfurt/Main 1976

Haarmann, Petra: *Das Bürgerrecht auf Folter. Zur Geschichte des Verhältnisses von Marter, Wahrheit und Vernunft*, EXIT! Krise und Kritik der Warengesellschaft, Heft 2, 53–82, 2005a

Haarmann, Petra: *Dem Kant sein Ding*, EXIT-Homepage, Rubrik «theory in progress», 2005b

Heuser, Harro: *Der Physiker Gottes. Isaac Newton oder Die Revolution des Denkens*, Freiburg 2005

Kant, Immanuel: *Metaphysische Anfangsgründe der Naturwissenschaft*, 1786

Kant, Immanuel: *Kritik der reinen Vernunft*, 1781, 2. Auflage 1787, Nachdruck, Hamburg 1990

Koyré, Alexandre: *Leonardo, Galilei, Pascal. Die Anfänge der neuzeitlichen Naturwissenschaft*, Frankfurt 1998

Kurz, Robert: *Subjektlose Herrschaft*, Krisis 13, 17–94, Bad Honnef 1993

Kurz, Robert: *Blutige Vernunft. Essays zur emanzipatorischen Kritik der kapitalistischen Moderne und ihrer westlichen Werte*, Bad Honnef 2004

Müller, Rudolf-Wolfgang: *Geld und Geist. Zur Entstehungsgeschichte von Identitätsbewußtsein und Rationalität seit der Antike*, Frankfurt 1977

Ortlieb, Claus Peter: *Bewusstlose Objektivität*, Krisis 21/22, 15–51, 1998, www.exit-online.org

Ortlieb, Claus Peter / Ulrich, Jörg: *Quantenquark. Über ein deutsches Manifest*, www.exit-online.org 2005

Potsdamer Manifest: *We have to learn to think in a new way* und Potsdamer Denkschrift, www.vdw-ev.de 2005

Prauss, Gerold: *Kant und das Problem der Dinge an sich*, Bonn 1974

Scholz, Roswitha: *Das Geschlecht des Kapitalismus. Feministische Theorien und die postmoderne Metamorphose des Patriarchats*, Bad Honnef 2000

Scholz, Roswitha: *Differenzen der Krise – Krise der Differenzen*, Bad Honnef 2005

Ulrich, Jörg: *Individualität als politische Religion. Theologische Mucken und metaphysische Abgründe (post-)moderner Individualität*, Albeck bei Ulm 2002

Wallner, Gerold: *Die Leute der Geschichte*, EXIT! Krise und Kritik der Warengesellschaft, Heft 3, 20–64, 2006

Heinrich Hertz
und das Konzept des mathematischen Modells

Leicht gekürzte Fassung der Erstveröffentlichung in: Proceedings der Tagung Heinrich Hertz and the Development of Communication, Hamburg, 8. – 12. Oktober 2007

Zusammenfassung

Die Einleitung zu Heinrich Hertz' letztem Werk «Die Prinzipien der Mechanik in neuem Zusammenhange dargestellt» ist ein Meilenstein auf dem langen Weg von Galileis Auffassung, das «Buch der Natur» sei «in geometrischen Zeichen geschrieben», zum modernen Konzept des mathematischen Modells. Hertz scheint der Erste gewesen zu sein, der die Bedeutung der naturwissenschaftlichen Entwicklung des 19. Jahrhunderts für die Rolle der Mathematik in der Naturerkenntnis ins Bewusstsein gehoben und die Konsequenzen deutlich ausgesprochen hat: Es gibt für einen Gegenstandsbereich etwa der Physik verschiedene richtige mathematische Beschreibungen und nicht nur die eine. Deswegen müssen für die Auswahl der «inneren Scheinbilder und Symbole der äußeren Gegenstände» (im heutigen Sprachgebrauch: der mathematischen Modelle) weitere Kriterien hinzu kommen. Hertz nennt als die drei wichtigsten: Richtigkeit, Zulässigkeit, Zweckmäßigkeit. Das damit verbundene Auseinanderfallen von Mathematik und Substanzwissenschaften hat Folgen auch für die Grenzen der Naturerkenntnis, die mehr als hundert Jahre später immer noch oft übersehen werden.

Der Modellbegriff

Der Begriff des mathematischen Modells und die damit verbundene Methode der mathematischen Modellbildung ist in erkenntnistheoretischer und wissenschaftshistorischer Hinsicht schillernd. Sobald dieses Konzept zur Verfügung steht, lässt sich sagen, dass mathematische Modellierung das ist, was die neuzeitliche mathematische Naturwissenschaft seit Galilei betreibt und worin sie sich im Übrigen vom antiken oder mittelalterlichen Naturverständnis unterscheidet, womit sich also gerade die historisch spezifische Form der Naturerkenntnis seit dem beginnenden Aufstieg der bürgerlichen Gesellschaft charakterisieren lässt.[35] Auf der anderen Seite muss aber festgestellt werden, dass die neuzeitliche Naturwissenschaft dieses

---

35 Zur Genese der damit verbundenen funktionalen Denkform und zu ihrem Zusammenhang mit der spezifisch bürgerlichen Vergesellschaftung, also der über Warenproduktion und Tausch bzw. Geld, siehe Greiff (1976), Ortlieb (1998), Bockelmann (2004) und die dort zitierte Literatur.

Konzept fast dreihundert Jahre lang nicht kannte; aus heutiger Sicht handelte sie danach, nur wusste sie es nicht, weil sie es nicht wirklich brauchte.

Als eigenständiger Begriff ist das mathematische Modell ein Kind des ausgehenden 19. und beginnenden 20. Jahrhunderts. Er ist letztlich die Voraussetzung dafür, dass sich die mathematisch-naturwissenschaftliche Methode über ihre Ursprünge in der Physik hinaus in viele andere Wissenschaften ausbreiten konnte und manche von ihnen gewissermaßen in Besitz nahm – ob nun zu deren Vor- oder Nachteil, bleibe hier dahingestellt. Wie so oft entwickelte sich das Neue aus einer Krise, nämlich der, in die die mathematische Naturwissenschaft – und mit ihr die Mathematik – durch den Fortschritt geriet, den sie im 19. Jahrhundert erfuhr.

Heinrich Hertz kann zwar nicht als Erfinder des Modellbegriffs bezeichnet werden, weil derart fundamentale, die Wissenschaft umwälzende Begriffe nicht einfach erfunden werden – schon gar nicht von Einzelnen –, sondern aus langwierigen, oft quälenden Prozessen hervorgehen. Aber er war einer seiner, wenn nicht sogar der Geburtshelfer.[36] Die Einleitung zu seinem letzten, erst nach seinem Tode erschienenen Werk «Die Prinzipien der Mechanik in neuem Zusammenhange dargestellt» lässt Heinrich Hertz mit den folgenden Worten beginnen:

Es ist die nächste und in gewissem Sinne wichtigste Aufgabe unserer bewußten Naturerkenntnis, daß sie uns befähige, zukünftige Erfahrungen vorauszusehen, um nach dieser Voraussicht unser gegenwärtiges Handeln einrichten zu können. Als Grundlage für die Lösung jener Aufgabe der Erkenntnis benutzen wir unter allen Umständen vorangegangene Erfahrungen, gewonnen durch zufällige Beobachtungen oder durch absichtlichen Versuch. Das Verfahren aber, dessen wir uns zur Ableitung des Zukünftigen aus dem Vergangenen und damit zur Erlangung der erstrebten Voraussicht stets bedienen, ist dieses: Wir machen uns innere Scheinbilder oder Symbole der äußeren Gegenstände, und zwar machen wir sie von solcher Art, daß die denknotwendigen Folgen der Bilder stets wieder die Bilder seien von den naturnotwendigen Folgen der abgebildeten Gegenstände. Damit diese Forderung überhaupt erfüllbar sei, müssen gewisse Übereinstimmungen vorhanden sein zwischen der Natur und unserem Geiste. Die Erfahrung lehrt uns, daß die Forderung erfüllbar ist und daß also solche Übereinstimmungen in der Tat bestehen. Ist es uns einmal geglückt, aus der angesammelten bisherigen Erfahrung Bilder von der verlangten Beschaffenheit abzuleiten, so können wir an ihnen, wie an Modellen, in kurzer Zeit die Folgen entwickeln, welche in der äußeren Welt erst in längerer Zeit oder als Folgen unseres eigenen Eingreifens auftreten werden; wir vermögen so den Tatsachen vorauszueilen

---

36 So sehen es auch Neunzert/Rosenberger (1997, 147 f.), denen ich den ersten Hinweis auf das hier behandelte Thema verdanke. Ähnlich Cassirer (1994, 110), der zwar nicht vom Modellbegriff, wohl aber von der Ende des 19. Jahrhunderts zentral werdenden Bedeutung der mathematisch-symbolischen «Bilder» für die Physik spricht: «Der erste große Physiker, der diese Wendung nicht nur tatsächlich vollzogen hat, sondern der sich auch ihrer philosophischen Bedeutung in vollem Maße bewußt war, ist Heinrich Hertz gewesen. Mit ihm beginnt auch in der Methodenlehre der Physik eine neue Phase.»

und können nach der gewonnenen Einsicht unsere gegenwärtigen Entschlüsse richten. Die Bilder, von welchen wir reden, sind unsere Vorstellungen von den Dingen; sie haben mit den Dingen die eine wesentliche Übereinstimmung, welche in der Erfüllung der genannten Forderung liegt, aber es ist für ihren Zweck nicht nötig, daß sie irgend eine weitere Übereinstimmung mit den Dingen haben. In der Tat wissen wir auch nicht, und haben auch kein Mittel zu erfahren, ob unsere Vorstellungen von den Dingen mit jenen in irgend etwas anderem übereinstimmen, als allein in eben jener einen fundamentalen Beziehung.» Hertz (1894, 1 f.), Hervorhebungen C.P.O.

«Die eine fundamentale Beziehung» erinnert an ein kommutierendes Diagramm, wie es in der modernen Algebra gebräuchlich ist (vgl. Abbildung 1).[37] Sie besteht in der Gleichung

$f \circ b = b \circ F$.

Gegenstand der Naturerkenntnis ist die (unbekannte) Abbildung F, wogegen f sich aus prinzipiell zugänglichen Operationen der Mathematik und Logik zusammensetzt. Die eigentliche Modellbildung liegt in der Wahl der Abbildung b, also der Darstellung der Gegenstände durch die «inneren Scheinbilder oder Symbole», von denen Hertz spricht (das dafür heute gebräuchliche Wort «Modell» verwendet er nur als Metapher) und deren Beziehung zu den Gegenständen in der durch Abb. 1 beschriebenen «einen fundamentalen Beziehung» und in sonst nichts bestehen soll. Dieser Sprachgebrauch markiert erkenntnistheoretisch eine Distanz zu den Anfängen der Naturwissenschaft, repräsentiert etwa durch Galilei oder Newton, die im Folgenden ein wenig beleuchtet werden soll, bevor ich zu den Konsequenzen des Hertz'schen Modellbegriffs komme.

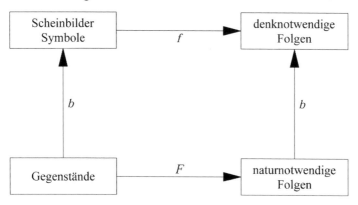

Abb. 1: Zum Hertzschen Modellbegriff

---

37 Es wäre allerdings ein Missverständnis, hierin ein «mathematische Modell» des Modellbegriffs zu sehen, da keine der drei enthaltenen Abbildungen hinsichtlich ihrer Bedeutung mathematisch präzise gefasst ist.

Die Anfänge: Identität von Mathematik und Natur

Der «mathematische Blick» auf die Welt ist knapp 300 Jahre älter als der Modellbegriff, er macht den Kern der wissenschaftlichen Revolution aus, mit der gewissermaßen die Neuzeit eingeläutet wurde. Zu nennen ist hier zuerst Galileo Galilei, über den Alexandre Koyré schreibt:

Wir kennen die grundlegenden Auffassungen und Prinzipien zu gut, oder richtiger, wir sind zu sehr an sie gewöhnt, um die Hürden, die es zu ihrer Formulierung zu überwinden galt, richtig abschätzen zu können. Galileis Begriff der Bewegung (und auch der des Raumes) erscheint uns so «natürlich», daß wir vermeinen, ihn selbst aus Erfahrung und Beobachtung abgeleitet zu haben. Wenngleich wohl noch keinem von uns ein gleichförmig verharrender oder sich bewegender Körper je untergekommen ist – und dies schlicht deshalb, weil so etwas ganz und gar unmöglich ist. Ebenso geläufig ist uns die Anwendung der Mathematik auf das Studium der Natur, so daß wir kaum die Kühnheit dessen erfassen, der da behauptet: «Das Buch der Natur ist in geometrischen Zeichen geschrieben.» Uns entgeht die Waghalsigkeit Galileis, mit der er beschließt, die Mechanik als Zweig der Mathematik zu behandeln, also die wirkliche Welt der täglichen Erfahrung durch eine bloß vorgestellte Wirklichkeit der Geometrie zu ersetzen und das Wirkliche aus dem Unmöglichen zu erklären.
Koyré (1998, 73)

Die neuzeitliche Naturerkenntnis ist mathematischer Art, das genau war – vor 400 Jahren – an ihr revolutionär. Die Mathematik, die dazu freilich auch erst eine andere werden musste, ist hier kein bloßes Hilfsmittel, auf das zur Not auch verzichtet werden könnte, sondern Mathematik und Physik bilden über zwei Jahrhunderte hinweg eine Einheit.

Die andere große Erfindung der neuzeitlichen Naturwissenschaft, die oft an erster Stelle genannt wird, das Experiment also, hängt mit dem mathematischen Zugang zur Welt eng zusammen: Experimente bestehen darin, einen Ausschnitt der Wirklichkeit im Labor an die mathematischen Idealbedingungen anzupassen, diese also herzustellen und Abweichungen von ihnen (so genannte Störfaktoren) weitestgehend auszuschalten. Hier liegt ein fundamentaler Unterschied zur einfachen, nicht eingreifenden Beobachtung mit bloßem Auge oder auch qua statistischer Erhebung.[38]

Es macht daher auch keinerlei Schwierigkeiten, das allgemeine Schema des Modellierungsprozesses der Abb. 2[39], obwohl sich dieses erst im Laufe des 20.

---

38 Viele methodische Fehler beim Einsatz von Mathematik in nichtexperimentellen Wissenschaften resultieren daraus, dass dieser Unterschied nicht beachtet wird.

39 Ausgangspunkt ist ein reales Problem oder Phänomen. Zu diesem wird ein mathematisches Problem formuliert, das mit Methoden der Mathematik und neuerdings vielfach unter Verwendung des Computers gelöst wird. Die Lösung wird hinsichtlich ihrer realen Bedeutung interpretiert und anschließend im Experiment oder durch den Vergleich mit Beobachtungs-

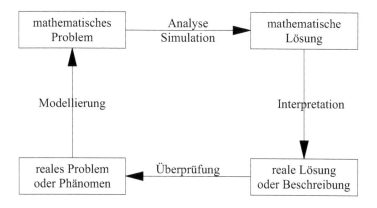

Abb. 2: Der Modellierungsprozess

Jahrhunderts herausgebildet hat, an Galileis in den Discorsi (Galilei 1638/1995) beschriebenem Vorgehen bei der Herleitung z. B. der beiden nach ihm benannten Fallgesetze zu exemplifizieren:

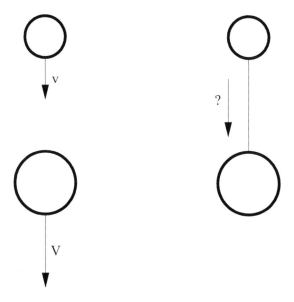

Abb. 3: Galileis Beweis des ersten Fallgesetzes

---

daten überprüft. Man beachte die Unterschiede der beiden auf den ersten Blick ähnlichen Abbildungen 1 und 2: Letztere beschreibt die Tätigkeiten, die im Modellierungsprozess auszuführen sind, erstere dagegen ein Kriterium an das fertige Modell

1. Es sollte sich inzwischen herumgesprochen haben, dass Galilei sein erstes Fallgesetz (Alle Körper fallen gleich schnell) nicht durch die «berühmten» Fallversuche am schiefen Turm von Pisa bewiesen hat, auch wenn diese Legende immer noch in einigen Physikbüchern herumspukt.[40] Galileis Schriften sagen etwas anderes. Er führt einen mathematischen Beweis: Unter der (von ihm nicht explizit genannten) Voraussetzung, dass die Fallgeschwindigkeit von der Gestalt des schweren Körpers nicht abhängt, lässt sich – wie in Abb. 3 dargestellt – die Annahme unterschiedlicher Fallgeschwindigkeiten zu einem Widerspruch führen: Die aus zwei unterschiedlichen Massen zusammengesetzte größte Masse hätte nicht die größte Geschwindigkeit.[41] Die dabei von Galilei eher stillschweigend gemachte Voraussetzung ist in moderner Terminologie eine typische vereinfachende Modellannahme, wie sie notwendig gemacht werden muss, weil sich anders die Wirklichkeit nicht mathematisch beschreiben lässt. Das Fallgesetz, das er tatsächlich bewiesen hat, lautet denn auch genauer: Wenn von der Gestalt der Körper abstrahiert werden kann, fallen alle Körper gleich schnell. Die Überprüfung dieses Gesetzes im Experiment muss daher eine Situation herstellen, in der es auf die Gestalt der Körper, und damit auf den Luftwiderstand nicht ankommt. Solche Experimente werden typischerweise im Vakuum gemacht, und nur dort lässt sich die Gültigkeit des ersten Fallgesetzes auch nachweisen.
2. Noch deutlicher entspricht Galileis Vorgehen beim zweiten Fallgesetz (Beim Fall aus der Ruhelage verhalten sich die zurückgelegten Wege wie die Quadrate der Zeiten) dem Schema der Abbildung 2. Die Empirie kommt zunächst nur insoweit ins Spiel, als Galilei nach einer Bewegung sucht, bei der die Geschwindigkeit ständig zunimmt, und führt dann als die «allereinfachste» Bewegung dieser Art die gleichförmig beschleunigte Bewegung ein, die «in gleichen Zeiten gleiche Geschwindigkeitszuwüchse erteilt»[42], wiederum eine typische Modellannahme, aus der er dann sein zweites Fallgesetz auf rein mathematischem Wege ableitet.[43] Und auch hier folgt die Beschreibung von Experimenten (an der schiefen Ebene[44]) erst anschließend.

Die von mir hier vollzogene Subsumtion von Galileis Vorgehen unter den Modellierungsprozess der Abbildung 2 stellt allerdings einen Anachronismus dar: Zwar entspricht die Logik seines Vorgehens dem allgemeinen Schema, aber Galilei sel-

---

40 Es handelt sich um eine Erfindung, die erstmals 50 Jahre nach dem angeblichen Geschehen aufkam und über fast 300 Jahre hinweg in der Wissenschaftsgeschichtsschreibung immer weiter ausgeschmückt wurde zu einem Mythos des Empirismus, mit dem gezeigt werden sollte, dass die neuzeitliche Wissenschaft im Gegensatz zum «finsteren Mittelalter» die «Tatsachen» sprechen lässt. Vgl. Koyré (1998, 123-134).
41 Galilei (1638/1995, 57/58)
42 Galilei (1638/1995, 146-148)
43 Galilei (1638/1995, 148/149). Ohne den Integralbegriff zur Verfügung zu haben, benutzt er im betrachteten Spezialfall, dass der Weg das Integral der Geschwindigkeit ist.
44 Galilei (1638/1995, 162)

ber hat so nicht gedacht, wie etwa an den Worten deutlich wird, mit denen er die gleichförmig beschleunigte Bewegung einführt:

Bisher war die gleichförmige Bewegung behandelt worden, jetzt gehen wir zur beschleunigten Bewegung über. Zunächst muss eine der natürlichen Erscheinung genau entsprechende Definition gesucht und erläutert werden. Obgleich es durchaus gestattet ist, irgend eine Art der Bewegung beliebig zu ersinnen und die damit zusammenhängenden Ereignisse zu betrachten ..., so haben wir uns dennoch entschlossen, diejenigen Erscheinungen zu betrachten, die bei den frei fallenden Körpern in der Natur vorkommen, und lassen die Definition der beschleunigten Bewegung zusammenfallen mit dem Wesen einer natürlich beschleunigten Bewegung.

[...]

Wenn ich daher bemerke, dass ein aus der Ruhelage von bedeutender Höhe herabfallender Stein nach und nach neue Zuwüchse an Geschwindigkeit erlangt, warum soll ich nicht glauben, dass solche Zuwüchse in allereinfachster, Jedermann plausibler Weise zu Stande kommen? Wenn wir genau aufmerken, werden wir keinen Zuwachs einfacher finden, als denjenigen, der in immer gleicher Weise hinzutritt. Das erkennen wir leicht, wenn wir an die Verwandschaft der Begriffe der Zeit und der Bewegung denken: denn wie die Gleichförmigkeit der Bewegung durch die Gleichheit der Zeiten und Räume bestimmt und erfasst wird [...], so können wir durch ebensolche Gleichheit der Zeittheile die Geschwindigkeitszunahmen als einfach zu Stande gekommen erfassen: mit dem Geiste erkennen wir diese Bewegung als einförmig und in gleicher Weise stetig beschleunigt, da zu irgend welchen gleichen Zeiten gleiche Geschwindigkeitszunahmen sich addiren.
Galilei (1638/1995, 146)

Der *Logik* nach geht es in dieser Begründung ausschließlich um die Einfachheit: «Warum soll ich nicht glauben, dass solche Zuwüchse in allereinfachster, Jedermann plausibler Weise zu Stande kommen?» Aber die dahinter liegende Vorstellung geht viel weiter: «So haben wir uns dennoch entschlossen, diejenigen Erscheinungen zu betrachten, die bei den frei fallenden Körpern in der Natur vorkommen, und lassen die Definition der beschleunigten Bewegung zusammenfallen mit dem Wesen einer natürlich beschleunigten Bewegung.» Es ist Galileis feste Überzeugung, dass die einfachste Bewegung zugleich die natürliche ist, oder anders gesagt: In der Natur kommt vor, was der mathematischen Behandlung zugänglich ist, die Natur *ist* mathematisch, und daher ist umgekehrt Mathematik immer auch Naturerkenntnis.

Dieselbe Überzeugung findet sich auch bei Isaac Newton, wie bereits am Titel seines Hauptwerks (Newton 1687/1988) deutlich wird. Die *Principia* gelten zurecht als eines der großen Werke der Physik, aber das Zweite Buch dieses Werkes[45]

---

45 Newton 1687/1988, 123–166

liest sich mit heutigem Blick wie ein erstes Lehrbuch über gewöhnliche Differentialgleichungen, gehalten in der strengen Form von Definition, Satz und Beweis. Die behandelten Probleme sind die der Physik, z. B. «Über die Bewegung von Körpern, denen im Verhältnis der Geschwindigkeit Widerstand geleistet wird.» Aber was dann folgt, ist reine Mathematik.

Die heute geläufige Trennung von Mathematik und Physik gibt es im 17. Jahrhundert nicht. Die beiden Grundaufgaben der Analysis etwa werden wie selbstverständlich «physikalisch» formuliert:[46]

- Die Länge der durchlaufenen Strecke sei kontinuierlich angegeben. Man soll die Geschwindigkeit der Bewegung zu einem beliebigen aber festen Zeitpunkt bestimmen.
- Die Geschwindigkeit der Bewegung sei kontinuierlich angegeben. Zu bestimmen ist die Länge der durchlaufenen Strecke zu einem beliebigen aber festen Zeitpunkt.

Für Newton sind mathematische Variablen «Fluenten», die fließen und Änderungsgeschwindigkeiten besitzen.

Die Grundlagen der modernen Mathematik (Analysis, Differentialgleichungen, Analytische Geometrie), die heute den Inhalt der ersten Semester aller mathematischen und mathematikhaltigen Studiengänge ausmachen, sind nicht bloß im Zusammenhang mit physikalischen Fragestellungen entwickelt worden, sondern sie *sind* diese Fragestellungen lange gewesen, auch wenn sich bis heute viele andere Anwendungsfelder gefunden haben.

Kants Neubestimmung des Verhältnisses von Mathematik und Naturwissenschaft

Bei einer Behandlung des Verhältnisses von Mathematik und Wirklichkeit ist die epistemologische «kopernikanische Wende» Immanuel Kants zu nennen, auf den sich im Übrigen auch Heinrich Hertz[47] zustimmend bezogen hat. Kant entwickelte seine Erkenntnistheorie in Auseinandersetzung mit dem Empiristen David Hume, der gegen seine ursprüngliche Intention nachgewiesen hatte, dass eine Begründung objektiver Erkenntnis aus der Erfahrung unmöglich ist:

Denn alle Ableitung aus Erfahrung setzt als ihre Grundlage voraus, daß die Zukunft der Vergangenheit ähnlich sein wird, und daß gleichartige Kräfte mit gleichartigen sinnlichen Eigenschaften zusammenhängen werden. Schöpfte man irgendwie Verdacht, daß der Naturlauf sich ändern könne und daß in der Vergangenheit nicht die Regel für die Zukunft enthalten sei, so wäre jede Erfahrung nutzlos und könnte zu keinem Ableiten oder Schließen Veranlassung geben. Daher ist es unmöglich, daß irgendwelche Erfahrungsbegründungen

---

46 vgl. Peiffer/Dahan-Dalmedico (1994, 236)
47 s. Hertz (1894, 53)

diese Ähnlichkeit der Vergangenheit mit der Zukunft belegen können, denn all diese Begründungen beruhen ja auf der Voraussetzung dieser Ähnlichkeit.
Hume 1748/1993, 37/38)

und daraus den skeptischen Schluss zog:

Mir scheint, daß die einzigen Gegenstände der abstrakten Wissenschaften oder der Demonstration Größe und Zahl sind, und daß alle Versuche, diese vollkommeneren Wissensarten über diese Grenzen hinaus zu erstrecken, nur Blendwerk und Täuschung bedeuten.
Hume (1748/1993, 163)

Kant, der nach seinen eigenen Worten von Hume «aus seinem dogmatischen Schlummer geweckt» wurde, argumentiert komplementär: Da objektive Erkenntnis offenbar möglich (zu Zeiten Humes und Kants eine Tatsache) ist, die Bedingungen ihrer Möglichkeit sich aber nicht aus der Erfahrung ableiten lassen, müssen sie a priori vorhanden, also aller Erfahrung vorgelagert sein. In der Vorrede zur 2. Auflage seiner Kritik der reinen Vernunft fasst er die mathematisch-naturwissenschaftliche Methode zusammen:

Als Galilei seine Kugeln die schiefe Fläche mit einer von ihm selbst gewählten Schwere herabrollen, oder Torricelli die Luft ein Gewicht, was er sich zum voraus dem einer ihm bekannten Wassersäule gleich gedacht hatte, tragen ließ, oder in noch späterer Zeit Stahl Metalle in Kalk und diesen wieder um in Metall verwandelte, indem er ihnen etwas entzog und wiedergab; so ging allen Naturforschern ein Licht auf. Sie begriffen, daß die Vernunft nur das einsieht, was sie selbst nach ihrem Entwurfe hervorbringt, daß sie mit Prinzipien ihrer Urteile nach beständigen Sätzen vorangehen und die Natur nötigen müsse auf ihre Fragen zu antworten, nicht aber sich von ihr allein gleichsam am Leitbande gängeln lassen müsse; denn sonst hängen zufällige, nach keinem vorher entworfenen Plane gemachte Beobachtungen gar nicht in einem notwendigen Gesetze zusammen, welches doch die Vernunft sucht und bedarf. Die Vernunft muß mit ihren Prinzipien, nach denen allein übereinkommende Erscheinungen für Gesetze gelten können, in einer Hand, und mit dem Experiment, das sie nach jenen ausdachte, in der anderen, an die Natur gehen, zwar um von ihr belehrt zu werden, aber nicht in der Qualität eines Schülers, der sich alles vorsagen läßt, was der Lehrer will, sondern eines bestallten Richters, der die Zeugen nötigt, auf die Fragen zu antworten, die er ihnen vorlegt. Und so hat sogar Physik die so vorteilhafte Revolution ihrer Denkart lediglich dem Einfalle zu verdanken, demjenigen, was die Vernunft selbst in die Natur hineinlegt, gemäß, dasjenige in ihr zu suchen (nicht ihr anzudichten), was sie von dieser lernen muß, und wovon sie für sich selbst nichts wissen würde. Hierdurch ist die Naturwissenschaft allererst in den sicheren Gang einer Wissenschaft gebracht worden, da sie so viel Jahrhunderte durch nichts weiter als ein bloßes Herumtappen gewesen war.
Kant (1781/1787/1990, 17)

Spätestens Humes Skeptizismus hatte Galileis und Newtons Vorstellungen einer unmittelbaren Identität von Mathematik und Natur aufgelöst. Kant stellt sie in anderer Form wieder her, nämlich als eine vermittelte Identität von Mathematik und Natur*wissenschaft*, wie sie auch in seinem berühmten Diktum
> *daß in jeder besonderen Naturlehre nur so viel eigentliche Wissenschaft angetroffen werden könne, als darin Mathematik anzutreffen ist*
> Kant (1786/1996, Vorrede)

deutlich wird. Die Mathematik ist ein, wenn nicht sogar das Erkenntnisinstrument, sie gehört zu den Prinzipien der Vernunft, die wir in die Natur hineinlegen müssen, um zu Erkenntnissen zu kommen, die über ein bloßes «Herumtappen» hinausgehen. Demnach sei beispielsweise Newtons absoluter Raum, wie er durch Descartes' analytische Geometrie beschrieben wird, eine Vorstellung a priori, eine Denknotwendigkeit, die wir in die Natur projizieren müssen, weil wir sie anders nicht erkennen könnten.

Bei Heinrich Hertz sind wir damit noch nicht angekommen. Zwischen Immanuel Kant und ihm liegt das 19. Jahrhundert. Dessen naturwissenschaftliche und philosophische Entwicklung lässt sich durch einen «Verlust der Eindeutigkeit» charakterisieren, die ihren Ausdruck etwa in dem Ende der Systemphilosophie findet, aber auch in einem Brüchigwerden der Verbindung zwischen Mathematik und Physik.

Verlust der Eindeutigkeit im 19. Jahrhundert

Im Laufe des 19. Jahrhunderts treten im Verhältnis zwischen Mathematik und physikalischer Wirklichkeit in verschiedener Hinsicht Mehrdeutigkeiten auf, die schließlich in eine Neubestimmung dieses Verhältnisses münden. Zum einen stürzt das Auftreten nichteuklidischer Geometrien das naturwissenschaftliche Denken in eine Krise. Carl Friedrich Gauß, dem es wohl als Erstem gelingt, eine neue Geometrie zu konstruieren, in der das Parallelenaxiom nicht gilt, hat in Erwartung mangelnder Akzeptanz seine Überlegungen nie veröffentlicht, sondern nur in einem Briefwechsel erwähnt.[48] Er scheint sich des Spaltes, der sich hier zwischen Mathematik und Physik aufzutun beginnt, bewusst zu sein, wenn er schreibt:
> *«Wir müssen in Demuth zugeben, dass, wenn die Zahl bloss unseres Geistes Product ist, der Raum auch ausser unserem Geiste eine Realität hat, der wir a priori unsere Gesetze nicht vollständig vorschreiben können.»*[49]

Auch Bernhard Riemann ist sich der Wirkung seiner Geometrien auf das Verhältnis von Mathematik und Erfahrung bewusst, wenn er in seinem berühmten Habilitationsvortrag von 1854 sagt:

---
48 s. Mehrtens (1990, 46)
49 zitiert nach Mehrtens (1990, 46)

«Ich habe mir daher zunächst die Aufgabe gestellt, den Begriff einer mehrfach ausgedehnten Größe aus allgemeinen Größenbegriffen zu konstruieren. Es wird daraus hervorgehen, daß eine mehrfach ausgedehnte Größe verschiedener Maßverhältnisse fähig ist und der Raum also nur einen besonderen Fall einer dreifach ausgedehnten Mannigfaltigkeit bildet. Hiervon aber ist eine notwendige Folge, daß sich die Sätze der Geometrie nicht aus allgemeinen Größenbegriffen ableiten lassen, sondern daß diejenigen Eigenschaften, durch welche sich der Raum von anderen denkbaren dreifach ausgedehnten Größen unterscheidet, nur aus der Erfahrung entnommen werden können.»[50]

Erst langsam dringt die Ungeheuerlichkeit ins allgemeine Bewußtsein, die in der Existenz konkurrierender mathematischer Theorien besteht, stellt doch diese Tatsache den Begriff der mathematischen Wahrheit in Frage:

«Niemand kann zwei Herren dienen. Man kann nicht der Wahrheit dienen und der Unwahrheit. Wenn die euklidische Geometrie wahr ist, so ist die nichteuklidische Geometrie falsch, und wenn die nichteuklidische wahr ist, so ist die euklidische Geometrie falsch.»[51]

Gottlob Frege hält hier in Reaktion auf die sich abzeichnende Relativierung des mathematischen Wahrheitsbegriffs noch einmal die traditionelle Position hoch. Diese hätte aber zur notwendigen Folge, wie Riemann und bereits Gauß bemerkt haben, die Erfahrung zum Schiedsrichter über die Richtigkeit mathematischer Aussagen zu machen, was nach allgemeiner Auffassung die Stringenz der mathematischen Argumentation doch stark beeinträchtigen würde.

So kommt es schließlich, vollzogen von David Hilbert in seiner berühmten Rede auf dem Mathematikerkongress 1900 in Paris[52], zur radikalen Abkehr von der traditionellen Position, der Neufassung des mathematischen Wahrheitsbegriffs durch die Widerspruchsfreiheit und der Auffassung von mathematischen Axiomen als Setzungen anstelle evidenter Wahrheiten. In diesem Programm haben sowohl die euklidische Geometrie als auch die nichteuklidischen ihren Platz in der Mathematik, sie widersprechen sich nicht einmal mehr, sondern beruhen einfach auf verschiedenen Axiomensystemen.[53] Damit löst sich aber auch eine bis dato bestehende Verbindung zur physikalischen Wirklichkeit, und Hilbert ist nur konsequent, wenn er die Mathematik als ein eigenständiges Fach konstituiert, welches sich nicht über seine Inhalte, sondern ausschließlich über die Form definiert, in die diese zu bringen seien. Damit folgt aber aus der Mathematik für die Physik zunächst einmal gar nichts mehr. Welche Mathematik für die Naturwissenschaft von Bedeutung

---

50 zitiert nach Peiffer/Dahan-Dalmedico (1994, 163)
51 zitiert nach Mehrtens (1990, 117)
52 Hilbert (1900/1990)
53 Wenn die Axiomensysteme A und B reine Setzungen sind, dann widersprechen sich die Aussagen A → C und B → ¬ C nicht. Aber um evidente Wahrheiten – so die klassische Auffassung von Axiomen – kann es sich dann bei ihnen nicht gleichermaßen handeln. (Nachtrag 2018)

153

ist, kann sich nur noch außerhalb der Mathematik und nach ihr fremden Kriterien erweisen.

Umgekehrt – und hier liegt die zweite im 19. Jahrhundert auftretende Mehrdeutigkeit im Verhältnis von Mathematik und Physik – lässt sich aus physikalischen Phänomenen nicht eindeutig folgern, welche mathematische Theorie sie adäquat beschreibt. Es gibt vielmehr mehrere solcher Theorien. Für die klassische Mechanik waren es zu Hertz' Zeiten zwei: Neben dem Newton'schen Zugang mit *Kraft* als Grundbegriff kam im 19. Jahrhundert ein zweiter, auf Variationsprinzipien beruhender auf, in dem *Energie* als Grundbegriff an die Stelle der Kraft tritt.

In diese Entwicklung hat Heinrich Hertz selber kräftig eingegriffen: In den letzten drei Jahren seines Lebens konzentrierte er sich auf die begriffliche Überarbeitung der Grundlagen der klassischen Mechanik. Die ein halbes Jahr nach seinem Tod erschienene Schrift «Die Prinzipien der Mechanik, in neuem Zusammenhange dargestellt» ist der Versuch einer Mechanik ohne Kraft- und ohne Energiebegriff, genauer gesagt, einer Mechanik, in der weder Kraft noch Energie Grundbegriffe, sondern aus anderen Begriffen abgeleitet sind. Hertz versucht in seinem Zugang, mit den (allen drei Zugängen gemeinsamen) drei Grundbegriffen *Zeit*, *Raum* und *Masse* auszukommen, und postuliert die Bewegung verborgener Massen des Äthers. Die Ätherhypothese ist von der modernen Physik kurz darauf verworfen worden, dagegen gibt es ähnliche Erklärungsmuster für die Bewegungen von Körpern in der allgemeinen Relativitätstheorie (durch Gravitationsfelder gekrümmter Raum), die sich der nichteuklidischen Geometrie bedient.

Heinrich Hertz kommt das Verdienst zu, aus der ihm vorliegenden Situation weiterführende und bis heute tragende erkenntnistheoretische Konsequenzen gezogen zu haben. Berühmt geworden ist daher auch weniger Hertz' Spätwerk selbst, als vielmehr dessen bereits zitierte Einleitung, in der Hertz sich ein Instrumentarium schafft, seinen eigenen Aufbau der Mechanik und die beiden bis dahin bekannten hinsichtlich der Vor- und Nachteile gegeneinander abzuwägen. Damit sollte deutlich sein, wie sehr sich die Lage der exakten Wissenschaften seit ihren mit Galileis Namen verbundenen Anfängen geändert hat. Ihr Boden ist schwankend geworden. An die Stelle unabänderlicher Wahrheit ist die Abwägung von Vor- und Nachteilen konkurrierender mathematischer Theorien getreten. Aus dieser neuen Situation hat Hertz als Erster die Konsequenz gezogen.

Anforderungen an Modelle

Der hier beschriebene und von Hertz konstatierte Verlust der Eindeutigkeit hat Folgen: Die durch Abbildung 1 skizzierte «eine fundamentale Beziehung», der die «inneren Scheinbilder und Symbole» genügen müssen, lässt verschiedene Möglichkeiten offen. Das hat zur Konsequenz, dass für die geeignete Auswahl von Modellen weitere Kriterien hinzutreten. Heinrich Hertz nennt die folgenden:

Eindeutig sind die Bilder, welche wir uns von den Dingen machen wollen, noch nicht bestimmt durch die Forderung, daß die Folgen der Bilder wieder die Bilder der Folgen seien. Verschiedene Bilder derselben Gegenstände sind möglich und diese Bilder können sich nach verschiedenen Richtungen unterscheiden. Als unzulässig sollten wir von vornherein solche Bilder bezeichnen, welche schon einen Widerspruch gegen die Gesetze unseres Denkens in sich tragen, und wir fordern also zunächst, daß alle Bilder logisch zulässige oder kurz zulässige seien. Unrichtig nennen wir zulässige Bilder dann, wenn ihre wesentlichen Beziehungen den Beziehungen der äußeren Dinge widersprechen, das heißt wenn sie jener ersten Grundforderung nicht genügen. Wir verlangen demnach zweitens, daß unsere Bilder richtig seien. Aber zwei zulässige und richtige Bilder derselben äußeren Gegenstände können sich noch unterscheiden nach der Zweckmäßigkeit. Von zwei Bildern desselben Gegenstandes wird dasjenige das zweckmäßigere sein, welches mehr wesentliche Beziehungen des Gegenstandes widerspiegelt als das andere; welches, wie wir sagen wollen, das deutlichere ist. Bei gleicher Deutlichkeit wird von zwei Bildern dasjenige zweckmäßiger sein, welches neben den wesentlichen Zügen die geringere Zahl überflüssiger oder leerer Beziehungen enthält, welches also das einfachere ist. Ganz werden sich leere Beziehungen nicht vermeiden lassen, denn sie kommen den Bildern schon deshalb zu, weil es eben nur Bilder und zwar Bilder unseres besonderen Geistes sind und also von den Eigenschaften seiner Abbildungsweise mitbestimmt sein müssen.
Hertz (1894, 2 f.)

Das Kriterium der (logischen) *Zulässigkeit* scheint das am leichtesten überprüfbare zu sein. Hierbei wird freilich von den Grundlagenproblemen der Mathematik abgesehen, die Hertz noch nicht geläufig waren und die auch heute in der mathematischen Modellierung keine Rolle spielen.

Den Gegenpol gibt das Kriterium der *Zweckmäßigkeit* ab. Welches von zwei Modellen das zweckmäßigere ist, ist oft eine Frage des Blickwinkels, unter dem reale Phänomene betrachtet werden. Die akzeptierten Antworten darauf sind gut geeignet für einen Streit der «Schulen» und daher auch kurzfristigen historischen Veränderungen unterworfen.

Das Kriterium der *Richtigkeit* schließlich, also die Grundforderung, wird in der Physik, an die Hertz hier ausschließlich denkt, in der Regel durch ein Experiment überprüft, also durch die bewusste und theoriegeleitete Herstellung von Versuchsbedingungen, die den Idealvorstellungen des Modells möglichst nahe kommen und an denen sich seine Vorhersagen überprüfen lassen.

Das durch Hertz' abstrakte, von der Physik losgelöste Formulierung bereits nahe gelegte und im 20. Jahrhundert auch praktisch vollzogene Eindringen mathematischer Modelle in andere Wissenschaftsbereiche bringt eine methodische Schwierigkeit mit sich, die die Physik so nicht kennt, mit Ausnahme vielleicht in der Kosmologie: Klimamodelle, Modelle von Volkswirtschaften oder komplexer biologischer Systeme etwa lassen sich nicht experimentell überprüfen: Der Beobachter kann die im Modell unterstellten Idealbedingungen nicht herstellen, er muss das beobachtete System so nehmen, wie es ist. Hier dürfte das Hauptproblem bei der Übertragung der mathematisch-naturwissenschaftlichen Methode auf die meisten anderen Wissensgebiete liegen. Anders gesagt: Die Art der Überprüfung der Richtigkeit von Modellen ist durch das Wissensgebiet bestimmt, auf welches das Modell sich bezieht, sie kann etwa in den Sozialwissenschaften nicht dieselbe sein wie in der Physik. Das hat zur Folge, dass der Status der Mathematik und mathematischer Modelle in vielen Fachwissenschaften bis heute unklar geblieben und streitig ist.

Dennoch gibt es weitere Anforderungen an eine saubere mathematische Modellbildung, die sich auch außerhalb der Physik erfüllen lassen, aber leider oft nicht erfüllt werden:

Wir haben bisher die Anforderungen aufgezählt, welche wir an die Bilder selbst stellen; etwas ganz anderes sind die Anforderungen, welche wir an eine wissenschaftliche Darlegung solcher Bilder stellen. Wir verlangen von der letzteren, daß sie uns klar zum Bewußtsein führe, welche Eigenschaften den Bildern zugelegt seien um der Zulässigkeit willen, welche um der Richtigkeit willen, welche um der Zweckmäßigkeit willen. Nur so gewinnen wir die Möglichkeit an unseren Bildern zu ändern, zu bessern. Was den Bildern beigelegt wurde um der Zweckmäßigkeit willen, ist enthalten in den Bezeichnungen, Definitionen, Abkürzungen, kurzum in dem, was wir nach Willkür hinzutun oder wegnehmen können. Was den Bildern zukommt um ihrer Richtigkeit willen, ist enthalten in den Erfahrungstatsachen, welche beim Aufbau der Bilder gedient haben. Was den Bildern zukommt, damit sie zulässig seien, ist gegeben durch die Eigenschaften unseres Geistes. Ob ein Bild zulässig ist oder nicht, können wir eindeutig mit ja und nein entscheiden, und zwar mit Gültigkeit unserer Entscheidung für alle Zeiten. Ob ein Bild richtig ist oder nicht, kann ebenfalls eindeutig mit ja und nein entschieden werden, aber nur nach dem Stande unserer gegenwärtigen Erfahrung und unter Zulassung der Berufung an spätere reifere Erfahrung. Ob ein Bild zweckmäßig sei oder nicht, dafür gibt es überhaupt keine eindeutige Entscheidung, sondern es können Meinungsverschiedenheiten bestehen. Das eine Bild kann nach der einen, das andere nach der andern Richtung Vorteile bieten, und nur durch allmähliches Prüfen vieler Bilder werden im Laufe der Zeit schließlich die zweckmäßigsten gewonnen.
Hertz (1894, 3)

Hertz gibt hier ebenso klar wie allgemein Bedingungen an, die beachten sollte, wer sich in seiner Wissenschaft mathematischer Modelle bedient. Wer das nicht will oder kann, sollte besser die Finger von der Anwendung der Mathematik auf den behandelten Gegenstandsbereich lassen, wofür es ja gute Gründe geben kann. Tatsächlich haben aber das mit der Mathematik verbundene Renommee und der durch sie erzeugte Anschein von Exaktheit dazu geführt, dass ganze Wissenschaftszweige sich ihrer bedienen und dabei so gut wie keine der hier von Hertz aufgestellten Grundregeln beachten.

Ein Beispiel dafür bietet die sich selbst als «moderne Wirtschaftstheorie» verstehende Volkswirtschaftslehre neoklassischer Provenienz.[54] Aus der Unkenntnis oder bewussten Missachtung jeglicher zur mathematischen Modellierung gehörigen Grundregeln versucht Friedman (1953), gar eine eigene «Methodologie» zu machen: Dass die moderne Wirtschaftstheorie bekanntermaßen mit falschen und einander sogar widersprechenden Annahmen operiert[55], wird von ihm nicht als Fehler, sondern als Stärke gesehen. Es komme nur darauf an, mit ihnen zu richtigen oder jedenfalls falsifizierbaren Prognosen zu kommen. Das hier propagierte Vorgehen besteht darin, auf jede Erklärung und jedes Verständnis der prognostizierten Empirie von vornherein zu verzichten. Genauso gut könnte man sich seine Hypothesen von einem Zufallsgenerator erzeugen lassen. Mit mathematischer Modellierung im Sinne von Hertz hat das jedenfalls nichts zu tun.

Grenzen mathematischer Naturerkenntnis

Von den erkenntnistheoretischen Konsequenzen der wissenschaftlichen Revolution im Übergang vom 19. auf das 20. Jahrhundert, denen sich Heinrich Hertz als einer der ersten bewusst war, scheint bei den meisten naturwissenschaftlich Tätigen wenig angekommen zu sein. Zwar weiß heute jeder, dass Mathematik ein Fach eigenen Rechts mit einem speziellen, nur durch die Widerspruchsfreiheit konstituierten Wahrheitsbegriff ist. Die Folgen für die Beziehung der Mathematik zu anderen Wissenschaften mit anderem, an der Erfahrung orientiertem Wahrheitsbegriff werden hingegen nicht durchdacht, sondern mystifiziert. Daraus resultierende Deutungen unterscheiden sich in der Tat nur wenig von magischen Naturvorstellungen.

Warum passt die Mathematik, die doch unseren eigenen Köpfen entspringt, so gut auf die Natur, die damit doch eigentlich gar nichts zu tun hat? Für Galilei und Newton konnte das noch gar keine Frage sein, denn die Natur hatte ja bei ihnen mit Mathematik zu tun, war mit ihr quasi identisch. Heute dagegen löst diese Frage regelmäßig ehrfürchtiges Staunen aus, je nach Standort entweder über die Mathematik, die so Großes zu leisten vermöge, oder über die Natur, die so rational eingerichtet sei. Wenn selbst professionelle Wissenschaftstheoretiker über diesen Stand nicht hinauskommen, ziehen sie zu Recht den Spott auf sich:

---

54 Vgl. Ortlieb (2004)
55 Dass mathematische Modelle ohne idealisierende Annahmen nicht auskommen, gehört zum Geschäft, weil ohne sie die komplexe Wirklichkeit sich nicht in mathematische Form bringen lässt. Die Annahmen bestimmen den Gültigkeitsbereich des Modells, sich widersprechende Annahmen (unzulässig laut Hertz) machen ihn leer. Die neoklassische «Methodologie» scheint demgegenüber darin zu bestehen, sich um den Gültigkeitsbereich ihrer Modelle einfach nicht zu scheren.

Carnap, einer der radikalsten Positivisten, hat es einmal als Glücksfall bezeichnet, daß die Gesetze der Logik und reinen Mathematik auf die Realität zutreffen. Ein Denken, das sein ganzes Pathos an seiner Aufgeklärtheit hat, zitiert an zentraler Stelle einen irrationalen – mythischen – Begriff wie den des Glücksfalls, nur um die freilich an der positivistischen Position rüttelnde Einsicht zu vermeiden, daß der vermeintliche Glücksumstand keiner ist, sondern Produkt des naturbeherrschenden [...] Ideals von Objektivität. Die von Carnap aufatmend registrierte Rationalität der Wirklichkeit ist nichts als die Rückspiegelung subjektiver ratio.
Adorno (1969, 30)

Die Mathematik – das wusste bereits Kant – liegt nicht in der Natur, sondern in unserer spezifischen Erkenntnis[56] der Natur. Erst recht gilt das für ein mathematisches Instrumentarium, dem mit dem Gewinn seiner Unabhängigkeit die Denknotwendigkeit verloren gegangen ist und das wir daher – in den Worten von Hertz – nach Aspekten der Zweckmäßigkeit auswählen, dem wir Details «nach Willkür hinzutun oder wegnehmen können».

Dass «gewisse Übereinstimmungen vorhanden sein (müssen) zwischen der Natur und unserem Geiste», wovon auch Hertz spricht, wird in der Physik dadurch gewährleistet, dass die Natur im Experiment an unseren Geist, also an die mathematischen Idealbedingungen angepasst und die besagte Übereinstimmung damit erst hergestellt wird. Lassen sich dagegen die im Modell unterstellten Idealbedingungen nicht oder nur unzureichend herstellen, so bleiben die zu beobachtenden «Naturgesetze» letztlich mathematische Fiktionen, wie jeder wissen könnte, der einmal Modelle und Daten «gefittet» hat. Die Gesetzmäßigkeit steckt allein in der mathematische Funktion des Modells, während die Abweichungen der Beobachtungsdaten davon durch externe «Störungen» erklärt werden, die sich der Modellierung entziehen. Abb. 4 gibt dafür ein beliebig herausgegriffenes Beispiel.

Unter der Annahme, die Wirklichkeit folge mathematischen Gesetzen, versuchen wir diejenige mathematische Struktur und Gesetzmäßigkeit herauszufinden,

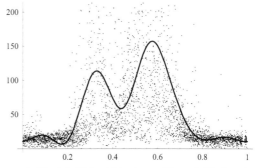

Abb. 4: Beobachtungsdaten und «Gesetzmäßigkeit», hier am Beispiel des mittleren Jahresgangs einer Phytoplanktondichte. Helgoland-Reede-Daten 1976–1991 (siehe www.awi.de)

---

56 Dass sie historisch spezifisch ist, wusste Kant freilich nicht oder wollte – als Denker der Aufklärung – davon nicht wissen.

die mit kontrollierten Beobachtungen am besten zusammenpasst. Offenbar funktioniert das in vielen Bereichen, nur folgt daraus eben nicht die Richtigkeit der zu Grunde liegenden Annahme. Umgekehrt wird es schlüssig: Durch die Wahl eines bestimmten Instrumentariums – das der exakten Wissenschaften – fokussieren wir und beschränken wir uns auf die Erkenntnis derjenigen Aspekte der Wirklichkeit, die sich mit diesem Instrumentarium erfassen lassen. Und es spricht nichts dafür, dass das schon die ganze Wirklichkeit wäre oder einmal werden könnte.

Damit sind die Grenzen mathematischer Naturerkenntnis zwar nicht bestimmt, aber immerhin benannt. Die Identität von Natur und Mathematik, wie sie Galilei oder Newton noch postulieren konnten, ist endgültig dahin, und dafür hat nicht zuletzt die historische Entwicklung der Naturwissenschaften und der Mathematik selbst gesorgt.

Als ein ideologisches Selbstverständnis steckt sie freilich weiterhin in vielen Köpfen. Anders ist jedenfalls nicht zu verstehen, dass Begriffe wie «Künstliche Intelligenz» oder «Weltformel» nicht nur zum Zwecke der Selbstreklame und Einwerbung von Forschungsgeldern, sondern durchaus in einem emphatischen Sinne gebraucht werden, als wären sie wörtlich zu verstehen, als könnten also mathematische Maschinen wirklich intelligent sein und mithin Bewusstsein besitzen, oder als hätten wir die Welt «im Griff», wenn wir denn nur eine Formel für sie hätten. Die mathematisch-naturwissenschaftliche Methode wird hier als grenzenlos gedacht: keine Frage, die wir mit ihr nicht irgendwann würden beantworten können, kein Problem, das ihr unzugänglich wäre.

Die Grenzen des eigenen Instrumentariums – hier das der exakten Wissenschaften, der mathematischen Modellierung also – nicht sehen zu können, ist ein sicheres Zeichen für die Bewusstlosigkeit, mit der es eingesetzt wird. Angesichts der offenbaren Unmöglichkeit, die großen Menschheitsprobleme mit naturwissenschaftlichen Mitteln allein lösen zu können, wäre eine gewisse Bescheidenheit durchaus angebracht, wie sie – im Sinne des sokratischen Worts, «dass ich, was ich nicht weiß, auch nicht glaube zu wissen»[57] – nur aus einer selbstreflexiven Bewusstheit für das eigene Denken und Tun erwachsen kann.

---

57 Platon, Apologie des Sokrates, Platon (1994, 18)

Literatur

Adorno, Theodor W.: Einleitung, in: *Adorno u. a., Der Positivismusstreit in der deutschen Soziologie*, 7–79, Neuwied 1969

Bockelmann, Eske: *Im Takt des Geldes. Zur Genese modernen Denkens*, Springe 2004

Cassirer, Ernst: *Das Erkenntnisproblem in der Philosophie und Wissenschaft der neueren Zeit*. Vierter Band, 2. Aufl. von 1957, Nachdruck, Darmstadt 1994

Dewdney, Alexander K.: *Alles fauler Zauber?*, Basel 1998

Friedman, Milton: *The methodology of positive economics*, in M. Friedman: Essays in positive economics, 5–43, Chikago 1953

Galilei, Galileo: *Discorsi e dimostrazioni matematiche, intorno a due novo scienze*, 1638, Übersetzung von A. v. Oettingen 1890, Nachdruck, Frankfurt/Main 1995

Greiff, Bodo v.: *Gesellschaftsform und Erkenntnisform. Zum Zusammenhang von wissenschaftlicher Erfahrung und gesellschaftlicher Entwicklung*, Frankfurt 1976

Hertz, Heinrich: *Die Prinzipien der Mechanik in neuem Zusammenhange dargestellt*, Leipzig 1894

Hilbert, David: *Die Hilbertschen Probleme*. Vortrag «Mathematische Probleme», gehalten auf dem 2. Internationalen Mathematikerkongreß Paris 1900, 4. Aufl., Thun 1998

Hume, David: *An enquiry concerning human understanding*, 1748, Übersetzung von R. Richter, Hamburg 1993

Kant, Immanuel: *Kritik der reinen Vernunft*, 1781, 2. Auflage 1787, Nachdruck, Hamburg 1990

Kant, Immanuel: *Metaphysische Anfangsgründe der Naturwissenschaft*, 1786, Kants Werke auf CD-ROM, Berlin 1996

Koyré, Alexandre: *Leonardo, Galilei, Pascal. Die Anfänge der neuzeitlichen Naturwissenschaft*, Frankfurt 1998

Mehrtens, Herbert: *Moderne – Sprache – Mathematik*, Frankfurt 1990

Neunzert, Helmut / Rosenberger, Bernd: *Oh Gott, Mathematik!?*, Stuttgart–Leipzig 1997

Newton, Isaac: *Philosophia naturalis principia mathematica*, 1687, Übersetzung von E. Dellian, Hamburg 1988

Ortlieb, Claus P.: *Bewusstlose Objektivität. Aspekte einer Kritik der mathematischen Naturwissenschaft*, Krisis 21/22, 15–51, Bad Honnef 1999

Ortlieb, Claus P.: *Methodische Probleme und methodische Fehler der mathematischen Modellierung in der Volkswirtschaftslehre*, Mitt. Math. Ges. Hamburg 23, 1–24, Hamburg 2004

Peiffer, Jeanne / Dahan-Dalmedico, Amy: *Wege und Irrwege – Eine Geschichte der Mathematik*, Basel 1994

Platon: *Sämtliche Werke*, Übersetzt von Friedrich Schleiermacher, Band 1, Hamburg 1994

Methodische Probleme und methodische Fehler der mathematischen Modellierung in der Volkswirtschaftslehre

Erstveröffentlichung in: Mitteilungen der Mathematischen Gesellschaft in Hamburg 23 (2004), 1–24

Obwohl nach wie vor nicht unumstritten, nimmt der Einsatz mathematischer Modelle in der Volkswirtschaftslehre zu. In dem Glauben, eine universelle Methode in der Hand zu haben, werden dabei die methodischen Probleme der mathematischen Modellbildung gern übersehen, was regelhaft zu Fehlern im Gebrauch mathematischer Modelle führt. Der häufigste Fehler besteht darin, die Annahmen, die in jeder Modellentwicklung notwendig gemacht werden müssen, entweder nicht auszuweisen oder anschließend wieder zu «vergessen» und damit einem mathematischen Modell einen Gültigkeitsbereich zuzuschreiben, der ihm nicht zusteht. Das soll exemplarisch an Modellen demonstriert werden, die in heutigen Standardlehrbüchern der Volkswirtschaftslehre verwendet werden.

Vorbemerkungen

Mathematische Modelle spielen für die Volkswirtschaftslehre offenbar eine wichtige Rolle, insbesondere für die «moderne ökonomische Theorie», in die die neoklassische Schule, die heute den akademischen Stellen- und Büchermarkt dominiert, ihrem eigenen Selbstverständnis nach gemündet ist.[58] Seit in der Wirtschaftswissenschaft mathematisch modelliert wird, gibt es auch die Kritik an einem solchen Vorgehen. In der Tat ist die Frage völlig berechtigt, ob eine den Naturwissenschaften entlehnte Methode zur Untersuchung eines gesellschaftlichen, von Menschen gemachten Gegenstands denn angemessen sei.[59] Und nach wie vor gibt es ökonomische Schulen, heute allerdings nahezu marginalisiert, die diese Frage verneinen. Die generelle Kritik an der Verwendung mathematischer Modelle zielt in der Regel auf die starke Vereinfachung, die mit ihnen notwendig verbunden ist und die für einen komplexen Gegenstand eben auch zu stark sein kann, sodass der Zusammenhang zwischen dem Modell und der Wirklichkeit, die es beschreiben soll, zerreißt. Dieses Problem, ob also die Ökonomie als Untersuchungsobjekt möglicherweise

---

58 so Neumann (2002, 271)
59 Zu beachten ist in diesem Zusammenhang, dass ja auch die mathematische Naturwissenschaft nicht «die Natur» schlechthin zu ihrem Gegenstand hat, sondern nur diejenigen Aspekte, die sich durch ihre spezifische Methode erfassen lassen.

außerhalb des Bereichs liegt, der von der mathematischen Modellbildung und ihrer Methodik noch adäquat erfasst werden kann, soll an dieser Stelle nicht weiter verfolgt werden.

Merkwürdig ist allerdings, dass es auch für ganze wirtschaftswissenschaftliche Fachbereiche, die sich dieser Methodik verpflichtet fühlen, keine Rolle mehr spielt oder spielen darf: Wird etwa, wie an der Universität Hamburg im Frühjahr 2003 geschehen, in Abgrenzung zu anderen, als «gesellschaftswissenschaftlich und politisch akzentuiert» bezeichneten Ansätzen betont, im eigenen Bereich sei «seit Jahrzehnten eine ideologiefreie Methodik Standard», so klingt das doch sehr nach Abwehr einer eigentlich fälligen wissenschaftstheoretischen Diskussion.

Aber auch die Ideologie der Ideologielosigkeit ist hier nicht das eigentliche Thema. Nachstehend soll vielmehr untersucht werden, was es mit den Standards auf sich hat, die für die Verwendung mathematischer Modelle in der «modernen ökonomischen Theorie» heute gelten. Dabei beziehe ich mich vorwiegend auf die einführenden Lehrbücher, mit denen sich die Volkswirtschaftslehre heute ihren Studierenden der Anfangssemester präsentiert, insbesondere auf das entsprechende Werk des Harvard-Ökonomen N. Gregory Mankiw (2001), das bei seinem Erscheinen von der einschlägigen Presse als «das neue Standardlehrbuch» (Wirtschaftswoche) gefeiert und im übrigen als «auch für fachfremde Autodidakten hervorragend geeignet» (Capital) bewertet wurde. Die Unterschiede zwischen verschiedenen Standardlehrbüchern sind allerdings gering und liegen nicht auf der inhaltlichen Ebene, sondern der der Darstellung. Sie sehen alle so aus, als ginge es darum, wie etwa in der Physik den Neulingen des Fachs das inzwischen erreichte und gesicherte Wissen zu präsentieren.

Mit dem hier vorliegenden Text kritisiere ich «von außen» ein mir fremdes Fach, was im akademischen Umfeld doch eher unüblich, wenn nicht gar verpönt ist. Normalerweise lassen sich die Fächer gegenseitig in Ruhe und mischen sich nicht in die Belange des jeweils anderen ein. Die Mathematik nimmt die mathematisierte Wirtschaftstheorie seit Jahrzehnten als einen Fundus zum Teil hochinteressanter mathematischer Problemstellungen freundlich zur Kenntnis, ohne sich groß um das Zustandekommen der mathematischen Modelle zu kümmern. Diese Haltung lässt sich aber nicht mehr aufrecht erhalten, wenn die mathematische Modellbildung selbst zu einem Thema der Ausbildung der Studierenden der Mathematik gemacht wird, wie es an der Universität Hamburg und anderswo seit einigen Jahren der Fall ist. Die Volkswirtschaftslehre wird dann nämlich, wie etwa die Physik, die Biologie oder die Technikwissenschaften auch, zu einem Studienobjekt unter dem Aspekt der in ihr vorzufindenden Modellierungsprozesse. Und bei der Vermittlung methodischer Standards der mathematischen Modellierung ist natürlich kritisch zu prüfen, ob und wie weit sie tatsächlich beachtet werden.

Um sich den Stellenwert einer solchen Methodenkritik zu verdeutlichen, versetze man sich einmal in die folgende fiktive Situation: Als einer mathematisch mehr und fachökonomisch vielleicht weniger gebildeten Person gerate Ihnen ein Gutachten in die Hände, welches in eine Prognose zum Wachstum der deutschen Wirtschaft im nächsten Jahr mündet. In der Ableitung dieser Prognose entdecken Sie einen eklatanten mathematischen Fehler. Was folgt daraus? Zum einen werden Sie völlig selbstverständlich, da die Mathematik schließlich keine Privatsache des Gutachters ist, auf den Fehler hinweisen dürfen und das, wenn Sie Gelegenheit dazu bekommen, auch tun. Zum anderen, und das ist wichtig und sollte nie vergessen werden, folgt aus dem Fehler keineswegs, dass die Prognose falsch sein muss. Im Sinne einer Beachtung wissenschaftlicher Standards wäre aber zu verlangen, dass der Fehler korrigiert und die Prognose darauf hin noch einmal überprüft wird. Andernfalls wäre sie ihrer Qualität nach von irgendwelchen Stammtischparolen nicht mehr zu unterscheiden, auch die müssen schließlich nicht unbedingt falsch sein.

Dieses Beispiel ist, wie gesagt, fiktiv und karikiert die reale Situation. Die Fehler, um die es im Folgenden gehen soll, sind ein wenig subtiler, als es schlichte Rechenfehler oder Fehler in der Anwendung eines Kalküls wären, und sie liegen auch gar nicht in der Mathematik im engeren Sinne, sondern in der mathematischen Modellierung, genauer: in der Beziehung zwischen den mathematischen Modellen und den Phänomenen, die durch sie beschrieben werden sollen.

Der Modellierungsprozess wird gern durch ein Diagramm wie das in Abb. 1 veranschaulicht, welches das tatsächliche Vorgehen stark vereinfacht, aber doch die Diskussion bestimmter methodischer Probleme der Modellierung erleichtert. Unterschieden wird hier einerseits zwischen einer «realen», nichtmathematischen, substanzwissenschaftlichen Ebene (unten) und der mathematischen Ebene (oben), andererseits zwischen Problem (links) und Lösung (rechts). Ausgangspunkt der mathematischen Modellierung ist ein reales Problem oder erklärungsbedürftiges Phänomen, hieraus wird ein mathematisches Problem entwickelt, ein «Bild der Wirklichkeit», dieses wird mit mathematischen Methoden gelöst, die mathematische Lösung wird hinsichtlich ihrer realen Bedeutung interpretiert und schließlich auf ihre Gültigkeit und Relevanz für das reale Problem überprüft.

Dieses hier in aller Kürze beschriebene Vorgehen ist konstitutiv für die mathematische Naturwissenschaft seit Galilei, auch wenn der *Begriff* des mathematischen Modells sich erst Ende des 19. Jahrhunderts herausbildete. Zur mathematisch-naturwissenschaftlichen Methode

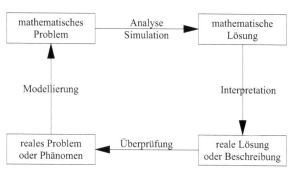

Abb. 1: Der Modellierungsprozess

gehört ferner eine bestimmte Form der Überprüfung mathematischer Modelle, deren Möglichkeit gerade die «harten» Wissenschaften auszeichnet, nämlich die Überprüfung im *Experiment*: Die notwendigerweise idealisierenden Modellannahmen werden im Labor *hergestellt*, die Aussagen des Modells in dieser künstlichen Situation überprüft. Die experimentelle Methode darf nicht verwechselt werden mit der Analyse solcher Beobachtungsdaten, auf die der Experimentator keinerlei Einfluss hat und die deshalb vielfachen «Störungen» unterliegen, weshalb sie ein Modell weder bestätigen noch widerlegen können.

«Weich» in diesem Sinne ist eine Wissenschaft, in der Experimente unmöglich sind[60] und in der daher der letzte Schritt des Modellierungsprozesses, die Überprüfung des Modells, problematisch wird. «Weich» ist damit auch die Volkswirtschaftslehre, mag sie sich nun mathematischer Modelle bedienen oder nicht. Daraus können ganz unterschiedliche Konsequenzen gezogen werden:

1. Der Schluss, in dieser Situation auf mathematische Modelle ganz zu verzichten, ist nicht zwingend. Nur können sie in «weichen» Wissenschaften nicht dieselbe Aussagekraft erhalten wie etwa in der Physik. Ein mögliche Rolle, die sie spielen können, besteht darin, theoretische Argumentationen, die ja gewissermaßen auch immer (nichtmathematische) Modelle sind, präziser zu fassen, unklare Begriffsbildungen zu schärfen und damit möglicherweise auf bestimmte Probleme erst aufmerksam zu machen.
2. Gerade dort, wo mathematische Modelle letztlich nicht an der Realität überprüft werden können, sind für eine saubere Methodik besondere Skrupel in den anderen Schritten des Modellierungsprozesses angebracht, also bei der Modellentwicklung und der Interpretation der mathematischen Ergebnisse. Das betrifft insbesondere die genau zu spezifizierenden Modellannahmen und die daraus sich ergebenden Grenzen, in denen das Modell Aussagekraft hat.
3. Man kann natürlich auch umgekehrt die in «weichen» Wissenschaften bestehende Situation einfach als Freibrief verstehen, den Zusammenhang zwischen Modell und beschriebener Realität überhaupt nicht mehr beachten zu müssen, weil er sich sowieso nicht genau überprüfen lässt. Damit wäre allerdings der Scharlatanerie Tür und Tor geöffnet.

---

60 Gewisse Zweige der Psychologie versuchen sich deshalb dadurch zu «härten», dass sie sich auf Laborexperimente mit Ratten verlegen. Ob die so gewonnenen «validen Daten» für die Psychologie des Menschen irgendeine Aussagekraft besitzen, lässt sich allerdings nicht klären.

Die Lehre von Angebot und Nachfrage

Es gibt in den einführenden Lehrbüchern der Volkswirtschaftslehre ein zentrales Modell, das mit Bezug auf Alltagserfahrungen motiviert und anschließend bis zum Überdruss auf alle nur denkbaren Situationen angewandt wird, das Modell des einfachen Marktes. Sein Symbol ist das nach Alfred Marshall (1842–1924) so genannte *Marshall-Kreuz*, wie in Abb. 2 dargestellt.

Betrachtet wird hier ein Markt für eine einzelne Ware, auf dem sich Anbieter (Produzenten) und Nachfrager (Konsumenten) gegenüber stehen und die folgenden Bedingungen gelten (Modellannahmen!):

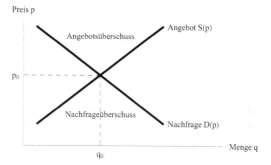

Abb. 2: Marktgleichgewicht als Schnittpunkt von Angebots- und Nachfragekurve

Es herrscht *vollständige Konkurrenz*, d. h. die angebotenen Güter sind gleich, und die Marktteilnehmer sind so zahlreich und ökonomisch unbedeutend, dass sie den Marktpreis p nicht beeinflussen können, sondern ihn akzeptieren müssen. Sie reagieren daher auf ihn als *Mengenanpasser*.

Das Angebot $S=S(p)$ und die Nachfrage $D=D(p)$ sind also Funktionen des jeweils aktuellen Marktpreises p. Man beachte, dass in Abb. 2 die unabhängige Variable auf der Ordinate und die abhängige Variable auf der Abzisse abgetragen ist.[61]

Angebot und Nachfrage sind Funktionen *nur* des Preises, d. h. es wird angenommen, dass alle anderen Einflussfaktoren konstant sind (*Ceteris-paribus-Klausel*).

Je höher der Preis, desto weniger Konsumenten sind an der Ware noch interessiert, d. h. die Nachfragefunktion $D(p)$ ist *monoton fallend*.

Je höher der Preis, desto mehr Produzenten ist es möglich, ihre Produkte gewinnbringend auf den Markt zu werfen. Die Angebotsfunktion $S(p)$ ist daher *monoton wachsend*.

---

61 Diese Abweichung von der in der Mathematik üblichen Konvention hat ihren Grund darin, dass in der Volkswirtschaftslehre Mengen-Preis-Diagramme *immer* so notiert werden, dass die Menge auf der Abzisse, der Preis auf der Ordinate abgetragen wird, unabhängig davon, welche Größe gerade Funktion der anderen ist. Das ist natürlich kein Fehler, sondern allenfalls gewöhnungsbedürftig

Existenz des Marktgleichgewichts
Unter einem *Gleichgewichtspreis* wird ein Preis p_0 verstanden, für den Angebot und Nachfrage übereinstimmen, für den also $S(p_0) = D(p_0)$. $q_0 = S(p_0) = D(p_0)$ heißt dann zugehörige *Gleichgewichtsmenge* und (q_0, p_0) *Marktgleichgewicht*. Unter den hier getroffenen Modellannahmen lässt sich dann ein *Existenzsatz* ableiten, wenn man zusätzlich voraussetzt, dass

$S(0) \leq D(0)$ und $S(p) > D(p)$ für alle hinreichend großen p

und dass die Funktionen S und D stetig sind. Dann ist der Zwischenwertsatz anwendbar. Die Eindeutigkeit des Marktgleichgewichts ergibt sich unter der zusätzlichen Voraussetzung, dass die Differenz $S(p) - D(p)$ sogar streng monoton wächst.

Dieser Existenzsatz schließt die Möglichkeit ein, dass die Ware überhaupt nicht auf den Markt kommt, da $q_0 = 0$. Das ist dann der Fall, wenn der kleinste Preis, bei dem der erste Anbieter auf dem Markt erscheinen würde, so groß ist, dass kein Nachfrager mehr am Kauf Interesse hat.

Stabilität des Marktgleichgewichts
Für das reale System ist ein Gleichgewicht nur dann relevant, wenn es in dem Sinne *stabil* ist, dass das System aus ungleichgewichtigen Zuständen zu ihm tendiert. Instabile Gleichgewichte bleiben unsichtbar, sie werden nie realisiert. Es ist daher von entscheidender Bedeutung, plausible Gründe für die Stabilität des (als existent nachgewiesenen) Marktgleichgewichts anzuführen:

Liegt der aktuelle Marktpreis über dem Gleichgewichtspreis, so herrscht ein *Angebotsüberschuss*, die Anbieter sind daher gezwungen, ihre Waren billiger anzubieten, um sie absetzen zu können, und ziehen sich teilweise vom Markt zurück, während neue Konsumenten angelockt werden. Angebot und Nachfrage nähern sich an, der Marktpreis tendiert zum Gleichgewichtspreis.

Liegt der aktuelle Marktpreis unter dem Gleichgewichtspreis, so herrscht ein *Nachfrageüberschuss*, die Anbieter können die Preise erhöhen, ohne ihren Absatz zu gefährden. Konsumenten ziehen sich zurück, weitere Anbieter werden durch den höheren Preis angelockt, der Marktpreis tendiert zum Gleichgewichtspreis.

Die hier beschriebene Dynamik ließe sich durch eine Differentialgleichung

dp / dt = f(D(p) − S(p))

mit einer streng monoton wachsenden Funktion f beschreiben, für die $f(0) = 0$. Ihr Gleichgewichtspunkt q_0 ist dann (asymptotisch) stabil.

Doch auch diesen zunächst als plausibel erscheinenden Argumentationen liegen höchst problematische, idealisierende Annahmen zu Grunde, auf die in den Lehrbüchern auch mehr oder weniger offen hingewiesen wird:

Zunächst muss man davon ausgehen, dass alle Nachfrager und Anbieter über das Marktgeschehen *vollständig informiert* sind: Wenn mir als Konsument ein Händler ein Angebot macht, muss ich wissen, ob sein Konkurrent teurer oder billiger ist, damit es zu einem Ausgleich kommen kann. Letztlich dürfen alle Käufe erst dann stattfinden, wenn der Gleichgewichtspreis erreicht ist. Dieser Idealfall lässt sich durch einen fiktiven *Auktionsprozess* beschreiben: Ein Auktionator ruft einen Marktpreis aus. Dann melden sich alle Anbieter und Nachfrager, die zu diesem Preis ins Geschäft treten würden. Stimmen Angebot und Nachfrage überein, so wird das Geschäft abgeschlossen, andernfalls passt der Auktionator den Marktpreis an usw.[62]

Noch schwerer wiegt die in dem Modell enthaltene *Abstraktion vom Faktor Zeit* und von der Tatsache, dass Waren in der Regel erst produziert werden müssen: Im Modell sind nämlich Angebot und Nachfrage zeitgleich zu realisieren. Tatsächlich findet die Produktion aber statt, bevor es zum Verkauf kommt, was den Anpassungsmöglichkeiten der Anbieter enge Grenzen setzt und zwar sowohl im Falle eines Überangebots als auch dem eines Nachfrageüberschusses. Je nach dem ins Auge gefassten Zeithorizont kann das zu unterschiedlichen Angebotsfunktionen führen.

Die neoklassische Doktrin

Ein mathematisches Modell, bei dem die zu Grunde liegenden Annahmen offen liegen und das aus diesen konsistent entwickelt wurde, lässt sich für sich genommen nicht kritisieren, es ist nicht einfach «richtig» oder «falsch», sondern hat einen mehr oder weniger begrenzten Gültigkeitsbereich. Falsch wird ein Modell erst durch seinen Gebrauch, wenn dieser nämlich darin besteht, es auf Situationen anzuwenden, in denen die Modellannahmen erkennbar nicht erfüllt sind.

In diesem und nur in diesem Sinne ist das hier beschriebene Modell des Marktgleichgewichts in der Tat falsch. Sein Gebrauch besteht nämlich darin, es auf jede als in Frage kommend denkbare ökonomische Situation anzuwenden, ohne Rücksicht auf die doch sehr spezifischen Modellannahmen. Die Ergebnisse des Modells werden zur allgemeinen Regel, zur Doktrin erhoben:
- Alle Märkte (Güter-, Dienstleistungs-, Arbeits-, Geldmärkte) sind, von zeitlich kurzen Störungen abgesehen, ständig im Gleichgewicht. Indem sie über die Anpassung der Preise einen Ausgleich zwischen den in der Wirtschaft wirkenden Kräften herstellen, sorgen sie für die Übereinstimmung von Angebot und Nachfrage.
- Und im Umkehrschluss: Sind empirische Märkte dauerhaft nicht im Gleichgewicht, so kann das nur durch marktfremde Einflüsse verursacht worden sein.

Im Lehrbuch von Mankiw (2001) findet sich deswegen auf 850 Seiten das Diagramm aus Abb. 2 insgesamt 91 mal, je nach Anwendungsbereich nur verschiedenen beschriftet, ohne dass der Autor sich die Mühe macht, die Modellannahmen für die jeweils betrachtete Situation erneut zu überprüfen oder zu begründen, was allerdings auch gar nicht ginge, wie noch gezeigt werden soll. Der in einem solchen

---

62 Der Auktionsprozess wurde von Leon Walras im Zusammenhang mit seinem Modell des allgemeinen Gleichgewichts eingeführt (s. u.). Für die Begründung der Stabilität des Marshall-Gleichgewichts ist er nicht zwingend erforderlich, wird aber von manchen Autoren als Argument angeführt.

Verfahren enthaltene elementare logische Fehler[63] springt bei der Lektüre nicht sofort ins Auge, weil er gewissermaßen über ein dickes Buch verteilt ist, dessen verschiedene Abschnitte der Leser schon kritisch zueinander in Beziehung setzen muss, um ihn zu entdecken.

Andere gehen an diesem entscheidenden und für die neoklassische Theoriebildung kritischen Punkt plumper vor, so etwa Siebert (1996, 103), dem es gelingt, denselben Fehler auf einen einzelnen Absatz zu konzentrieren: «*Der Markt kann als ein Informationsprozeß interpretiert werden, in dem Marktparteien signalisieren, was sie zu kaufen oder zu verkaufen wünschen. Der Markt ist mit einem Computer verglichen worden. Man kann sich vorstellen, daß die Haushalte einem Computer mitteilen, welche Menge eines Gutes sie zu welchem Preis nachfragen wollen, und entsprechend die Unternehmer dem Computer melden, welche Menge sie zu welchem Preis anbieten. Der Computer sucht nun den Preis heraus, bei dem Nachfrage- und Angebotsmengen übereinstimmen. Der Markt wirkt also wie ein Computer.*» Damit wäre die Verwechslung von Modell und Wirklichkeit dann in der Tat komplett: Am Ende der «Argumentation» *hat* der Markt die Eigenschaft wirklich, die er haben muss, damit sich die Modellaussagen ableiten lassen.[64]

Der hier vorlegte Befund lautet also, dass das Modell des Marktgleichgewichts auf unzählige ökonomische Situationen angewandt wird, ohne zu begründen, warum die in das Modell eingehenden Voraussetzungen jeweils erfüllt sind. Um diesen schwerwiegenden methodischen Fehler zu beheben, müssen die Modellannahmen hinsichtlich ihres Gültigkeitsbereichs untersucht werden.[65]

Das kann an dieser Stelle schon aus Platzgründen nicht umfassend geschehen. Ich beschränke mich in den folgenden Abschnitten auf eine genauere Analyse der Angebotsfunktion, und beziehe mich dabei auf vorliegende mikroökonomische Modelle, die als solche übrigens ebenfalls der neoklassischen Schule zuzurechnen sind.

---

63 Er ist von der Form: Gezeigt wurde, dass A aus der Voraussetzung B folgt, also wird im Folgenden von A ausgegangen, und zwar unabhängig davon, ob B erfüllt ist oder nicht.

64 Es handelt sich um eine Variante des oben beschriebenen fiktiven Auktionsprozesses. Tatsächlich «signalisiere» ich etwa in der Rolle des Käufers natürlich nicht, «welche Menge eines Gutes ich zu welchem Preis nachfragen will», sondern ich kaufe zu dem vorgefundenen Preis oder lasse es bleiben.

65 Wenn es darum geht festzustellen, ob Modellannahmen auf eine bestimmte reale Situation zutreffen oder nicht, kommen empirische Sachverhalte ins Spiel. Nun ist die Empirie so wenig wie eine theoretische Annahme einfach «gegeben», sondern auch um ihre «richtige» Wahrnehmung lässt sich streiten. Unabhängig vom Ausgang dieses Streits kann aber bereits als ein *methodischer* Fehler konstatiert werden, wenn der Streit gar nicht erst ausgetragen, sondern ohne jede empirische Prüfung einfach davon ausgegangen wird, die Modellannahmen träfen zu und das Modell sei somit gültig.

Exkurs: Die allgemeine Gleichgewichtstheorie

Das eben referierte Modell des Marshall-Kreuzes ist nicht das einzige, auf das die neoklassische Doktrin von den ausgleichenden Kräften des Marktes sich beruft. Es gibt noch ein weiteres, dessen Konstruktion auf Léon Walras (1834–1910) zurückgeht. Wegen der damit verbundenen schwierigen mathematischen Probleme[66] wird es in den einführenden Lehrbüchern allenfalls als im Hintergrund existierend behandelt, als etwas, worauf man in notwendigerweise vager Form verweisen kann, wenn die Annahmen des Marshall-Modells doch als allzu speziell erscheinen. Doch auch dieses in gewissem Sinne allgemeinere Modell muss selbstverständlich mit spezifischen Voraussetzungen operieren, soll es zu Ergebnissen führen.

In seiner Darstellung der Neoklassik nennt Neumann (2002, 272), einer ihrer Vertreter, «den methodologischen Individualismus und die *Gleichgewichtsidee*» als die beiden, das Paradigma der Neoklassik charakterisierenden, zentralen Ideen. Nur von letzterer ist hier die Rede. Neumann (1994, 277) sieht sie durch den von Arrow/Debreu (1954) geführten Existenzbeweis für das so genannte allgemeine Marktgleichgewicht glänzend bestätigt: «*Damit war ein entscheidender Schritt getan: Zum ersten Mal war bewiesen worden, daß das Problem der Allokation knapper Ressourcen durch den Marktmechanismus lösbar ist. Die Allokation dem Markt anzuvertrauen heißt also nicht, sie dem Chaos zu überlassen, wie bis in die Gegenwart hinein vielfach behauptet worden ist.*» Der Jubel bleibt allerdings ohne jede Begründung. Dazu würde nämlich gehören, die (mathematischen) Voraussetzungen für den Existenzbeweis daraufhin zu überprüfen, ob und unter welchen (ökonomischen) Bedingungen sie tatsächlich erfüllbar sind. Gerade dies wird auch hier tunlichst vermieden und soll daher nachgeholt werden:[67]

Gegenstand der Untersuchungen von Arrow/Debreu (1954) und in ähnlicher Weise von Debreu (1976) ist ein Marktmodell mit m Konsumenten (Haushalten) und n Produktionseinheiten (Unternehmen), auf dem k Waren (Güter oder Dienstleistungen) produziert, getauscht und konsumiert werden. R^k wird als *Güterraum* bezeichnet, seine Elemente als *Gütervektoren*, die sowohl positive als negative Komponenten haben können: Für die Produzenten bedeuten negative Komponenten in den Gütervektoren, dass die entsprechenden Mengen in der Produktion verbraucht wurden. Für die Konsumenten bedeuten sie, dass die entsprechenden Mengen hergegeben wurden (z. B. Arbeitsstunden).

Auch in diesem Modell reagieren Konsumenten und Produzenten als *Mengenanpasser* auf die bestehenden Preise für die k Güter. Da es hier nur auf die relativen Preise ankommt, kann

$$P := \{ \boldsymbol{p} \in \boldsymbol{R}^k : \boldsymbol{p} \geqslant \boldsymbol{0}, \sum_{r=1}^{k} p_r = 1 \}$$

---

66 Dieser Exkurs ist ihretwegen mit Kenntnissen der Schulmathematik allein nicht nachvollziehbar. Er kann aber übersprungen werden, ohne dass dadurch das Verständnis der folgenden Abschnitte beeinträchtigt wäre.
67 vgl. dazu auch Helmedag (1999)

als die Menge aller möglichen Preissysteme $p = (p_1,...,p_k)$ angenommen werden.[68]

Modellierung der Produzenten

Jede Produktionseinheit $j = 1,...,n$ wird beschrieben durch eine *Produktionsmenge* $Y_j \subset R^k$ zu verstehen als die Menge aller Gütervektoren y_j, die der Produzent j herzustellen in der Lage ist, wobei die negativen Komponenten die dabei verbrauchten Waren kennzeichnen. Bei einem gegebenen Preisvektor $p \in P$ wird das Unternehmen j dann $y_j \in Y_j$ so wählen, dass der Gewinn $p * y_j$ maximal ist (* bezeichne hier das Skalarprodukt auf R^k).

Modellierung der Konsumenten

Jeder Haushalt $i = 1,...,m$ ist gekennzeichnet durch eine *Konsumtionsmenge*
$X_i \subset R^k$,
eine *Nutzenfunktion*
$u_i: X_i \to R$,
eine *Anfangsausstattung* $w_i \in R^k$ und seine *Besitzanteile* $\alpha_{i1},...,\alpha_{i1}$ an den Unternehmen, wobei $\alpha_{i1} \geq 0$ und $\alpha_{i1} + ... + \alpha_{i1} = 1$ für $j = 1,...,n$. Bei gegebenem Preisvektor $p \in P$ und gegebenen Unternehmensgewinnen $p * y_j$ für $j = 1,...,n$, die entsprechend den Anteilen α_{ij} an die Haushalte ausgezahlt werden, versucht dann jeder Haushalt, im Rahmen seiner Möglichkeiten seinen Nutzen zu maximieren, löst also die Optimierungsaufgabe

$$u_i(x_i) = max!, x_i \in X_i, p*x_i \leq p*w_i + \sum_{j=1}^{n} \alpha_{ij} p*y_j.$$

Die Konsumtionsmenge X_i kann man sich vorstellen als die Menge derjenigen Gütervektoren, die für den Haushalt i prinzipiell möglich und akzeptabel sind, bestimmt etwa durch die maximale Arbeitszeit, die er verausgaben kann, und den Mindestkonsum, den er zur Reproduktion benötigt. Die Ungleichungsrestriktion besagt, dass er nur soviel Geld ausgeben kann, wie er hat bzw. verdient.

Marktgleichgewicht

Ein *Gleichgewicht* liegt vor, wenn Angebot und Nachfrage übereinstimmen, wobei jeder Konsument und jeder Produzent seinen individuellen Zielen folgt. Es besteht also aus einem Preisvektor $p^+ \in P$ und Gütervektoren $x_i^+ \in X_i$ für $i = 1,...,m$ sowie $y_j^+ \in Y_j$ für $j = 1,...,n$, so dass

(a) y_j^+ maximiert $p^+ * y_j$ auf Y_j für $j = 1,...,n$.

(b) x_i^+ maximiert $u_i(x_i)$ auf $\{x_i \in X_i : p^* * x_i \leq p^* * w_i + \sum_{j=1}^{n} \alpha_{ij} p^* * y_j^+\}$ für $i = 1,...,m$.

(c) $\sum_{i=1}^{m} x_i^+ = \sum_{i=1}^{m} w_i + \sum_{j=1}^{n} y_j^+$.

---

[68] Bei dieser in der Mathematik durchaus geläufigen Art der Normierung, die für den Existenzbeweis notwendig ist, handelt es sich streng genommen um einen Modellierungsfehler, auf den Helmedag (1999, 62–63) zu Recht hinweist: In $p_1 + ... + p_k$ werden mit unterschiedlichen Maßeinheiten ausgestattete Größen addiert.

Die letzte Bedingung (c) besagt, dass genau soviel konsumiert wird, wie aus Erstausstattung und Produktion vorhanden.

Existenz des Marktgleichgewichts

Um die Existenz eines Gleichgewichts beweisen zu können, müssen über die Modellkonstruktion hinaus weitere Voraussetzungen gemacht werden:
1. Die Konsummengen X_i sind abgeschlossen, konvex und nach unten beschränkt. Ferner gibt es ein $x_i^0 \in X_i$ mit $x_i^0 < w_i$.
2. Die Nutzenfunktionen u_i sind stetig und quasikonkav. Zu jedem $x_i \in X_i$ gibt es ein $x_i{'} \in X_i$ mit $u_i(x_i{'}) > u_i(x_i)$.
3. $0 \in Y_j$ für $j = 1,...,n$, und für die Menge $Y = Y_1 + ... + Y_n$ aller möglichen Gesamtproduktionen gilt
$$\{y \in R^k : y \leq 0\} \subset Y \quad \text{und} \quad Y \cap (-Y) = \{0\}.$$
4. Y ist abgeschlossen und konvex.

*Satz (*Arrow/Debreu (1954, 272), Debreu (1976, 103))
Unter den Voraussetzungen (1), (2), (3), (4) existiert ein Gleichgewicht mit den Eigenschaften (a), (b), (c). [69]

Debreu (1976, 114 ff.) zeigt ferner, dass ein Gleichgewicht in Bezug auf die Konsumenten *pareto-optimal* ist, d. h. es ist nicht möglich, einen Konsumenten besser zu stellen als im Gleichgewicht, ohne die Lage eines anderen zu verschlechtern.

Dagegen lässt sich, anders als im Modell des einfachen Marktgleichgewichts, die *Stabilität* nicht mehr plausibel begründen. Der in diesem Zusammenhang angeführte, oben bereits beschriebene und hinsichtlich seiner institutionellen Voraussetzungen völlig irreale *Auktionsprozess* mag unter zusätzlichen Voraussetzungen zur Formulierung eines Systems von Differentialgleichungen führen. Die mathematischen Bedingungen für die (asymptotische) Stabilität eines Gleichgewichtspunktes lassen sich aber nicht mehr ökonomisch interpretieren.[70]

Grenzen des Modellansatzes

Der Beweis des oben zitierten Existenzsatzes stellt zweifellos eine große mathematische Leistung der Art dar, für die Mathematiker zu einem Nobelpreis gelangen können, nämlich dem für Wirtschaftswissenschaft.[71] Über die ökonomische Bedeutung des Satzes sagt das aber noch nichts. Und in der Tat sind ihr enge Grenzen gesetzt:

---

69 Arrow/Debreu (1954) beweisen den Satz unter etwas spezielleren Voraussetzungen, Debreu (1976) unter den hier genannten, allerdings unter Verwendung von Präferenzrelationen anstelle von Nutzenfunktionen.
70 Das wird auch von Propagandisten der Theorie des allgemeinen Gleichgewichts wie Neumann (2002, 278) zugegeben.
71 Kenneth Arrow erhielt den Nobelpreis 1972, Gérard Debreu 1983

Auch dieses Modell geht von der vollständigen Transparenz des Geschehens für die Marktteilnehmer aus, und es abstrahiert davon, dass Tauschvorgänge sich in Zeit und Raum abspielen. Um diesem Einwand zu begegnen, sagt Debreu (1976, 39), bei den Waren $1,...,k$ handele es sich um Güter oder Dienstleistungen an einem bestimmten Ort zu einer bestimmten Zeit. Dasselbe Gut heute oder in einem Monat würde demnach also einfach durch verschiedene Komponenten der Gütervektoren beschrieben, hätte dann aber, der Modellkonstruktion entsprechend, auch völlig voneinander unabhängige Preise. Damit allerdings wäre die Transparenz des Marktgeschehens endgültig dahin, da die Gleichgewichtspreise zum großen Teil in der Zukunft liegen.[72]

Bei den Preisen handelt es sich nicht um Geldpreise, sondern um Tauschrelationen zwischen den beteiligten Waren. Geld kommt im Modell nicht einmal in seiner Funktion als Tauschmittel vor, und die Wertaufbewahrung in Geldform (Sparen) ist ebenso wenig vorgesehen wie Investitionen zu dem Zweck, zukünftige Gewinne zu erzielen. Bei der im Modell beschriebenen Ökonomie liegt also eine einfache Tauschwirtschaft vor, anwendbar vielleicht auf die Zigarettenwährung des Schwarzmarkts in einem Kriegsgefangenlager, wie die Kritikerin der Neoklassik Joan Robinson (1979, 153) festgestellt hat: «There is one very special case to which the Walrasian analysis applies pretty well: that is the market in a prisoner-of-war camp. The men receive parcels from the Red Cross which contain a variety of commodities. They set up a market for exchanging them, using cigarettes as a unit of account and a medium for three-cornered transactions.»

Wer diese sehr engen Grenzen vor Augen hat, in denen das Modell des allgemeinen Gleichgewichts Gültigkeit beanspruchen kann, wird einem Kommentar des Existenzsatzes und der Pareto-Optimalität des Gleichgewichts wie dem folgenden von Neumann (2002, 277) wohl schwerlich zustimmen: «Durch diese Entdeckung wurde die Vermutung Adam Smiths, daß die Verfolgung des Selbstinteresses unter Wettbewerbsbedingungen – wie von einer unsichtbaren Hand geleitet – dem Allgemeinwohl dient, auf eine feste Grundlage gestellt.» Das Problem der Klassiker der politischen Ökonomie, wie eigentlich eine kapitalistische Gesellschaft funktionieren kann, deren Mitglieder allesamt nur ihrem Eigennutz dienen, wird hier nicht gelöst, sondern entsorgt, indem es an ein Modell delegiert wird, das mit Kapitalismus so gut wie nichts zu tun hat.

Abschließend soll noch auf zwei Voraussetzungen für den Existenzsatz hingewiesen werden, deren Implikationen vielleicht weniger deutlich ins Auge springen als die des allgemeinen Modellansatzes:

- Laut Voraussetzung (1) muss ein $x_i^0 \in X_i$ mit $x_i^0 < w_i$ existieren. Je nachdem, wie man die Konsummengen X_i interpretiert, hat diese Bedingung unterschiedliche Konsequenzen: Wird X_i als die Menge der für den Haushalt i akzeptablen

---

[72] Die realen Zukunftsmärkte, etwa der Handel mit Optionen, der ja gerade auf unsicheren Erwartungen beruht, sind durch die Modellkonstruktion gerade ausgeschlossen.

Konsumvektoren angesehen, so heißt das, dass er (vielleicht zur Not) auch mit seiner Anfangsausstattung w_i auskommt, auf den Austausch auf dem Markt also letztlich nicht unbedingt angewiesen ist. Hierdurch wäre die Anwendbarkeit des Modells noch weiter eingeschränkt. Interpretiert man dagegen X_i als Menge der überhaupt denkbaren Konsumvektoren und lässt $w_i = \mathbf{0}$ zu, so ist in dem Gleichgewichtspunkt auch die Möglichkeit eingeschlossen, dass die in ihm für einzelne Haushalte vorgesehenen Konsumvektoren für deren Überleben nicht reichen. Das wäre dann immerhin realistisch, müsste aber doch vielleicht dem Jubel über die ausgleichenden Kräfte des Marktes gewisse Grenzen setzen.

- Voraussetzung (4) besagt u. a., dass die Gesamtproduktionsmenge Y konvex ist. Wegen $\mathbf{0} \in Y$ folgt daraus, dass mit $y \in Y$ auch $\lambda y \in Y$ für alle $\lambda \in (0,1)$. In Worten ausgedrückt: Wenn es möglich ist, mit einem bestimmten Aufwand eine gewisse Menge an Waren zu produzieren, dann soll es dieser Voraussetzung gemäß auch möglich sein, z. B. mit einem Zehntel des Aufwands ein Zehntel der Menge zu produzieren. Fixkosten, etwa für Fabrikgebäude oder Maschinen, die unabhängig von der Anzahl der produzierten Waren auftreten, sind damit von vornherein aus dem Modell ausgeschlossen. Für industrielle Massenproduktion sind sie aber die Regel. Im Zusammenhang mit dem einfachen Marktmodell, das auf der gleichen Annahme beruht, wie noch gezeigt wird, komme ich im nächsten Abschnitt auf diesen Punkt wieder zurück.

***

Güterangebot und Produktionskosten

Eine entscheidende Annahme des einfachen Marktmodells besteht darin, dass das Angebot eine monoton wachsende Funktion des Preises ist. Das sieht zumindest für die Gütermärkte auf den ersten Blick plausibel aus, aber eben nur auf den ersten: Die weit überwiegende Mehrzahl der Güter, für die wir unser Geld ausgeben, wird heute in industrieller Massenproduktion gefertigt und ist aus genau diesem Grund auch billig, denn die massenhafte Produktion, also das hohe Angebot, verringert die Stückkosten und ermöglicht niedrige Preise.

Eine Ableitung der Angebotsfunktion aus den Produktionskosten

Der Verlauf der Angebotskurve lässt sich durch ein anderes mathematisches Modell begründen, in dem die Situation eines einzelnen Produzenten betrachtet wird. Ausgangspunkt sind seine Produktionskosten. Die Produktion der Menge q des Gutes verursache für ihn Kosten in der Höhe $c(q)$ (s. Abb. 3).

Ist nun, wie im einfachen Marktmodell angenommen, der für das Gut erzielbare Preis vom einzelnen Produzenten nicht beeinflussbar, so wird dieser die von ihm produzierte Menge q bei gegebenem Marktpreis p so anpassen, dass sein Gewinn maximal wird:

Abb. 3: Produktionskosten und optimales Güterangebot

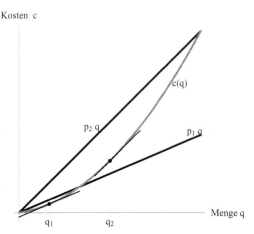

p q – c(q) = max!
Bei einer Kostenfunktion wie in Abb. 3 ist der Gewinn für die Menge q maximal, bei der die *Grenzkosten* (Ableitung der Kostenfunktion) mit dem Marktpreis übereinstimmen:

$p = c`(q)$,

d. h. es wird so viel produziert, bis das nächste Stück, das produziert werden könnte, gerade so viel einbringt, wie es kostet. Das Angebot q des einzelnen Produzenten, als Funktion des Marktpreises p ausgedrückt, ist also

$q = (c`)^{-1}(p)$,

d. h. die Angebotskurve des einzelnen Anbieters ist gerade seine Grenzkostenkurve, und die gesamte Angebotskurve ergibt sich aus der Summe aller Angebots- und damit Grenzkostenkurven.

Die im einfachen Marktmodell unterstellte Monotonie der Angebotsfunktion ist daher äquivalent zu *steigenden Grenzkosten* oder, was dasselbe ist, einer *konvexen Kostenfunktion*. In den Lehrbüchern wird diese Annahme mehr oder weniger versteckt, indem mit Bildern wie dem in Abb. 3 oder fiktiven Zahlenbeispielen suggestiv operiert wird.[73] Anschließend wird dann zwar gesagt, dass es auch Produkte mit konstanten oder fallenden Grenzkosten gibt. Konsequenzen werden daraus aber nicht gezogen.[74]

Im frühen 19. Jahrhundert wurde unter Ökonomen die Annahme steigender Grenzkosten am Beispiel des Getreideanbaus begründet: Je mehr Getreide angebaut wird, desto schlechtere Böden müssen verwendet werden, was zu immer geringeren Erträgen je Hektar und daher steigenden Grenzkosten führt. Schon damals war die Übertragung dieser Überlegung auf andere Produkte jedoch strittig. Spätestens seit Beginn des 20. Jahrhunderts wird diese Modellannahme obsolet, weil sie die Bedingungen industrieller Massenproduktion völlig verfehlt.

---

73 vgl. Mankiw (2001, 316 ff.)
74 In dem Modell des allgemeinen Gleichgewichts steckt die Annahme einer konvexen Kostenfunktion in der Konvexität der Produktionsmenge Y. In dem gerade diskutierten Fall des einzelnen Anbieters wäre $Y = \{(q,r): c(q) \leq r\}$ zu wählen; die Konvexität der Menge Y ist äquivalent zur Konvexität der Funktion c.

Produktionskosten bei industrieller Massenproduktion

Die Firma Opel hatte im Jahr 2000 einen Werbespot geschaltet, in dem eines ihrer Modelle mit der Frage angepriesen wurde: Wie baut man das beste Auto der Welt? Die erste der darauf folgenden Antworten lautete: Man investiert 4 Milliarden Mark. Hiermit wird, bei allen Vorbehalten den Aussagen von Werbespots gegenüber, eine Bedingung industrieller Massenproduktion zutreffend charakterisiert: Bevor noch das erste Auto vom Band geht, fallen riesige Kosten z. B. für Entwicklung, Gebäude und Maschinen an, unabhängig von der Zahl der danach tatsächlich produzierten Autos.

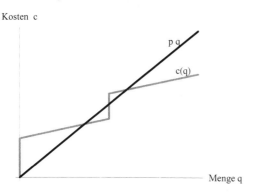

Abb. 4: Produktionskosten bei industrieller Massenproduktion

Die daraus resultierende Kostenfunktion ist in Abb. 4 schematisch dargestellt: Sie hat bei Null einen Sprung in Höhe der Kosten, die anfallen, um mit der Produktion überhaupt beginnen zu können, und wächst dann im Wesentlichen linear (konstante Grenzkosten für die je Auto anfallenden Materialien und Löhne), bis die Kapazität der Fabrikanlage ausgeschöpft ist. Sollen noch mehr Autos gebaut werden, ist eine neue Fabrikanlage zu errichten mit weiteren festen Kosten usw.[75]

Geht man nun wie eben davon aus, dass der Marktpreis p gegeben ist, und fragt nach der gewinnoptimalen Zahl der zu produzierenden Autos, so lautet die Antwort entweder «gar keine» oder «so viele wie möglich». Eine Firma, deren Manager sich an diesem Vorgehen orientieren und keinerlei Rücksicht auf die Absetzbarkeit der produzierten Autos nehmen würden, wäre allerdings rasch bankrott. Tatsächlich kann unter den Bedingungen industrieller Massenproduktion *das Angebot nicht nur vom Marktpreis abhängig* gemacht werden, sondern es spielen immer auch die Nachfrageerwartungen, beeinflusst etwa durch Lieferaufträge oder die Entwicklung von Lagerbeständen, eine Rolle.

Der hier betrachteten Situation angemessen ist also nicht etwa eine fallende Angebotsfunktion, sondern überhaupt keine, jedenfalls nicht als Funktion, die nur vom Preis abhängt. Damit bricht aber die Gültigkeit des einfachen Marktmodells in sich zusammen.

---

75 Derartige Kostenfunktionen sind der Volkswirtschaftslehre natürlich bekannt, vgl. Mankiw (2001, 305), nur werden sie mit der Angebotsfunktion nicht so gern in Beziehung gesetzt.

Wirkung von Nachfrageänderungen auf den Preis

Die Fixierung auf das Gleichgewichtsmodell ohne Berücksichtigung seiner Voraussetzungen kann fatale Konsequenzen haben. Eine davon ist die pauschale Behauptung, eine Erhöhung der Nachfrage führe zu höheren, eine Verringerung der Nachfrage zu geringeren Preisen.[76] Ganz offensichtlich ist diese Behauptung bei vielen Produkten falsch: Die Einführung von Computern, CD-Spielern, Handys usw. und die damit verbundene Erhöhung der Nachfrage nach ihnen hat bekanntlich zu ihrer Verbilligung geführt.

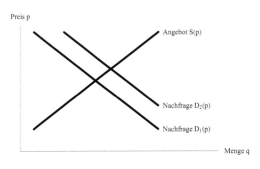

Abb. 5: Wirkung von Nachfrageänderungen

Im Schema des Angebot-Nachfrage-Modells entspricht eine Erhöhung der Nachfrage einer Verschiebung der Nachfragefunktion nach rechts oben. In Abb. 5 ist das der Übergang von $D_1(p)$ zu $D_2(p)$. Wie zu sehen, führt das zu einer Erhöhung des Gleichgewichtspreises. Umgekehrt würde eine Veränderung der Nachfrage von $D_2(p)$ zu $D_1(p)$ zu einer Verringerung des Gleichgewichtspreises führen. Um nun die tatsächlich zu beobachtende Verbilligung von Waren bei gleichzeitiger Erhöhung der Nachfrage zu erklären, muss daher auf externe Ursachen zurückgegriffen werden. Als *deus ex machina* wird dazu gern der technische Fortschritt bemüht, wobei allerdings übersehen wird, dass dieser in der Regel bereits stattgefunden hat, bevor es zur Preissenkung kommt.

Unter Berücksichtigung der Kostenfunktion unter Bedingungen industrieller Massenproduktion wäre dagegen die zu beobachtende Verbilligung ganz einfach ökonomisch zu erklären, nämlich durch die Wirkungskette

höhere Nachfrage → höherer Absatz → höhere Produktion →
→ geringerer Produktionspreis → geringerer Marktpreis

Aber das passt natürlich nicht mehr ins Angebots-Nachfrage-Schema.

Noch deutlicher wird das Problem im Falle einer entgegengesetzten Bewegung: Wenn beispielsweise Schallplatten nicht mehr nachgefragt werden, werden sie deswegen nicht etwa billiger, wie es laut Angebots-Nachfrage-Schema sein müsste, sondern sind nur noch zu Liebhaber-Preisen zu haben, die bekanntlich besonders hoch sind. Die Heranziehung externer Ursachen verbietet sich hier, will man nicht so etwas wie einen «technischen Rückschritt» postulieren. Die Erklärung mit der obigen, im Angebots-Nachfrage-Schema nicht vorgesehenen Wirkungskette, nur

---

76   Mankiw (2001, 89)

in umgekehrter Richtung, bleibt dagegen problemlos:
   geringere Nachfrage → geringerer Absatz → geringere Produktion →
   → höherer Produktionspreis → höherer Marktpreis

Arbeitsmarkt

Der neoklassischen Doktrin folgend propagiert Mankiw (2001, 417) «*Die Vielseitigkeit von Angebot und Nachfrage*. Die Werkzeuge von Angebot und Nachfrage sind auf Güter wie auf Arbeitskräfte anwendbar.» Zur Analyse des Arbeitsmarktes genügt demnach Abb. 2 völlig, nur die Beschriftung des Diagramms ist zu ändern. Nun handelt es sich bei dem Arbeitsmarkt um einen Markt, der in den letzten Jahren dauerhaft im Ungleichgewicht ist: 4 Millionen Arbeitslose bedeuten einen Angebotsüberschuss in eben dieser Höhe.

Die neoklassische Erklärung der Arbeitslosigkeit
Wie kommt der zu Stande? Der neoklassischen Doktrin gemäß sind die Ursachen in marktfremden Einflüssen zu suchen und werden in den gesetzlich festgelegten oder tariflich vereinbarten Mindestlöhnen dingfest gemacht.

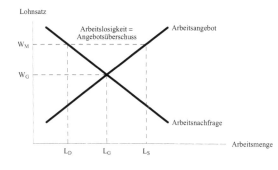

Abb. 6: Erklärung der Arbeitslosigkeit aus zu hohen Mindestlöhnen

Die Erklärung erfolgt in Abb. 6: Arbeitslosigkeit tritt dauerhaft ein, wenn der festgeschriebene Mindestlohnsatz W_M über dem Gleichgewichtslohnsatz W_G liegt. In diesem Fall liegt das Arbeitsangebot L_S über der Arbeitsnachfrage L_D. Zur Behebung der Arbeitslosigkeit ist daher der Mindestlohnsatz abzuschaffen oder jedenfalls so weit abzusenken, dass der Lohnsatz auf den Gleichgewichtslohnsatz sinken kann.

Mankiw (2001, 625) gibt diese Erklärung im makroökonomischen Teil seines Buches unter der Kapitelüberschrift «Die langfristige realökonomische Entwicklung». Es kann also nicht nur um die kurzfristige Reaktion einzelner Betriebe auf Lohnsenkungen gehen. Festzustellen ist daher, dass hier ganz offensichtlich die *Ceteris-Paribus-Klausel* missachtet wurde, die ja eine der Modellvoraussetzungen war. Denn die Nachfrage der Unternehmen nach Arbeit hängt wesentlich von der Auftragslage ab, also von der Nachfrage nach Gütern, diese wiederum von den Masseneinkommen und damit vom Lohnsatz. Ob dieser besonders von Keynesianern betonte gegenläufige Effekt tatsächlich der stärkere ist, lässt sich hier nicht entscheiden. Das Problem ist aber, dass diese Frage gar nicht mehr gestellt werden kann, wenn die «Werkzeuge von Angebot und Nachfrage» derart schematisch und ohne Rücksicht auf die Modellvoraussetzungen angewandt werden, das eigene Modell also als Brett vor den Kopf genagelt ist.

Eine weitere Frage, die hier ungestellt bleibt, ist die nach der Monotonie der Arbeitsangebotsfunktion: Führt ein geringerer Lohnsatz tatsächlich zu einer Verringerung des Arbeitsangebots? Was schon für Güter nur unter sehr spezifischen Voraussetzungen (wachsende Grenzkosten) gilt, muss deswegen für die Ware Arbeitskraft noch lange nicht gelten. Und merkwürdigerweise findet man dazu in den Lehrbüchern der Volkswirtschaftslehre mikroökonomische Analysen und Modelle, die diese Frage keineswegs positiv beantworten:

Eine mikroökonomische Ableitung der Arbeitsangebotsfunktion[77]

Betrachtet wird ein einzelner Haushalt, der während eines Monats eine bestimmte maximale Zeit T zur Verfügung hat, in der er zum Lohnsatz w arbeiten kann. Welche Arbeitszeit $t \in [0,T]$, die er dem Arbeitsmarkt anbietet, wäre für ihn optimal?

Der Konflikt besteht darin, dass der Haushalt sowohl aus dem monatlichen Lohn $v = wt$ als auch aus der verbliebenen Freizeit $s = T - t$ Nutzen zieht und das eine auf Kosten des anderen geht. Der Gesamtnutzen

$$N(v,s) = N(wt, T-t)$$

ist also zu maximieren. Der Einfachheit halber nehme ich an, dass sich dieser Nutzen additiv zusammensetzt:

$$N(v,s) = G(v) + F(s)$$

mit dem Nutzen des Geldes G und dem Nutzen der Freizeit F. F und G sind dabei reelle Funktionen, die auf dem Intervall $[0,T]$ bzw. allen positiven reellen Zahlen definiert sind. Die üblichen Annahmen für diese Funktionen sind, dass sie streng monoton wachsen, ihre Ableitung (der Grenznutzen) aber streng monoton fällt, unter entsprechenden Differenzierbarkeitsvoraussetzungen also gilt:

$$F`(s), G`(v) > 0, F``(s), G``(v) < 0 .$$

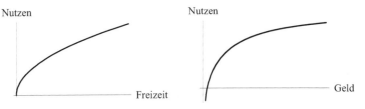

Abb. 7: Zwei Nutzenfunktionen

---

77 Auch dieser Unterabschnitt dürfte mit schulmathematischen Kenntnissen kaum nachvollziehbar sein. Entscheidend ist das Ergebnis einer möglichen Arbeitsangebotsfunktion in Gestalt von Abb. 8. (Nachtrag 2018)

Typische Verläufe sieht man in Abb. 7. Zu lösen ist jetzt die Optimierungsaufgabe
$G(w\,t) + F(T-t) = max\,!$, $t \in (0,T)$

Die Randpunkte sind hier deshalb ausgeschlossen, weil die Funktionen F oder G in 0 nicht unbedingt definiert sein müssen. Die Zielfunktion der Optimierungsaufgabe ist streng konkav, eine notwendige und hinreichende Bedingung für das gesuchte Maximum ist daher

$w\,G`(w\,t) - F`(T-t)$.

Die linke Seite dieser Gleichung ist in t streng monoton fallend. Sorgt man also dafür, dass sie am linken Randpunkt $t = 0$ positiv, am rechten $t = T$ negativ wird, was z. B. die Voraussetzung

$$\lim_{s \to 0} F'(s) = \lim_{v \to 0} G'(v) = \infty$$

gewährleistet, so besitzt die Optimierungsaufgabe eine eindeutig bestimmte Optimallösung $t_{opt} = t_{opt}(w)$, welche die Gleichung

$w\,G`(w\,t_{opt}(w)) - F`(T - t_{opt}(w)) = 0$

erfüllt. $t_{opt}(w)$ ist dann zu interpretieren als das Arbeitsangebot des Haushalts bei gegebenem Lohnsatz w.

Die für den Verlauf der Arbeitsangebotsfunktion eigentlich interessante Frage ist, wie t_{opt} von w abhängt, welches Vorzeichen also $t_{opt}`(w)$ hat. Nun folgt aus den hier über $F$ und $G$ gemachten Voraussetzungen und dem Satz über implizite Funktionen, dass $t_{opt}$ als Funktion von $w$ tatsächlich differenzierbar ist. Differenziert man die letzte Gleichung nach $w$ und löst das Ergebnis nach $t_{opt}`(w)$ auf, so ergibt sich

$$t_{opt}'(w) = \frac{G'(w \cdot t_{opt}(w)) + w \cdot t_{opt}(w) G''(w \cdot t_{opt}(w))}{-w^2 \cdot G''(w \cdot t_{opt}(w)) - F''(T - t_{opt}(w))}.$$

Der Nenner ist nach Voraussetzung positiv, der Zähler ist gerade die Ableitung des Ausdrucks $v\,G`(v)$ nach v an der Stelle $v = w\,t_{opt}(w)$. Es gilt also:

$t_{opt}'(w)$ hat dasselbe Vorzeichen wie $\frac{d}{dv}(v \cdot G'(v))$ an der Stelle $v = w \cdot t_{opt}'(w)$.

Im Grunde genommen handelt es sich hier um ein *Nichtergebnis*, denn über das Vorzeichen der Ableitung von $v\,G`(v)$ lässt sich nichts ökonomisch Plausibles sagen. Tatsächlich führen, wie man leicht nachrechnet, die in der wirtschaftswissenschaftlichen Literatur gängigen Nutzenfunktionen $G(v) = v^\alpha$ mit $0 < \alpha < 1$, $G(v) = log(v)$ und $G(v) = -v^\alpha$ mit $\alpha < 0$ in dieser Reihenfolge zu monoton wachsenden, konstanten und monoton fallenden Arbeitsangebotsfunktionen. Durch Kombination dieser Ansätze ist auch fast jeder beliebige andere Verlauf konstruierbar.

Die in Abb. 7 dargestellten Nutzenfunktionen

$$F(s) = \sqrt{s}\,,\quad G(v) = \frac{v}{2+v} - \frac{1}{20v} \quad \text{mit} \quad T = 1$$

beispielsweise führen auf die in Abb. 8 dargestellte Angebotsfunktion. Sie ist für sehr große und sehr kleine Lohnsätze monoton fallend und in einem mittleren Bereich monoton wachsend. Aber das ist nur einer von beliebig vielen anderen möglichen Verläufen.[78]

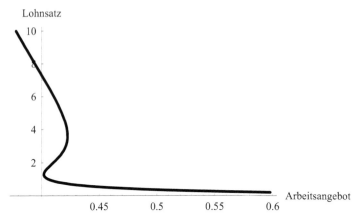

Abb. 8: Mögliche Arbeitsangebotsfunktion

Diese Art der Nutzenoptimierung führt also nicht zu eindeutigen Aussagen, und es hat auch wenig Sinn, die «richtigen» Nutzenfunktionen genauer bestimmen zu wollen. Es handelt sich bei ihnen nämlich um Fiktionen, die notwendig sind, um überhaupt auf diese Weise mathematisch modellieren zu können: Es wird angenommen, dass alle ökonomischen Akteure Träger solcher Nutzenfunktionen sind, die sie ständig optimieren. Diese Vorstellung ist an sich schon ein wenig absurd, völlig hoffnungslos aber wäre es, den Verlauf der Nutzenfunktionen messen zu wollen.[79]

Einfacher ist es schon, sich empirisch direkt der Frage zu nähern, ob die Arbeitsangebotsfunktion monoton wächst oder fällt, und da spricht doch Vieles für Letzteres:

- Wer 40 Stunden in der Woche für einen Stundenlohn von 8 Euro arbeitet und den wöchentlichen Lohn von 320 Euro zum (Über-)Leben dringend braucht, der wird bei einer Absenkung des Stundenlohns auf 6 Euro den Wunsch haben, mehr zu arbeiten, damit das nötige Geld zusammenkommt. Insbesondere in Bil-

---

78 Die hergeleitete Charakterisierung des Vorzeichens von $t_{opt}\,'(w)$ macht von der sehr speziellen Voraussetzung einer additiven Nutzenfunktion Gebrauch. Hier ging es aber nur darum nachzuweisen, dass sich aus der Nutzenoptimierung für die Monotonie der Arbeitsangebotsfunktion keine ökonomisch interpretierbaren und überprüfbaren Bedingungen ableiten lassen. Wenn das unter speziellen Voraussetzungen schon nicht geht, dann natürlich unter allgemeineren erst recht nicht.
79 Die nichtempirische Qualität von Nutzenfunktionen und der damit eng zusammenhängenden Präferenzrelationen scheint inzwischen allgemein anerkannt zu sein, vgl. Auinger (1995, 49–67).

liglohnsektoren oder -ländern ist deshalb vielfach die Tendenz zu beobachten, einen Zweitjob auszuüben, ggf. auch in Schwarzarbeit.

- Das aktuell (Herbst 2003) von Politikern aller Parteien unter Hinweis auf die globale Standortkonkurrenz immer wieder vorgebrachte Argument, die Deutschen müssten wieder mehr arbeiten, um ihren Lebensstandard halten zu können, und sie würden das auch wollen (was von Umfragen bestätigt wird), läuft ebenfalls auf eine monoton fallende Arbeitsangebotsfunktion hinaus: Auf die intendierte Verringerung des Lohnsatzes wird, damit der Lohn nicht sinkt, mit Mehrarbeit reagiert.

Die hier referierte theoretische Herleitung der Arbeitsangebotsfunktion aus einer Nutzenoptimierung der Haushalte findet sich in vielen Lehrbüchern, die mikroökonomische Modelle behandeln, immer mit dem gleichen (Nicht-)Ergebnis. Mankiw (2001, 501 ff.) etwa stellt mit etwas anderen Modellvoraussetzungen (Präferenzrelationen statt Nutzenfunktionen) und etwas anderen (geometrischen) Methoden fest, dass je nach der Art der Präferenzen die Arbeitsangebotskurve einen steigenden oder fallenden Verlauf aufweisen kann.[80]

Das hindert ihn aber nicht daran, achtzig Seiten vorher[81] die uneingeschränkte Anwendbarkeit des Angebot-Nachfrage-Modells auf den Arbeitsmarkt zu konstatieren und hundertzwanzig Seiten später[82] die Absenkung der angeblich zu hohen Mindest- und Tariflöhne als Rezept gegen die dauerhafte Arbeitslosigkeit aus eben diesem Modell abzuleiten. Es ist schon erstaunlich, welche Ungereimtheiten zwischen zwei Buchdeckel passen.

Ein vorläufiges Fazit

Zusammenfassend ist festzustellen, dass die Volkswirtschaftslehre bzw. deren dominierende Schule mathematische Modelle zwar extensiv einsetzt, von einer methodisch sauberen mathematischen Modellbildung aber nicht die Rede sein kann. Der Hauptfehler besteht in dem Vorgehen, die mit jeder Modellierung notwendig verbundenen Modellannahmen entweder nicht auszuweisen oder sie nach beiläufiger Erwähnung gleich wieder unter den Teppich zu kehren, wenn sie bestimmte Argumentationen stören.

Mathematische Modelle haben den Anspruch, abstrakte, idealisierte Abbilder der von ihnen beschriebenen Aspekte der Wirklichkeit zu sein. Die hier betrachteten volkswirtschaftlichen Modelle werden diesem Anspruch nicht gerecht: Es

---

80 Das Ergebnis wird allerdings im Kapitel *Ein Thema für Fortgeschrittene*, Abschnitt *Die Theorie der Konsumentscheidungen*, Unterabschnitt *Vier Anwendungen* eher versteckt als präsentiert. Allzu forsch sollen die LeserInnen auf die logischen Widersprüche wohl nicht gestoßen werden.
81 Mankiw (2001, 417)
82 Mankiw (2001, 625)

handelt sich bei ihnen nicht um Abstraktionen oder Idealisierungen, sondern um Spezialfälle, die fälschlich für das Ganze genommen werden: Von mehreren Möglichkeiten (fallende, konstante oder steigende Grenzkosten, fallende, konstante oder steigende Arbeitsangebotsfunktion usw.) wird diejenige als gegeben postuliert, die gerade in die eigene Sichtweise und Argumentation passt, ohne Rücksicht auf ihre tatsächliche Bedeutung. Dass sich auf diese Weise keine Erkenntnisse über den Untersuchungsgegenstand gewinnen lassen, die über die eigenen Vorurteile hinausgehen, ist evident.

Der hier vorgelegte Befund wurde nicht nur, aber doch überwiegend an Modellen erhoben, die in heutigen einführenden Lehrbüchern der Volkswirtschaftslehre verwendet werden, und betrifft daher zunächst einmal nur diese. Dass sie für die Volkswirtschaftslehre als Ganze repräsentativ sind, könnte bestritten werden und wäre ggf. genauer zu untersuchen. Ich gehe aber bis auf Weiteres davon aus, dass wie in anderen Wissenschaften auch die einführenden Lehrbücher als Visitenkarten dienen, mit denen die Volkswirtschaftslehre sich, ihren Gegenstand und ihre Methoden den Studierenden der Anfangssemester ebenso wie Außenstehenden präsentiert. Es wäre ja auch mehr als absonderlich, wenn im Grundstudium ein methodisch falscher Gebrauch von Modellen eingeübt und der richtige dann dem Hauptstudium vorbehalten würde.

Um logische Fehler zu erkennen, und um solche handelt es sich, braucht man kein Experte für Modellierung zu sein, auch wenn das im hier betrachteten Zusammenhang hilfreich sein mag. Es ist daher nicht überraschend, dass diese Art der Verwendung mathematischer Modelle kritisiert wurde, seit sie aufkam.[83] Umso verwunderlicher ist es, dass sie sich durchsetzen konnte und heute anscheinend ein ganzes Fach dominiert.

Auch ihren Urhebern können diese Fehler kaum verborgen geblieben sein. Ein Harvard-Professor, der mit einem Modell die angeblich zu hohen Tarif- und Mindestlöhne als schuldig an der Arbeitslosigkeit ausmacht, weiß natürlich oder sollte jedenfalls wissen, dass er hundertzwanzig Seiten vorher im selben Buch die Annahmen eben dieses Modells bereits widerlegt hatte.[84] Der Eindruck drängt sich auf, dass ein solches Vorgehen nicht einfach fehlerhaft ist, sondern absichtsvoll: Es geht weniger darum, Erkenntnisse zu gewinnen, als vielmehr bestimmte vorgefasste Sichtweisen zu vermitteln, nämlich die einer Harmonielehre des Marktes, der «Gleichgewichtsidee». Man muss keine besonders strengen Maßstäbe anlegen, um dieses Verfahren als unwissenschaftlich und ideologisch zu charakterisieren.

---

83 vgl. Krätke (1999) und die dort genannte Literatur. Eine neuere (und neuerliche) Kritik an der allgemeinen Gleichgewichtstheorie übt Helmedag (1999). Auinger (1995) kritisiert aus wissenschaftsphilosophischer Sicht die Verwendung der Mathematik in den Sozialwissenschaften und exemplifiziert seine Kritik u. a. an der Haushalts- und Konsumtheorie der Volkswirtschaftslehre.

84 Es sei hier noch einmal betont, dass das Lehrbuch von Mankiw (2001) keineswegs ein Ausreißer nach unten, sondern vielmehr prototypisch für einführende Lehrbücher der Volkswirtschaftslehre ist und als eines der besseren gelten kann.

Welche Konsequenzen aus alledem zu ziehen sind, lässt sich aus der Außenperspektive nicht entscheiden. Aus der Tatsache, dass mathematische Modelle falsch gebraucht werden, lässt sich nicht zwingend schließen, ihre Verwendung sei ganz zu vermeiden. Die derzeitige Situation macht es im Gegenteil geradezu unmöglich, die Relevanz mathematischer Modellbildung für die Volkswirtschaftslehre zu beurteilen, denn dazu müsste sie in methodisch sauberer Form ja erst einmal betrieben werden. Eine Mindestanforderung dafür besteht in der Beachtung einer elementaren Grundregel: Mathematische Modelle können in keinem Fall mehr liefern als logische und mathematische Schlussfolgerungen aus den Annahmen, die in sie hineingesteckt wurden.

Es wäre deshalb schon viel gewonnen – und kritischen LeserInnen von wirtschaftswissenschaftlichen Lehrbüchern allemal zu empfehlen –, würde man jedem Modell einen «Beipackzettel» anheften, auf dem festgehalten ist, auf welchen Annahmen es beruht und unter welchen Bedingungen es anwendbar ist, also z. B.

> Unter Bedingungen industrieller
> Massenproduktion nicht geeignet

Da dann allerdings die Mehrzahl der einführenden Lehrbücher vom Markt genommen werden müsste, ist dieser Vorschlag nicht besonders realistisch. Einen praktikableren habe ich jedoch nicht.

Literatur

Arrow, Kenneth Joseph / Debreu, Gérard: *Existence of an Equilibrium for a Competitive Economy*, Econometrica 22 (3), 265–290, 1954

Auinger, Herbert: *Mißbrauchte Mathematik: Zur Verwendung mathematischer Methoden in den Sozialwissenschaften*, Frankfurt/M. u. a. 1995

Debreu, Gérard: *Werttheorie. Eine axiomatische Analyse des ökonomischen Gleichgewichts*, Berlin u. a. 1976

Helmedag, Fritz: *Ohne Werte und kreislaufschwach: Zum Status der Allgemeinen Gleichgewichtstheorie*, in Helmedag, Fritz / Reuter, Norbert (Hrsg.): *Der Wohlstand der Personen*, Marburg 1999

Krätke, Michael R.: *Neoklassik als Weltreligion*, in Kritische Interventionen 3, *Die Illusion der neuen Freiheit*, Hannover; 100–144, 1999

Mankiw, N. Gregory.: *Grundzüge der Volkswirtschaftslehre*, 2. Auflage, Stuttgart 2001

Neumann, Manfred: *Neoklassik*, in Issing, Otmar (Hrsg.): *Geschichte der Nationalökonomie*, 4. Aufl., München; 271–288, 2002

Robinson, Joan: *Markets*, in Collected Economic Papers, Vol. 5, Oxford; 146–167, 1979

Siebert, Horst: *Einführung in die Volkswirtschaftslehre*, 12. Auflage, Stuttgart u. a. 1996

Markt-Märchen
Zur Kritik der neoklassischen akademischen Volkswirtschaftslehre und ihres Gebrauchs mathematischer Modelle

Erstveröffentlichung in: EXIT!, Krise und Kritik der Warengesellschaft 1, 166–183, Bad Honnef 2004

Wie wenig die akademische Wirtschaftswissenschaft über ihren Gegenstand, also das kapitalistische Wirtschaftssystem, weiß und wie gering sie selber ihre analytischen Fähigkeiten einschätzt, wird an den Methoden deutlich, mit denen die Erfolgreichsten der Branche arbeiten: Als wichtigster und zuverlässigster Frühindikator der konjunkturellen Entwicklung gilt in Deutschland der «ifo Geschäftsklima-Index». Um ihn zu bestimmen, werden jeden Monat mehr als 7000 Unternehmen zu ihrer Einschätzung der konjunkturellen Lage und ihrer kurzfristigen Planung befragt. Im Januar 2004 hatte sich die Stimmung zum neunten Mal hintereinander verbessert. Jetzt musste der Aufschwung aber wirklich kommen, oder, wie einige Tageszeitungen in Reaktion auf dieses Ergebnis frohgemut konstatierten: Er ist da. Kurz darauf war es mit der Herrlichkeit schon wieder vorbei, denn in den beiden Folgemonaten ging die Stimmung bergab und «erholte sich im April 2004 leicht», wie es so schön heißt. Einen realökonomischen Hintergrund hatte das alles nicht. Anscheinend finden auch die Konjunkturbewegungen heutzutage nur noch in einem virtuellen Raum statt.

Methodologisch gesehen ist es so, als würde eine von der Komplexität des Ameisenhaufens verwirrte Ameisenforscherin auf die Idee kommen, 7000 repräsentativ ausgewählte Ameisen nach ihrem Wohlbefinden zu befragen, und das Ergebnis der Umfrage dann als neueste Erkenntnis über die Entwicklung von Ameisenbauten publizieren, vielleicht noch mit der Begründung garniert, bekanntlich bestehe der Ameisenbau zu mehr als der Hälfte aus «Psychologie». Solches der Verhaltensforschung entlehnte und doch irgendwie «weibliche» Verfahren der Empathie mit dem Untersuchungsobjekt gilt den empirisch arbeitenden Ökonomen bezeichnenderweise erfolgversprechender als die angeblich harte mathematisch-naturwissenschaftliche Methodik, mit denen ihre Kollegen die volkswirtschaftlichen Lehrbücher füllen.

Diese Einschätzung hat gute Gründe. Der Keynesianismus hat, als sein wirtschaftspolitisches Instrumentarium den postfordistischen Krisenerscheinungen nicht mehr gewachsen war, den akademischen Stellen- und Büchermarkt seinem nie völlig verschwundenen Vorgänger wieder freigemacht, der *Neoklassik*, deren

Paradigmen eigentlich spätestens seit der Weltwirtschaftskrise der 1930er Jahre als gescheitert angesehen werden müssen und zeitweise auch wurden. Während das Keynes`sche Modell in der historischen Phase seines Funktionierens, also im Fordismus, Theorie und Empirie einigermaßen zur Deckung bringen und wirtschaftspolitische, das System stabilisierende und konjunkturelle Krisen abfedernde Maßnahmen tatsächlich theoretisch «ableiten» konnte, wird das von der «modernen ökonomischen Theorie», in die die neoklassische Schule ihrem eigenen Selbstverständnis nach gemündet ist, gar nicht erst ernsthaft versucht, auch wenn sie in ihren Publikationen zuweilen das Gegenteil behauptet. Am Begriff der Krise wird das besonders deutlich: Für den Keynesianismus zentral, wenn auch in einem affirmativen, an der Stabilisierung des kapitalistischen Systems orientierten Sinne, kommt dieser Begriff in den neoklassischen Lehrbüchern schlicht und einfach nicht vor. Die Krise ist in der Theorie nicht vorgesehen, es gibt sie nicht. Kein Wunder also, dass empirisch arbeitende Wirtschaftsforscher, die sich der Neoklassik gleichwohl verpflichtet fühlen, zu Hilfsmitteln greifen müssen, die nach den üblichen wissenschaftlichen Standards ein wenig befremdlich anmuten.

Das im Verlust der Fähigkeit, der fundamental gewordenen Krise des warenproduzierenden Systems noch adäquat gegenzusteuern, begründete Scheitern des Keynesianismus hätte auf der Basis eines nach wie vor ja durchaus propagierten wissenschaftlichen Ethos` eigentlich dazu führen müssen, nach den tieferen Gründen für dieses Scheitern zu fragen. Damit allerdings hätte eine der Warenform bewusstlos verbundene und ihr verpflichtete Volkswirtschaftslehre sich selbst in Frage gestellt. Insofern ist mit einer solchen Entwicklung nicht zu rechnen gewesen. Mit der Neoklassik hat sich stattdessen eine Schule als dominierend durchgesetzt, die alle Probleme, an denen der Keynesianismus scheiterte, dadurch «löst», dass sie sie ausblendet, indem sie mit einem für die kapitalistischen Verhältnisse ungeeigneten Begriffs-Instrumentarium dafür sorgt, dass bestimmte Fragen gar nicht mehr gestellt werden können, beispielsweise die nach der Krisenhaftigkeit des Systems selbst. Übrig bleibt Ideologieproduktion pur, was dann selbst noch die neoklassischen Empiriker schmerzlich zu spüren bekommen, weil sie kein theoretisches Gegenüber haben, siehe oben.

Anders als mit den Keynesianern, den Neoricardianern und den Traditionsmarxisten, die insbesondere an US-Universitäten nach wie vor ein wissenschaftliches Eigenleben führen, lohnt eine inhaltliche Befassung mit der Neoklassik eigentlich ebenso wenig, wie Marx es für nötig hielt, sich über sarkastische Randbemerkungen hinaus mit den «Vulgärökonomen» auseinanderzusetzen, deren legitime Nachfahren die Neoklassiker sind. Das Problem ist nur, dass die Neoklassik weltweit zur herrschenden ökonomischen Lehre avanciert ist und man in den Buchläden ganzer Universitätsstädte kein einziges einführendes Lehrbuch der Volkswirtschaftslehre mehr findet, das nicht dieser Schule zuzurechnen ist. Auch wenn die neoklassische «Theorie» keinerlei Erklärungswert besitzt, so entfaltet die darin vermittelte Ideologie doch gesellschaftliche Wirkung. Schließlich handelt es sich um die Ideologie des Neoliberalismus, aufgemotzt durch einen mathematischen Apparat, der seinen Protagonisten suggeriert, bei ihnen sei «seit Jahrzehnten eine ideologiefreie Methodik Standard», wie es in einer wissenschaftspolitischen Auseinandersetzung an der Universität Hamburg hieß. Wie jede herrschende Ideologie wirkt auch diese selbst noch bei ihren Kritikern, sobald sich der durch sie definierte Diskurs erst einmal durchgesetzt hat. Sie kann deshalb bei aller inhaltlichen Belanglosigkeit nicht einfach vernachlässigt werden.

Von LÄMMern ...

Trotz der (i. A. zurückhaltenden) Kritik seitens der anderen ökonomischen Schulen wird der Neoklassik von ihnen doch konzediert, sie biete als einzige eine «mikroökonomische Fundierung» der ökonomischen Theorie. Sie folgt damit der Auffassung des *methodologischen Individualismus,*
«daß alles ökonomische Geschehen letztlich auf das Verhalten von Individuen zurückgeführt werden muss».
Neumann (2002, 271)

Das klingt irgendwie plausibel und knüpft an die dem mündigen Bürger der Aufklärung geschuldete Redeweise von der «Geschichte, die von Menschen gemacht» wird, an. Gemeint ist wie fast immer, wenn so geredet wird, das freie Handeln der Individuen innerhalb der Warenform, die ihrerseits nicht thematisiert, sondern blind vorausgesetzt und damit ontologisiert wird: Es gibt keinen gesellschaftlichen Zusammenhang, es gibt nur Einzelne.

Mit der individuellen Freiheit ist es in der Neoklassik allerdings auch nicht weit her. Um nämlich überhaupt so etwas wie ökonomische Gesetzmäßigkeiten entwickeln zu können bei gleichzeitiger Ausblendung des ökonomischen Zusammenhangs, müssen die Gesetze in die Individuen verlegt werden. Hier kommt das LAMM ins Spiel, das Modell des «lernfähigen, abwägenden, maximierenden Menschen».[85] Das Wichtigste am LAMM ist das erste M, sein maximierendes Verhalten, wogegen Lernen und Abwägen nur die Funktion haben, der Maximierung zu dienen. Was aber maximiert das LAMM? Die Antwort: Es maximiert seinen individuellen Nutzen, was sonst. Jeremy Bentham lässt grüßen, auch wenn er, wie andere Klassiker auch, von der Neoklassik doch reichlich verballhornt wird.

Mit der Verwendung individueller Nutzenkalküle, aus denen alles wirtschaftliche Handeln angeblich abgeleitet wird, ist der Anspruch verbunden, einen *subjektiven Wertbegriff* zu etablieren.[86] Zu diesem Zweck werden die LÄMMer allerdings hart herangenommen: Um aus dem Nutzenbegriff irgendetwas ableiten zu können, muss er weiter eingeschränkt werden. Das LAMM maximiert seinen Nutzen in

---
85 Neumann (2002, 273)
86 vgl. Debreu (1976)

erster Linie als Konsument, wobei es für sein Geld verschiedene «Güterbündel» kaufen kann. Um Gnade vor den Augen der Neoklassik zu finden und als «rational» zu gelten, muss es folgende Axiome erfüllen:
- *Vollständigkeit*: Vor die Wahl zwischen zwei Güterbündel (z. B. 2 Kühlschränke und 3 Waschmaschinen vs. 3 Kühlschränke und 2 Waschmaschinen) gestellt, muss es in der Lage sein, sich für eines zu entscheiden, oder aber beide gleich befriedigend finden.
- *Transitivität*: Zieht es das Güterbündel A dem Güterbündel B und dieses wiederum dem Güterbündel C vor, so muss es auch A gegenüber C vorziehen.
- *Monotonie*: Je mehr Waren, desto besser. 3 Kühlschränke und 3 Waschmaschinen sind also 3 Kühlschränken und nur 2 Waschmaschinen allemal vorzuziehen.
- *Strenge Konvexität* der Indifferenzkurven: Gelten 3 Kühlschränke und 3 Waschmaschinen als ebenso nützlich wie 2 Kühlschränke und 4 Waschmaschinen, so ist der Mittelwert in Gestalt von 2,5 Kühlschränken und 3,5 Waschmaschinen noch nützlicher.

Die Absurdität der Annahmen braucht wohl nicht weiter kommentiert zu werden, und sie hat auch nichts mit dem gewählten Beispiel (Kühlschränke und Waschmaschinen) zu tun: man gehe die Bedingungen etwa mit Kartoffeln und Toilettenpapier durch. Die Annahmen sind gleichwohl *notwendig, um einen mathematischen Satz beweisen zu können*, der besagt, dass es bei gegebenen Marktpreisen und gegebenem Budget ein eindeutig bestimmtes Güterbündel gibt, das die Bedürfnisse des LAMM maximal befriedigt und sein Budget gerade ausschöpft. Das ist eigentlich schon alles, was sich sagen lässt. Aber der Quark wird noch ein wenig getreten:

«Die wissenschaftliche Fruchtbarkeit des neoklassischen Modells zeigt sich auch darin, daß es auf andere, nichtkonventionelle Gebiete angewandt worden ist.»
Neumann (2002, 274)

Gemeint ist hier das LAMM und seine Axiome der «rationalen Wahl». Um diesen Sachverhalt richtig würdigen zu können, muss man sich den Ansatz noch einmal vor Augen führen, der in dem eindimensionalen Nutzenbegriff liegt. Es gibt hier streng genommen keine Bedürfnisse im Plural, sondern «das Bedürfnis», welches durch den Konsum von Waren befriedigt wird, von den einen mehr, den anderen weniger, was eben auch heißt, dass das Glas Apfelsaft und die Rolle Toilettenpapier hinsichtlich ihrer Funktion, «das Bedürfnis» zu befriedigen, qualitativ nicht mehr unterschieden werden. Eine ätzendere Karikatur des bürgerlichen Subjekts in seiner Rolle als Konsumidiot ist kaum denkbar, aber so ist es natürlich nicht gemeint.

Wozu das Alles? Am Ende kommt nur heraus, dass der Konsument für sein Geld ein «Güterbündel» erworben hat. Um das festzustellen, bedarf es keines Modells. Nachträglich wird dann behauptet, in Wirklichkeit habe er als LAMM agiert und im Konsum seinen Nutzen maximiert. Da sich die angeblichen individuellen Präferenzen empirisch nicht dingfest machen lassen, kann man an sie glauben oder nicht, es ändert nichts. Auch hinsichtlich weitergehender Fragen lassen sich aus den Axiomen der «rationalen Wahl» keinerlei Schlüsse ziehen. Eine solche Frage könnte sein, welchen Einfluss etwa die Verteuerung von Nahrungsmitteln auf deren Konsum hat. Die Antwort ist: Es kommt drauf an. Eine Möglichkeit ist, weniger oder billigere Nahrungsmittel zu konsumieren; eine andere besteht darin, wegen der Verknappung des eigenen Budgets künftig auf Auslandsreisen zu verzichten und mehr Nahrungsmittel im eigenen Land zu kaufen. Beides ist mit den Axiomen der «rationalen Wahl» vereinbar.

Dieses Nichtergebnis wird dann kurzerhand auf die Makroökonomik übertragen:

«Eingeführt wurde der neoklassische Ansatz auch in die Makroökonomik, indem die gesamtwirtschaftliche Nachfrage nach privatem Konsum und Investitionen aus dem Maximierungskalkül eines repräsentativen Individuums abgeleitet wurde.»
Neumann (2002, 274)

Mit der Individualität der Präferenzen ist es dann leider vorbei, denn wie sich zeigen lässt, kann die aggregierte Nachfrage mehrerer Individuen mit individuell verschiedenen Präferenzen nicht als Konsumverhalten eines einzelnen Individuums beschrieben werden. Die gegenteilige und selbst im Rahmen der neoklassischen Lehre reichlich monströse Annahme bleibt zudem ohne Konsequenzen: Die aggregierte Nachfragefunktion besitzt keinerlei interessante Eigenschaften, die sich aus der Konsumtheorie ableiten ließen, was im Übrigen die neoklassischen Mikroökonomen durchaus selber wissen.[87]

Insofern lässt sich festhalten, dass der Anspruch einer «mikroökonomischen Fundierung» und der damit verbundenen Etablierung einer «subjektiven Wertlehre» bereits im ersten Schritt in sich zusammengebrochen ist. Die Theorie des Konsumentenverhaltens ist eine in sich geschlossene mathematische Theorie ohne Verbindung zu anderen Teilen des neoklassischen Lehrgebäudes, von Verbindungen zur realen Ökonomie ganz zu schweigen.

---

[87] vgl. Keen (2001, 40)

... und Gleichgewichten

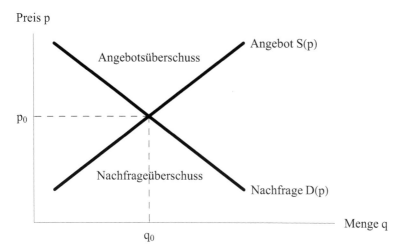

Abb. 1: Das Marshall-Kreuz

Aber es gibt ja noch ein zweites Bein:
«*Das Paradigma der Neoklassik kann durch zwei zentrale Ideen charakterisiert werden, den methodologischen Individualismus und die Gleichgewichtsidee*», Neumann (2002, 272)
so das Selbstverständnis eines ihrer Vertreter. Das Symbol der neoklassischen Gleichgewichtsidee ist das nach Alfred Marshall so genannte Marshall-Kreuz, welches das Modell eines einfachen Marktes kennzeichnet (s. Abb. 1). In den einführenden Lehrbüchern der Volkswirtschaftslehre wird es mit Bezug auf Alltagserfahrungen motiviert und anschließend bis zum Überdruss auf alle nur denkbaren Situationen angewandt. Betrachtet wird ein Markt für eine einzelne Ware, auf dem sich Anbieter (Produzenten) und Nachfrager (Konsumenten) gegenüberstehen und für den sehr spezifische Modellannahmen erfüllt sind:
- Es herrscht *vollständige Konkurrenz*, d. h. die angebotenen Güter sind gleich, und die Marktteilnehmer sind so zahlreich und ökonomisch unbedeutend, dass sie den Marktpreis p nicht beeinflussen können. Sie reagieren daher auf ihn als *Mengenanpasser*.
- Das Angebot $S = S(p)$ und die Nachfrage $D = D(p)$ sind also *Funktionen des Marktpreises* p und *nur* von ihm, d. h. es wird angenommen, dass alle anderen Einfluss-Faktoren konstant sind (*Ceteris-paribus-Klausel*).
- Die Nachfragefunktion ist *monoton fallend*, d. h. je höher der Preis, desto geringer ist die Nachfrage und umgekehrt.

- Die Angebotsfunktion ist *monoton wachsend*, d. h. je höher der Preis, desto mehr wird produziert und auf dem Markt angeboten.

Diese Bedingungen müssen erfüllt sein, damit die obige Grafik zutrifft. Unter gewissen mathematisch-technischen Zusatzannahmen garantieren sie die *Existenz* eines Gleichgewichtspreises p_0 und einer zugehörigen Gleichgewichtsmenge q_0, sodass

$$q_0 = S(p_0) = D(p_0).$$

Weitere Bedingungen kommen hinzu, um die *Stabilität* des Marktgleichgewichts sicherzustellen, die folgendermaßen plausibel gemacht wird:

- Liegt der aktuelle Marktpreis über dem Gleichgewichtspreis, so herrscht ein *Angebotsüberschuss*, die Anbieter sind daher gezwungen, ihre Waren billiger anzubieten, um sie absetzen zu können und ziehen sich teilweise vom Markt zurück, während neue Konsumenten angelockt werden. Angebot und Nachfrage nähern sich an, der Marktpreis tendiert zum Gleichgewichtspreis.
- Liegt der aktuelle Marktpreis unter dem Gleichgewichtspreis, so herrscht ein *Nachfrageüberschuss*, die Anbieter können ihre Preise erhöhen, ohne ihren Absatz zu gefährden, Konsumenten ziehen sich zurück, weitere Anbieter werden durch den höheren Preis angelockt, der Marktpreis tendiert zum Gleichgewichtspreis.

Die idealisierenden Annahmen, die hierzu gemacht werden müssen, sind die der *vollständigen Durchsichtigkeit* des Marktgeschehens für alle Marktteilnehmer und der *Zeitgleichheit von Produktion und Tausch*, also der Abstraktion von der zeitlichen Dimension.

Kreuze haben es so an sich, für allerlei religiöse Zwecke eingesetzt zu werden, so auch dieses: Es gibt kaum eine ökonomische Fragestellung, die in den einführenden Lehrbüchern nicht durch Auflegen des Marshall-Kreuzes gelöst wird. In dem bei seinem Erscheinen als neues Standard-Lehrbuch gefeierten Werk des Harvard-Ökonomen Mankiw (2001) taucht die entsprechende Grafik auf 850 Seiten 91 mal auf, je nach Anwendungsbereich nur verschieden beschriftet, ohne dass sich der Autor die Mühe macht, die Modellannahmen für die jeweils betrachtete Situation erneut zu überprüfen und zu begründen. Nach eigenem Selbstverständnis braucht er das auch nicht, folgt er damit doch nur dem neoklassischen Dogma, einer *Harmonielehre des Marktes*:

Alle Märkte (Güter-, Dienstleistungs-, Arbeits-, Geldmärkte) sind, von zeitlich kurzen Störungen abgesehen, ständig im Gleichgewicht. Indem sie über die Anpassung der Preise einen Ausgleich zwischen den in der Wirtschaft wirkenden Kräften herstellen, sorgen sie für die Übereinstimmung von Angebot und Nachfrage.

Und im Umkehrschluss: Sind empirische Märkte dauerhaft nicht im Gleichgewicht, so kann das nur durch marktfremde Einflüsse verursacht worden sein. Als Begründung wird dazu immer wieder das einfache Marktmodell des Marshall-

Kreuzes herangezogen, wobei seine doch sehr spezifischen Voraussetzungen stillschweigend unter den Teppich gekehrt werden.[88]

Das Dumme ist nämlich, dass die Modellannahmen noch nicht einmal im Lichte der neoklassischen Haushalts- und Produktionstheorie Bestand haben, was zu allerlei merkwürdigen Verrenkungen und Verschleierungstaktiken führt. Die vielen einführenden Lehrbücher unterscheiden sich denn auch vor allem hinsichtlich der «didaktischen Strategien», die in ihnen enthaltenen logischen Widersprüche vor den geneigten LeserInnen möglichst geschickt zu verbergen.

Beispiel Gütermärkte: Es wurde bereits darauf hingewiesen, dass aus der neoklassischen Nutzenmaximierung keinerlei Schlüsse gezogen werden können, wie die Nachfrage der Haushalte auf Änderungen des Preises einer einzelnen Ware reagiert. Dass die Nachfragefunktion monoton fällt, lässt sich innerhalb der neoklassischen Theorie also nicht ableiten, sondern muss als Adhoc-Annahme eingeführt werden. Schlimmer noch ist die Situation bei der Angebotsfunktion: Aus der neoklassischen Theorie der Unternehmung ergibt sich, dass die Annahme einer nur vom Marktpreis abhängigen und mit ihm monoton wachsenden Angebotsfunktion gleichbedeutend ist mit einer konvexen Kostenfunktion der Produzenten, die Fixkosten ebenso verbietet wie wachsende Skalenerträge.[89] Anwendbar ist das Modell also gerade mal auf eine vorindustrielle, im wesentlich auf Handarbeit beruhende Weizenwirtschaft, in der die Erhöhung der Produktion die Einbeziehung schlechterer Böden erfordert, weshalb die Grenzerträge sinken. Die Verhältnisse industrieller Massenproduktion mit hohen Fixkosten (Fabrikanlagen, Maschinen) und bis zur Kapazitätsgrenze im Wesentlichen konstanten Grenzkosten (Arbeit, Material) sind aus der Betrachtung des Modells also von vornherein ausgeschlossen, was die Neoklassik allerdings nicht daran hindert, sie fröhlich darunter zu subsumieren.

Beispiel Arbeitsmarkt: Dieser befindet sich seit vielen Jahren im Ungleichgewicht. Mehr als 4 Millionen Arbeitslose bedeuten in der neoklassischen Terminologie einen Angebotsüberschuss in eben dieser Höhe. Der kann natürlich nur durch marktfremde Einflüsse zu Stande gekommen sein, und zwar so (s. Abb. 2)[90]:

---

88 Es gibt noch ein weiteres zur Rechtfertigung herangezogenes Modell, nämlich das auf Leon Walras zurückgehende des allgemeinen Gleichgewichts, das von Kenneth Arrow und Gérard Debreu zu je einem Nobelpreis hochgefahren wurde, vgl. Debreu (1976). Wegen der damit verbundenen schwierigen mathematischen Probleme spielt es in der ökonomischen Literatur eher im Hintergrund eine Rolle, als etwas, auf das man in vager Form verweisen kann, wenn die Annahmen des Marshall-Modells doch als allzu speziell erscheinen. Eine genauere Prüfung zeigt aber, dass hier eine reine Tauschwirtschaft ohne Geld mit einer (allenfalls) vorindustriellen Produktion beschrieben wird, vgl. Helmedag (1999), Ortlieb (2004). Die bekannte ironische Anmerkung von Joan Robinson, dieses Modell sei sehr gut anwendbar auf den auf Rote-Kreuz-Paketen und einer Zigarettenwährung basierenden Markt in einem Kriegsgefangenenlager, behält, was die Modellgrenzen betrifft, ihre Gültigkeit.

89 s. Ortlieb (2004). Dieses Resultat ist natürlich keineswegs neu, sondern findet sich letztlich in jedem mikroökonomischen Lehrbuch. Weil es das Marshall-Modell aber in die Luft sprengt und daher eigentlich nicht sein darf, wird immer ein rechter Eiertanz darum geführt.

90 Mankiw (2001, 625)

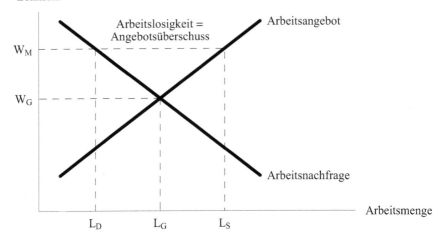

Abb. 2: Erklärung der Arbeitslosigkeit aus zu hohen Mindestlöhnen

- Arbeitslosigkeit tritt dauerhaft ein, wenn der tariflich oder gesetzlich festgeschriebene Mindestlohnsatz W_M über dem Gleichgewichtslohnsatz W_G liegt. In diesem Fall liegt das Arbeitsangebot L_S über der Arbeitsnachfrage L_D.
- Zur Behebung der Arbeitslosigkeit ist daher der Mindestlohnsatz abzuschaffen oder jedenfalls soweit abzusenken, dass er unter dem Gleichgewichtslohnsatz liegt.

So einfach ist das, wenn einem Marshalls Zauberkreuz zur Verfügung steht. Zu einfach übrigens selbst nach den bornierten Kriterien[91] der «mikroökonomischen Fundierung»: 120 Seiten, bevor Mankiw (2001) diese Lösung des Arbeitslosigkeitsproblems zum Besten gibt, versucht er sich an einer Ableitung des Arbeitsangebots der Haushalte aus deren Nutzenoptimierung.[92] Und siehe da: Die Arbeitsangebotskurve muss keineswegs, wie oben unterstellt, einen steigenden Verlauf haben. Warum sollte sie auch? Wer 40 Stunden in der Woche für einen Stundenlohn von 8 Euro arbeitet und den wöchentlichen Lohn von 320 Euro zum (Über)leben dringend braucht, der wird bei einer Absenkung des Stundenlohns auf 6 Euro nicht weniger, wie hier unterstellt, sondern mehr arbeiten wollen, damit das nötige Geld zusammen kommt.

---

91 Borniert deswegen, weil vom ganzen Ansatz der «mikroökonomischen Fundierung» her immer nur die Sichtweise des einzelnen Betriebes oder Haushalts zum Zuge kommen kann. Dass eine Absenkung des Lohnsatzes zu einer Verringerung der Nachfrage nach Gütern, diese zu einer Verringerung der Produktion und damit einer geringeren Nachfrage nach Arbeitskraft führen kann, kann dann gar nicht mehr gedacht werden.

92 Mankiw (2001, 501 ff.), gut versteckt im Kapitel *Ein Thema für Fortgeschrittene*, Abschnitt *Die Theorie der Konsumentscheidungen*, Unterabschnitt *Vier Anwendungen*.

Die hier zwischen zwei Buchdeckel gepressten Ungereimtheiten machen deutlich, dass Theorie die Sache der Neoklassik nicht ist. Bei dem neoklassischen Gebilde handelt es sich um ein Sammelsurium mathematischer Modelle, die vorne und hinten nicht zusammenpassen und eigentlich nur zeigen, dass die Verwendung von Mathematik allein einen horrenden Mangel an Logik nicht wettmachen kann.

Die Lehre vom komparativen Vorteil

Die völlige Beliebigkeit der neoklassischen Argumentationsweise zeigt sich auch in der Behandlung eines eher klassischen Sujets, der so genannten Regel vom komparativen Vorteil, mit der Ricardo (1821/1994) die Behauptung aufstellte, dass Freihandel für alle Beteiligten nützlich sei, selbst dann, wenn eine Nationalökonomie in allen Bereichen unproduktiver ist als eine andere, mit der sie Handel treibt.

In dem bereits erwähnten Buch von Mankiw (2001, 52 ff.) wird diese Lehre entsprechend dem «durchgängigen didaktischen Konzept» durch ein Gleichnis nahegebracht, aus dem dann sogleich weitgehende Schlussfolgerungen gezogen werden: Betrachtet wird eine «modellhaft vereinfachte Volkswirtschaft», bestehend aus einem Farmer und einem Rancher, die beide Fleisch und Kartoffeln produzieren und konsumieren. Dabei wird unterstellt, dass der Rancher in beiden Bereichen produktiver ist als der Farmer:

	Arbeitsstunden für 1 Pfund		Produktionsmenge in 40 Stunden	
	Fleisch	Kartoffeln	Fleisch	Kartoffeln
Farmer	20 Stunden	10 Stunden	2 Pfund	4 Pfund
Rancher	1 Stunde	8 Stunden	40 Pfund	5 Pfund

In derselben Arbeitszeit kann der Rancher 20-mal so viel Fleisch und 1,25-mal so viel Kartoffeln produzieren wie der Farmer. Eine Arbeitszeit von 40 Stunden je Woche für beide vorausgesetzt, könnte der Farmer also beispielsweise 1 Pfund Fleisch und 2 Pfund Kartoffeln, der Rancher dagegen 20 Pfund Fleisch und 2,5 Pfund Kartoffeln wöchentlich produzieren und, bei Selbstversorgung und Autarkie, konsumieren.

Ausgehend von dieser Situation schlägt nun der Rancher dem Farmer folgendes Geschäft vor: «Du hörst auf, Fleisch zu produzieren und spezialisierst dich auf das, was du am besten kannst, die Kartoffelerzeugung. Du stellst also jede Woche 4 Pfund Kartoffeln her. Ich dagegen werde in jeder Woche 24 Pfund Fleisch und 2 Pfund Kartoffeln produzieren. Am Ende jeder Woche gibst du mir 1 Pfund Kartoffeln und erhältst dafür 3 Pfund Fleisch, kannst also in jeder Woche 3 Pfund Fleisch und 3 Pfund Kartoffeln konsumieren, von beidem mehr als bisher.» Der Rancher hat von diesem Geschäft natürlich auch einen Vorteil, sonst hätte er es nicht vorgeschlagen: Er kann in jeder Woche 21 Pfund Fleisch und 3 Pfund Kartoffeln konsumieren, ebenfalls von beidem mehr als bisher. Nach einigem Hin und Her (Bauern sind bekanntlich misstrauisch) willigt der Farmer in das Geschäft ein.

Das Geheimnis hinter dieser auf den ersten Blick vielleicht verblüffenden Rechnung ist der komparative Vorteil, den der Farmer trotz seiner unterlegenen Produktivität bei der Kartoffelproduktion hat: Um ein Pfund Kartoffeln mehr zu produzieren, müsste er auf ein halbes Pfund Fleisch verzichten, der Rancher dagegen auf ganze 8 Pfund. Durch Spezialisierung ist daher möglich, insgesamt mehr zu produzieren. «Die Moral von der Geschichte vom Ackerbauern und vom Viehbauern sollte nun klar sein: *Handel vermag jedem in der Gesellschaft zu nützen, weil er jedem die Spezialisierung auf seine Aktivitäten mit dem komparativen Vorteil ermöglicht.*»

Mit dem letzten Satz wird bereits angedroht, was folgt: Die aus der «modellhaft vereinfachten Volkswirtschaft» gewonnenen Erkenntnisse werden gnadenlos angewandt auf Situationen, die ganz anderen als den im Beispiel unterstellten Bedingungen unterliegen. Nach einem Schlenker zu der spannenden Frage, ob Boris Becker (im amerikanischen Original: Michael Jordan) seinen Rasen selbst mähen oder dazu lieber eine Dienstleisterin in Anspruch nehmen sollte, kommt Mankiw (2001, 61) endlich zu dem Thema, um das es bei der Lehre vom komparativen Vorteil einzig und allein geht, nämlich dem internationalen Handel. Das geschieht anhand einer Variation des obigen Beispiels, in der es um die internationale Arbeitsteilung zwischen den USA und Deutschland (im amerikanischen Original: Japan) geht mit dem Ergebnis, dass sich die USA wegen ihrer fruchtbareren und reichlicheren Böden auf die Weizen- und Deutschland auf die Autoproduktion spezialisieren sollte. Es ist schon pikant, dass hier ein amerikanischer Autor der Deindustrialisierung der USA das Wort redet. Aber das ist natürlich weder ernst gemeint noch ernst zu nehmen. Gemeint ist und hängen bleibt allein des abschließende Satz: «Der Außenhandel gibt allen Ländern die Möglichkeit zu größerer Prosperität.»

So läppisch die Argumentation auch erscheinen mag, sie ist in dieser Hinsicht durchaus repräsentativ für einführende Lehrbücher der VWL. Deshalb soll auf die in ihr enthaltenen und verallgemeinerungsfähigen methodischen Fehler hingewiesen werden. Sie bestehen in dem Gebrauch eines mathematischen Modells, ohne dessen Annahmen als solche auszuweisen. Die Grenzen des Modells verschwimmen in einem diffusen Nebel, es scheint auf alles und jedes anwendbar zu sein, von der Alltagssituation bis zum Welthandel, seine Reichweite wird unermesslich. Und genau das stimmt eben nicht. Bei Lichte besehen abstrahiert das Modell nämlich von so gut wie allem, was das moderne kapitalistische System ausmacht:

- Am auffälligsten ist, dass der Markt und die Konkurrenz auf ihm nicht vorkommen, sonst doch immer das Allerheiligste für neoklassische Ökonomen. Es handelt sich um ein planwirtschaftliches Modell und ist insofern allenfalls auf den Handel zwischen sozialistischen Bruderländern seligen Angedenkens anwendbar: Farmer und Rancher handeln einen gemeinsamen wöchentlichen

Produktionsplan aus und vereinbaren, wie seine Ergebnisse auf die Beteiligten zu verteilen sind. Keine Rede ist davon, dass sie für den Markt produzieren, ihn entscheiden lassen, was Bestand hat und was nicht, und sich seinen Bedingungen anpassen. Ausgerechnet ein solches Modell als Argument zu verwenden, alle Länder sollten sich dem Weltmarkt unterwerfen, weil er ihnen die «Möglichkeit zu größerer Prosperität gibt», ist schon ein starkes Stück. Denn ob und wie unter Marktbedingungen sich diese Möglichkeit realisieren lässt, bleibt ja von vornherein außer jeder Betrachtung.

- Eine weitere Modellannahme besteht darin, dass ein möglichst großer Konsum von Fleisch und Kartoffeln angestrebt wird, also eine unbegrenzte Nachfrage nach ihnen vorliegt, der aber nur ein begrenztes Angebot gegenübersteht, weil Farmer und Rancher als Einzelpersonen auf ihrer eigenen Hände Arbeit und damit eine wöchentliche Arbeitszeit von 40 Stunden verwiesen sind. Solche Situationen mag es geben, aber auf sie ist die Anwendbarkeit des Modells denn auch beschränkt. Mit kapitalistischer Produktion haben sie nichts zu tun: Würden Farmer und Rancher tatsächlich als Kapitalisten agieren, Landarbeiter einstellen und dadurch ihre Produktion erhöhen, so wäre das Angebot prinzipiell unbeschränkt, begrenzt nur durch die Aufnahmefähigkeit des Marktes, also die zahlungsfähige Nachfrage. Unter diesen Bedingungen wäre aber der Farmer sofort aus dem Rennen, weil der Rancher *beide* Produkte billiger produzieren und auf den Markt werfen kann. Das scheint wohl heute auch die Situation vieler Länder zu sein, die dem Weltmarkt ausgeliefert sind, mit der Produktivität der Konkurrenz aber nicht Schritt halten können.

So schludrig, wie Mankiw das Modell hier präsentiert, könnte er aus ihm auch ableiten, dass zwei Betriebe, die dieselben Waren produzieren, unter kapitalistischen Bedingungen auch dann noch koexistieren können, wenn der eine Betrieb alle Produkte billiger herstellen kann als der andere. Ein solches Ergebnis wäre derart kontrafaktisch, dass selbst der hartgesottenste neoliberale Ideologe davor zurückschrecken würde. Seine Ableitung unterschiede sich aber überhaupt nicht von der hier vorgelegten, die schon deswegen nicht richtig sein kann. Anders gesagt: Eine auf der Lehre vom komparativen Vorteil basierende Argumentation für die Wohltaten des Freihandels müsste deutlich machen, worin sich die Konkurrenz zwischen den Ökonomien verschiedener Länder von derjenigen zwischen kapitalistischen Betrieben desselben Landes unterscheidet. Davon ist hier aber keine Rede und kann es im gewählten Farmer-Rancher-Modell auch gar nicht sein.

Ricardo (1994/121, 116), der mit einem ähnlichen fiktiven Modell operiert, die Produktion von Wein und Tuch in England und Portugal betreffend, geht auf den Unterschied zwischen Nationalökonomien und Einzelbetrieben immerhin ein. Er sieht ihn vor allem in der Immobilität des Kapitals und, eher am Rande, in den Transportkosten: «Der diesbezügliche Unterschied zwischen einem einzelnen und mehreren Ländern ist leicht zu begreifen, wenn man die Schwierigkeiten in Rechnung stellt, mit der Kapital von einem Lande in das andere wandert, um eine profitablere Anlage zu suchen, und die Beweglichkeit berücksichtigt, mit der es sich fortwährend innerhalb eines Landes von einer Provinz zur anderen bewegt. ... In jedem anderen Falle, in dem Kapital ungehindert in jene Länder fließt, in denen es am profitabelsten angelegt werden kann, kann es keinen Unterschied in der Profitrate geben und keinen Unterschied in dem wirklichen oder in Arbeit ausgedrückten Preis der Waren. ... Die Erfahrung zeigt jedoch, daß die eingebildete oder tatsächliche Unsicherheit eines nicht der unmittelbaren Kontrolle seines Eigentümers unterliegenden Kapitals zusammen mit der natürlichen Abneigung jedes Menschen, das Land seiner Geburt und persönlichen Beziehungen zu verlassen und sich mit allen seinen eingewurzelten Gewohnheiten einer fremden Regierung und ungewohnten Gesetzen anzuvertrauen, die Abwanderung von Kapital hemmen. Diese Gefühle, deren Schwinden ich sehr bedauern würde, bestimmen die meisten Menschen mit Vermögen, sich eher mit einer niedrigeren Profitrate im eigenen Land zu begnügen, als daß sie eine vorteilhafte Anlage für ihren Reichtum bei fremden Nationen suchen.»

Die Gründe, die Ricardo hier nennt und die zu seiner Argumentation für den Freihandel gehören, sind zeitlichen Veränderungen unterworfen, wie er selber sieht, und sie dürften heutzutage hinfällig geworden sein. Die Zeiten sind vorbei, in denen es noch nennenswerte Fälle gibt, in denen das Kapital nicht «ungehindert in jene Länder fließt, in denen es am profitabelsten angelegt werden kann». Vor der versuchten Vereinnahmung durch die Neoklassik, die diese Nebenbedingung einfach unter den Tisch fallen lässt, ist Ricardo insofern in Schutz zu nehmen.[93]

Der Autor N. Gregory Mankiw, dessen Märchen ich hier nacherzähle, ist inzwischen zum ökonomischen Chefberater des US-Präsidenten Bush aufgestiegen. Auch dort vertritt er die reine Lehre, nunmehr im Rahmen der betriebswirtschaftlichen Globalisierung: «Outsourcing ist etwas, von dem wir einsehen sollten, dass es langfristig von Vorteil für die Wirtschaft ist.» Wenn US-Betriebe ihre weniger produktiven Abteilungen ins Ausland verlagern, dann konzentrieren sie sich damit auf die Bereiche, in denen sie im eigenen Land einen komparativen Vorteil haben, und das nütze bekanntermaßen allen. Im amerikanischen Wahlkampf kam der damit verbundene Export von Arbeitsplätzen aber gar nicht gut an, weshalb der Präsident die Notbremse zog und sein Chefökonom erst einmal zurückrudern musste.

---

93 Die Frage, ob Ricardo zu seiner Zeit Recht hatte, ist davon nicht berührt. Tatsächlich ließ wohl die kapitalistische Entwicklung einer Nationalökonomie auch zu Zeiten einer geringeren Mobilität des Kapitals die von ihm propagierte Spezialisierung gerade nicht zu. Auch heute findet der überwiegende Anteil des Welthandels zwischen Ländern statt, die sich nicht auf ihren «komparativen Vorteil» konzentrieren müssen.

Wirkungen

Die Kennzeichnung der Neoklassik als Wahnsystem wäre nicht korrekt, denn jedes anständige Wahnsystem ist doch zumindest in sich schlüssig und logisch konsistent. Gleiches gilt aus demselben Grund für die manchmal gebrauchte und immerhin höflichere Charakterisierung als «Modellplatonismus» oder «ökonomische Idealwelt». Passender, weil innere Logik nicht mehr voraussetzend, scheint mir deshalb die von Krätke (1999) eingeführte Deutung als «Weltreligion», die sich freilich darüber hinaus auch auf materiellere Dinge bezieht:

Die heutige Ökonomie hat in der Tat ihre offiziellen und hoch esoterischen Lehrgebäude, die in einer dem Kirchenlatein vergleichbaren, dem Laien unverständlichen Sprache, der Sprache der höheren Mathematik, formuliert sind. Sie befaßt sich in erster Linie mit sich selbst, mit dem Studium ihrer eigenen, selbsterzeugten Probleme, da sich ihre Vertreter, soweit sie das treiben, was sie ökonomische Theorie zu nennen belieben, in der Hauptsache mit dem Studium ihrer Modelle, und nicht etwa mit der ökonomischen Realität beschäftigen. Sie hat ihre hierarchische Ordnung, angefangen beim Fußvolk der Laien, der Laienbrüder und -prediger, die die exoterische Seite der Ökonomie darstellen, die Wirtschaftsjournalisten, die zahllosen Berater, die Lehrer, das Heer der Mitarbeiter in statistischen Büros, die Forscher in vielerlei privaten und öffentlichen Einrichtungen, die Manager und Unternehmer in Millionen von privaten und öffentlichen Unternehmen, die zahlreichen Funktionäre der Interessenverbände. Darüber erhebt sich die Hierarchie des ökonomischen Klerus, der Orden und Klöster, neudeutsch think tanks genannt, der Prälaten, Bischöfe und Kardinäle, die sich an öffentlichen und privaten Hochschulen überall auf der Welt tummeln, der Päpste, d. h. der Verfasser der großen, weltweit verfaßten Lehrbücher, der Direktoren der großen, nationalen Forschungseinrichtungen, der Präsidenten der nationalen und internationalen Fachverbände, der Nobelpreisträger. Fast so sicher wie der Satz, daß der Papst an Gott glaubt, gilt der Satz, daß in den oberen Rängen dieser Hierarchie nur gläubige Neoklassiker anzutreffen sind – mit wenigen, dafür umso bemerkenswerteren Ausnahmen.[94]

Krätke (1999, 102/103)

Dass diese Bruderschaft seit inzwischen mehr als zwei Jahrzehnten die Diskurshoheit erobert hat, geht auch an denen nicht spurlos vorüber, die sich ihr nicht unbedingt zurechnen. Die Stammtischnähe der neoklassischen Metaphern, eigentlich kein besonderer Ausweis von Qualität, kommt ihr dabei durchaus zugute, weil sie an eine allgemeine Theoriefeindlichkeit anknüpfen kann. Zumindest die folgenden drei ineinander verschränkten Merkmale des neoklassischen Diskurses finden sich verstärkt auch außerhalb der Neoklassik wieder:
1. Eine ausschließlich mikroökonomische Sichtweise setzt sich durch, und zwar in doppelter Hinsicht: Zum einen gilt der betriebswirtschaftliche Standpunkt des

---

94   Krätke (1999, 102/103)

Einzelunternehmens als der einzige überhaupt, unter dem «die Wirtschaft» sinnvoll beurteilt werden kann. Zum anderen werden auch makroökonomische Einheiten metaphorisch wie Einzelpersonen behandelt, so etwa der Staat, der als «guter Hausvater» jetzt sparen müsse, weil «wir (also die Familienmitglieder) über unsere Verhältnisse gelebt» hätten.
2. Die Krisenhaftigkeit des Kapitalismus als eines seiner systemischen Merkmale wird ausgeblendet. Der inzwischen alltäglichen Erfahrung entsprechend wird die Krise phänomenologisch durchaus wahrgenommen. Aber sie gilt nicht als dem kapitalistischen System strukturell immanent, sondern als subjektivem Fehlverhalten geschuldet, sei es dem eigenen, sei es dem dunkler Mächte. Die in letzter Zeit durchaus gängige Rede etwa vom «Krisenland Deutschland» meint ja nicht, jetzt habe auch uns die Krise erreicht, sondern: wir haben den Anschluss verpasst und seien in der internationalen Konkurrenz zurückgefallen, weil wir gegen elementare Marktgesetze verstoßen haben. Völlig undenkbar dagegen bleibt, das System als Ganzes könne in die Krise geraten.
3. Ein subjektiver Wertbegriff wird zumindest implizit verwendet bzw. gedankenlos unterstellt. Das Verschwinden der Arbeit ist dann zwar erkennbar ein Problem der «nicht mehr marktfähigen» Arbeitslosen und der nicht mehr finanzierbaren sozialen Sicherungssysteme, das Kapital selbst sei in seiner Substanz davon aber gar nicht tangiert, sondern ziehe seine Profite fröhlich weiter, aus welchen Quellen eigentlich?

Es kann einen schon traurig stimmen, wenn selbst noch auf Marx sich berufende Autoren, vielleicht nur unbedacht und im Eifer des Gefechts, in derartige Argumentationsmuster verfallen. Fast zwangsläufig muss dort wohl die vulgärmarxistische Variante landen, die das Kapital nicht als ein gesellschaftliches Verhältnis versteht, sondern als eine Veranstaltung mächtiger Männer, welche die gar nicht wirklich vorhandenen Sachzwänge der Kapitalverwertung zum eigenen Vorteil nur vorschieben. Bemerkenswerter ist schon, wenn auch Leute, die über solche Vorstellungen eigentlich hinaus sein sollten, in ihrer Abwehr etwa der von Kurz 1995 entwickelten Krisentheorie nur noch mit dem persönlichen Verhalten einzelner Macher argumentieren, die es schon richten werden: Folgt man ISF (2000, 63)[95], so wäre ein Zusammenbruch der Finanzmärkte nur dann möglich, wenn die verantwortlichen Manager in einem Akt kollektiver Dummheit alle zugleich die Lehren ihres VWL-Grundstudiums vergessen und geschlossen das ökonomisch Falsche tun würden, was natürlich nicht besonders wahrscheinlich ist.

Und was ist von dem von ISF (2000, 70) in Anschlag gebrachten Modell zu halten, dem zufolge das kapitalistische Weltsystem auch mit einem verschwindend

---

95 Das sich selbst als wertkritisch verstehende Autorenkollektiv des ISF hat im mittleren Teil seiner Schrift *Der Theoretiker ist der Wert* gegen die von Robert Kurz und der damaligen *Krisis* entwickelte Krisentheorie polemisiert und sich dabei – wie zu sehen – Argumenten bedient, die eher in der Mainstream-VWL als in der marxschen Kritik der politischen Ökonomie zu Hause sind. (Nachtrag 2018)

geringen Quantum an wertproduktiver Arbeit auskommt? In dieser Fiktion werden die 100.000 noch notwendigen jährlichen Arbeitsstunden von immerhin 10 Millionen Kapitalistenhänden ausgebeutet, das sind 36 Sekunden wertproduktiver Arbeit je Hand, aus denen sie dann ihren Mehrwert hecken muss. Da können einem die Kapitalisten nur noch leid tun. Oder liegt dieser Vorstellung, die einen Kapitalismus ohne Wert und Mehrwert für möglich hält, nicht doch eher ein anderer, also subjektiver Wertbegriff zu Grunde?

Vielleicht wurde hier schlicht und einfach nicht genügend nachgedacht. Aber dabei kommt dann eben fast zwangsläufig heraus, dass einem die Denkmuster des herrschenden Diskurses durch die Hintertür in die eigene Argumentation geraten.

Fazit

Es fällt schwer, die Neoklassik unter wert- oder auch nur allgemein wissenschaftskritischem Aspekt zu beurteilen, weil sie bereits nach den üblichen Kriterien positiver Wissenschaft ein einziges Desaster ist. In der als «Positivismusstreit» der deutschen Sozialwissenschaften bekannt gewordenen Auseinandersetzung Ende der 1960er Jahre etwa wäre sie durch sämtliche Raster hindurchgefallen, durch das eines Theodor W. Adorno sowieso, aber eben auch durch das eines Karl R. Popper. Setzen, sechs! Eine Begründung für die Segnungen des Weltmarkts etwa, die ausschließlich auf einem mathematischen Modell basiert, in dem der Markt überhaupt nicht vorkommt, liegt so weit unterhalb aller wissenschaftlichen oder auch nur alltagslogischen Maßstäbe, dass einem die Frechheit, sie in einem akademischen Lehrbuch unterzubringen, erst einmal die Sprache verschlägt.

Offensichtlich ist es der Gebrauch mathematischer Modelle, mit dem sich die Neoklassik einen Anstrich von Wissenschaftlichkeit zu geben versucht und wohl auch selbst suggeriert. Nun ist aber mathematische Modellbildung mit einer bestimmten, von den Naturwissenschaften adaptierten Methodik verbunden, die sich nicht einfach abtrennen lässt, ohne das gesamte Erkenntnisinstrument zu zerschlagen. Genau dies aber macht die Neoklassik, weshalb übrigens die weitergehende und umstrittene Frage, welche Relevanz mathematische Modellbildung in der Gesellschaftswissenschaft überhaupt hat, am Beispiel der Neoklassik gerade *nicht* sinnvoll erörtert werden kann, denn dazu müsste sie ja in methodisch sauberer Form erst einmal betrieben werden.

Aus der Sicht dieser Methode besteht der Hauptfehler in dem Vorgehen, die mit jeder Modellierung notwendig verbundenen Modellannahmen nicht auszuweisen oder sie nach beiläufiger Erwähnung gleich wieder unter den Teppich zu kehren, wenn sie die eigenen Argumentationen stören. Mathematische Modelle haben den Anspruch, abstrakte, idealisierte Abbilder der von ihnen beschriebenen Aspekte der Wirklichkeit zu sein. Die neoklassischen Modelle werden diesem Anspruch durchgängig nicht gerecht: Es handelt sich bei ihnen nicht um Abstraktionen oder

Idealisierungen, sondern um Spezialfälle, die fälschlich für das Ganze genommen werden. Von mehreren Möglichkeiten (etwa: fallende, konstante oder steigende Grenzkosten, fallende, konstante oder steigende Arbeitsangebotsfunktion) wird diejenige als gegeben postuliert, die gerade in die eigene Sichtweise und Argumentation passt, ohne Rücksicht auf ihre tatsächliche Bedeutung und oft sogar unter Missachtung der Ergebnisse anderer Abteilungen der neoklassischen «Theorie». Dass sich auf diese Weise keine Erkenntnisse über den Untersuchungsgegenstand gewinnen lassen, die über die eigenen Vorurteile hinausgehen, ist evident.

Um logische Fehler zu erkennen, und um solche handelt es sich, bedarf es keiner besonderen Kennerschaft welcher Methode auch immer. Es ist daher nicht überraschend, dass die hier beschriebene Verwendung mathematischer Modelle kritisiert wurde, seit sie aufkam.[96] Diese Kritik hat aber nicht zu einer Revision des Vorgehens geführt, sondern zur Entwicklung von Immunisierungsstrategien. Eine von Friedman (1953) in die Welt gesetzte besteht in der Behauptung, es komme überhaupt nicht darauf an, dass die Annahmen in der Volkswirtschaftslehre bekanntermaßen falsch sind, wichtig sei nur, dass sie zu richtigen oder auch nur falsifizierbaren Prognosen führen. Davon einmal abgesehen, dass die aus volkswirtschaftlichen Modellen abgeleiteten Tatsachenbehauptungen gegen Falsifikation regelhaft immunisiert sind: Das hier propagierte Vorgehen besteht darin, auf jede Erklärung und jedes Verständnis der prognostizierten Empirie von vornherein zu verzichten. Genauso gut könnte man einen Zufallsgenerator anwerfen, der Hypothesen generiert. Theorie bzw. was dafür gehalten wird auf der einen und Empirie auf der anderen Seite fallen völlig auseinander. Dass auch die Neoklassik von ihren Modellen keinerlei Gebrauch macht, sobald sie empirisch arbeitet (s. o.), ist daher nur folgerichtig.

Tatsächlich zielen die neoklassischen Modelle auch ihrem eigene Anspruch nach gar nicht auf eine quantitative Übereinstimmung mit Beobachtungsdaten, sondern auf die Vermittlung bestimmter Sichtweisen. Dass es dabei um ein Verständnis des Gegenstands gar nicht geht, dürften auch die Lehrbuchautoren wissen. Einem Harvard-Professor, der mit einem Modell die angeblich zu hohen Tarif- und Mindestlöhne als schuldig an der Arbeitslosigkeit ausmacht, ist natürlich bekannt, dass er hundertzwanzig Seiten vorher im selben Buch die Annahmen eben dieses Modells bereits widerlegt hatte. Der Eindruck drängt sich auf, dass hier Absicht im Spiel ist. Es geht nur noch darum, die eigene Harmonielehre des Marktes unter die Leute zu bringen, auf Teufel komm raus und mit welchen Mitteln auch immer.

Es ist weder etwas Neues noch etwas Besonderes, wenn eine staatlich oder privatwirtschaftliche alimentierte Wissenschaft Ideologie transportiert. Vergleichsweise neu und meines Wissens einzigartig ist aber, dass die herrschende Lehre eines ganzen Fachs *ausschließlich* diese Funktion hat, unter Hintanstellung jedes wirklichen Erkenntnisanspruchs, der andererseits natürlich formal aufrecht erhalten werden muss, weil ohne ihn auch Ideologie sich nicht mehr transportieren lie-

---

96 vgl. Krätke (1999) und die dort genannte Literatur

ße. Letztlich hat hier, indem es die neoklassische Lehre zur herrschenden machte, ein Fach seinen Gegenstand aufgegeben, vielleicht aus dem heimlichen Wissen heraus, dass er sowieso nicht mehr zu retten ist. Doch das ist Spekulation.[97]

Literatur

Debreu, Gérad: *Werttheorie. Eine axiomatische Analyse des ökonomischen Gleichgewichts*, Berlin u. a. 1976

Friedman, Milton : *The methodology of positive economics*, in Friedman, M.: *Essays in positive economics*, Chicago 1953

Helmedag, Fritz: *Ohne Werte und kreislaufschwach: Zum Status der Allgemeinen Gleichgewichtstheorie*, in Helmedag, F. / Reuter, N. (Hrsg.): *Der Wohlstand der Personen*, Marburg 1999

Keen, Steve: *Debunking economics: The naked emperor of the social sciences*, Annandale 2001

Krätke, Michael: *Neoklassik als Weltreligion*, in Kritische Interventionen 3, *Die Illusion der neuen Freiheit*, Hannover, 1999, 100–144

ISF : *Der Theoretiker ist der Wert*, Freiburg 2000

Kurz, Robert: *Die Himmelfahrt des Geldes. Strukturelle Schranken der Kapitalverwertung, Kasinokapitalismus und globale Finnanzkrise*, Krisis 16/17, 1995, 21–76

Mankiw, N. Gregory: *Grundzüge der Volkswirtschaftslehre*, 2. Aufl., Stuttgart 2001

Neumann, Manfred: *Neoklassik*, in Issing, O. (Hrsg.): *Geschichte der Nationalökonomie*, 4. Aufl., München, 2002, 271–288

Ortlieb, Claus P.: *Methodische Probleme und methodische Fehler der mathematischen Modellierung in der Volkswirtschaftslehre*, Mitt. Math. Ges. Hamburg 23 2004, 1–24

Ricardo, David: *Über die Grundsätze der Politischen Ökonomie und der Besteuerung*, Übersetzung der 3. englischen Auflage von 1821, 1994

---

97 Die Frage, wie es sein kann, dass ein ganzes Fach abdriftet in ein Lehrgebäude, das von methodischen und logischen Fehlern nur so strotzt und damit seinen Status als Wissenschaft aufgibt, bleibt an dieser Stelle offen. Sie lässt sich innerwissenschaftlich vermutlich auch gar nicht beantworten, sondern nur im Kontext der Veränderung des Modus kapitalistischer Vergesellschaftung, hier also des wirtschaftspolitischen Übergangs vom Keynesianismus zum Neoliberalismus. (Nachtrag 2018)

Täuschungen des Individualismus
Sohn-Rethels Frühschriften

Erstveröffentlichung in: EXIT! Krise und Kritik der Warengesellschaft 11, 210–213, Berlin 2013

Die Rezeption der Werke Alfred Sohn-Rethels (1899–1990) ist durch erhebliche Zeitverzögerungen gekennzeichnet. Erst mit dem Erscheinen seines Ende der dreißiger Jahre verfassten Hauptwerks *Geistige und Körperliche Arbeit* mehr als dreißig Jahre später in der edition suhrkamp 1970 sowie der Publikation von weiteren Titeln in den Folgejahren sind seine Schriften einer breiteren Öffentlichkeit bekannt geworden. Bis dahin waren nur drei kleinere Arbeiten von ihm zum Druck gekommen. Die Resonanz in den siebziger und achtziger Jahren war beachtlich und betraf vor allem die von Sohn-Rethel aufgeworfene Frage nach dem Zusammenhang von Warenform und Denkform, die er mit dem Versuch einer materialistischen Erkenntnistheorie zu beantworten versuchte, ohne dabei über eine «halbintuitive Einsicht» wirklich hinauszukommen, wie ihm selber durchaus klar war; zur Kritik an Sohn-Rethels Ansätzen und einem neuen Versuch einer Antwort auf seine Fragestellung siehe den Text von Eske Bockelmann: *Die Synthesis am Geld. Natur der Neuzeit* in EXIT! 5.

Nun sind im ça-ira-Verlag dankenswerterweise und mit über achtzigjähriger «Verspätung», herausgegeben von Carl Freytag und Oliver Schlaudt, frühe Schriften von Sohn-Rethel erschienen[98], die bis dato noch nicht in allgemein zugänglicher Form vorlagen. Titelgebend ist hier die Dissertation Sohn-Rethels *Von der Analytik des Wirtschaftens zur Theorie der Volkswirtschaft* aus dem Jahr 1928, die zusammen mit Dokumenten aus ihrem Umfeld und späteren Kommentaren den Hauptteil des Bandes ausmacht. Enthalten ist außerdem ein Beitrag zur Debatte über die Akademische Jugend aus dem Jahr 1930.

Das gemeinsame Oberthema des Bandes besteht in dem Verhältnis von Individuum und (bürgerlicher) Gesellschaft sowie in den Täuschungen, die ein die Gesellschaft ausblendender Individualismus bereithält. Die Schriften haben nicht nur historische Bedeutung, sondern bleiben aktuell, solange der Gegenstand ihrer Kritik nicht verschwunden ist. Auch wenn es, wie wir es von anderen Texten Sohn-Rethels kennen, viele dunkle Äußerungen gibt, in denen – wie es der Gutachter seiner Dissertation Emil Lederer formuliert – seine Denkkraft um sich selber kreist, und die Texte daher nicht leicht zu lesen sind, finden sich doch zahlreiche Abschnitte, die geeignet sind, auch aktuelle Debatten zu bereichern.

---

98 Alfred Sohn-Rethel: *Von der Analytik des Wirtschaftens zur Theorie der Volkswirtschaft. Frühe Schriften*, Freiburg 2012, ça-ira-Verlag, 294 S., 20,00 Euro

Sohn-Rethels Dissertation setzt sich mit dem methodologischen Individualismus der Grenznutzenlehre u. a. von Schumpeter[99] auseinander, die sich von der heute herrschenden neoklassischen Volkswirtschaftslehre allenfalls unwesentlich unterscheidet. Diese Lehre erhebt den Anspruch, das volkswirtschaftliche Geschehen aus dem Handeln und der Rationalität der einzelnen Wirtschaftssubjekte herzuleiten. Der Anspruch ist bis heute nicht erfüllt und kann auch gar nicht erfüllt werden, siehe meinen Text *Marktmärchen* in EXIT! 1.

Die Verfehltheit des methodologischen Individualismus weist Sohn-Rethel im Falle Schumpeters insbesondere an dessen «Variationsmethode» nach, die sich als Vorläufer der neoklassischen Gleichgewichtstheorie deuten lässt, gegen welche die vorgebrachten Argumente immer noch gültig sind: Damit die auf der Anwendung von Mathematik beruhende Methode funktioniert, müssen ihrem Gegenstand so viele irreale Eigenschaften zugeschrieben werden, dass er mit dem realen wirtschaftlichen Geschehen so gut wie nichts mehr zu tun hat.

Auf einer grundsätzlicheren Ebene liegt ein weiteres Argument Sohn-Rethels gegen den methodologischen Individualismus, dass nämlich die Rationalität der einzelnen Wirtschaftssubjekte nicht als letzter Grund des kapitalistischen Wirtschaftsgeschehens herhalten kann, sondern selber erklärungsbedürftig ist. Dass und in welcher Weise die Individuen ihren ökonomischen Nutzen maximieren, hat seinen Grund in den ökonomischen Verhältnissen, in deren Rahmen sie handeln. Der methodologische Individualismus setzt die Einzelnen als Einzelne immer schon voraus und schneidet die Frage nach der Herkunft ihrer spezifischen Rationalität einfach ab.

Ein kurzes Kapitel der Dissertation heißt «Die naturwissenschaftliche Methode in der Ökonomie und ihre Überwindung». Sohn-Rethels Verständnis dieser Methode ist an Kant orientiert. Während demzufolge das «An sich» des Gegenstands in der Natur verschlossen ist, sei er uns dagegen in der theoretischen Ökonomie *gegeben* als

die Erfahrung, welche die Subjekte von den Dingen als bloße «Erscheinung» besitzen, und das zweckrationale Verhalten, zu welchem diese Erfahrung sie ihren persönlichen Wertungen gemäß bestimmt. ...

Wenn man sich also in der theoretischen Ökonomie mit den Grundlagen und Prinzipien der Erkenntnis überhaupt methodologisch in Übereinstimmung setzen will, so ist man zu einer Methode gezwungen, welche sich grade umgekehrt wie diejenige der Naturwissenschaft verhält. Dieser ist die Beschaffenheit ihrer Gegenstände an sich selber verschlossen; sie muß ihrer Erkenntnis derselben (als Erscheinung) alle Aussage aus eigenem Denken hypothetisch vorwegnehmen, weil sie jenen gegenüber allein die Autonomie besitzt; die einzige Garantie ihres Erkenntniswertes liegt post festum ihrer Theorie im Experiment. Die theoretische Ökonomie aber steht erkenntnistheoretisch genau auf den Schul-

---

99 Josef Alois Schumpeter: *Das Wesen und der Hauptinhalt der theoretischen Nationalökonomie*, Leipzig 1908

tern dieser methodologischen Position der Naturerkenntnis: Ihr ist die Beschaffenheit und Grundlage ihres Gegenstandes an sich selber prinzipiell restlos einsichtig, denn diese ist nur die rationale Erfahrung der Subjekte selbst; sie darf ihrem Gegenstand prinzipiell in ihrer Theorie nichts vorwegnehmen, denn die erkenntnistheoretische Autonomie hat ihr gegenüber ihren Gegenstand; alle Garantie für ihren Erkenntniswert liegt für sie ausschließlich darin, daß sie sich ante festum ihrer Theorie der Identität ihrer Voraussetzungen mit den Bedingungen der Möglichkeit ihres Gegenstandes versichert und hat sie diese Verankerung versäumt, so wird sie hernach aus ihren Ergebnissen niemals wieder eine gewinnen, sondern ihre Theorie steht ohne jeden Erkenntniswert im Leeren. (105)

Sohn-Rethel weist hier einen wesentlichen Grund für das Fehlen jeglicher Erklärungskraft der Grenznutzenlehre und ihres methodologischen Individualismus auf. Einer der beiden Herausgeber des Bandes betont daher zurecht, dass Sohn-Rethels Dissertation eine wichtige erkenntnistheoretische Fundierung auch der neueren, oft an Popper orientierten und daher unzureichenden Kritik der neoklassischen Volkswirtschaftslehre bietet.

Der kurze Text *Das Problem der akademischen Jugend* steht im Kontext einer Debatte, die in dem Band nicht aufgeführt ist, aus dem Text selber aber erahnt werden kann. Es geht um die Frage der Persönlichkeitsentwicklung, deren Unmöglichkeit Sohn-Rethel betont, solange sie individuell gesucht wird:

Wir haben es an der Jugendbewegung schon vor dem Krieg erlebt und sehen es heute tausendfach bestätigt, daß jeder Versuch der persönlichen, «ethischen» Unmittelbarkeit, allein oder in «Gemeinschaft» unternommen, im Krampf endet, in einem seelischen Labyrinth, das stets so viele Irrwege hat, als man Auswege sucht. Sie verhallt im Pathos des ohnmächtigen guten Willens. Und auch der noch, weil er leerläuft, ist die ärgste, weil die grundsätzliche Verfälschung der Existenz. Es steht dahinter der Irrtum – der ein Anspruch ist –, daß die Probleme, an die wir heute stoßen, Probleme unserer Person seien. Aber der Mensch steht heute nicht mehr vor dem Problem seiner Einzelexistenz, er steht vor dem Problem der Existenz des Ganzen – des Ganzen der Gesellschaft. Nur der Umweg über das Existenzproblem der Gesellschaft ist der Weg zum Existenzproblem des Einzelmenschen ... . Wer wir einzelnen sind, wie es um uns, um jeden persönlich steht, das zu wissen ist unmittelbar unmöglich, wir finden da nur Relativitäten. Aber möglich ist zu wissen, wie es um das Ganze steht, wie es mit der Gesellschaft hier und jetzt bestellt ist, wie es mit ihr bestellt sein sollte, und was mit ihr geschehen kann, um sie zu verändern. ... Die Unlösbarkeit des Persönlichkeitsproblems ist zur Lösbarkeit des Gesellschaftsproblems geworden. (148)

Der damit formulierte Anspruch an eine kritische Theorie der Gesellschaft und eine diese verändernde Praxis stößt allerdings auf erhebliche Widerstände, die Sohn-Rethel folgendermaßen ausmacht:

Aber hier steht uns die Hemmnis einer objektiven Schranke durch die Form der bürgerlichen Existenz entgegen. Denn deren unabstreitbare Form ist Individualismus, wie sehr ihm das Problem dieser Welt auch widerstreite. An diesen Individualismus sind wir gekettet, er bleibt trotz aller theoretischen Überwindung die Form unseres Daseins, unsres Studiums und der Problematik unserer Bildung. Hier liegt für Viele das Unglück. Denn wir können hiermit nur fertig werden, wenn wir diesen Individualismus im Gegensatz zu unsrem Sollen, zu unsrem Menschsein halten. Er ist die Schlacke, nicht das Ethos, die Täuschung, nicht die Wahrheit unsres menschlichen Seins. (149)
Hinter den hier erreichten Erkenntnisstand sollte keine Theorie-Praxis-Diskussion zurückfallen. Er markiert die Schwierigkeit der Aufgabe, die bürgerliche Gesellschaft bewusst zu überwinden, ohne angeben zu können, wie das geschehen kann. Aber wer könnte das schon?

In dieser Diagnose liegt auch eine – von Sohn-Rethel selbst so nicht gegebene – Begründung für die offenbare Unverwüstlichkeit des methodologischen Individualismus, der nichts zu erklären vermag, aber gleichwohl die Wirtschafts- und Sozialwissenschaften der letzten hundert Jahre beherrscht. Er entspricht nur allzu sehr der alltäglichen fetischistischen Erfahrung der Subjekte mit ihrer Gesellschaft «als ein außer ihnen existierendes gesellschaftliches Verhältnis von Gegenständen» (Marx), dem sie als vereinzelte Einzelne gegenüberstehen. Es ist die kapitalistische Gesellschaft selbst, die sich der adäquaten Erkenntnis durch ihre Mitglieder widersetzt, die sie täglich neu konstituieren und deren Gedankenformen zugleich von ihr konstituiert werden. Bei der Aufgabe, das gesellschaftliche Unbewusste zu durchdringen, bleibt einer kritischen Theorie der Gesellschaft daher nach wie vor viel zu tun.

Ökonomie ist eigentlich keine Wissenschaft
Interview mit der Frankfurter Allgemeinen Sonntagszeitung

Erstveröffentlichung in: Frankfurter Allgemeine Sontagszeitung vom 9. Mai 2010

Was fällt einem Mathematiker in diesen Tagen zum Thema Griechenland ein?
Was mir zuallererst auffällt, allerdings weniger als Mathematiker, ist die nationalistische Wut auf die «Pleite-Griechen», wie sie von einigen Medien geschürt wird, die damit vom deutschen Beitrag an der griechischen Misere ablenken. Schließlich verdankt sich die deutsche Exportweltmeisterschaft wesentlich dem durch Schulden finanzierten Export nach Südeuropa. Als Mathematiker fallen einem vielleicht die großen Zahlen ein, die jetzt zu Ehren kommen und von denen ein Pythagoras sich nicht hätte träumen lassen. Und ein weiterer, sehr interessanter Punkt ist dieses plötzlich Kippen der Situation von einer normal verschuldeten Volkswirtschaft in die Pleite, in der nichts mehr geht. Welche Grenze wurde da eigentlich überschritten? Mir ist das nicht wirklich klar.
Ständig werden einem riesige Beträge um die Ohren gehauen. In Griechenland fehlen 120 Milliarden, vielleicht auch 150 Milliarden, Deutschland übernimmt davon 22 Milliarden oder noch ein paar Milliarden mehr. Verlieren wir so langsam das Gefühl für große Summen?
Seit der Lehman-Pleite bestimmen in der Tat fast nur noch riesige Zahlen das Geschäft; die Milliarde ist gewissermaßen zur kleinsten Einheit geworden. Wirklich vorstellen kann sich solche Zahlen niemand, und auch mathematische Bildung nützt da übrigens wenig. Eine gewisse Veranschaulichung bietet die Rechnung pro Kopf: 8 Milliarden Euro Steuergelder verteilt auf 80 Millionen Einwohner bedeutet 100 Euro pro Person. Das kann man sich dann wieder vorstellen, ist aber womöglich auf andere Weise irreführend, weil hier volkswirtschaftliche Größen auf Einzelhaushalte einfach heruntergebrochen werden.
Wenn Politiker mit Zahlen um sich werfen, erwecken sie den Eindruck von Kompetenz – sogar dann, wenn niemand diese Zahlen nachprüfen kann. Woran liegt das eigentlich?
Wahrscheinlich liegt es daran, dass bei Zahlen zumindest die Fiktion von Nachprüfbarkeit da ist. Wer eine Zahl in den Raum wirft, setzt sich der Gefahr aus, widerlegt zu werden. In Talkshows ist das allerdings kaum möglich, deswegen wird da besonders gern mit irgendwelchen Zahlen argumentiert.
Erstaunlicherweise verbinden Politiker und sogar manche Ökonomen die vermeintlich rationale Welt der Zahlen gern mit der Welt der Zauberei, wenn

zum Beispiel bei den Arbeitslosenzahlen von der «magischen Fünf-Millionen-Grenze» die Rede ist. Wie passt das zusammen?

Solchen Zahlenfetischismus könnte man vielleicht als die Magie der Aufklärung bezeichnen. Zahlen haben in der Moderne einen unglaublichen Bedeutungszuwachs erfahren, und gerade die Ökonomie versucht, den Naturwissenschaften nachzueifern, indem sie sich als Sozialphysik versteht. Das führt dann in der Tat zu magischem Denken. Denn es ist ja offensichtlich, dass sich die Gesellschaft als Ganzes nicht allein mit mathematischen Methoden erfassen lässt.

Stört es Sie, dass Ökonomen so stark auf die Mathematik setzen?

Nein, das stört mich an sich nicht, im Gegenteil: Als Mathematiker verdiene ich mein Geld damit, dass Mathematik in anderen Wissenschaften und auch außerhalb der Wissenschaften eingesetzt wird. Die Frage ist allerdings, in welchen Bereichen und auf welche Probleme die mathematisch-naturwissenschaftliche Methode überhaupt sinnvoll angewendet werden kann. Und da gibt es, gelinde gesagt, Übertreibungen. In den mathematischen Naturwissenschaften liegt die Verbindung zwischen Mathematik und Realität im Experiment, in dem die mathematischen Idealbedingungen im Labor erst hergestellt werden. Nur dort tritt ein mathematisches Naturgesetz in seiner vollen Pracht und Herrlichkeit überhaupt in Erscheinung. Oder eben auch nicht, was dann zur Revision der zugrunde liegenden Theorie führt. So. Was macht nun aber ein Fach wie die Ökonomie, in dem Experimente nicht möglich sind, sondern allenfalls Beobachtungen. Hier fällt das mit der mathematisch-naturwissenschaftlichen Methode verbundene Wahrheitskriterium weg, und was tritt dann an seine Stelle? Daraus ergeben sich schwierige methodische Fragen. Was ich den mathematischen Ökonomen zum Vorwurf mache und mich an ihrem Vorgehen wirklich stört, das ist, dass sie sich mit diesem Problem gar nicht erst auseinandersetzen, jedenfalls ist das für mich nicht erkennbar.

Warum spielt Mathematik dann überhaupt eine so große Rolle in den Wirtschaftswissenschaften?

Die mathematische Naturwissenschaft hat aufgrund ihres unbestreitbaren Erfolges die Funktion einer Leitwissenschaft übernommen, so dass in der Zeit um 1900 herum in vielen anderen Wissenschaften versucht wurde, ihre Methoden zu adaptieren, auch in der Ökonomie. Damit war und ist die Vorstellung verbunden, die Exaktheit der Mathematik auf die eigene Wissenschaft übertragen zu können. Ich habe bereits darauf hingewiesen, dass das ohne die Möglichkeit des Experiments nicht so ohne weiteres funktioniert. Darauf scheint es heute aber gar nicht mehr anzukommen. Das hat wohl damit zu tun, dass Wirtschaftswissenschaftler als Politikberater und in den Medien höchst präsent sind, und dort vor allem Eindruck schinden müssen. Und dabei hilft die Mathematik. Ihre Verwendung gilt an sich schon als Qualitätsmerkmal. Mit ihr wird eine Exaktheit und Wissenschaftlichkeit vorgespiegelt, die überhaupt nicht vorhanden ist. Wenn die ökonomischen Modelle von ihren Annahmen her nicht zutreffen und sich an der Realität gar nicht überprüfen lassen, hilft für den Wahrheitsgehalt der Resultate noch so viel Mathematik nicht weiter.

Sie zweifeln am neoklassischen Modell mit Angebots- und Nachfragekurve?

Ja. Beim so genannten Marshall-Kreuz, also dem neoklassischen Modell des einfachen Marktes, sind sehr spezielle Voraussetzungen zu machen mit etlichen idealisierenden beziehungsweise realitätsfernen Annahmen über das Verhalten der Wirtschaftssubjekte und über die Rahmenbedingungen am Markt. Dagegen ist unter dem Aspekt der mathematischen Modellbildung auch nichts zu sagen, das gehört zum Geschäft. Ein Modell ist nicht einfach wahr oder falsch, sondern es hat einen mehr oder weniger großen Geltungsbereich. Vom Missbrauch eines Modells muss aber dann gesprochen werden, wenn sein Geltungsbereich überschritten wird, wenn das Modell also auf Situationen angewandt wird, in denen seine Voraussetzungen erkennbar nicht erfüllt sind. Und genau das passiert mit dem Modell des einfachen Marktes, das in einführenden VWL-Büchern bis zum Erbrechen auf jede nur denkbare Situation angewandt wird. In einem dieser Standard-Lehrbücher habe ich das zugehörige Diagramm auf 800 Seiten mehr als neunzigmal gefunden, und nirgendwo kümmert sich der Autor darum, ob seine Voraussetzungen denn tatsächlich erfüllt sind. Der Erkenntnisgewinn eines solchen Vorgehens liegt nahe bei Null. Hier wird die Mathematik missbraucht, um eine bestimmte Ideologie zu transportieren, nämlich die neoklassische Harmonielehre des Marktes: Märkte funktionieren angeblich immer und überall, wenn man sie nur ungestört gewähren lasse.

Trotzdem ist die neoklassische Lehre fast konkurrenzlos. Woran liegt das?

Das liegt zum einen am praktischen Scheitern des Keynesianismus, ich erinnere an die so genannte Stagflation der 1970er Jahre. Danach begann der Siegeszug des Neoliberalismus, die Zurückdrängung des Staates zugunsten des Marktes. Und die Neoklassik war dafür gewissermaßen das pseudowissenschaftliche Vehikel. Sie hat dreißig Jahre lang die Begründung für das geliefert, was im Neoliberalismus sowieso passierte, und befand sich damit auf der Seite der Sieger. Zum anderen besteht der Reiz des neoklassischen Dogmas, polemisch gesagt, in seiner Stammtischnähe, die aus dem so genannten methodologischen Individualismus resultiert. Der besagt, dass sich die Funktionswise einer Volkswirtschaft aus dem Handeln der einzelnen Wirtschaftssubjekte erklären lassen muss. Und diese Erklärung besteht dann oft in einfachen Begründungen, die auf den ersten Blick plausibel wirken, indem sie nämlich irgendwelche Alltagssituationen betriebswirtschaftlicher Art auf ganze Volkswirtschaften schlicht und einfach übertragen, also mit Analogien arbeiten. Und das verfängt. Derartige Begründungen füllen die Wirtschaftsseiten vieler Tageszeitungen und bestimmen das Denken der politischen Klasse.

Angela Merkel empfahl die Sparsamkeit der «schwäbischen Hausfrau» sogar als Krisenbewältigungsstrategie.

Und diese Strategie soll jetzt anscheinend der griechischen Volkswirtschaft verschrieben werden. Das kann natürlich nicht funktionieren: Dem verschuldeten Privathaushalt mag es ja helfen, wenn seine Mitglieder drei Jahre lang nur ranklotzen und Konsumverzicht leisten. Aber auf eine Volkswirtschaft lässt sich das nicht übertragen. Der Verzicht auf Konsum bringt auch die Produktion zum Erliegen und kann nur in die Depression führen.

Das ist nun wiederum ein Standardargument linker Ökonomen. Der griechischen Misere lässt sich ja kaum Herr werden, indem dort einfach weiter gewirtschaftet wird wie bisher.

Damit haben Sie vermutlich recht, woraus zunächst aber nur folgt, dass die Lage aussichtslos ist. Und ganz bestimmt habe ich kein Rezept anzubieten, mit dem die griechische Volkswirtschaft wieder auf einen grünen Zweig käme. Es ging hier aber gar nicht um das Beispiel Griechenland, sondern um die Fehlerhaftigkeit einer solchen Argumentation auf Stammtischniveau, die in der schlichten Übertragung betriebswirtschaftlicher Überlegungen auf die makroökonomische Ebene besteht. Selbst wenn das Resultat zufällig einmal richtig sein sollte, muss ich als Wissenschaftler doch auf der logischen Korrektheit von Begründungen beharren.

Als Mathematiker halten Sie die Ökonomie für keine echte Wissenschaft?

Zumindest was die neoklassische Lehre angeht, muss man wohl eher von einer wissenschaftlich verbrämten Ideologie sprechen. Ich stelle bei der Lektüre von VWL-Lehrbüchern regelmäßig fest, dass die Wirklichkeit der kapitalistischen Wirtschaft dort gar nicht reflektiert wird. Stattdessen werden die eigenen ideologischen Vorurteile in mathematische Modelle gegossen und diese der Wirklichkeit einfach übergestülpt. Damit hat aber in der Tat das Fach Wirtschaftswissenschaft seinen Gegenstand letztlich aufgegeben und streng genommen seinen wissenschaftlichen Status verloren.

Was ist Ihrer Ansicht nach zu tun?

Innerhalb der VWL wird inzwischen ja wieder über Gegenstand, Grundlagen und Methoden des eigenen Fachs breit diskutiert – etwa in der F.A.Z. Das hat seinen Grund natürlich auch darin, dass sich die neoklassische Harmonielehre des Marktes an den kapitalistischen Krisenerscheinungen vollständig blamiert hat. Man kann nur hoffen, dass daraus ein Neuanfang resultiert, indem das neoklassische Dogma vollständig abgeschüttelt wird. Als Mathematiker liegt mir eine andere Konsequenz näher, die die Mathematikausbildung betrifft. Ich denke, dass dort stärker als bisher der richtige und falsche Gebrauch mathematischer Modelle thematisiert werden sollte. Die Verwendung von Mathematik führt nicht automatisch zu wahren Ergebnissen, sondern sie kann auch dazu missbraucht werden, Ideologie zu transportieren. Es wäre viel gewonnen, wenn sich diese Einsicht im öffentlichen Bewusstsein verankern ließe.

Die Fragen stellte Alexander Maguier

Westliche Werte?
Aufklärung und Fetisch

Einleitung

Dieser Abschnitt setzt sich mit verschiedenen Aspekten der ideologischen Grundlagen des «Westens» auseinander, also der Vorstellung vom angeblichen Projekt aus Demokratie, Rechtsstaat, Menschenrechten und Freiheit, dem die Finsternis in Gestalt von Unterdrückung, Autoritarismus und Intoleranz gegenübersteht. Auf den ersten Blick ist diese Sichtweise plausibel, schließlich würde niemand aus den kapitalistischen Kernländern lieber in Nordkorea leben. Falsch aber ist die Vorstellung, das westliche Projekt habe mit der es umgebenden Finsternis nichts zu schaffen. Vielmehr bringt es sie aus seinen inneren Widersprüchen immer wieder hervor. Zugespitzt ließe sich sagen: Die Aufklärung, deren Fehlen dem Islam neuerdings vorgehalten wird, hat mit dem Terror nicht nur islamistischer Provenienz mindestens so viel zu tun wie ihre vermeintlichen Gegner.

Und auch im Innern der verbliebenen Demokratien sieht es nicht so strahlend aus, wie es die Propagandisten der westlichen Werte gern hätten. Je deutlicher sich das Ende des Kapitalismus abzeichnet, desto stärker klammern sich seine Subjekte an die durch ihn konstituierten Kategorien (Arbeit, Ware, Geld usw.), weil sie fetischistisch an sie gebunden sind. Auch das ist plausibel, weil die aus diesem System Herausfallenden ihr Menschenrecht verlieren.

Der Aufsatz «Die Aufklärung und ihre Kehrseite» widerspricht der von Bellizisten aller Couleur vorgebrachten Auffassung, gegen die offensichtliche Irrationalität der islamistischen Selbstmordattentate auf das World Trade Center und das Pentagon vom 11. September 2001 seien die Aufklärung und die «westlichen Werte» in Stellung zu bringen. Zu konstatieren ist vielmehr, dass der islamistische Terror originärer Bestandteil der bürgerlichen Gesellschaft ist, dass – allgemeiner formuliert – Vernichtungswahn und Gewaltexzesse genuine Produkte der Moderne sind, dass es also die Aufklärung selbst ist, die ihr scheinbares Gegenteil hervorbringt. Dieser Zusammenhang wird in kritischer Auseinandersetzung mit Horkheimers und Adornos «Dialektik der Aufklärung» im vorliegenden Text aufgearbeitet und begründet.

In seinem brillant geschriebenen Buch «Fetischismus und Kultur», das in dem Text «Fetisch unser» rezensiert wird, weist Hartmut Böhme schlüssig nach, dass der magische Gebrauch von Fetischen untrennbar zur jüdisch-christlichen Kultur gehört und der Fetischismus mit der Aufklärung nicht etwa zu seinem Ende kommt, sondern vielmehr deren andere, zunächst dunkle, von Marx, Freud u. a. nach und nach ins Licht gezerrte und heute unübersehbare Seite ist. Er folgert daraus, der

Fetischismus dürfe nicht weiterhin als Sozialpathologie diagnostiziert werden, was freilich nur dann schlüssig wäre, wenn sich die Aufklärung ihrerseits nicht kritisieren ließe. In dieser unausgesprochenen Voraussetzung liegt die fundamentale Schwäche des Buches. Eine weitere liegt darin, dass es den von Marx metaphorisch eingeführten «Fetischcharakter der Ware» und den systemischen Begriff eines Fetischverhältnisses von den Dingfetischen nicht unterscheidet, mit denen moderne Menschen durchaus selbstironisch umgehen.

Bei dem Text «Arbeitszwang und Arbeitsethos» handelt es sich um eine kommentierte Zitatensammlung zum Arbeitsfetisch, der für die bürgerliche Gesellschaft zentral ist. Während antike und mittelalterliche Philosophen die Muße und nicht etwa die Arbeit als Weg zum guten Leben propagierten, machten die Moderne und zuvörderst die Aufklärung Arbeit zum Selbstzweck und damit zum Fetisch. Trotz aller Produktivitätsfortschritte hält der Zwang zur Arbeit bis heute an.

Die Rezension «Wir Untoten» setzt sich gleich mit zwei Büchern auseinander, die das in den kapitalistischen Kernländern verbreitete Gefühl der Sinn- und Ziellosigkeit sowohl des privaten als auch des öffentlichen Lebens zu erklären versuchen. Frank Schirrmacher macht das in seinem Buch «EGO. Das Spiel des Lebens» am neoliberalen «homo oeconomicus» fest, zu dem wir alle geworden seien, kann aber nicht begründen, wie es dazu kommen konnte, weil er sich an einer Kapitalismuskritik versucht, die nicht weiß, was Kapitalismus ist. Carl Cederström und Peter Fleming kommen in ihrem Buch «Dead Man Working. Die schöne neue Welt der toten Arbeit» zu ähnlichen Ergebnissen, ihr «Dead man working» ist mit dem «homo oeconomicus» durchaus vergleichbar, sie können aber auch Gründe dafür angeben, indem sie sich auf die für das Kapitalverhältnis zentrale Kategorie der Arbeit beziehen, deren Zeitalter zwar zu Ende geht, was den Kampf um sie aber immer weiter verschärft, bis hin zur Ausdehnung der Arbeit auf alle Lebensbereiche.

Ausgangspunkt des Textes «Gespenster der Aufklärung» ist die in den Leitmedien verbreitete Einschätzung, die westlichen Werte würden einer Vielzahl von außen kommender Bedrohungen durch autoritäres und intolerantes Denken und Handeln ausgesetzt, die den Westen zunehmend in die Defensive drängten. Diese Wahrnehmung ist richtig, nur kommen die Bedrohungen nicht von außen. Sie resultieren vielmehr daraus, dass einerseits die sogenannten Menschenrechte seit ihrer ersten Deklaration keineswegs für alle, sondern nur für geschäftsfähige und geldverdienende Wesen gedacht waren, und dass andererseits in der letzten Krise des Kapitals immer mehr Menschen aus der Kapitalverwertung und damit ihrer eigenen Geschäftsfähigkeit herausfallen oder herauszufallen drohen und damit ihr Menschenrecht verlieren. Die Aufklärung und die ihr zugrunde liegende kapitalistische Produktionsweise produzieren ihre Gespenster selbst.

Die Aufklärung und ihre Kehrseite
Zur Rettung einer «banalen Einsicht»

Erstveröffentlichung in: Krisis 25, 21–38, Bad Honnef 2002

> *Natürlich sind die islamistische Ideologie und ihr Terror nur die Kehrseite der bürgerlichen Gesellschaft und ihrer Zivilisation. Und die Linken kommen jetzt allerorten mit dieser banalen Einsicht wie mit dem Ei des Columbus daher.*[100]

Als ein scheinbar probates Rezept gegen die offensichtliche Irrationalität der islamistischen Selbstmordattentate auf das World Trade Center und das Pentagon feiert nach dem 11. September 2001 die im Sumpf der Postmoderne bereits versunken geglaubte Aufklärung ihre Wiederauferstehung. Jedenfalls ist sie und sind die «westlichen Werte», die es gegen diesen «Akt der Barbarei» zu verteidigen bzw. in Stellung zu bringen gelte, seither in aller Munde.

Die Aufklärung als letzter Rettungsanker

Ganz im Sinne von Huntingtons «Kampf der Kulturen» bringen die Bellizisten, von Berlusconi bis zu den *Bahamas*, mehr oder weniger unverhohlen zum Ausdruck, dass unter dem von den Terroristen angegriffenen «zivilisierten Teil der Menschheit» der «abendländische» zu verstehen sei. Im «Krieg gegen den Terror» sind die Reihen fest zu schließen und dazu erst einmal die Verräter in den eigenen Reihen dingfest zu machen: «Mit ihrem Multi-Kulti-Gewese betreiben saturierte Alt-68er Verrat an der Aufklärung», so etwa die *Bahamas*, während Berlusconi da eher die militanten Globalisierungsgegner im Auge hat.

Im positiven Bezug auf die Aufklärung sind sich die Kriegstrommler freilich mit ihren friedensbewegten Gegnern durchaus einig. Ulrich Wickert etwa, zur Institution gewordener Gutmensch des Deutschen Fernsehens, der es immerhin wagte (dann aber angesichts des öffentlichen Aufschreis und drohender persönlicher Konsequenzen sogleich wieder den Kopf einzog), Osama bin Laden und George W. Bush die gleichen Denkstrukturen nachzusagen, bezieht sich dabei mit einem Voltaire-Zitat ebenfalls auf die westlichen Werte der Aufklärung, insbesondere die «Toleranz».

Offenbar lässt sich heute so gut wie jede politische Position unter Berufung auf die Aufklärung begründen, der damit eine ähnliche ideologische Bedeutung zuwächst wie dem christlichen Glauben im Dreißigjährigen Krieg. Das allerdings könnte darauf verweisen, dass es mit dem Rekurs auf die Aufklärung nicht mehr

---

100 Gerhard Scheit, *Das Böse ist nicht das Böse*, Jungle World vom 2. Oktober 2001

so weit her ist und sie nach ihrer Wiedererweckung nur noch ein Gespensterdasein fristet.[101]

Schließlich scheinen die Gewichte anders verteilt, spielen völkische, offen antisemitische und antiamerikanische Haltungen ebenso wie etwa der vor allem in den USA beheimatete protestantische Fundamentalismus eine immer größere Rolle, Positionen also, die sich selber in die Tradition der Gegenaufklärung stellen und nicht erst von ihren jeweiligen Gegnern dorthin gestellt werden müssen. Die für die weit überwiegende Mehrheit ja zu keiner Zeit tatsächlich eingelösten «Versprechen der Moderne» haben ihren Glanz verloren, ihnen wird schlicht nicht mehr geglaubt. Da andererseits ein kritisches Bewusstsein der in der Warengesellschaft selbst liegenden systemischen Ursachen dafür fehlt, hat die Gegenaufklärung seit etlichen Jahren erheblichen Zulauf. Zu besichtigen ist das aktuell an den im «Kampf gegen das Böse» sich wähnenden Gotteskriegern aller Couleur, auch denjenigen, die sich dabei auf die Aufklärung berufen. Auf der anderen Seite umstellt sich die Zivilgesellschaft mit immer mächtigeren Sicherheitsapparaten, um die bürgerlichen Freiheiten lieber selbst abzuschaffen, bevor der unsichtbare, als außen stehend imaginierte Feind es tut, ein Selbstmordattentat der besonderen Art, dessen verquere Logik auch den Kabarettisten natürlich nicht entgangen ist.

Seit Horkheimers und Adornos «Dialektik der Aufklärung»[102] ist mehr als nur eine Ahnung davon möglich, dass Vernichtungswahn und Gewaltexzesse keine aus der Urgeschichte immer mal wieder hervorbrechenden, angeblich dem nach wie vor ungebändigten Tier im Menschen geschuldete Atavismen, sondern vielmehr genuine Produkte der Moderne sind, dass es also die Aufklärung selbst ist, die ihr scheinbares Gegenteil hervorbringt. Wie das geschieht und welche Strukturmerkmale der Aufklärung dafür verantwortlich sind, wäre mit Bezug auf Horkheimer/Adorno und gegebenenfalls über sie hinaus zu untersuchen. Ausgerechnet die Szene, für die Adorno das A und O aller Gesellschaftskritik darstellt und deren Mitglieder sich zum Teil als «orthodoxe Adorniten» bezeichnen, macht nun aber das direkte Gegenteil, indem sie die Erkenntnis des Zusammenhangs von Aufklärung und Gegenaufklärung, von Zivilisation und Barbarei einfach sistiert, um sich im Kampf der Kulturen beherzt auf eine Seite schlagen zu können. In einer innerhalb von drei Tagen nach den Anschlägen vollzogenen Kurzschluss-Reaktion von der Bahamas-Redaktion vorgemacht, wurde das in dem über einige Wochen sich hinziehenden zivilgesellschaftlichen Diskurs in der Jungle World ausgeführt,

---

101 Einen Beleg für diese Vermutung lieferte der *Spiegel* in seinem Weihnachtsheft (Nr. 52 vom 22.12.2001), in dem er unter dem Titel «Der Glaube der Ungläubigen. Welche Werte hat der Westen?» einen offenbar ernst gemeinten, doch ebenso gedanken- wie substanzlosen Besinnungsaufsatz zum Thema «Die unverschleierte Würde des Westens» schreiben ließ. Glaubt man der Ankündigung, so «treten Intellektuelle im Kampf gegen den islamischen Terror mit neuem Selbstbewusstsein für die Werte der freien Welt ein». Woher das neue Selbstbewusstsein plötzlich kommen soll, weiß allerdings niemand zu sagen.

102 Im Folgenden: DdA; Max Horkheimer / Theodor W. Adorno: *Dialektik der Aufklärung*, Frankfurt 1988, Erstveröffentlichung 1947

von dessen Übereinstimmung im Ergebnis dann wiederum die Bahamas-Redaktion ehrlich verblüfft war. Die platten Werbeparolen «Fanta statt Fatwa», «Sherry statt Scharia» in einer ehedem zumindest partiell kapitalismuskritischen Zeitschrift fassen dieses Ergebnis adäquat zusammen. Während die bürgerlichen Freiheiten aus Sicherheitsgründen nach und nach kassiert werden – schließlich befinden wir uns im Krieg –, werfen sich ehemalige KritikerInnen des westlichen Werten an den Hals, was Günther Jacob[103] zutreffend so kommentiert: «Kritik am Kapitalismus ist gut und schön, aber wenn`s drauf ankommt, weiß man doch, was man an ihm hat.» Dass er in den Metropolen immer noch erträglicher ist als in Afghanistan oder anderen vom Weltmarkt ausgespuckten Regionen, dient auch seinen neuen Freunden als ebenso besinnungsloses wie zynisches Argument zu seinen Gunsten.

Theoretisch ambitioniertere Autoren des antideutschen Spektrums versuchten sich demgegenüber erst einmal in Schadensbegrenzung, was notwendigerweise zu einigermaßen dunklen Formulierungen führen musste, nachzulesen etwa in dem Artikel «Das Böse ist nicht das Böse» von Gerhard Scheit, aus dem das Eingangszitat stammt. Dass «die islamistische Ideologie und ihr Terror nur die Kehrseite der bürgerlichen Gesellschaft und ihrer Zivilisation» sind, wird hier immerhin noch konzediert, zugleich aber als «banale Einsicht» bezeichnet. Im laufenden Diskurs und bereits in dem Artikel selbst hatte das ausschließlich die Funktion, die Einsicht ob ihrer Banalität sogleich zu entsorgen, was denn auch von Erfolg gekrönt war: «Flugzeugbomben sind nicht die Kehrseite der Moderne» ist ein Artikel von Martin Janz[104] untertitelt, der zur Begründung dieser Behauptung allerdings nichts beiträgt. So weit her scheint es mit der Einsicht also auch in der radikal sich gebenden Linken nicht zu sein.

Und in der Tat ist sie alles andere als banal, sind die Untersuchungen und Erkenntnisse von Horkheimer und Adorno doch eher verschüttet denn Allgemeingut. Anders ist jedenfalls nicht zu erklären, dass jetzt die Aufklärung als Heilmittel gegen eine Krankheit angepriesen wird, die sie selbst permanent hervorbringt. Im Folgenden soll es darum gehen, die Konsequenzen der Aufklärung und ihres Denkens ein wenig auszuleuchten, in der Hoffnung, damit die oben konstatierte Einsicht etwas widerstandsfähiger zu machen, als sie zurzeit zu sein scheint.

Der doppelte Aufklärungsbegriff

«Seit je hat Aufklärung im umfassendsten Sinn fortschreitenden Denkens das Ziel verfolgt, von den Menschen die Furcht zu nehmen und sie als Herren einzusetzen. Aber die vollends aufgeklärte Erde strahlt im Zeichen triumphalen Unheils. Das Programm der Aufklärung war die Entzauberung der Welt. Sie wollte die Mythen auflösen und Einbildung durch Wissen stürzen.»[105] Diese Sätze, mit denen

---

103 Konkret 11 / 2001
104 Jungle World vom 7. November 2001
105 DdA, S. 9

die «Dialektik der Aufklärung» beginnt, enthalten bereits das ganze mit ihr intendierte Programm ebenso wie die damit verbundenen theoretischen Probleme. Horkheimer und Adorno wollen zeigen, dass das im Nationalsozialismus und in Auschwitz sich manifestierende «triumphale Unheil», von der Aufklärung selbst hervorgebracht werde, dass also Aufklärung in ihr Gegenteil umschlage. Dabei bedienen sie sich allerdings, hierin dem allgemeinen Sprachgebrauch folgend, eines transhistorischen Begriffs der Aufklärung, der mit der bürgerlichen Epoche, dem «Zeitalter der Aufklärung», das sie doch erst in die Welt setzte, gar nichts zu tun hat, sondern vielmehr ein allgemein menschliches Phänomen beschreibt. Horkheimer und Adorno reproduzieren damit das Verständnis, das die Aufklärung von sich selbst hat. Wäre nun aber auf dieser Basis ihr Programm tatsächlich durchführbar, das notwendige Umschlagen von Aufklärung in Barbarei nachzuweisen, so bliebe nur noch Resignation. Diese pessimistische Wende hat ihre Kritische Theorie in der Tat vollzogen.

Es zeigt sich freilich, dass ihnen der Nachweis nicht wirklich gelingt, jedenfalls nicht auf der Grundlage des zunächst eingeführten Aufklärungsbegriffs. Was sie für ihre Argumentation zusätzlich benötigen, ist die Verstrickung von Aufklärung in Herrschaft, die in diesem Begriff der Aufklärung an sich nicht enthalten ist, sondern von außen hinzu kommt. Das wird dadurch verschleiert, dass auch der Herrschaftsbegriff historisch nicht spezifiziert wird und schwammig bleibt, indem etwa zwischen Naturbeherrschung («den Menschen als Herren einsetzen») und gesellschaftlicher Herrschaft nicht geschieden wird. Letztlich bleibt dann aber die Formulierung von der Selbstzerstörung der Aufklärung unbegründet, war nur alle bisherige Aufklärung keine «wirkliche Aufklärung».[106]

Es fehlt der Nachweis, dass Aufklärung *notwendig* in Herrschaft verstrickt ist. Mit dem transhistorischen Aufklärungsbegriff des allgemeinen Sprachgebrauchs, den auch Horkheimer und Adorno einführen, kann er nicht gelingen, sondern dazu ist ein Bezug auf die bisherige Aufklärung und somit ein historischer Begriff derselben erforderlich, der die Aufklärung dort verortet, wo sie entstanden ist, nämlich in der im 17. und 18. Jahrhundert sich entfaltenden bürgerlichen Gesellschaft. Implizit gehen Horkheimer und Adorno auch gar nicht anders vor: Ihr Gegenstand ist die bürgerliche Gesellschaft und deren Denken seit der Zeit der Aufklärung, selbst dort noch, wo sie deren Verhältnisse in die frühe Antike rückprojizieren. Anders gesagt: Horkheimer und Adorno verwenden außer dem in den ersten Sätzen eingeführten Begriff der Aufklärung noch einen zweiten, historischen,[107] der auch hier zu Grunde gelegt werden soll. In dieser Weise gelesen, lässt sich die «Dialektik der Aufklärung» weiterhin fruchtbar machen, ist ihr Programm tatsächlich

---

106 siehe auch Rolf Wiggershaus: *Die Frankfurter Schule*, München 1988, S. 372, dessen Interpretation dieser Lesart folgt.
107 Ihn zu entdecken wird dadurch erschwert, dass er nicht im Abschnitt «Begriff der Aufklärung» (DdA, S. 9–49), sondern unter »Juliette oder Aufklärung und Moral» (DdA, S. 88–127) bestimmt wird.

durchführbar. Um das zu zeigen, versuche ich mich im Folgenden an einer Lesart, von der ich weder behaupten will, dass sie die einzig mögliche sei, noch dass sie die authentische Sicht der Autoren wirklich treffe, was sich ohnehin nicht mehr überprüfen lässt.[108]

Ein adäquater Begriff der Aufklärung ist allein mit ihrem Ziel, sie wolle «die Mythen auflösen und Einbildung durch Wissen stürzen», noch nicht zureichend gefasst, sondern zu ihm gehört auch die besondere Art von Vernunft, die Denken und Handeln leiten soll: «Denken ist im Sinn der Aufklärung die Herstellung von einheitlicher, wissenschaftlicher Ordnung und die Ableitung von Tatsachenerkenntnis aus Prinzipien, mögen diese als willkürlich gesetzte Axiome, eingeborene Ideen oder höchste Abstraktionen gedeutet werden. ... Erkenntnis besteht in der Subsumtion unter Prinzipien. Sie ist eins mit dem Urteil, das dem System eingliedert. Anderes Denken als solches, das aufs System sich richtet, ist direktionslos oder autoritär. Nichts wird von der Vernunft beigetragen als die Idee systematischer Einheit, die formalen Elemente festen begrifflichen Zusammenhangs. Jedes inhaltliche Ziel, auf das die Menschen sich berufen mögen, als sei es eine Einsicht der Vernunft, ist nach dem strengen Sinn der Aufklärung Wahn, Lüge, ‹Rationalisierung›, mögen die einzelnen Philosophen sich auch die größte Mühe geben, von dieser Konsequenz hinweg aufs menschenfreundliche Gefühl zu lenken.»[109]

Auch wenn uns Warensubjekten die Vorstellung schwer fällt, dass es einmal anders gewesen sein soll: Diese Art der Vernunft, die sich allein auf die Form und nicht auf den Inhalt des Denkens richtet und immer – implizit oder explizit – mit gemeint ist, wenn von Aufklärung gesprochen wird, ist die historisch spezifische Vernunft der bürgerlichen Epoche, die es vorher und in anderen Gesellschaften nicht gegeben hat. Kant, auf den sich Horkheimer und Adorno hier beziehen, ist sich dessen wohl bewusst gewesen, wenn er (in der «Kritik der reinen Vernunft») von einer «Revolution der Denkart» spricht. Dieser Vernunftbegriff ist mit der Aufklärung unauflöslich verbunden. Weil es schwer und streng genommen sogar unmöglich ist, sich eine andere Vernunft als die eigene zu denken, wird das leicht vergessen. Hier genau aber liegt der blinde Fleck des Aufklärungsdenkens, das für ein Naturverhältnis hält, was historisch entstanden, durch menschliches Handeln konstituiert und daher auch veränderbar ist.

---

[108] Es ist insofern möglich, mir eine «Fehlinterpretation» der «Dialektik der Aufklärung» nachzuweisen. Die «richtige» zu liefern, ist hier aber gar nicht die Intention. Für eine genauere Auseinandersetzung mit dem Text vgl. Norbert Trenkles Beitrag «Gebrochene Negativität» in Krisis 25, Bad Honnef 2002.

[109] DdA, S. 88/89

Aufklärung und Herrschaft

Das Ansehen, das die Aufklärung auch und gerade bei kritischen ZeitgenossInnen immer noch genießt, liegt in ihrem Anspruch, auf den auch Horkheimer und Adorno abheben («die Mythen auflösen und Einbildung durch Wissen stürzen») und der sich gegen Herrschaft zu richten scheint. Das Pathos eines Kampfes des die Tatsachen aufdeckenden «kalten Auges der Wissenschaft» gegen den «tausendjährigen Perlmutterdunst von Aberglauben und alten Wörtern» und die damit verbundene Herrschaft «selbstsüchtiger Machthaber», hier in den Worten von Bertolt Brecht[110], hat die Aufklärung von Beginn an begleitet. Aber der Anspruch lässt sich von seiner Verwirklichung durch die nur der abstrakten Form verpflichteten und aller inhaltlichen Kriterien baren Aufklärungsvernunft nicht trennen; diese aber ist alles andere als frei von Herrschaft. Dem Aufklärungsdenken entgeht das, weil es sich Herrschaft immer nur als eine von Personen vorstellen kann, weshalb es in der verwirklichten Demokratie – trotz des gegenteiligen Wortsinns – gesellschaftliche Herrschaft eigentlich nicht mehr geben dürfte.

Der dieser Anschauung zu Grunde liegende Herrschaftsbegriff ist anachronistisch geworden. Er gehört der Epoche an, gegen die sich die bürgerliche Gesellschaft erst durchsetzen musste. Die Aufklärungsvernunft hat dem aufsteigenden Bürgertum in seinem Kampf gegen den Feudalismus immer auch als ein ideologisches Instrument gedient: So wie die Natur universellen Gesetzen folge, denen alles ohne Ausnahme unterworfen sei, gelte dies auch für eine «natürlich» oder «vernünftig» organisierte Gesellschaft; für Privilegien sei in ihr kein Platz. Es ist klar, dass diese Denkfigur von der bürgerlichen Klasse nur als Argument verwendet wurde, solange es gegen die Privilegien des Adels ging; klar auch, dass sie von der Arbeiterbewegung leicht aufgegriffen werden konnte, welche so in ihrem Kampf um die Anerkennung auch der besitzlosen Massen als freie und gleiche Staatsbürger nicht nur die Geschichte, sondern auch die Natur auf ihrer Seite zu haben glaubte. Falsch aber wird der Begriff von Herrschaft als persönlicher Abhängigkeit und ungleicher Verteilung von Rechten, wenn hierin das Wesen noch der heutigen Verhältnisse der entwickelten bürgerlichen Gesellschaft erblickt wird. Die inzwischen abgeschlossene Durchsetzungsgeschichte des Kapitalismus bestand nicht darin, eine neue Klasse in alte Adelsrechte einzusetzen, sondern vielmehr in der Abschaffung feudaler Strukturen, die der Kapitalverwertung im Wege stehen, welche den warenförmigen Verkehr der Freien und Gleichen voraussetzt.

Doch auch die Herrschaft der kapitalistischen Vernunft ist Herrschaft: Die Freiheit und Gleichheit der Bürger ist ihre Freiheit und Gleichheit in der als Naturverhältnis begriffenen allgemeinen gesellschaftlichen Form, die mit dem subjektlosen Prinzip des Werts gesetzt ist. Seine blind anerkannte Gültigkeit ist für die Aufklärung und ihr Denken konstitutiv, sei es nun als Gleichheit vor dem Recht, als

---

110 Bertolt Brecht: *Leben des Galilei, Gesammelte Werke 3*, Frankfurt 1967, S. 1339 ff.

individuelle Freiheit zur Konkurrenz innerhalb der «ehernen Gesetze des Marktes» oder als gesetzesförmige, objektive Erkenntnis, in der die äußere Natur heute einzig noch begriffen werden kann. Ein Herrschaftsverhältnis ist damit vor allem auch gegenüber der inneren Natur gesetzt: Wer dabei sein will, muss sich selbst beherrschen, den «inneren Schweinehund» domestizieren. Wer das verweigert oder sich in anderer Weise dem gesetzesförmigen Funktionieren versagt, gilt als unvernünftig, unmündig, nicht geschäftsfähig, kurzum: ohne Wert.

«Derjenige nun, welcher das Stimmrecht in dieser Gesetzgebung hat, heißt ein Bürger (citoyen, d.i. Staatsbürger, nicht Stadtbürger, bourgeois). Die dazu erforderliche Qualität ist außer der natürlichen (daß es kein Kind, kein Weib sei) die einzige: daß er sein eigener Herr (sui iuris) sei, mithin irgend ein Eigentum habe (wozu auch jede Kunst, Handwerk oder schöne Kunst oder Wissenschaft gezählt werden kann), welches ihn ernährt; d.i. daß er in den Fällen, wo er von Andern erwerben muß, um zu leben, nur durch Veräußerung dessen, was sein ist, erwerbe, nicht durch Bewilligung, die er anderen gibt, von seinen Kräften Gebrauch zu machen, folglich daß er niemanden als dem gemeinen Wesen im eigentlichen Sinne des Worts diene.»[111]

In diesen Sätzen des großen Philosophen der Aufklärung ist bereits vieles von dem angelegt, was die Gegenaufklärung zu bieten hat, und nur teilweise sind sie der Beschränktheit seines historischen Standorts geschuldet. Bürgerrechte hat, wer etwas zu Markte tragen kann, auch wenn es bei Kant noch nicht die eigene Arbeitskraft ist und die Dienstleistungsgesellschaft natürlich außerhalb seines Horizonts liegt. Wo immer auch die Linie jeweils gezogen wird, konstitutiv bleibt das Moment der Ausgrenzung: Wer sich der Warenform entzieht, weil er ihren Normen nicht genügen kann oder will, bleibt draußen: Kinder, Frauen und «Wilde», die hier gar nicht erst genannt werden müssen – so selbstverständlich ist das.

---

111 Immanuel Kant, Über den Gemeinspruch: Das mag in der Theorie richtig sein, taugt aber nichts für die Praxis (1793), in Werkausgabe, Band XI, Frankfurt 1977 (stw), S. 151. In einer Anmerkung dazu heißt es weiter: «Derjenige, welcher ein opus verfertigt, kann es durch Veräußerung an einen anderen bringen, gleich als ob es sein Eigentum wäre. Die praestatio operae aber ist keine Veräußerung. Der Hausbediente, der Ladendiener, der Taglöhner, selbst der Friseur sind bloß operarii, nicht artifices (in weiterer Bedeutung des Worts) und nicht Staatsglieder, mithin auch nicht Bürger zu sein qualifiziert. Obgleich der, welchem ich mein Brennholz aufzuarbeiten, und der Schneider, dem ich mein Tuch gebe, um daraus ein Kleid zu machen, sich in ganz ähnlichen Verhältnissen gegen mich zu befinden scheinen, so ist doch jener von diesem, wie Friseur vom Perückenmacher (dem ich auch das Haar dazu gegeben haben mag), also wie Taglöhner vom Künstler oder Handwerker, der ein Werk macht, das ihm gehört, so lange er nicht bezahlt ist, unterschieden. Der letztere als Gewerbtreibende verkehrt also sein Eigentum mit dem Anderen (opus), der erstere den Gebrauch seiner Kräfte den er einem Anderen bewilligt (operam). — Es ist, ich gestehe es, etwas schwer die Erfordernis zu bestimmen, um auf den Stand eines Menschen, der sein eigener Herr ist, Anspruch machen zu können.» Warum nur müssen die Philosophen immer auf den Friseuren herumhacken? Auch über seinen eigenen Stand scheint sich Kant nicht klar gewesen zu sein. Von dem Verkauf seiner Bücher wird er ja nicht gelebt haben

Die Bürgerrechte sind die Rechte des weißen Mannes, für alle anderen sind sie zumal in Krisenzeiten leicht zurücknehmbar. Durch die Hintertür kommt so auch die persönliche Herrschaft wieder herein, wo doch «nur» die Herrschaft des Prinzips gemeint war.

Dass die zweifelhaften, nur um den Preis der Unterwerfung unter die abstrakte Form zu habenden Glücksversprechen der Moderne für die große Mehrheit zu keiner Zeit eingelöst wurden, ist kein Betriebsunfall, sondern liegt im Programm – dem Programm der Aufklärung. Gegen die Vorstellung, die herrschende Misere ausgerechnet damit beheben zu wollen, die Aufklärungsideale nun endlich zu verwirklichen, spricht auch alle empirische Evidenz der neuzeitlichen Geschichte, in der ja genau dies geschehen ist. Sich darüber hinweg zu lügen, bedarf schon einer der herrschenden Volkswirtschaftslehre[112] entlehnten Geschichtsphilosophie, die davon ausgeht, dass alle bisherige Geschichte eine Geschichte der Betriebsunfälle gewesen sei.

Aufklärung und Moral

Dass kein inhaltliches Ziel auf die Aufklärungsvernunft sich berufen könne, wie Horkheimer und Adorno feststellen, entspricht dem Bild, das die «positive Wissenschaft» aller Fächer von sich selber hat. Ihr Feld ist das Reich der Tatsachenfeststellungen und des rationalen Argumentierens. Mit Affekten, Moralvorstellungen oder Weltanschauungen hat sie der Sache nach nichts zu tun, und alle ihre methodischen Mühen richten sich darauf, diese Art von «Verunreinigungen» draußen zu halten, auch wenn das nur selten wirklich gelingen mag.[113] Soweit es um die Beschreibung dessen geht, was westliche Wissenschaft ausmacht und welche Stellung sie innerhalb der bürgerlichen Gesellschaft einnimmt, ist dem Positivismus Recht zu geben. Jede Kritik an ihm, wie sie in der Studentenbewegung aufkam und heute vor allem vom Feminismus fortgeführt wird, muss daher zu kurz greifen, wenn sie sich allein auf die Wissenschaft bezieht und die Warenform ausklammert, und sie ist einfach nur falsch, wenn sie sich auf die Aufklärung beruft, deren zwingende Konsequenz der Positivismus schließlich ist.

---

112 Die hält sich bekanntlich durch den Glauben am Leben, dass die immer wieder auftretenden ökonomischen Katastrophen, die es der Theorie nach gar nicht geben dürfte, nicht etwa gegen die Theorie sprechen, sondern der ökonomischen Unvernunft der Akteure geschuldet sind, die am laufenden Band Betriebsunfälle in einer ihrer Natur nach eigentlich krisenfreien Marktwirtschaft verursachen.

113 Schließlich leben ganze Fächer davon, falsches Bewusstsein zu verbreiten noch über das «notwendig falsche Bewusstsein» hinaus, das Ideologie laut Marx ist, indem sie unter dem Deckmantel positiver Wissenschaft Märchen als Tatsachen verkaufen und zu diesem Zweck alle methodischen Standards fahren lassen. Dagegen kann aufklärerische Kritik durchaus befreiend wirken; vgl. als ein Beispiel Michael R. Krätke: *Neoklassik als Weltreligion*, in *Kritische Interventionen 3, Die Illusion der neuen Freiheit*, Hannover 1999

Die bürgerliche Dichotomie von Vernunft und Gefühl hat zur Folge, dass keinerlei Moral sich vernünftig begründen lässt, womit freilich Gesellschaftlichkeit überhaupt in Frage gestellt ist: «Die Morallehren der Aufklärung zeugen von dem hoffnungslosen Streben, an Stelle der geschwächten Religion einen intellektuellen Grund dafür zu finden, in der Gesellschaft auszuhalten, wenn das Interesse versagt.»[114] Angesichts ihrer Vergeblichkeit haben diese Bemühungen im Laufe der Geschichte der westlichen Philosophie ständig abgenommen und sind heute praktisch eingestellt. Als letztes Ergebnis dieser Entwicklung bleibt der Positivismus, der derartige Fragen gar nicht mehr kennt bzw. sie für nicht verhandelbar erklärt.

Darin zeigt sich, dass es eine kapitalistische Moral nicht gibt, auch wenn die im Aufstieg begriffene bürgerliche Gesellschaft dazu durchaus ihre eigenen Vorstellungen hervorbrachte, etwa in Gestalt der protestantischen Ethik, die die Arbeit als Selbstzweck zur moralischen Pflicht und jeden Genuss zumindest für anrüchig erklärte, oder auch als Gefühl für Gerechtigkeit, das am Gleichheitsideal sich orientiert. Der kapitalistischen Dynamik und ihrer Vernunft halten derartige Moralvorstellungen, ständig zur Disposition gestellt, nämlich ebenso wenig stand wie die aus vorkapitalistischen Verhältnissen überkommenen. Der Kapitalismus zehrt gewissermaßen moralisch von seinen Subjekten, und im selben Maße, wie sich die Warenform als allgemeine Form durchsetzt und auch die Privatsphäre durchdringt, wird die Moral aufgezehrt. «Während aber alle früheren Veränderungen ... neue, wenn auch aufgeklärte Mythologien an die Stelle der älteren setzten, ... zerging vor dem Licht der aufgeklärten Vernunft jede Hingabe als mythologisch, die sich für objektiv, in der Sache begründet hielt. Alle vorgegebenen Bindungen verfielen damit dem tabuierenden Verdikt, nicht ausgenommen solche, die zur Existenz der bürgerlichen Ordnung selbst notwendig waren. Das Instrument, mit dem das Bürgertum zur Macht gekommen war, Entfesselung der Kräfte, allgemeine Freiheit, Selbstbestimmung, kurz, die Aufklärung, wandte sich gegen das Bürgertum, sobald es als System der Herrschaft zur Unterdrückung gezwungen war. Aufklärung macht ihrem Prinzip nach selbst vor dem Minimum an Glauben nicht halt, ohne das die bürgerliche Welt nicht existieren kann.»[115]

Diese selbstzerstörerischen Tendenzen der bürgerlichen Gesellschaft rufen die Gegenaufklärung auf den Plan. Wenn sich Gefühle nicht durch Vernunft begründen lassen, sei auf diese eben zu verzichten. Der Irrationalismus isoliert, «darin wie in anderem dem letzten Abhub der Aufklärung, dem modernen Positivismus verwandt, das Gefühl, wie Religion und Kunst, von allem was Erkenntnis heißt. Er schränkt zwar die kalte Vernunft zugunsten des unmittelbaren Lebens ein, macht es jedoch zu einem dem Gedanken bloß feindlichen Prinzip. Im Scheine solcher Feindschaft wird Gefühl und schließlich aller menschliche Ausdruck, ja Kultur überhaupt der Verantwortung vor dem Denken entzogen, verwandelt sich aber dadurch zum neu-

---

114 DdA, S. 92
115 DdA, S. 99/100

tralisierten Element der allumspannenden Ratio des längst irrational gewordenen ökonomischen Systems. Sie hat sich seit den Anfängen auf ihre Anziehungskraft allein nicht verlassen können und diese durch den Kultus der Gefühle ergänzt. Wo sie zu diesen aufruft, richtet sie sich gegen ihr eigenes Medium, das Denken, das ihr selbst, der sich entfremdeten Vernunft, immer auch verdächtig war.»[116]

Gerade weil sie das Gefühl zu einem der Vernunft feindlichen Prinzip macht, steht die Gegenaufklärung nicht im Widerspruch zur Aufklärung, sondern ist ihr Komplement. Beiden gemeinsam ist, dass sie Denken und Fühlen voneinander isolieren, der Unterschied liegt nur in der Betonung des einen oder anderen. Angesichts dieser Scheinalternative eine Lanze für die Aufklärung zu brechen, verkennt den Zusammenhang mit ihrer Kehrseite, verkennt die Selbstdestruktion der Aufklärung, die in ihrer Eigendynamik freilich über die bürgerliche Gesellschaft keineswegs positiv hinaus, sondern vielmehr auf die Zerstörung von Gesellschaftlichkeit überhaupt verweist: Wenn alle überkommenen Moralvorstellungen aufgezehrt sind, bleibt als letzte moralische Pflicht diejenige zur Selbsterhaltung in der kapitalistischen Konkurrenz übrig. «Soweit Verstand, der am Richtmaß der Selbsterhaltung groß wurde, ein Gesetz des Lebens wahrnimmt, ist es das des Stärkeren. Kann es für die Menschheit wegen des Formalismus der Vernunft auch kein notwendiges Vorbild abgeben, so genießt es den Vorzug der Tatsächlichkeit gegenüber der verlogenen Ideologie.»[117]

Insofern ließe sich vielleicht doch von einer kapitalistischen Moral sprechen. Es ist die Moral der Stärke und des mitleidlosen Stärkeren, wie sie heute im Zuge der postmodernen Krisenverdrängung prahlerisch sich bereits auf Autoaufklebern anpreist: «Eure Armut kotzt mich an.» In der Rede vom «entfesselten Kapitalismus» wird der sich abzeichnende Endpunkt einer Dynamik der Demoralisierung durchaus wahrgenommen, kann aber nur noch hilflos beklagt werden. Die dagegen propagierten Rezepte sind solche der Gegenaufklärung und bestehen im vergeblichen Einziehen moralischer Maßstäbe, die längst zerstört sind und daher keine allgemeine Verbindlichkeit mehr erlangen können. Dabei würde es völlig ausreichen, auch die «letzte Pflicht» noch, die zur Konkurrenz, zusammen mit der Warenform zu destruieren. Leider ist das nur der Logik nach einfach, nicht faktisch, weil es jenseits der Aufklärung und ihres Denkens liegt.

Die gegen Mitleid und Mitgefühl gerichteten Konsequenzen daraus, bis hin zum Mord, sind in der neuzeitlichen Philosophie früh aufgezeigt worden, wie Horkheimer und Adorno am Beispiel de Sades und Nietzsches exemplifizieren: «Die dunklen Schriftsteller des Bürgertums haben nicht wie seine Apologeten die Konsequenzen der Aufklärung durch harmonistische Doktrinen abzubiegen getrachtet. Sie haben nicht vorgegeben, daß die formalistische Vernunft in einem engeren Zusammenhang mit der Moral als mit der Unmoral stünde. Während die hellen das unlösliche Bündnis von Vernunft und Untat, von bürgerlicher Gesellschaft und

---

116 DdA, S. 98
117 DdA, S. 106

Herrschaft durch Leugnung schützten, sprachen jene rücksichtslos die schockierende Wahrheit aus.»[118]

Immerhin ist die Wahrheit noch schockierend, sonst müsste sie nicht verdrängt werden und «den Haß entzünden, mit dem gerade die Progressiven Sade und Nietzsche heute noch verfolgen».[119] Sie schockiert allerdings immer weniger, man gewöhnt sich an alles. Der enge Zusammenhang von Wirtschaft, Politik und Verbrechen gilt fast schon als Gemeinplatz, und der «Machtmensch», der in Verfolgung seiner Ziele über Leichen geht, darf eher mit schaudernder Bewunderung als mit Entsetzen rechnen. Allein im privaten Bereich hätten wir es gern etwas gemütlicher und lassen uns nur die Nerven durch die täglich ins Wohnzimmer flimmernden Rambos kitzeln, die sich abschalten lassen, wenn sie es zu schlimm treiben, was ihre Funktion als Leitbild allerdings kaum noch beeinträchtigt. Die «Kollateralschäden»[120] des Waren produzierenden Systems schließlich, die täglich mehr als zwanzigtausend Hungertoten ebenso wie die Opfer der zur Aufrechterhaltung der eigenen zivilisatorischen Standards angeblich erforderlichen Kriege für Menschenrechte und gegen den Terror, gehören in dieser Wahrnehmung immer schon einer anderen Welt an; sie brauchen noch nicht einmal billigend oder bedauernd in Kauf genommen zu werden, da sie doch mit unserem Handeln anscheinend so wenig zu tun haben wie die Opfer von Naturkatastrophen.[121] Der allgemeine Schock, den die Attentate von New York und Washington in den kapitalistischen Zentren auslösten, dürfte denn auch weniger mit der Tat selbst oder dem Mitgefühl für die Opfer als mit der im Medienspektakel vermittelten Botschaft zu tun haben, demnächst selbst zu den Kollateralschäden zu gehören.

Verschwörungstheorien, Antisemitismus, Vernichtungswahn

Der als Naturverhältnis begriffenen, durch allgemeine Gesetzmäßigkeiten geregelten Gesellschaft steht im Aufklärungsdenken der mit einem freien Willen begabte, mündige Bürger gegenüber. Die neoliberale Behauptung, es gebe keine Gesellschaft, sondern nur Einzelne, bringt diese Vorstellung konsequent auf den Punkt: Denn ihr zufolge ist alles, was durch menschliches Handeln beeinflusst wird, auf einzelne Willensentscheidungen zurückzuführen, ob nun demokratisch

---

118 DdA, S. 126
119 DdA, S. 127
120 Dieses im militärischen Jargon entstandene Wort trifft unsere Sicht als Warensubjekte auf die Katastrophen um uns herum nur allzu genau und musste deswegen zum «Unwort» des Jahres 1999 erklärt werden.
121 Dass inzwischen auch die meisten Naturkatastrophen Katastrophen der «zweiten Natur», also durch menschliches Handeln verursacht sind, wird bei dieser Gelegenheit gleichfalls verdrängt.

legitimiert oder nicht. Alles andere sei Natur. Diesem Denken entgeht, dass auch ein gesellschaftlicher Zusammenhang, der gar keiner mehr zu sein scheint, durch menschliches Handeln erst konstituiert wird. Ihm entgeht ebenso, dass umgekehrt die Subjekte ihrer Form nach erst von der besonderen Gesellschaft hervorgebracht werden, in der zu leben sie gezwungen sind. Kurzum: Ihm entgeht die Historizität der gesellschaftlichen Form wie die der von ihr konstituierten und sie konstituierenden Subjekte.

Was es nicht gibt, kann auch nicht die Ursache von etwas sein. Kriege, Krisen, ökonomische Zusammenbrüche und andere Katastrophen mit der Gesellschaftsform in Zusammenhang zu bringen, in der sie stattfinden, nämlich der eigenen, kommt dem Aufklärungsdenken daher nicht in den Sinn. In seinem Weltbild hat jede Wirkung ihre Ursache entweder in Naturgesetzen oder freien Willensentscheidungen. Da erstere schon ihrem Begriff nach nicht zur Rechenschaft gezogen werden können, sind letztere verantwortlich zu machen, müssen es also Menschen bösen Willens sein, die als Schuldige zu überführen sind.[122] Noch der Marxismus kennt diese gut aufklärerische, ergo verschwörungstheoretische Variante, die das Kapital nicht als gesellschaftliches Verhältnis versteht, sondern als Gruppe profitgieriger, mächtiger Männer, die im Hintergrund die Drähte ziehen, um die eigene Macht zu erhalten und auszubauen, die Sachzwänge der Kapitalverwertung dafür allenfalls als Vorwand benutzend. Nimmt man noch die Ontologisierung respektive Verherrlichung der Arbeit hinzu, auch sie dem Aufklärungsdenken nicht gerade fremd, so landet man zwanglos und folgerichtig beim Antisemitismus, dem zufolge der Wert schaffenden Arbeit und dem für sie unumgänglichen Sachkapital das Finanzkapital als im Dunkeln operierende, zerstörerische Macht gegenüberstehe.[123] Antisemitismus wird hier verstanden als Personifizierung des als leidvoll erfahrenen Abstrakten, für das, solange es unbegriffen ist, die Bosheit lebendiger

---

122 Wenn man nichts mehr versteht, sind Verschwörungstheorien fast immer ein geeignetes Gegenmittel. Auch nach den Selbstmordattentaten von New York und Washington hatten sie Konjunktur. Bereits die angesichts der mageren, genau genommen gar nicht vorhandenen Beweise doch überraschend schnelle offiziöse Einigung auf bin Laden als Drahtzieher setzte von vornherein voraus, dass es den großen Dunkelmann geben müsse, der alle Fäden in der Hand hält, etwa nach dem Muster der Oberschurken in James-Bond-Filmen. Und die Gegenseite bewies ihre Modernität dadurch, dass sie diese Konstruktion der individuell handelnden Verschwörer sogleich mediengerecht in den von ihr verbreiteten Videos ins Bild setzte. Etwas politischer ist da schon die deutsch-islamistische Weltverschwörung, das Gegenmodell zur jüdischen, die in der Konkurrenz der Verschwörungstheorien auch diesmal natürlich ebenso wenig fehlen durfte wie die CIA als großer Manipulator.

123 Was den Nationalsozialisten das «raffende Kapital», war Lenin die «Finanzoligarchie». Für eine genauere Darstellung des Zusammenhangs von Marxismus-Leninismus und Antisemitismus sowie dessen Fortexistenz im gegen die USA und Israel gerichteten «Antiimperialismus» siehe Robert Bösch: *Unheimliche Verwandtschaft*, Krisis 16/17, 161–175. Dass sich auch das «schaffende Kapital» selbst, etwa in Gestalt eines Henry Ford, dieser Sichtweise anschließen kann, verwundert angesichts ihres logischen Zusammenhangs mit dem Aufklärungsdenken nicht weiter, siehe Robert Kurz: *Schwarzbuch Kapitalismus*, Frankfurt 1999, S. 482 ff.

Menschen verantwortlich gemacht und die Lösung aller Probleme daher in ihrem Tod gesucht werden muss. Die darin enthaltene Logik ist die des Aufklärungsdenkens. Dass es die Juden sind, die den daraus sich ergebenden Hass auf sich ziehen, liegt dagegen nicht mehr in dieser Logik, sondern lässt sich nur aus der europäischen Geschichte und Tradition erklären.

Mir geht es hier nicht darum, die Ursprünge des Antisemitismus und seine Erscheinungsformen im Detail nachzuzeichnen, sondern allein um den Nachweis, dass er mit dem Aufklärungsdenken nicht nur kompatibel ist, sondern aus ihm geradezu zwangsläufig folgt. Auch der Schritt, positiv besetzte Kollektivsubjekte wie «Rasse», «Volk» oder «Nation» zu imaginieren und den dunklen Mächten entgegenzustellen, liegt noch ganz auf dieser Linie der Vorstellung freier Willensentscheidungen als einziger Ursache von Veränderungen im Rahmen der als Naturverhältnis gedachten Gesellschaft, hier gepaart mit der Erfahrung der Ohnmacht des Einzelnen. Erst wenn es darum geht, die Imaginationen mit Inhalt und Leben zu erfüllen, ist die Gegenaufklärung gefragt. Keine Ideologie von Rasse, Blut und Boden ließe sich mit der Vernunft noch begründen, auch keine der gemeinsamen Religion. Der hierin sich manifestierende Fundamentalismus jeglicher Provenienz resultiert aus dem inneren Widerspruch der Warengesellschaft und hat nur in Krisenzeiten und -regionen besonderen Zulauf, kann aber gerade in der Krise materiell wenig bewirken. Er ist deshalb darauf verwiesen, sich negativ zu definieren und trägt damit die Tendenz zum Vernichtungswahn in sich, wie etwa Joachim Bruhn am Beispiel des deutschen Nationalwahns exemplifiziert:

... was der ordinäre Nationalismus, wie er unter Demokraten gang und gebe ist, in der Reklame fürs Modell Deutschland höflich verschweigt, das muß dem Individuum im Ausnahmefall, der die Krise ist, die gesteigerte und selbstbewußte Form dieses Nationalismus, der Nationalsozialismus, auf den Kopf zusagen, auch wenn es das Individuum vermutlich diesen kosten wird: Du bist nichts, Dein Volk ist alles!

Weil aber die autonome Verfügung übers unverwechselbar eigene Wesen, die das Recht auf nationale Selbstbestimmung ausmachen soll, schon daran scheitern muß, daß keiner weiß, was das eigentlich sein soll: deutsch, darum gesellt sich zur Verblendung die Enttäuschung, und dem individuell erzwungenen Wahn folgt die kollektiv gewollte Wut. Das deutsche Wesen, das doch so ungeheuer positiv sein soll, kann nirgends anders sich zur Geltung bringen als in der Verfolgung, kann unmöglich anders sich darstellen als ex negativo in der Fahndung nach den ‹Undeutschen›. Der Wille zur Identität erzwingt als seine Rechtfertigung und sein gutes Gewissen die Vorstellung, man müsse die ‹Minderwertigen› verfolgen und die ‹Überwertigen› vernichten, damit das eigene Wesen freie Bahn bekommt. Der Nationalist ist daher die ‹verfolgende Unschuld› (Karl Kraus) in Person. [124]

---

[124] Joachim Bruhn: *Was deutsch ist. Zur kritischen Theorie der Nation*, Freiburg 1994, S. 8/9

Das hier beschriebene Muster ist deutsch insofern, als die Deutschen es im Nationalsozialismus ins Extrem getrieben und perfektioniert haben, auch wenn es für Deutschland selbst zurzeit keine größere Rolle spielt als für andere Länder des kapitalistischen Zentrums. Zusammen mit der deutschen Ideologie, der Definition des Staates über die angeblich gemeinsame Abstammung[125] ist es aber ein Exportmodell, besonders für die ökonomisch bereits zusammengebrochenen Regionen, wobei es nicht zwangsläufig die Juden sein müssen, die das Ziel des Hasses und der Vernichtung bilden. Als Muster ist es verallgemeinerungsfähig und erscheint auch im Islamismus und anderen Fundamentalismen,[126] womit freilich nicht gemeint ist, dass der darin enthaltene Antisemitismus mit dem nationalsozialistischen einfach identisch wäre;[127] das trifft weder auf den realökonomischen Hintergrund noch auf den systematischen und selektiven Charakter der Vernichtung noch auf die hier in Rede stehende ideologische Ebene zu: Allein schon die grundlegende Vorstellung, Opfer der Modernisierung zu sein, bedurfte in Deutschland eines unvergleichlich höheren Maßes an wahnhafter Wahrnehmung als heute in der kapitalistischen Peripherie.[128]

Unhaltbar aber ist es, zur Abwehr des Antisemitismus die Aufklärung als Gegenbild aus der Tasche zu ziehen, so als hätte diese mit jenem nichts zu tun. Antisemitismus gehört zum ganz normalen Wahnsinn des Aufklärungsdenkens, bis hin zu Vernichtungsphantasien. Erst der Schritt, diese real werden zu lassen, bedarf der Kräfte der Gegenaufklärung und ist kaum denkbar ohne eine wie immer geartete Ideologie der Volksgemeinschaft, die sich nur negativ definieren kann. In der letzten Konsequenz schließlich, die allein in Deutschland gezogen wurde, nämlich die Vernichtung nicht den Zufälligkeiten der Pogrome zu überlassen, sondern sie systematisch zu betreiben, indem sie zum Staatsziel erhoben und mit allen Mitteln betriebswirtschaftlicher Rationalität und Effektivität verfolgt wird, im «Antisemitismus der Vernunft», wie Hitler ihn nannte, fallen Aufklärung und Gegenaufklärung unauflöslich ineinander.

---

125 vgl. Robert Kurz: *Schwarzbuch Kapitalismus*, Frankfurt 1999, S. 299 ff.
126 so etwa, wenn dem Dschihad eine eigenständige Rolle zuwächst, die er im Islam nie hatte. Auch die verschiedenen ethnisch begründeten Konflikte, die nur noch dazu zu dienen scheinen, die Plünderung durch Warlords und ihre Gangs zu kaschieren, haben teilweise ein Maß an sinnloser Vernichtung angenommen, das mit dem Ziel der Plünderung nur unzureichend rationalisiert wäre.
127 Das unvermittelte Gleichsetzen verschiedener empirischer Sachverhalte ist eines der wesentlichen, zu kritisierenden Merkmale der Aufklärungsvernunft und ihrer Erkenntnis qua «Subsumption unter Prinzipien». Vgl. Roswitha Scholz: *Identitätslogik und Kapitalismuskritik*, Streifzüge 3/2001, 24–28
128 Mehr als problematisch ist es daher, den Islamismus als «deutschen Sonderweg für den Islam» zu bezeichnen, wie es Matthias Küntzel tut (Jungle World vom 23. Februar 2002), wobei er sich ausgerechnet auf Bassam Tibi beruft, der sich mit seinem Buch «Der Krieg der Zivilisationen» (Hamburg 1995) als «deutscher Huntington» einen Namen gemacht hat und dem Westen eine allzu große «Demut» in der internationalen Politik attestiert.

Der Standort der Kritik

Wer die Aufklärung kritisiert, tut das notwendigerweise mit ihren Mitteln; andere stehen uns nicht zur Verfügung. Aus dieser in der Tat paradoxen Situation lassen sich nun offenbar beliebig absurde Schlüsse ziehen: Der Weigerung, im Krieg der Wahnsysteme, deren eines das andere hervorbringt, Partei zu ergreifen, wird vorgehalten, sie suggeriere «eine eigene Position außerhalb der Totalität»[129] des Kapitals, sie flüchte «in den erkenntnistheoretischen Wahn, selbst außerhalb der One World zu sein».[130] Wenn das schlüssig wäre, dann wäre Kritik am gesellschaftlichen Ganzen unmöglich, dann dürfte es aber auch so etwas wie Selbstreflexion und Selbstkritik nicht geben. Doch so beschränkt sind die Mittel der Aufklärung, sind die Möglichkeiten rationalen Denkens und Argumentierens nun wieder nicht – jedenfalls nicht per se, es sei denn, man wollte sich von vornherein auf die Sonderform der mathematisch-naturwissenschaftlichen Methodik beschränken, die freilich für die westliche Wissenschaft aller Fächer paradigmatisch geworden ist.

Das begriffliche Denken, wie es die Aufklärung hervorgebracht und kultiviert hat, setzt die Trennung von erkennendem Subjekt und erkanntem bzw. zu erkennendem Objekt voraus. Das schließt aber keineswegs aus, sich selbst, das eigene Denken oder auch die Totalität der Gesellschaft, in der man sich bewegt, zum Erkenntnisobjekt zu machen. Nun geschieht auch dies immer in der Form der Subjekt-Objekt-Trennung, anders lässt sich Analyse und Kritik nicht darstellen, will sie sich in dieser Gesellschaft verständlich machen. Die ideologiekritische Rede etwa vom «notwendig falschen Bewusstsein» versetzt die so Sprechenden in eine Position, in der sie selber davon ausgenommen sind, sonst könnten sie nicht sagen, es sei «falsch», womit dann das falsche Bewusstsein seine Notwendigkeit auch schon verloren hätte. Doch was folgt daraus? Ginge es nach der oben genannten Argumentation, wäre Ideologiekritik unmöglich und die IdeologiekritikerInnen, die sie vorbringen, dürften sich entweder selbst nicht mehr ernst nehmen oder müssten fortan schweigen. Aber es handelt sich hier gar nicht um einen logischen Widerspruch, sondern um eine reale Paradoxie, nämlich die des Kritikers in der von ihm kritisierten Gesellschaft. Wenn wir die Warensubjekte kritisieren, heißt das nicht, dass wir schon keine mehr wären. Und Kritik der Aufklärungsvernunft heißt nicht, dass wir nicht in ihren Formen denken müssten; als kapitalistisch konstituierte Individuen können wir gar nicht anders. Das schließt ein Bewusstsein von der eigenen Situation, das verbunden ist mit der Hoffnung, aus ihr hinauskommen zu können, aber nicht aus. Ohne diese Hoffnung gäbe es keine Kritik.

Nun kann Kritik der Warengesellschaft und der Aufklärung aber wiederum auch nicht einfach in der Fortführung des Aufklärungsdenkens, so wie es hier kritisiert wurde, bestehen; kein Weg führte da hinaus. Es muss noch etwas hinzukommen. Zum einen ist es das Bewusstsein der Geschichtlichkeit der gesellschaftlichen

---

129 Gerhard Scheit: *Das Böse ist nicht das Böse*, Jungle World vom 2. Oktober 2001
130 Gerhard Scheit: *Gesichtspunkt Auschwitz*, Konkret 12/2001

Form. Um es in Umkehrung eines in einschlägigen Kreisen beliebten Spruchs auszudrücken: Nur wer den Kapitalismus begreift, kann ihn abschaffen wollen. Wer ihn nicht begreift, versteht ihn als Naturverhältnis, und das lässt sich nicht abschaffen, noch nicht einmal ändern. Zum anderen ist es das Bewusstsein, als KritikerIn ebenso wie die vorgebrachte Kritik immer schon Bestandteil des zu begreifenden Gegenstands und damit seinen Begrenztheiten und Widersprüchen unterworfen zu sein. Ob beides zusammen ausreicht, ist damit noch nicht gesagt, auf jeden Fall aber überschreitet es das bloße Aufklärungsdenken. Adorno hat das in seiner Auseinandersetzung mit der empirischen Sozialforschung deutlich gemacht, indem er den Vorrang der Methode (der Aufklärungsvernunft) vor dem Gegenstand, der sich durch den Begriff nie vollständig fassen lässt, bestreitet:

Eine zugleich atomistische und von Atomen zu Allgemeinheiten klassifikatorisch aufsteigende Sozialwissenschaft ist der Medusenspiegel einer zugleich atomisierten und nach abstrakten Klassifikationsbegriffen, nämlich denen der Verwaltung, eingerichteten Gesellschaft. Aber diese adaequatio rei atque cogitationis bedarf erst noch der Selbstreflexion, um wahr zu werden. Ihr Recht ist einzig das kritische. In dem Augenblick, in dem man den Zustand, den die Researchmethoden treffen zugleich und ausdrücken, als immanente Vernunft der Wissenschaft hypostasiert, trägt man, willentlich oder nicht, zu seiner Verewigung bei. ...

... Unwahr wird der isolierte Social Research, sobald er die Totalität, weil sie seinen Methoden prinzipiell entgleitet, als ein krypto-metaphysisches Vorurteil ausmerzen möchte. Die Wissenschaft wird dann auf das bloße Phänomen vereidigt. Indem man die Frage nach dem Wesen als Illusion, als ein mit der Methode nicht Einzulösendes tabuiert, sind die Wesenszusammenhänge – das, worauf es in der Gesellschaft eigentlich ankommt – a priori vor der Erkenntnis geschützt.[131]

Will man nicht alles, was von der Aufklärungsvernunft nicht erfasst werden kann, für nichtexistent erklären, ist nach Erkenntnisweisen jenseits der positiven Wissenschaft zu suchen:

Weil aber Gesellschaft aus Subjekten sich zusammensetzt und durch ihren Funktionszusammenhang sich konstituiert, ist ihre Erkenntnis durch lebendige, unreduzierte Subjekte der «Sache selbst» weit kommensurabler als in den Naturwissenschaften, welche von der Fremdheit eines nicht seinerseits menschlichen Objekts dazu genötigt werden, Objektivität ganz und gar in den kategorialen Mechanismus, in abstrakte Subjektivität hineinzuverlegen. ...

... Nicht nur ist ..., wie der Positivismus zugestände, das Objekt der Erkenntnis durch das Subjekt vermittelt, sondern ebenso umgekehrt: Das Subjekt seinerseits fällt als Moment in die von ihm zu erkennende Objektivität, den gesellschaftlichen Prozeß.[132]

---

131 Theodor W. Adorno: *Der Positivismusstreit in der deutschen Soziologie*, Neuwied 1969, S. 87/88 und S. 93/94
132 ebd., S. 22/23

Ob hinsichtlich der Naturwissenschaften hier dem Positivismus nicht unnötig Raum gegeben wird, ob dort also der Zwang zum kategorialen Mechanismus wirklich aus der Fremdheit des Gegenstands rührt, lasse ich einmal dahingestellt. Auch die Frage, ob es «unreduzierte Subjekte» überhaupt gibt, wäre ein Thema für sich wie vieles, was im vorliegenden Text nur kurz gestreift wurde. Wichtig aber erscheint mir die in Adornos Worten enthaltene Aufforderung, sich weder von den gesellschaftlichen Verhältnissen noch durch die mit ihnen verschränkte Aufklärungsvernunft dumm machen zu lassen, die von sich behauptet, die einzig mögliche Form menschlicher Erkenntnis zu sein. Es geht hier nicht darum, dem Gefühl gegenüber der Vernunft wieder zu seinem Recht zu verhelfen, das wäre in der Tat nur gegenaufklärerisch. Es geht darum, die Erkenntnisressource zu nutzen, die außerhalb der durch die Aufklärungsvernunft vorgeprägten Wahrnehmung darin liegt, dass wir als Warensubjekte die bürgerliche Form und ihre Widersprüche sowohl mit uns herumschleppen als auch durch unser Handeln konstituieren und daher vielleicht mehr von ihr wissen können, als wir gemeinhin wahrhaben wollen.

Die Frage ist weniger, ob es eine kritische Theorie der Gesellschaft geben,[133] sondern ob sie praktisch wirksam werden kann; letztlich erweist sich ihre Möglichkeit an ihrer Wirkung. Die Chancen dafür stehen nicht gut. Nachdem die Aufklärung mit der ihr eingeschriebenen Selbstzerstörung weit vorangekommen ist, bleibt innerhalb der bürgerlichen Form nur noch die Gegenaufklärung im Rennen, wie sich nicht nur an der fortschreitenden Irrationalität der gesellschaftlichen und politischen Realität und ihrer ideologischen Wahrnehmungsraster, sondern auch an den vielen privaten Fluchten in die Esoterik zeigt. All das geschieht unter Aufrechterhaltung der naturwissenschaftlich-technischen Kompetenz, in der allein das Aufklärungsdenken sich heute noch austoben kann.[134] Wer diesen Zustand für eine Zumutung hält, hat Recht, müsste dann jedoch bei der Suche nach Alternativen schon über die Warengesellschaft hinaus blicken. Jetzt aber das Heil in der Aufklärung zu suchen, so als hätte es deren mehrhundertjährige Destruktionsgeschichte nicht gegeben, heißt auf ein totes Pferd zu setzen.

---

133 Die Frage lässt sich streng genommen ihrer Logik nach nicht beantworten. Es ist die Frage nach der Notwendigkeit des «notwendig falschen Bewusstseins» (s. o.). Ließe sie sich positiv im Sinne der Zwangsläufigkeit eines Naturgesetzes beantworten, so wäre auch jede Kritik davon erfasst und daher nicht möglich. Jede «Ableitung» eines derart hermetischen, von der Warenform konstituierten «Verblendungszusammenhangs», in den ja dann auch besagte Ableitung fiele, würde sich damit sogleich selbst dementieren, woraus aber leider nicht schon folgt, dass das Gegenteil wahr ist. Darauf können wir nur hoffen.

134 Auch dies ist noch einmal ein Beleg dafür, wie wenig Aufklärung und Gegenaufklärung zueinander in Widerspruch stehen. Die Selbstmord-Attentäter des 11. September mit ihrer Verbindung von technischem Können und fanatischem Vernichtungswillen sind dafür ein Beispiel, wie denn überhaupt der Islamismus eher in den natur- als in den geisteswissenschaftlichen Fakultäten der arabischen Länder beheimatet ist.

Fetisch unser
Zur Fetisch-Ontologie in Hartmut Böhmes «Fetischismus und Kultur»

Erstveröffentlichung in: EXIT! Krise und Kritk der Warengesellschaft 4, 245–251, Bad Honnef 2007

Fetischisten sind immer die anderen – so war es immer. Aber so ist es nicht. (16)[135]

Das Buch von Hartmut Böhme: *Fetischismus und Kultur. Eine andere Theorie der Moderne* hat im August und September 2006 im Feuilleton verschiedener einschlägiger Medien (ZEIT, Deutschlandradio, Süddeutsche Zeitung, Neue Zürcher Zeitung) begeisterte bis euphorische Rezensionen erhalten. Dafür gibt es gute und andere Gründe. Zu den guten zählt sicher, dass das Buch sich mit dem Fetischismus eines unterbelichteten, für das Verständnis der modernen Gesellschaft gleichwohl essentiellen Themas annimmt und dass es in detaillierter Kenntnis der Quellen, dennoch nie trocken und in weiten Teilen brillant geschrieben ist, ein bildungsbürgerliches Lesevergnügen. Die anderen Gründe für die Begeisterung der Rezensenten liegen meines Erachtens darin, dass das Buch eine Entlastungsfunktion erfüllt, indem es die von Adorno/Horkheimer in der «Dialektik der Aufklärung» formulierte Kritik ins Positive wendet:

Wir vertreten die These, dass es gerade die universell wuchernden fetischistischen Mechanismen sind, die auf unklare, bisher kaum analysierte Weise die modernen Gesellschaften integrieren. Wenn Moderne und Fetischismus aber zusammengehören, dann muss eine Theorie revidiert werden, die den Fetischismus als Perversion, falsches Bewusstsein, Warenverblendung, Primitivität oder Aberglauben, kurz: als Sozialpathologie diagnostiziert. (25)

Der Fetischismus ist demnach die andere, zunächst dunkle, von Marx, Freud u. a. nach und nach ins Licht gezerrte und heute unübersehbare Seite der Aufklärung. Und deshalb sei sie, von extremen Ausuferungen wie dem exemplarisch hervorgehobenen Stalin-Kult (258 ff.) einmal abgesehen, nicht zu kritisieren. Richtig daran ist, dass man schwerlich aus der Position der einen Seite einer Medaille deren Kehrseite kritisieren kann. Wird damit aber Kritik am modernen Fetischismus schlechthin obsolet? Das wäre nur dann richtig, wenn die «lichte» Seite von Moderne und Aufklärung sich nicht oder allenfalls hinsichtlich der Verkennung ihres dunklen «Anderen» kritisieren ließe. Darin scheint eine unausgesprochene Voraussetzung des Buches zu bestehen. In ihr liegt zugleich seine fundamentale Schwäche.

---

135 Hartmut Böhme: *Fetischismus und Kultur. Eine andere Theorie der Moderne*, Reinbek 2006; die nur durch die jeweilige Seitennummer belegten Zitate stammen aus diesem Buch

Fetischismus und Moderne

Seit dem im Alten Testament verewigten Tanz ums goldene Kalb und dem von den mosaischen Gesetzestafeln verordneten Bilderverbot gehören der magische Gebrauch von Fetischen und seine Unterdrückung oder doch zumindest Eindämmung zu den Leitmotiven der jüdisch-christlichen Tradition. Besonders ausgeprägt ist dieser Gegensatz im katholischen Mittelalter mit seiner Hohen Theologie auf der einen, dem Ikonen- und Reliquien-Kult auf der anderen Seite, letzterer wegen seines auf die Körperfragmente von Heiligen gerichteten Begehrens von Böhme treffend als «Toten-Eros» (171) gekennzeichnet. Unklar ist, ob es sich um religiöse Ambivalenz oder doch eher eine gelungene Synthese handelt. Unbestritten ist aber wohl, dass die Ausbreitung des Christentums sich dieser Doppelbödigkeit wesentlich verdankt.

Mit ihr soll es seit Beginn der Neuzeit vorbei sein, so jedenfalls das Selbstverständnis der Aufklärung. Dazu tragen wesentlich die Naturwissenschaften bei, die Böhme zu Recht zum «Kern der Moderne» (84) zählt. Die Dinge haben zurückzutreten, sie werden zu «Tatsachen», zu denen aber nur zählt, was sich «im Rationalitätsregime des Subjekts» (92), der experimentellen Anordnung also, hervorbringen lässt.

Die Moderne ist ein permanenter Bilderkrieg, in der alles, was sich nicht der Rationalität von Tatsachen fügt, als Fetisch denunziert und zerstört werden muss. Tatsachen und Fetische sind komplementär zusammengehörend. Fetische sind solche Dinge, denen von unaufgeklärten Gläubigen Lebendigkeit, Kraft, Tätigkeit zugeschrieben wird, die «in Wahrheit» nicht ihnen zukommen, sondern auf sie projiziert würden: durch projektive Identifikation. Fetischismus ist demnach ein Glaube, der die Freiheit des Subjekts vernichtet und es selbst zum Sklaven macht. (91)

Böhme entwickelt diesen Gedanken in positivem Bezug auf Bruno Latour[136], welcher ihm allerdings noch einen besonderen *shift* gegeben hat:

Die self-deception hat nicht den Fetisch-Gläubigen erfasst, der sehr wohl weiß, dass Fetische «gemacht» sind, sondern Anti-Fetischisten. Der vom Glauben an die Fetische Besessene ist derjenige, der sie in seiner Wut zerstören muss. Erst die Zertrümmerung macht die Idole und Fetische zu jener bedrohlichen Macht, die über magische Kräfte verfügt. In der Wut der Zerstörung verbirgt sich ein Glaube, der denjenigen der «Primitiven» weit übertrifft, die mit Fetischen ein kooperatives Kollektiv bilden. Der moderne Antifetischismus täuscht sich darüber, dass die gereinigten Tatsachen, die er anstelle der Fetische setzt, eben die Fetische sind, die er selbst gemacht hat. (92)

Wegen der referierenden, diskurs-analytischen Darstellungsweise Böhmes ist nicht immer klar, welche Position er selber einnimmt. Der hier Bruno Latour zu-

---

136 Bruno Latour: *Die Hoffnung der Pandora. Untersuchungen zur Wirklichkeit der Wissenschaften*, Frankfurt 2000

geschriebene Gedanke, dass nämlich die Anti-Fetischisten erst die wahren Fetischisten seien, ist freilich für das gesamte Buch zentral. Er wird in der Folge über das ursprüngliche, auf das Verhältnis von Aufklärung und Vormoderne bezogene Konzept weit hinaus getrieben und nicht nur am religiösen Fetischismus, sondern auch am Warenfetischismus und schließlich an der Fetischismuskonzepten der Sexualwissenschaft und Psychoanalyse erprobt. Dieses Vorgehen baut sich seine Fallen selber, die zu umgehen Böhme nicht immer gelingt. Sie bestehen darin, dass die Anwendung theoretischer Konzepte stets in Gefahr ist, ihre Gegenstände gewaltsam zu subsumieren, sie also in das eigene Schema zu zwingen, ohne dass dieses ihnen wirklich adäquat wäre. Böhme spricht in dem Zusammenhang hin und wieder von «Theoriefetischismus», bezieht diesen Terminus aber an keiner Stelle auf sein eigenes Vorgehen.

Unproblematisch erscheint mir dieses in Hinblick auf den Vorwurf des religiösen Fetischismus, der sich nach außen, also an vormoderne Sozietäten richtet, woraus dann die Aufklärung ihr Selbstbewusstsein saugt. Das Wort «Fetisch» entsteht zu Beginn der portugiesischen Kolonialgeschichte Afrikas und bezieht sich auf unverstandene magische Praktiken der dort bereits kolonisierten Bevölkerung. Böhme weist darauf hin, dass diese Praktiken, seit sie von Europäern beobachtet wurden, vermutlich synkretistisch gewesen sind, also durch Vermischung der ursprünglichen Religionen mit dem Katholizismus entstanden, denn von Anfang an waren die Missionare mit von der Partie und beeilten sich, die heidnischen Dinge und Gebräuche durch die eigenen zu ersetzen. Protestantischen Händlern fielen denn auch die Ähnlichkeiten zu katholischen Kulthandlungen sofort ins Auge.

Schwerer noch wiege das mangelnde Verständnis für die kolonisierten Kulturen und die Einbettung der rituellen Handlungen in ihr soziales Gefüge. Deren Denunziation als fetischistisch sage deshalb mehr über ihre Urheber aus als über den Gegenstand, auf den sie sich bezieht. Die Karriere des Fetischismus-Konzepts, von seinen peripheren Anfängen zu einem Schlüsselbegriff des 19. Jahrhundert, ist das eigentliche Thema des Buches. Über die «Primitiven» lasse sie kaum Erkenntnisse zu, über die Gesellschaft, in der sie stattfindet, aber durchaus:

Den Fetischismus aufzuklären, heißt nicht, ihn zu verstehen, sondern ihn zu bekämpfen und aufzulösen. Doch übersehen die Aufklärer bis zu Hegel völlig, dass sie damit blind, also unaufgeklärt, einem kolonialen, kulturzerstörenden Impuls folgen: Es kann gar nicht in den Blick kommen, dass der afrikanische Fetischismus ein komplexes System der Ordnungserzeugung, der Handlungssteuerung, der Grenzbewahrung, des Schutzes, der Angstbewältigung, der symbolischen Sinnstiftung und der rituellen Integration von Gemeinschaften wie Individuen darstellt. ... Ebendies sind Mechanismen, auf die keine, auch keine aufgeklärte und moderne Gesellschaft verzichten kann. Die rabiate Fetischkritik enthält einen hochmütigen, selbstverkennenden und kulturhegemonialen Impuls – und diese Züge haften den Fetischismuskonzepten bis heute an. (185)
Jede Kultur bedürfe ihrer Fetische, sonst falle sie auseinander, so lautet die Kern-

aussage des Buches. Fetische gehörten demnach zur *conditio humana*, allenfalls ihre Art könne von Kultur zu Kultur wechseln.

Die Behauptung eines kulturhegemonialen Impulses aller Fetischkritik und Böhmes darin begründetes Vorgehen hätten allerdings einer genaueren methodischen Selbstreflexion dort bedurft, wo die moderne Gesellschaft selbst der explizite Gegenstand fetischismuskritischer Analysen wird, also bei Marx und Freud, die wiederum differenziert zu betrachten sind. Während Freud und seine Vorläufer den vorgefundenen Fetischismus-Diskurs vom ursprünglichen «primitiven» Objekt bloß in die eigene Gesellschaft hinein verlängern bzw. übertragen, dreht Marx ihn in gewisser Weise um. Böhme scheint nicht so recht zu wissen, wie er sich dazu verhalten soll.

Warenfetischismus

Seine Darstellung im Kapitel «Die Entdeckung des Warenfetischismus bei Karl Marx» jedenfalls bleibt hochgradig ambivalent. Das muss sie auch, weil anders die im Buch vertretene These nicht zu halten wäre, der zu Folge die fetischistischen Mechanismen ein integraler Bestandteil der Moderne seien, diese aber mit «Warenverblendung» nichts zu tun hätten. Einerseits feiert Böhme daher den «glücklichen Augenblick» der Geistesgeschichte, «als Marx dieses vibrierende, ebenso theatrale wie kreative Konzept in die Kapitalanalyse einbrachte» (310), andererseits muss er die damit verbundenen Konsequenzen abwehren. Das ist auch Thomas Assheuer in seiner ZEIT-Rezension aufgefallen, der bei sich eine paradoxe Reaktion registriert: «Böhme (brennt) selbst eine ganze Batterie argumentativer Blendraketen ab und produziert ganz nebenbei ein Stück brillanter Wissenschaftsprosa, die gewiss bald Kult wird. Der Leser bewundert ihn für diese Teufelsaustreibung sehr, während Karl Marx immer sympathischer wird. Dass die gute alte Theorie des Warenfetischismus einen solchen akademischen Abwehrzauber provoziert, beweist nur, wie viel gefährliche Magie noch immer in ihr steckt.» Mit solchen Leserreaktionen ist zu rechnen, wenn allzu viel Brillanz die argumentativen Schwächen überdeckt.

Wenn die Anti-Fetischisten die wahren Fetischisten sind, dann kann das auch bei Marx nicht anders sein. Im Abschnitt «Die Fetischisierung des Fetischismus bei Marx» heißt es dazu, bezogen auf Marx` metaphorische Umschreibungen des zinstragenden Kapitals:

Ohne Zweifel erzeugt Marx mit solchen zwischen Lebendigem und Totem zwittrig schwankenden Metaphern erst die «Vorstellung» und den «Schein» des Kapitalverhältnisses. Er exemplifiziert dieses Verfahren an Ausführungen von Luther, Richard Price, Adam Müller u. a. über den Zinseszins, sodass es die anderen sind und nicht er selbst ist, der die Verhältnisse begrifflich verzaubert (MEW 25, 407–11). Und ebendiesen Prozess der Verkehrung und Umkehrung belegt er mit dem Terminus «Fetischcharakter». (326)

Wie anders allerdings man falsches Bewusstsein empirisch belegen soll, als dass man es – wie Marx das tut – vorführt, sagt Böhme nicht. Er sitzt hier gewissermaßen dem Fetischismus (genauer: der Subsumtionslogik) der eigenen Theorie auf und führt sie konsequent zu Ende: Fetischismuskritik hat böse Folgen, und bei Marx sind es diese:

Die kommunistischen Staaten erlagen demgegenüber umso eher dem Fetischismus und der Idolatrie und wiesen darum so fatale Analogien zu den faschistischen Staaten in Westeuropa auf, weil sie mit der Revolution im Rücken jene Katharsis vollzogen zu haben vermeinten, die ein für alle Mal gegen allen Fetischismus, alle Verkultung, alle Verhexung des Bewusstseins immun machen würde. (329)

Nur eine Seite später, im nächsten Abschnitt, in dem Böhme sich auf das Konzept des Warenfetischismus wieder positiv bezieht, heißt es dann allerdings:

Ein Jahrhundert hat der Marxismus nicht eigentlich begriffen, was Marx ihm mit dem Warenfetischismus hinterlassen hatte. (330)

Das ist richtig. Der Kampf der Arbeiterbewegung richtete sich immer gegen die Ausbeutung und die «ungerechte» Verteilung des Mehrwerts, während der Wert als ein historisch spezifisches und gar fetischistisches gesellschaftliches Verhältnis ein Buch mit sieben Siegeln blieb. Die entsprechenden Teile des «Kapital» wurden daher als unverständlich, esoterisch und letztlich irrelevant abgetan. Wie dann allerdings die auf dieser Basis gegründeten «kommunistischen Staaten» vermeinten, einen Fetischismus hinter sich gelassen zu haben, von dem sie gar nicht wussten, dass es ihn gibt, erscheint doch mehr als erklärungsbedürftig.

Der fehlende Gegenstand der Kritik

Die größte Schwierigkeit bei der Lektüre von Böhmes Behandlung des Warenfetischismus besteht darin, dass nicht wirklich deutlich wird, was er selber darunter versteht. Er begnügt sich mit einem kurzen Marx-Zitat und sagt ansonsten, es gehe ihm nicht um «eine weitere Exegese des Warenfetischismus im Kampf um irgendeine Orthodoxie» (310). Das ist zwar nachvollziehbar, in seiner Beschränkung bei einem derart «esoterischen», für verschiedene Interpretationen offenen Text aber auch problematisch. Letztlich bleibt es dem Leser überlassen, Böhmes Verständnis dieses Konzepts herauszufinden, was freilich angesichts der Ambivalenz seiner Darstellung eine schier unlösbare Aufgabe darstellt. Mein Eindruck ist, dass Böhme über das traditionelle marxistische Verständnis des Warenfetischs letztlich nicht hinauskommt: Dieser erzeuge einen falschen, dinglichen Schein und lege damit einen Schleier über die wirklichen Verhältnisse der auf Ausbeutung und der Aneignung des Mehrwerts beruhenden kapitalistischen Produktionsweise. Der Warenfetischismus wäre dann allein ein Problem des falschen Bewusstseins und seine Kritik nurmehr Ideologiekritik.

Außerhalb des Kapitels zum Warenfetischismus gibt es an verschiedenen Stellen Bezüge zu diesem Konzept, die es noch weiter reduzieren: Warenfetischismus, so wie er für die Gesamtkonstruktion des Buches ausschließlich eine Rolle spielt, wird von Böhme identifiziert als die Fetischisierung der «Außenseite der Dinge in der Warenwelt, die sich vom Gebrauchswert abgelöst hat» (376), hier mit Bezug auf die Objekte des sexuellen Fetischismus:

Fetischismus und Idolatrie formieren eine Leidenschaft für Kleidung und Stoffe, Toiletten und Gesten, die nicht nur den Zeitgeschmack der Opulenz betreffen, sondern auch den damit verbundenen Warenfetischismus, wie ihn zeitparallel Karl Marx entdeckt. (378)

Oder in anderem Zusammenhang:

Die Ware, vom Nimbus der Begierden umspielt, ist das goldene Kalb, um das die Gesellschaft anbetend tanzt. Kapitalismus ist Götzendienst. Im Konsum erweisen wir uns alle als Fetischdiener. (114)

Was hier als Warenfetischismus figuriert, wird seit Mitte des 20. Jahrhunderts, also seit es eine Massenerscheinung geworden ist, Konsumfetischismus genannt. Mit dem Marx'schen Konzept des Warenfetischs ließe er sich sicher in Zusammenhang bringen, doch auch dazu bedürfte es noch einiger Vermittlungsschritte. Auf keinen Fall aber ist er der von Marx kritisierte Warenfetischismus. Böhme müsste das eigentlich wissen, woher also diese Ungenauigkeit? Das von ihm selbst als «zusammenfassende Formel» für den Warenfetischismus bezeichnete, bekannte Marx-Zitat lautet schließlich:

Das Geheimnisvolle der Warenform besteht also einfach darin, daß sie den Menschen die gesellschaftlichen Charaktere ihrer eigenen Arbeit als gegenständliche Charaktere der Arbeitsprodukte selbst, als gesellschaftliche Natureigenschaften dieser Dinge zurückspiegelt, daher auch das gesellschaftliche Verhältnis der Produzenten zur Gesamtarbeit als ein außer ihnen existierendes gesellschaftliches Verhältnis von Gegenständen. (MEW 23, 86)

Das gesellschaftliche Verhältnis, der Wert, ist auf die Dinge übertragen. Und dabei handelt es sich *nicht* um eine bloße Imagination, die die gesellschaftliche Wirklichkeit verschleiert, sondern um diese Wirklichkeit selbst, die (in dieser verrückten Gesellschaft) den Menschen als ein nicht zu umgehendes, wenngleich erst durch ihr Handeln in die Welt gesetztes Quasi-Naturgesetz gegenüber tritt. Ihre gesellschaftlichen Beziehungen sind den Menschen damit in grundlegender Weise aus der Hand genommen, auch wenn sie sie nicht *bewusst* aus der Hand gegeben haben: «Sie wissen das nicht, aber sie tun es.» (MEW 23, 88)

Um es an einem gerade akut werdenden Beispiel handgreiflich zu machen: Es kann seit etlichen Jahren als gesichert gelten, dass der anthropogene Ausstoß von Treibhausgasen in die Erdatmosphäre Klimaveränderungen nach sich ziehen wird, die für große Teile der zukünftigen Menschheit katastrophale Folgen haben werden. Ebenfalls ist schon länger bekannt, was zu tun gewesen wäre, um diese Folgen abzufangen, bzw. jetzt noch getan werden könnte, um sie zumindest abzumildern.

Aber wir können es ganz offensichtlich nicht tun, weil das «automatische Subjekt», der Zwang zur Wertverwertung, es nicht zulässt. Entsprechendes gilt für so gut wie alle globalen Probleme, mit denen die Menschheit in diesem Jahrhundert zu kämpfen haben wird. Darin, und nicht in einem noch so idiotischen Konsum, liegt das, was Marx Warenfetischismus genannt hat.

Es kann also überhaupt nicht darum gehen, und darin ist Böhme zuzustimmen, aus der Position eines aufgeklärten Kapitalismus heraus den Fetischismus der jeweils anderen zu brandmarken und ihnen ihre *Nike*-Schuhe, den *Madonna*-Kult (345 ff.) oder gar die Briefmarkensammlung (gibt`s die noch?) madig zu machen.

Die Frage ist aber zu stellen, ob wir uns dem Warenfetisch weiterhin überantworten wollen, bis er die Menschheit in seinen inzwischen sich abzeichnenden Untergang mitzieht. Das mag nicht Böhmes Thema sein, nur hätte er dann vom Warenfetischismus besser geschwiegen.

Die von Böhme zu Recht betonte Zusammengehörigkeit von Moderne und Fetischismus geht tiefer, als er selber es vielleicht wahrhaben will. Der Aufklärer, der Marx auch war, war er in seiner Kritik des Warenfetischismus gerade nicht. Deswegen erschienen diese Teile des «Kapital» der Arbeiterbewegung ja auch so undurchsichtig und esoterisch. Die Kritik des Warenfetischs richtet sich nicht gegen eine dunkle, irrationale Rückseite, das «Andere» der Vernunft, sondern gegen die Rationalität der Aufklärungsvernunft und des ihr blind (als naturgegeben) vorausgesetzten gesellschaftlichen Verhältnisses, also gewissermaßen das «Licht» der Aufklärung selbst. Das Fetischverhältnis, das Marx aufgedeckt hat, besteht nicht in irgendwelchen aus der Vorgeschichte hervorbrechenden oder von Vernunft und Konvention in Zaum gehaltenen Atavismen, sondern liegt bereits darin begründet, dass die Menschen in ihrer so rational eingerichteten, gesetzesförmigen Welt ihre Interessen rational verfolgen.

Zum Fetischismus-Begriff

Die Frage ist dann eher – und hierin liegt ein Teil der von Böhme rhetorisch überspielten Schwierigkeiten eines Buches über Fetischismus –, ob der Warenfetisch ein Fetisch ist. Fetische im engeren Sinne sind besondere, letztlich heilige Dinge. Insofern ist es dem Begriff nach unmöglich, dass jedes profane Ding, jede Ware zum Fetisch wird. Tatsächlich sind, soweit es sich bei den modernen Fetischen noch um einzelne Dinge handelt, diese der Warenzirkulation gerade entzogen, unveräußerlich (298 ff., 352 ff.).

Marx hat, indem er den Warenfetisch kritisierte, sich dieses «klassischen» Fetischbegriffs nur metaphorisch (und polemisch) bedient, um die vertrackten Verhältnisse der Warenform gedanklich und sprachlich in den Griff zu kriegen. Böhme dreht daraus den Vorwurf der «Fetischisierung des Fetischismus bei Marx» (324 ff.), als habe der den Fetischismus, den er kritisiert, erst selber erzeugt oder doch zur Wirkung gebracht. Nun ist aber der Gebrauch von Metaphern wohl nicht an sich zu verdammen, ohne sie gäbe es keine lesbaren Texte. Zu klären wäre nur, ob sie zutreffend sind, im vorliegenden Falle also, ob Marx mit seiner metaphorischen Verwendung des Fetischbegriffs die warenförmige Vergesellschaftung adäquat gekennzeichnet hat. Dazu wäre diese allerdings in den Blick zu nehmen, was Böhme an keiner Stelle seines Buches tut. Stattdessen wendet er den Fetischismusvorwurf gegen Marx und verkürzt zugleich, um ihn für die eigenen Zwecke handhabbar zu machen, dessen Begriff des Warenfetischs (s. o.).

Mit seiner Metapher vom «Fetischcharakter der Ware» hat Marx in der Tat zugleich den Fetischbegriff ungeheuer ausgedehnt. Hinter den damit aufgemachten systemischen Begriff des Fetischverhältnisses wird kritische Gesellschaftstheorie schwerlich zurückgehen können, dafür «passt» er einfach zu gut. Ein derart bezeichneter systemischer Fetisch besteht – abstrakt gesprochen – darin, dass Menschen die Regelung ihrer ureigensten Angelegenheiten bis hin zum eigenen Überleben einer äußeren, gleichwohl von ihnen selbst geschaffenen Instanz überantwortet haben, die hinfort die sozialen Beziehungen vermittelt und so ein Herrschaftsverhältnis konstituiert. Diese Ebene wird von Böhme an keiner Stelle seines Buches erreicht, noch nicht einmal in seiner Behandlung des Warenfetischs, den er unzulässig unter den Begriff des aus einzelnen Dingen oder Dingklassen bestehenden Fetischs subsumiert.

Die mir vorliegenden Reaktionen auf das Buch machen deutlich, dass es wichtig ist, diesen Unterschied zu betonen: Ein Fetischverhältnis ist kein Ding-Fetisch, mit dem in welcher Weise auch immer «spielerisch» umgegangen werden könnte. Auf die Möglichkeit eines solchen pragmatischen bis selbstironischen Spiels mit den Fetischen legt Böhme an verschiedenen Stellen seines Buches besonderen Wert. Ob davon für die im letzten Teil des Buches akribisch gesammelten modernen «Ding-Fetische» wirklich die Rede sein kann, bleibe hier dahingestellt. Und ob schließlich die vielen kleinen Fetische wirklich noch nötig sein werden, wenn das umfassende Fetischverhältnis der Wertabspaltung einmal überwunden sein sollte, wird sich gegebenenfalls erweisen.

Arbeitszwang und Arbeitsethos

Um einige Zitate ergänzte Fassung eines unter dem Titel «Zwang und Ethos» in konkret 5/2012 erschienenen Textes

Mit den modernen Produktionsmethoden ist die Möglichkeit gegeben, daß alle Menschen behaglich und sicher leben können; wir haben es statt dessen vorgezogen, daß sich manche überanstrengen und die andern verhungern. Bisher sind wir noch immer so energiegeladen arbeitsam wie zur Zeit, da es noch keine Maschinen gab; das war sehr töricht von uns, aber sollten wir nicht auch irgendwann einmal gescheit werden?
(Bertrand Russell: Lob des Müßiggangs, 1932)

Offenbar sind wir achtzig Jahre und eine Weltwirtschaftskrise später kein bisschen klüger geworden, im Gegenteil: Die Arbeitsproduktivität in Industrie und Landwirtschaft dürfte sich seither ungefähr verzehnfacht haben, und doch kann keine Rede davon sein, dass sie zum Zwecke eines behaglichen und sicheren Lebens aller Menschen eingesetzt würde. In Europa, dem es ja immer noch vergleichsweise gut geht, ist die Arbeitslosigkeit auf Rekordhöhe angestiegen und steigt weiter, während die verbliebenen Inseln der globalen Wettbewerbsfähigkeit schon seit Jahren mit neuen, durch Arbeitsverdichtung verursachten Volkskrankheiten kämpfen: Vom Burn-out-Syndrom über den gewohnheitsmäßigen Psychopharmaka-Konsum bis hin zum plötzlichen Tod durch Überarbeitung.

Nun handelt es sich allerdings bei der von Russell konstatierten übertriebenen Arbeitsamkeit keineswegs bloß um eine einfach abzulegende, da obsolet gewordene Gewohnheit aus Zeiten, in denen es noch keine Maschinen gab. Tatsächlich wurde im Mittelalter, das die Arbeit als Selbstzweck nicht kannte, weniger gearbeitet als heute. Der Grund dafür ist simpel: Arbeit nach heutigem Verständnis, also die abstrakte, von ihrem Inhalt unabhängige Verausgabung von Arbeitskraft, ist historisch spezifisch. Es gibt sie nur im Kapitalismus. Die hier ja allgemein verbreitete Vorstellung, dass «jede Arbeit besser als keine» sei, wäre in jeder anderen Gesellschaftsformation zurecht als völlig verrückt angesehen worden.

Diese Verrücktheit beherrscht als abstraktes Prinzip die gesellschaftlichen Beziehungen im Kapitalismus. Von kriminellen Aktivitäten einmal abgesehen, ist Arbeit – als eigene oder als Aneignung fremder Arbeit – das einzige Mittel, an der Gesellschaft teilzuhaben. Auf den Inhalt der jeweiligen Tätigkeit kommt es dabei nicht an; ob ich Kartoffeln anbaue oder Streubomben produziere, spielt keine Rolle, solange mein Produkt einen Käufer findet und so dafür sorgt, dass aus Geld mehr Geld wird. Arbeit als Basis der Wertverwertung ist Selbstzweck und gesellschaftliches Zwangsprinzip, dessen einziger Sinn darin besteht, immer mehr «tote Arbeit» als Kapital anzuhäufen.

Ein Zwang, dem alle gleichermaßen unterworfen sind, lässt sich nur dann dauerhaft aufrechterhalten, wenn die an ihn Gefesselten gelernt haben, ihre Ketten zu lieben. Auch darin unterscheidet sich die bürgerliche Gesellschaft von ihren Vorgängerinnen. Von Aristoteles über Augustinus bis zu Thomas von Aquin haben antike und mittelalterliche Philosophen die Muße und nicht etwa die Arbeit als Weg zum guten Leben propagiert:[137]

Es gilt als ausgemacht, dass die Glückseligkeit sich in der Muße findet.
Arbeit und Tugend schließen einander aus.
Aristoteles, 384–322 v. Chr.

Bei der Muße soll nicht etwa träges Nichtstun locken, sondern das Erforschen und Auffinden der Wahrheit.
Augustinus, 354–430

Es ist also zu sagen, dass das beschauliche Leben schlechthin besser ist als das tätige Leben.
Thomas von Aquin, 1225–1274

Es gab auch andere Stimmen, so etwa die von Begründern bestimmter Mönchsorden, die die Arbeit als Mittel zu Askese und Selbstkasteiung anpriesen. In großem Stil und auf die gesamte Bevölkerung bezogen hat das aber erst der Protestantismus getan:

Müßiggang ist Sünde wider Gottes Gebot, der hier Arbeit befohlen hat.
Martin Luther, 1483–1546

Und der Aufklärung blieb es vorbehalten, das Arbeitsethos, also die moralische Verpflichtung zur Arbeit zum Selbstzweck zu erheben:

Es ist von der größten Wichtigkeit, daß Kinder arbeiten lernen. Der Mensch ist das einzige Tier, das arbeiten muß.
Kant: Über Pädagogik, 1803

Die größte moralische Vollkommenheit des Menschen ist: seine Pflicht zu tun. Und zwar aus Pflicht.
Kant.: Metaphysik der Sitten, 1797

Es gibt nur eine Ausflucht vor der Arbeit: Andere für sich arbeiten zu lassen.
Kant: Kritik der Urteilskraft, 1790

Unter den drei Lastern: Faulheit, Feigheit und Falschheit scheint das erste das Verächtlichste zu sein.
Kant: Anthropologie in pragmatischer Hinsicht, 1798

Man erkundige sich nur näher nach den Personen, die durch ehrloses Betragen sich auszeichnen! Immer wird man finden, dass sie nicht arbeiten gelernt haben oder die Arbeit scheuen.
Fichte, Reden an die deutsche Nation, 1807

---

137 Diese und fast alle weiteren Zitate finden sich auf der lesenswerten Internetseite www.otium-bremen.de

Wie sich schon in den letzten Zitaten andeutet, ist die Liebe zur Arbeit mit dem Hass auf die Müßiggänger eng verbunden:
Jeder muss von seiner Arbeit leben können, heißt der aufgestellte Grundsatz. Das Lebenkönnen ist sonach durch die Arbeit bedingt, und es gibt kein solches Recht, wo die Bedingung nicht erfüllt worden.
Fichte, Grundlagen des Naturrechts nach Prinzipien der Wissenschaftslehre, 1796

In den heißen Ländern reift der Mensch in allen Stücken früher, erreicht aber nicht die Vollkommenheit der temperierten Zonen. Die Menschheit ist in ihrer größten Vollkommenheit in der Rasse der Weißen. Die gelben Indianer haben schon ein geringeres Talent. Die Neger sind weit tiefer, und am tiefsten steht ein Teil der amerikanischen Völkerschaften.
Kant: Physische Geographie, 1802

Der Barbar ist faul, und unterscheidet sich vom Gebildeten dadurch, daß er in der Stumpfheit vor sich hin brütet, denn die praktische Bildung besteht eben in der Gewohnheit und in dem Bedürfen der Beschäftigung.
Hegel: Grundlinien der Philosophie des Rechts, 1820

Die ausgrenzenden und rassistischen Auslassungen der Aufklärungsphilosophen sind keine bloßen Betriebsunfälle, sondern gehören zum innersten Gehalt ihrer Arbeitsideologie. Weil das Aufklärungsdenken die Arbeit zum eigentlichen Daseinszweck «des Menschen» verklärt, muss es im Umkehrschluss alle Nichtarbeitenden aus der «menschlichen Rasse» ausschließen: Der Mensch muss arbeiten; wer nicht arbeitet, kann folglich kein vollwertiger Mensch sein.

Es ist die Wut des weißen Arbeitsmannes über den selbst auferlegten Zwang, die sich hier ausagiert. Sie richtet sich gegen alles, was diesem Zwang nicht zu unterliegen und ein Leben ohne Arbeit zu führen scheint: Gegen die Frauen, die in dem von der Arbeit abgespaltenen Privatbereich der bürgerlichen Familie für das «eigentliche Leben» zuständig sind; gegen jede Art Volk (die Zuschreibungen sind hier vielfältig), dem sich ein Leben in Saus und Braus ohne Arbeit andichten lässt; und gegen das «raffende Kapital», das sich den von anderen geschaffenen Mehrwert ohne eigene Arbeit aneigne. Die modernen Ideologien des Sexismus, Rassismus, Antiziganismus und Antisemitismus sind auch im Arbeitsethos fundiert.

Seit den 1970er Jahren haben die mikroelektronischen Rationalisierungspotentiale in immer stärkerem Maße die Arbeit aus dem Produktionsprozess verschwinden lassen und den Kapitalismus damit in die Krise geführt. Gleichwohl hat sich der innere und äußere Zwang zur Arbeit nicht verringert, sondern durch die zunehmende Verknappung der «Arbeitsplätze» sogar verschärft. Die Bedingungen für die Herausgefallenen sind härter geworden: Es sind inzwischen zu viele, als dass sich ihre menschenwürdige Versorgung mit der Aufrechterhaltung der globalen Wettbewerbsfähigkeit noch dauerhaft vereinbaren ließe. Der «Sachzwang,

Menschen in Arbeit zu bringen» (Angela Merkel), vernebelt schon die Problemwahrnehmung: Nicht das allmähliche Verschwinden der Arbeit sei schuld an der Arbeitslosigkeit, sondern die Arbeitslosen seien es, die daher mit allen zur Verfügung stehenden Zwangsmitteln in gar nicht mehr existente Arbeit gebracht werden müssen. Ähnliches vollzieht sich auf europäischer Ebene: Den ins Hintertreffen geratenen «Pleitestaaten» werden Austeritätsprogramme aufgezwungen, auf dass sie, ist das Tal der Tränen erst durchschritten, wieder wettbewerbsfähig werden. Das ist so aussichtsreich, wie es ein Versuch des Deutschen Fußballbunds wäre, durch geeignete Trainingsprogramme alle achtzehn Bundesligavereine auf die vier vorhandenen Champions-League-Plätze zu hieven.

Offenbar kann die Lösung nur in der Abschaffung der Arbeit liegen, was freilich die Abschaffung des Kapitalismus bedeutet. Dagegen steht auch das über mehrere Jahrhunderte andressierte Arbeitsethos:

Man wird behaupten, daß wohl ein wenig Muße angenehm sei, daß die Leute aber nicht wüßten, womit ihre Tage ausfüllen, wenn sie nur vier von vierundzwanzig Stunden arbeiten würden. Soweit das in der modernen Welt zutrifft, ist damit unserer Zivilisation das Urteil gesprochen; für jedwede frühere Epoche hätte es nicht gegolten.
Bertrand Russell: Lob des Müßiggangs, 1932

Was Hegel «dem Barbaren» zuschrieb, fällt auf uns selbst zurück: Dass nämlich, wer beschäftigungslos ist, nur noch «in der Stumpfheit vor sich hin brütet». Anders gesagt: Das bürgerliche Subjekt mag sich ein Leben ohne Arbeit auch deswegen nicht vorstellen, weil hinter seinem Arbeitsethos das Grauen vor der eigenen Leere lauert.

Wir Untoten

Erstveröffentlichung auf www.exit-online.org im März 2013

Wenn ein bekannter Journalist wie der Mitherausgeber und Feuilletonchef der FAZ ein Buch publiziert, ist der mediale Rummel wohl unvermeidlich, allzu groß sind die wechselseitigen Abhängigkeiten von Rezensenten und Autor. Zu Frank Schirrmachers im Februar 2013 erschienenem Buch «EGO: Das Spiel des Lebens» gab es vorab im SPIEGEL vom 11.2.2013 einen vierseitigen Essay des Autors mit den Kernthesen des Buches sowie ein zweiseitiges Interview; es folgte noch am selben Tag eine Jubelarie von Jakob Augstein auf SPIEGEL-ONLINE: Schirrmacher sei «der spannendste Journalist des Landes» und «ohne Zweifel links», eine Frage, die auch Thomas Assheuer in seiner mehr als wohlwollenden Rezension in der ZEIT vom 14.2.2013 umtrieb. Scharfe Kritik an dem Buch gab es denn auch erst einmal nur von «rechts», so etwa von Cornelius Tittel in der Online-Ausgabe der WELT vom 17.2.2013. Was von Schirrmacher zu halten ist, scheint zur Gesinnungsfrage zu werden. Dabei zeigt die ganze Aufregung um das innerhalb von zwei Wochen auf Platz 1 der SPIEGEL-Bestsellerliste gepushte Buch nur, wie weit der Begriff «links» inzwischen heruntergekommen ist.

Das Buch bedient das in den kapitalistischen Kernländern ebenso verbreitete wie diffuse Gefühl der Leere und Fremdbestimmtheit, der Sinn- und Ziellosigkeit sowohl des privaten als auch des öffentlichen Lebens. Wer für die damit angesprochene «Entfremdung» über die bloße Ahnung hinaus eine Erklärung sucht, sollte sich mit Marx, Lukács, Adorno und eventuell weiteren Klassikern auseinandersetzen. Schirrmacher führt unfreiwillig vor, wie es einem ohne diesen theoretischen Hintergrund ergehen kann, wie also eine «Kapitalismuskritik» gerät, die nicht weiß, was Kapitalismus ist. Das Buch erzählt die folgende Geschichte:

Vor 60 Jahren hätten amerikanische Militärs, Ökonomen und Physiker die Spieltheorie erfunden, ein mathematisches Modell für Konfliktsituationen, in denen jeder Beteiligte versucht, mit allen Mitteln und ohne Rücksicht auf andere seinen individuellen Nutzen zu maximieren. Mit diesem Instrument und seiner Implementierung in Computer sei es gelungen, den Kalten Krieg gegen die Sowjetunion zu gewinnen. Nachdem diese verschwunden war, seien viele der beteiligten Physiker an die Wall Street gegangen und hätten von dort aus die Logik des Kalten Krieges der zivilen Gesellschaft aufgezwungen. Die Folge sei nicht nur die Automatisierung von Märkten, sondern auch die Automatisierung von Menschen und damit die Schaffung einer – im Buch als «Nummer 2» titulierten – neuen, ganz im Sinne der neoliberalen Ideologie ausschließlich am Eigennutz orientierten Spezies. Das Medium der Übertragung dieser automatisierten Logik in die Individuen sei der Computer, der Menschen und Märkte miteinander vernetze.

Es handelt sich bei dieser Erzählung um ein typisches Beispiel bürgerlicher, also von den herrschenden Produktionsverhältnissen abstrahierender Technikkritik, in diesem Fall also um die Kritik von Spieltheorie und Computerisierung, welche in ihrer Verbindung zur Ursache aller Übel hochstilisiert werden, die mit dem Neoliberalismus seit 1989 über uns gekommen sind. Für diese Rolle ist insbesondere die Spieltheorie freilich nur sehr bedingt geeignet: Sie ist ausschließlich anwendbar auf Konfliktsituationen, in denen allen Beteiligten sowohl die Handlungsmöglichkeiten (Spielregeln) als auch die Präferenzen der Gegner bekannt sind, taugt aber nicht dafür, diese Präferenzen, sollten sie unbekannt sein, auszuforschen. Die der neoklassischen Lehre zugrunde liegende Vorstellung, alle Menschen seien Träger einer subjektiven Nutzenfunktion, die sie immerfort zu maximieren versuchen, kann deswegen auch als restlos gescheitert gelten: Sie ist weder zu irgendwelchen Erklärungen geeignet, noch lässt sie sich empirisch nachweisen oder gar berechnen und im Computer implementieren.

Die Spieltheorie ließ sich deshalb im Kalten Krieg einsetzen, weil dieser auf beiden Seiten der einfachen Logik folgte, einen Nuklearkrieg entweder gewinnen oder durch wechselseitige Abschreckung verhindern zu wollen. Es kann allerdings keine Rede davon sein, wie Schirrmacher es nahelegt, dass die Sowjetunion in diesem Spiel niedergerungen wurde, sie ist bekanntlich aus anderen, nämlich ökonomischen Gründen untergegangen. Vollends abenteuerlich ist die Idee, die sich seit den achtziger Jahren entwickelnde Dominanz der Finanzmärkte damit zu erklären, dass eine von Entlassung bedrohte Berufsgruppe beschloss, von den militärischen Organisationen an die Wall Street zu wechseln, schließlich musste dort der Bedarf an den Fähigkeiten dieser Leute ja bereits vorhanden sein. Tatsächlich konnte die Spieltheorie bei der Automatisierung des Börsenhandels deswegen zum Einsatz kommen, weil dort alle Beteiligten bekannte Handlungsmöglichkeiten haben (Kauf und Verkauf von Finanztiteln aller Art) und dabei das Ziel verfolgen, den eigenen Profit zu maximieren. Die Übertragung auf andere Märkte, in denen zumindest einige Beteiligte auch nicht quantifizierbare Ziele verfolgen, dürfte sich dagegen als schwierig erweisen, und vollends im Dunkel bleibt, wie man sich die «Automatisierung von Menschen» vorzustellen hat. Genannt werden hier die von Google, Amazon und anderen verwendeten, freilich keineswegs spieltheoretischen Algorithmen zur Ausforschung des Such- und Konsumverhaltens ihrer Nutzer mit dem Ziel, individualisierte Werbung zu platzieren. Aber was zwingt uns, diese Angebote anzunehmen?

Schirrmachers Buch scheint für einige seiner Rezensenten deswegen attraktiv zu sein, weil es Klage führt gegen die neoliberale Ökonomisierung der gesamten Gesellschaft und den in Gestalt der «Nummer 2» in die Wirklichkeit eingetretenen «homo oeconomicus» sowie den mit dieser Entwicklung verbundenen Verlust an Souveränität sowohl der Politik – beispielhaft festgemacht an Merkels affirmativer Rede von der «marktkonformen Demokratie» – als auch der Individuen, die die Kontrolle über ihr eigenes Leben verlieren. Eine weitere Attraktion liegt in der

Stellung des Autors als Mitherausgeber der FAZ, deretwegen Augstein meint, eine «Kapitalismuskritik im Herzen des Kapitalismus» ausmachen zu können. Dass die im Buch gegebene Erklärung für die Entstehung dieser Verhältnisse weder die Logik noch die historischen Fakten auf ihrer Seite hat, spielt da schon keine Rolle mehr.

Zur Sache ist zunächst zu sagen, dass Eigennutz und Profitstreben bekanntlich keine Erfindungen des Neoliberalismus, sondern als Antrieb wirtschaftlicher Tätigkeit so alt wie der Kapitalismus sind. Bereits Adam Smith hat sie in seinem 1776 erschienenen Hauptwerk in der nicht näher begründeten Hoffnung propagiert, sie würden durch den Marktmechanismus «von einer unsichtbaren Hand geleitet» dem Allgemeinwohl dienen. Auch die Rolle des modernen Staates, ob nun demokratisch verfasst oder nicht, hat, seit es ihn gibt, darin bestanden, die Voraussetzungen für die Kapitalverwertung zu gewährleisten. Für eine nicht marktkonforme Demokratie wäre gar kein Platz. Freilich werden die Spielräume, die der Politik in diesem Rahmen bleiben, krisenbedingt immer geringer.

Der Neoliberalismus ist die Antwort auf die seit den 1970er Jahren andauernde Überakkumulationskrise des Weltkapitals. Er kann diese zwar nicht überwinden, hat aber zeitweilige Kompensationen für die verlorengegangene Möglichkeit der realen Mehrwertproduktion geschaffen: durch Reallohnsenkungen, Steuererleichterungen für Kapitaleinkommen, die Deregulation des Finanzsektors und nicht zuletzt durch die Einbeziehung noch der letzten gesellschaftlichen Bereiche in den kapitalistischen Verwertungsprozess. Mit Spieltheorie hat das freilich wenig zu tun, und auch die (teilweise) Automatisierung von Märkten ist zwar ein Hilfsmittel in diesem Prozess der umfassenden Ökonomisierung, aber nicht seine Ursache. Die Frage, wie Schirrmachers «Nummer 2» es geschafft hat, «das Labor zu verlassen und den naturbelassenen Altmenschen auch in der Wirklichkeit zu ersetzen» (Assheuer), bleibt unbeantwortet, weil im gesamten Buch von der Arbeit nicht die Rede ist, ohne die der Kapitalismus nun mal nicht auskommt.

Das ist in dem ebenfalls im Februar 2013 in deutscher Sprache erschienenen Buch «Dead Man Working» von Carl Cederström und Peter Fleming anders. Es beginnt mit der überpointierten Feststellung: «Selbst seine glühendsten Verfechter geben zu, dass der Kapitalismus irgendwann in den 1970er Jahren starb. Alle Versuche, ihn wiederzubeleben, scheiterten. Doch merkwürdigerweise ist er nun, da er tot ist, mächtiger und einflussreicher als je zuvor. Dieses Buch handelt davon, was es bedeutet, in einer toten Welt zu leben und zu arbeiten.» (S. 9) Es geht um das Phänomen, dass das «Zeitalter der Arbeit» zu Ende geht, der Kampf um die ständig prekärer und sinnloser werdende Arbeit aber immer heftiger wird und immer irrsinnigere Formen annimmt. Auf das Verschwinden der Arbeit und damit der «Substanz des Kapitals» (Marx) kann der Kapitalismus nicht adäquat reagieren, etwa durch eine gleichmäßige Verteilung der verbliebenen Arbeit. Vielmehr muss um des Vorteils in der verschärften Konkurrenz willen noch das letzte Quäntchen Mehrarbeit aus den Beschäftigten herausgepresst werden.

Nun ist die Ausbeutung der Arbeit nichts Neues, ohne sie gäbe es keinen Kapitalismus. Neu ist die Aufhebung der Trennung von Arbeit und Freizeit, von Produktion und Reproduktion: «Was den heutigen Kapitalismus von seinen früheren Formen unterscheidet, ist, dass sein Einfluss weit über die Fabrik und das Büro hinausreicht. Im Fordismus waren Wochenenden und Freizeit noch relativ unangetastet; sie sollten die Welt der Arbeit indirekt unterstützen. Heute jedoch ist das Kapital darauf aus, unsere Sozialität in *allen* Sphären des Lebens auszubeuten. Wenn wir alle ‹Humankapital› werden, haben wir nicht nur einen Job oder verrichten einen Job. Wir *sind* der Job. Selbst wenn der Arbeitstag zu Ende zu sein scheint.» (S. 19) Das Ergebnis ist, so Cederström und Fleming, die Spezies der «Dead Man Working», arbeitende Untote, die nicht leben können und auf ein Ende warten, das nicht kommt. Mit Schirrmachers «Nummer 2» hat diese Spezies durchaus Ähnlichkeit, ist aber wesentlich plausibler als jene aus den gesellschaftlichen Entwicklungen hergeleitet.

Die Ausdehnung der Arbeit auf alle Lebensbereiche hat ihr Gegenstück in den von Cederström und Fleming beschriebenen und in ihrer konkreten Ausprägung oft grotesken Versuchen eines «Befreiungsmanagements», das «Leben» in die Arbeit mit einzubeziehen. Dazu gehören «Teambildungsmaßnahmen» auf dem Niveau von Kindergeburtstagen, Aufforderungen, immer und überall «authentisch» zu sein, den Arbeitsplatz als Wohnzimmer aufzufassen, Spaß zu haben und selbst noch dem Hass auf den Kapitalismus im Allgemeinen und das eigene Unternehmen im Besonderen Ausdruck zu geben. Das Ziel sind Beschäftigte, die sich mit ihrer ganzen Person in ihre Arbeit einbringen und umso mehr für das Unternehmen leisten.

Doch die Gleichung «Arbeit ist Leben, und Leben ist Arbeit» geht nicht auf: Die Arbeitsausfälle wegen psychischer Erkrankungen haben ebenso dramatisch zugenommen wie der Konsum von Psychopharmaka zur Bewahrung der Arbeitsfähigkeit; Burnout und Depression gelten inzwischen als Volksleiden, und sogar der «große Abgang» in den Selbstmord tritt immer mal wieder gleich serienweise auf. In wert-abspaltungs-kritischer Terminologie ausgedrückt: Ein Leben als Arbeit pur ohne Rückzugsmöglichkeit in das abgespaltene, weiblich konnotierte und als minderwertig geltende Refugium der Reproduktion, das einer andern Logik folgt, ist offensichtlich nicht lebbar. Die Konsequenz daraus wird schon früh im Buch genannt: «Ein Arbeiter zu sein, ist nichts, worauf man stolz sein kann. Eine sinnvolle Arbeitsplatzpolitik sollte nicht faire, bessere, weniger oder mehr Arbeit fordern, sondern *das Ende von Arbeit*.» (S. 20) Es müsste, und das macht die Sache schwierig, zugleich das Ende des kapitalistischen Patriarchats sein.

Frank Schirrmacher: *EGO. Das Spiel des Lebens*, Karl Blessing Verlag, München 2013
Carl Cederström / Peter Fleming: *Dead Man Working. Die schöne neue Welt der toten Arbeit*, Edition TIAMAT, Berlin 2013

Gespenster der Aufklärung

Erstveröffentlichung in: konkret 03/15

Nicht erst durch den Anschlag auf «Charlie Hebdo», sondern bereits während des ganzen Jahres 2014 sahen die medialen Hüter der westlichen Werte das «normative Projekt des Westens aus Demokratie, Rechtsstaat, Menschenrechten und Freiheit», das doch eigentlich seit 1989 das Endstadium der Geschichte darstellen sollte, einer Vielzahl von Bedrohungen durch «autoritäres und intolerantes Denken und Handeln» ausgesetzt und in die Defensive geraten. Beispielhaft ist hier der «Spiegel» zitiert, der in seinem Leitartikel zum Jahreswechsel vom 29.12.2014 in diesem Zusammenhang folgende Belege anführt: Den Ukraine-Konflikt, Putin, die Putinversteher in Deutschland und die Finanzierung des französischen Front National durch eine russische Bank; das Aufkommen des IS und die Demütigung des Westens durch die Enthauptung von Geiseln vor laufender Kamera; das ökonomisch und militärisch immer stärker werdende «kommunistische» China; die Türkei, die sich anstatt der EU jetzt Russland annähere; das Ende des «Arabischen Frühlings», von dem nur Tunesien als «positives Beispiel» übrig geblieben sei; die Erfolge rechtspopulistischer Parteien bei den Wahlen zum Europäischen Parlament, von Pegida in Dresden und der AfD bei Landtagswahlen.

Dieser etwas merkwürdigen und zusammenhanglos bleibenden Liste ließe sich ja noch einiges hinzufügen, so etwa die Belege dafür, dass der Westen in seinem Kampf gegen die angeblich von außen kommenden Bedrohungen seine eigenen Werte schon lange nicht mehr ernst nimmt, sondern Folter und das gezielte Töten von Zivilpersonen ohne Gerichtsverfahren ebenso zu den Waffen in diesem Kampf gehören wie die flächendeckende Überwachung nicht nur der Telekommunikation der eigenen Bevölkerung. Aber selbst, wenn man solche störenden Details einmal großzügig beiseite lässt, ist es unmöglich, die Frage zu beantworten, woher denn plötzlich die vermeintliche Gegenbewegung zum westlichen Wertesystem kommt, solange man diese – wie es unsere Leitmedien, und nicht nur sie, allesamt tun – in einem imaginären Außen verortet, einer Art Mittelalter, das die Aufklärung nie durchlaufen habe, wie es ein Zeit-Autor etwa dem Islam attestiert.

Denn in einer Welt, in der das Kapital zum universellen gesellschaftlichen Verhältnis geworden ist, gibt es ein solches Außen nicht, weder ökonomisch noch politisch noch – nach Jahrhunderten kapitalistischer Sozialisation – in den Köpfen der diesem Weltverhältnis unterworfenen Individuen. Auch wenn ältere Traditionen den Kapitalismus in den verschiedenen Weltregionen unterschiedlich eingefärbt haben, so betrifft diese Differenz doch nur die Oberfläche, während der eigentliche Kern der Gesellschaftsformation global vereinheitlicht ist. Um es am derzeit extremsten Beispiel auszudrücken: Der etwa im IS in Erscheinung tretende Islamismus ist ein modernes Phänomen. Er bedient sich aus Versatzstücken des Islam, aber er tut das nach Maßgabe betriebswirtschaftlicher Kriterien der Effizienz und maximalen Wirksamkeit. Was uns verstört, nämlich die medial inszenierten Akte der Barbarei – die dann auch noch von konservativen Fernsehsendern wie «Fox News» in voller Länge ausgestrahlt werden –, hat mit dem Mittelalter nichts zu tun.

Die Bedrohung des westlichen Wertesystems ist diesem nicht äußerlich, vielmehr kämpft es hier mit seinen ureigenen Gespenstern. Ein selbst erzeugtes Außen lässt sich allerdings konstatieren. Wie kommt es zustande? Sehen wir uns an, worin die westlichen Werte bestehen.

Karl Marx hat die Sphäre des Warentausches als «ein wahres Eden der angebornen Menschenrechte» von Freiheit, Gleichheit, Eigentum und Eigennutz bezeichnet (MEW 23, S. 189), die freilich nur in dieser Sphäre gelten, während jenseits davon derjenige, der gerade seine eigene Haut zu Markte tragen musste, «nun nichts andres zu erwarten hat als die – Gerberei». Im Zentrum der laut amerikanischer Unabhängigkeitserklärung «unveräußerlichen Rechte» auf Leben, Freiheit und Streben nach Glück steht die individuelle Freiheit und Rechtsgleichheit der Marktsubjekte, die Garantie des Privateigentums und die staatlich garantierte Sicherheit der geschäftlichen Transaktionen, weswegen denn auch Sklaven, Frauen und freie Schwarze bei der Deklaration dieser sogenannten Menschenrechte als deren Träger (noch) gar nicht vorgesehen waren. In ihren Genuss kommen nur warenproduzierende und geldverdienende Wesen. Menschenrechte sind Bürgerrechte, und ein Bürger ist nun einmal nicht jeder, wie auch der große Aufklärer wusste:

Derjenige nun, welcher das Stimmrecht in dieser Gesetzgebung hat, heißt ein Bürger (citoyen, d.i. Staatsbürger, nicht Stadtbürger, bourgeois). Die dazu erforderliche Qualität ist außer der natürlichen (daß es kein Kind, kein Weib sei) die einzige: daß er sein eigener Herr (sui iuris) sei, mithin irgend ein Eigentum habe (wozu auch jede Kunst, Handwerk oder schöne Kunst oder Wissenschaft gezählt werden kann), welches ihn ernährt; d.i. daß er in den Fällen, wo er von Andern erwerben muß, um zu leben, nur durch Veräußerung dessen, was sein ist, erwerbe, nicht durch Bewilligung, die er anderen gibt, von seinen Kräften Gebrauch zu machen, folglich daß er niemandem als dem gemeinen Wesen im eigentlichen Sinne des Worts diene.

Diese Sätze Immanuel Kants (Über den Gemeinspruch: Das mag in der Theorie richtig sein, taugt aber nichts für die Praxis, 1793) sind nur teilweise der Beschränktheit seines historischen Standorts geschuldet. Rechtsfähig und damit auch menschenrechtsfähig ist, wer etwas zu Markte tragen kann, auch wenn es bei Kant noch nicht die eigene Arbeitskraft ist. Wo immer auch die Linie jeweils gezogen wird, konstitutiv bleibt das Moment der Ausgrenzung: Wer sich der Warenform entzieht, weil er ihren Normen nicht genügen kann oder will, bleibt draußen, ist in diesem Sinne kein Mensch: Kinder, Frauen und «Wilde», die hier gar nicht erst genannt werden müssen, weil es selbstverständlich ist.

Erst der Aufstieg der kapitalistischen Produktionsweise und die damit verbundene Einbeziehung wachsender Teile der Gesellschaft in die Kapitalverwertung brachte es mit sich, dass immer mehr Menschen den Status von rechtsfähigen Marktsubjekten erlangten und damit menschenrechtsfähig wurden. Doch diese Bewegung hat sich inzwischen umgekehrt. In dem Maße, in dem im Zuge des kapitalistischen Niedergangs Menschen für die Kapitalverwertung überflüssig werden, trifft für sie die aufklärerische Definition des Menschen nicht mehr zu. «Die potentielle Entmenschung der ‹Überflüssigen› ist im bürgerlich-aufklärerischen Begriff der Menschenrechte insofern enthalten, als der kapitalistisch versachlichte Mensch in der ‹naturwidrigen› Gestalt des Herausgefallenen eben sogar weniger als eine Sache ist. Diese letzte Konsequenz ist das geheime Prinzip aller politischen Ökonomie, und damit der modernen demokratischen Politik überhaupt. Es ist die Essenz jenes naßforschen ‹Realismus›, wie er längst auch die politische Linke durchseucht hat. Alle Realpolitik trägt das Kainsmal dieser unerbittlichen Logik.» (Robert Kurz: Politische Ökonomie der Menschenrechte, auf www.exit-online.org)

Das richtet sich nicht gegen Menschrechtsorganisationen wie Amnesty International, die als Instanz der praktischen Hilfe sowie der empirischen Kritik und Anklage nicht zur Realpolitik gehören, sondern dieser in der Regel ein Dorn im Auge sind. Aber weil sie die Opfer im Namen eben des Prinzips verteidigen, das diese zu Opfern gemacht hat, kommt ihre Tätigkeit an die gesellschaftlichen Ursachen von Gewalt und Verfolgung nicht heran. Gegen die Vorstellung, die herrschende Misere ausgerechnet damit beheben zu wollen, die Aufklärungsideale nun endlich zu verwirklichen, spricht auch alle empirische Evidenz der neuzeitlichen Geschichte, in der ja genau dies geschehen ist.

In der unerbittlichen Logik der aufklärerischen Definition des Menschen als geschäftsfähiges Wesen trifft sich der deutsche Stammtisch, der sich derzeit in Gestalt von Pegida oder ähnlichen Bewegungen auf den Straßen tummelt (vgl. die Texte von Kay Sokolowsky und Felix Klopotek in konkret 2/15), mit den der «politischen Mitte» sich zurechnenden Parteien, die hier zurecht ihre eigenen Leute vermuten. Die in der Krise ja durchaus begründeten Ängste des Kleinbürgertums, qua Abstieg in die Überflüssigkeit den Status als Mensch zu verlieren, artikulieren sich in dem Wunsch nach der Volksgemeinschaft eines von der Krise nicht betroffenen «deutschen Deutschlands», der anzugehören sich aber nur negativ definieren lässt, indem diejenigen ausgegrenzt werden, die auf irgendeine Weise als fremd gelten, wozu derzeit «der Islam» als Instrument nahe liegt.

Die Versuche der politischen Parteien, sich davon zu distanzieren, ändern nichts daran, dass die Realpolitik den hier erhobenen Forderungen seit mehr als zwanzig Jahren in vorauseilendem Gehorsam nachkommt, nämlich seit der Abschaffung des Grundrechts auf Asyl durch den «Asylkompromiss» von 1993. Seither geht es immer nur um die Frage, ob das Asylrecht generell weiter verschärft oder aber so gestaltet werden soll, dass die für die Kapitalverwertung nützlichen – und insofern menschenrechtsfähigen – Migrantinnen und Migranten hereingelassen und die überflüssigen draußen gehalten werden können. Eine solche Politik hat einer rassistischen Bewegung, deren Grundannahmen sie seit mehr als zwanzig Jahren faktisch teilt, außer Symbolik in Gestalt von Neujahrsansprachen nichts entgegenzusetzen. Letztlich fordern Pegida und andere nur offen, was die deutsche Politik seit langer Zeit unausgesprochen betreibt.

Und auch das Gegenstück, der islamistische Terror, kommt nicht aus dem Jenseits, sondern ist von dieser Welt. Stefan Gärtner hat in der «Titanic» vom Februar 2015 zurecht darauf hingewiesen, dass es «nicht zuvörderst Lesarten oder mißverständliche Suren (sind), was junge Leute zu Gotteskriegern macht», sondern dass eher «die Teilung in drinnen und draußen, die Verwahrlosung ganzer Völkerschaften und halber Generationen im Zeichen der Konkurrenzwirtschaft» den Boden für eine «Radikalisierung der Dummen» bereitet, für die «der Pegida-Knallkopf so einsteht wie der muslimische Mordbrenner». Welche Karriere hat wohl die aufklärerische Definition des Menschen für diejenigen vorgesehen, denen bereits als Zehnjährigen deutlich gemacht wird, dass sie ihr Leben lang überflüssig sein und daher in den Genuss von Menschenrechten niemals kommen werden?

Die Erfahrung von Erniedrigung und Elend führt leider nicht von selbst zu revolutionärem Bewusstsein. Vielmehr reagieren die real existierenden Individuen mehrheitlich anders auf ihr Überflüssigwerden, nämlich mit reaktionären Ideologiebildungen, der Organisation insbesondere der männlichen Konkurrenzsubjekte in mafiösen oder faschistoiden Rackets und dem Umschlagen des bisher noch durch die Rechtsform im Zaum gehaltenen bürgerlichen Krieges aller gegen alle in nackte Gewalt. Auch hierin hat die Ideologie der Aufklärung und der an die Geschäftsfähigkeit gebundenen Menschenrechte ganze Arbeit geleistet.

Im Endstadium
Die letzte Krise des Kapitals

Einleitung

In den Texten dieses Abschnitts wird die These vertreten, dass sich der globalisierte Kapitalismus in einer Krise befindet, aus der er nicht mehr herausfinden wird. In ökologischer Hinsicht wird das allgemein durchaus als Grundproblem der modernen Lebensweise empfunden, vor allem in Hinblick auf die angedrohte Klimakatastrophe. Niemand glaubt mehr daran, dass das vereinbarte Zwei-Grad-Ziel noch erreicht werden kann, was natürlich auch Wasser auf die Mühlen der Klima-Leugner bedeutet: Eine Katastrophe, die sich nicht abwenden lässt, verdrängt und negiert man am besten.

Die ökonomische Krise, die durch den Finanzcrash von 2007/08 manifest geworden ist, wird dagegen als eher vorübergehende Erscheinung gedeutet, obwohl die Möglichkeit eines erneuten Crashs durchaus eingeräumt wird, dem wegen der hohen Verschuldung die Staaten dann nicht mehr mit denselben Mitteln wie 2008 würden begegnen können.

In der alltäglichen Wahrnehmung handelt es sich um getrennte Vorgänge, die wenig bis nichts miteinander zu tun haben. Die tiefer liegenden gemeinsamen Ursachen bleiben im Dunkeln. Natürlich habe das alles irgendwie mit dem Kapitalismus zu tun, aber wie genau, scheint der öffentlichen Diskussion trotz Marx-Konjunktur unzugänglich zu sein.

Die hier vertretene Erklärung der Krisenursachen knüpft an das «Maschinenfragment» der Marx'schen «Grundrisse der Kritik der politischen Ökonomie» an, wie sie von Robert Kurz in seinem grundlegenden Text «Die Krise des Tauschwerts» von 1986 wieder aufgenommen wurde: Die dem Kapital innewohnende Erhöhung der Produktivität und das damit verbundene Herausdrängen lebendiger Arbeit aus dem Produktionsprozess führen dazu, dass zur Erzielung von Mehrwert/ Profit ein immer höherer stofflicher Aufwand getrieben werden muss, der ökonomisch auf Schranken stößt und zugleich die natürlichen Grenzen des Ökosystems Erde überschreitet.

Die ökonomische Krise, in der wir uns bewegen, hat demzufolge ihre Ursache nicht im Finanzsektor, sondern begann als kapitalistische Überproduktionskrise bereits mit der «Stagflation» der 1970er Jahre. Seitdem haben wir es mit einer finanzkapitalistischen Ausweichbewegung zu tun, die die Generierung von Profiten von der Real- in die Finanzwirtschaft verlagert und dadurch die Manifestation der Krise aufschiebt. Die Folge ist, dass mit den inzwischen global aufgetürmten Geldvermögen und Finanztiteln alle käuflichen Dinge auf der Erde zwölfmal gekauft werden könnten. Nur weil das bisher nicht versucht wurde, ist der globale Crash noch nicht eingetreten.

Der Kommentar «Warme Luft» zum EU-Klimagipfel im März 2007 weist auf die Unmöglichkeit hin, der Klimaerwärmung und ihren Folgen mit politischen Mitteln Herr zu werden. Das gilt für die Regierungen, die dafür gewählt wurden, die Kapitalverwertung am Laufen zu halten, aber ebenso für ihre Kritiker, die sich Gegenmaßnahmen nur unter kapitalistischen Bedingungen vorstellen können.

Ausgehend von mehreren Zeitungsartikeln vom Oktober 2008 zur Finanzkrise und den Produktivitätserhöhungen in der Automobilindustrie versucht der Text «Ohne Ausweg», den Ursachen der Krise näher zu kommen: Sobald der Absatz der produzierten Waren der Steigerung der Produktivität nicht mehr folgen kann, geraten die Einzelkapitale, gerät aber auch die kapitalistische Produktionsweise als Ganze in eine ausweglose Situation.

Genauer ausgeführt wird das in dem theoretischen Text «Ein Widerspruch von Stoff und Form», einer Untersuchung auf der Basis der Marx'schen Kritik der politischen Ökonomie und ihrem Konzept des relativen Mehrwerts, der sich – im Gegensatz zum absoluten Mehrwert – aus Produktivitätserhöhungen speist. Wichtig ist in diesem Zusammenhang die Unterscheidung von zwei Reichtumsformen im Kapitalismus, dem stofflichen Reichtum der Gebrauchswerte und dem abstrakten Reichtum, der im Geld ausgedrückt wird. Steigerungen der Produktivität bewirken, dass der abstrakte Reichtum durch eine immer größere Menge stofflichen Reichtums ausgedrückt werden muss, die Waren werden immer billiger. Da nun aber die Vermehrung des abstrakten Reichtums der eigentliche Sinn und Zweck kapitalistischer Produktion ist, muss für eine erfolgreiche Kapitalverwertung ein immer höherer stofflicher Aufwand getrieben werden. Dieser der kapitalistischen Produktionsweise – und nur ihr – immanente Wachstumszwang stößt zum einen auf ökonomische Barrieren, weil Waren ja nicht nur produziert, sondern auch abgesetzt werden müssen. Zum anderen liegt hier die Ursache der ökologischen Krise.

Der in der Internet-Zeitschrift Telepolis Ende 2011 erschienene Text «Lohndumping und Hightech» greift empirische Untersuchungen zur Einkommensentwicklung in Deutschland auf. Aus ihnen geht eine nahezu flächendeckende Senkung der Erwerbseinkommen von 2000 bis 2010 hervor, politisch gesteuert durch die Agenda 2010 der rot-grünen Bundesregierung, während zugleich bis 2008 die Produktivität der deutschen Industrie um 25 Prozent zunahm und die Reallöhne in allen anderen EU-Ländern wuchsen. Das erklärt die Verwerfungen in Europa nach der Finanzkrise von 2008: Deutschland als Krisengewinner und Exportweltmeister auf der einen Seite, ein deindustrialisiertes und von der Krise voll erfasstes Südeuropa auf der anderen.

Es folgen sieben von 2012 bis 2014 für die Zeitschrift konkret geschriebene, den Verlauf der Krise begleitenden Texte.

«Linkskeynesianischer Wunschpunsch» kritisiert die Vorstellung von Attac und anderen Linkskeynesianern, es lasse sich durch eine Vermögensabgabe für Millionäre und Umverteilung nach unten der «gute Kapitalismus» der 1970er Jahre wiederherstellen. Das Problem ist, dass die in Finanztiteln aufgehäuften Vermögenswerte größtenteils fiktiv sind, ihnen also kein entsprechender stofflicher Reichtum gegenübersteht. Eine Umverteilung samt den zugehörigen Versuchen, abstrakten in stofflichen Reichtum zu verwandeln, hätte unweigerlich eine Hyperinflation zur Folge.

«Spirale abwärts» setzt sich mit der vermeintlichen wirtschaftspolitischen Alternative von Austeritätspolitik auf der einen oder Konjunkturprogrammen auf der anderen Seite auseinander, bei der es sich für die Krisenländer der EU um die typische Wahl zwischen Pest und Cholera, zwischen Kaputtsparen auf der einen und Staatsbankrott auf der anderen Seite handelt.

«Gerechtes Scheitern?» kritisiert die im Zusammenhang der sogenannten Zypern-Rettung aufgekommene Gerechtigkeitsdebatte um die in zyprischen Banken angeblich gebunkerten russischen Schwarzgelder, für die nun der deutsche Steuerzahler aufkommen solle, die dann zu einer Sonderbehandlung Zyperns durch die Troika führte. Angesichts der tatsächlichen Verhältnisse in den südeuropäischen und anderen Krisenregionen von Gerechtigkeit zu schwadronieren, ist bloß noch moraltriefender Zynismus.

«Ende des Spiels» behandelt noch einmal den zwischen Marktradikalen und Keynesianern tobenden Streit, wie die Krise zu bewältigen sei, und weist auf eine Gemeinsamkeit der Kontrahenten hin, nämlich das Fehlen eines systemischen Krisenbegriffs: Die einen kennen das Wort Krise gar nicht, die anderen halten sie für eine bloße Folge falscher Wirtschaftspolitik. Marx sah das bekanntlich anders.

«Gegen die Wand» ist der Versuch, die gemeinsamen Ursachen von ökologischer und ökonomischer Krise in aller Kürze herauszuarbeiten. Phänomenologischer Ausgangspunkt ist die Feststellung, dass all die Konzepte zum Klimaschutz diesen entweder nur simulieren oder aber Forderungen erheben, die im kapitalistischen Rahmen nicht erfüllbar sind. Die kapitalistische Produktionsweise bleibt ein blinder Fleck, die Frage, was da eigentlich so zwanghaft wächst, bleibt ungestellt. Demgegenüber wird der von Marx konstatierte «prozessierende Widerspruch», der darin besteht, dass das Kapital die Arbeit zunehmend aus dem Produktionsprozess herausnimmt, auf deren Ausbeutung doch sein Reichtum beruht, dem es nachjagen muss, als gemeinsame Ursache von ökonomischer und ökologischer Krise dingfest gemacht.

Was die Karriere des Bitcoins und anderer Digitalwährungen über den Zustand des Geldmediums verrät, wird in «Digitale und andere Blüten» zu erklären versucht. Letztlich handelt es sich hier um Falschgeld, das gar nicht mehr so tun muss, als sei es keins, wenn sich das «richtige» Geld in beliebiger Menge herstellen lässt.

Gegen die in den Medien verbreiteten Meldungen, die Euro-Krise sei vorbei, richtet sich der Text «Die Gesundbeter», in dem verschiedene Aspekte der ökonomischen Zustandsbeschreibung anhand offizieller Daten untersucht werden: Staatsschulden, Wirtschaftswachstum, Arbeitslosigkeit, Wettbewerbsfähigkeit. Den Abschluss bildet der ursprünglich als offener Brief an die Interessentinnen und Interessenten von EXIT! zum Jahreswechsel 2014/15 verfasste Text «Krisenwirren», der sich mit den von der Krise hervorgerufenen ideologischen Verwerfungen auseinandersetzt. Da sind die selbsternannten Retter des «prekären Projekts des Westens», die dessen ursächlichen Zusammenhang mit dem Aufkommen seiner vermeintlichen Gegner nicht sehen wollen. Da ist die Vielzahl von Suchbewegungen nach Alternativen, die allerdings regelmäßig ohne Kapitalismuskritik auszukommen glauben, in den kapitalistischen Kategorien befangen bleiben und deswegen schnell zu Bestandteilen der Krisenverwaltung werden. Und da ist – am auffälligsten – der herbeigesehnte Aufstand der Massen in Gestalt eines sich mehr als nur andeutenden neuen Faschismus. In der Endphase des zerfallenden Kapitalismus bestätigt sich die Erfahrung von Vernichtung und Selbstvernichtung täglich neu. Ob und wie es gelingen kann, aus dieser Entwicklung herauszukommen, ist ungeklärt. Immerhin besteht noch die Hoffnung, dass ihr Ausgang offen ist.

Warme Luft
Zur Simulation von Klimaschutz durch die EU

Zusammenführung der Texte «Die Marketing-Abteilung des ‹Automatischen Subjekts›» vom 14.3.2007 und «Warme Luft» vom 30.3.2007, beide auf www.exit-online.org

Die öffentliche Behandlung der drohenden Klima-Katastrophe, die Versuche also, sie mit politischen Mitteln noch erträglich zu machen, könnte zum Lehrstück werden für das Verhältnis der Politik zur Produktionsweise, in die sie eingebettet ist. Wohin die Reise geht, zeigt das als «Durchbruch» gefeierte Ergebnis des EU-Gipfels vom 9. März 2007. «Handlungsfähigkeit bewiesen», «Flagge gezeigt», «Glaubwürdigkeit gewahrt», so zitiert Spiegel-Online vom selben Tag Angela Merkel, die sich diesen «mit Intelligenz und Eleganz» (Jacques Chirac) herbeigeführten Erfolg gewiss ans Revers heften darf. Ob und auf welcher Ebene es ein Erfolg war, ist allerdings die Frage.

Es gilt inzwischen trotz aller methodischen Zweifel als ausgemacht und nur noch in Nuancen umstritten, dass der anthropogene Ausstoß von Treibhausgasen in die Erdatmosphäre Klimaveränderungen nach sich ziehen wird bzw. bereits verursacht hat, die für große Teile der zukünftigen Menschheit katastrophale Folgen haben wird, und dass zur Abwendung zumindest der allerschlimmsten Folgen radikale Reduzierungen insbesondere der CO_2-Emissionen erforderlich sind. Und entsprechend war denn auch die Rhetorik, die den EU-Gipfel begleitete: «Barroso weist zurecht darauf hin, dass dies das ehrgeizigste Klimaschutzprogramm der Welt ist» (Carsten Volkery, Spiegel-Online 9.3.2007). Vermutlich stimmt das und legt doch nur das ganze Desaster der Weltklimapolitik offen:

Die die Emissionen betreffenden Absichtserklärungen des EU-Gipfels besagen, im Jahr 2020 in der EU 20 Prozent weniger Treibhausgase ausstoßen zu wollen als 1990. Was hier stutzig machen sollte, ist das Bezugsjahr 1990. Bekanntlich sank in Deutschland der CO_2-Ausstoß von 1990 bis 1995 um 13 Prozent, weil die unrentabel gewordenen Dreckschleudern der alten DDR-Industrien stillgelegt wurden. In den nächsten fünf Jahren kamen dann nur noch weitere 2 Prozent hinzu. Seitdem wähnen sich die Deutschen als Avantgarde der «ökologischen Revolution». Auf EU-Ebene wiederholt sich dieser Mechanismus jetzt, denn was für Ostdeutschland galt, gilt auch für die osteuropäischen EU-Mitglieder: In den 1990er-Jahren sank ihr Ausstoß von Treibhausgasen qua Deindustrialisierung drastisch. Vom derzeitigen Ist-Zustand aus geht es deshalb nur noch um die Verringerung der Emissionen um 5 Prozent bis 2020, um das «ehrgeizigste Klimaschutzprogramm der Welt» zu verwirklichen.

Natürlich sei noch mehr drin, heißt es weiter, bis zu 30 Prozent, wenn die anderen, also insbesondere USA, Japan und China mitziehen. Nur hatten die leider keine östlichen Provinzen, die sie deindustrialisieren mussten, sodass dort der CO_2-Ausstoß in den letzten 15 Jahren um 24 Prozent (USA), 15 Prozent (Japan) bzw. mehr als 100 Prozent (China) angestiegen ist. Was für diese Länder daher eine Reduktion der Emissionen um 20 Prozent im Vergleich zu 1990 bedeuten würde, lässt sich leicht nachrechnen. «Das 30-Prozent-Angebot der EU dürfte deshalb kaum ernst gemeint sein» (Markus Becker, Spiegel-Online vom 9.3.2007). Hauptsache, wir Europäer stehen als virtuelle Retter der Menschheit da.

Es lässt sich freilich noch eine andere Rechnung aufmachen: Der mittlere US-Amerikaner emittiert 19,7 , der mittlere Deutsche 10,3 , der mittlere EU-Europäer 8,5 , der mittlere Chinese 3,6 und der mittlere Erdenbürger 4,2 Tonnen CO_2 pro Jahr (Zahlen der IEA für das Jahr 2004). Das verbleibende Reduktionsziel der EU einerseits und gleiches Recht für alle andererseits vorausgesetzt, dürfte jeder Mensch auf der Erde im Jahr 2020 acht Tonnen CO_2 in die Luft blasen, fast doppelt so viel wie heute, was dann allerdings den Klima-Kollaps nicht erst in 2100, sondern sofort zur Folge hätte. Auch dieses Szenario ist (hoffentlich) nicht realistisch, zeigt aber doch die Verlogenheit, mit der die EU sich selber feiert.

Es geht hier jedoch nicht darum, dass die EU-Politiker im Allgemeinen und Angela Merkel im Besonderen persönlich versagt oder bewusst gemogelt hätten, sie haben vermutlich ihr Bestes gegeben und sind so weit gegangen, wie sie konnten. Die eigentlichen Schwierigkeiten bei der konkreten Umsetzung des eher vagen Beschlusses stehen ja erst noch bevor, und die Lobbyisten aller Mitgliedsländer werden ihn sicher noch weiter auf den Boden des «ökonomisch Machbaren» herunterziehen. Im Vergleich zu dem, was politisch durchsetzbar ist, geht dieser EU-Beschluss in der Tat sehr weit. Hier genau aber liegt die Crux, die eine Abwendung der Klimakatastrophe auf dem Boden der kapitalistischen Produktionsweise unmöglich macht: Dass nämlich die Politik bereits über den eigenen Schatten springen muss, nur um Beschlüsse zu fassen, die weit unterhalb der sachlichen Erfordernisse des zu lösenden Problems bleiben.

Karl Marx hat für den sich selbst verwertenden Wert die widersprüchliche Metapher eines «automatischen Subjekts» verwendet: «Er geht beständig aus der einen Form in die andere über, ohne sich in dieser Bewegung zu verlieren, und verwandelt sich so in ein automatisches Subjekt. ... In der Tat aber wird der Wert hier das Subjekt eines Prozesses, worin er unter dem beständigen Wechsel der Formen von Geld und Ware seine Größe selbst verändert, sich als Mehrwert von sich selbst als ursprünglichem Wert abstößt, sich selbst verwertet. Denn die Bewegung, worin er Mehrwert zusetzt, ist seine eigne Bewegung, seine Verwertung also Selbstverwertung. Er hat die okkulte Qualität erhalten, Wert zu setzen, weil er Wert ist. Er wirft lebendige Junge oder legt wenigstens goldne Eier.» (MEW 23, 169)

Indem menschliche Reproduktion nur noch in dem Maße gelingt, wie sie an der Selbstverwertung des Werts teilhat, wird der Wert zum eigentlichen Subjekt der Geschichte, als das Politik sich allenfalls noch imaginiert. Sie ist keine dem Wert eigenständig gegenüberstehende, sondern eine aus ihm nur abgeleitete Kategorie.

Politik hat – schon der eigenen Finanzierbarkeit wegen – das Gelingen der Selbstverwertung des Werts zu gewährleisten, und nur innerhalb dieses Rahmens ist sie handlungsfähig.

Das ökologische Problem war politisch traktierbar, solange eine bloße Reparaturfunktion der Politik ausreichte, um den Betrieb der Wertverwertung am Laufen zu halten. Diese historische Phase scheint nun mit der vom Selbstlauf der Kapitalverwertung verursachten Klimaveränderung und ihren sich andeutenden katastrophischen Folgen zu Ende zu gehen. Politik gerät damit in eine Situation, in der sie das «automatische Subjekt» vor sich selber retten, die Wertverwertung also in Frage stellen und sich damit den Boden unter den eigenen Füßen wegziehen müsste. Das kann – als Politik – nicht funktionieren und wird deshalb auch gar nicht erst versucht.

Stattdessen wird so getan, als wäre nichts geschehen, als ginge es weiterhin nur um ein paar kleinere Schönheitsreparaturen, die angesichts der fortgeschrittenen Klimadiskussion allerdings als der ganz große Durchbruch verkauft werden müssen und von den Protagonisten auch so gesehen werden. Schließlich kommt die ausgefeilteste Werbebotschaft nicht an, wenn ihre Überbringer selber nicht an sie glauben.

Das geneigte Publikum zeigt sich dennoch irritiert, von einer «Mogelpackung» ist im Zusammenhang mit dem EU-Klimagipfel bereits die Rede, womit das unzureichende Ergebnis aber auf ein bloßes Fehlverhalten der beteiligten Politiker reduziert wird. So etwa von Sven Giegold, Attac-Mitglied und seit 2008 grüner Europa-Politiker, in seinem taz-Artikel vom 19.3.2007, in dem er diesen Vorgang der Verharmlosung als «Das Klima als Merkel-Propaganda» bezeichnet, womit er Recht hat und zugleich den Charakter des Problems völlig verfehlt, indem er es auf das persönliche und moralische Versagen von Politikern reduziert, denen es daher auf dem G8-Gipfel in Heiligendamm Dampf zu machen gelte.

Dabei dürfte auch Giegold wissen, dass die Bundeskanzlerin nur getan hat, wofür sie gewählt wurde, nämlich die Rahmenbedingungen für eine möglichst reibungslose und effektive Kapitalverwertung zu gewährleisten, die durch das Fortschreiten der Klimadiskussion ein wenig ins Schlingern zu geraten drohte. Schließlich hängt an ihr das Steueraufkommen als Voraussetzung jeglicher Politik ebenso wie die Arbeitsplätze. Auch Giegold stellt eine gelingende Wertverwertung in Rechnung, wenn er das notwendige Ziel, den CO_2-Ausstoß bis 2050 um 80 Prozent zu reduzieren, mit der Aussicht schmackhaft macht, es berge «viele Chancen auf neue Jobs und wirtschaftliche Entwicklung» (a.a.O.). Was wäre, wenn er darin Unrecht hätte? Wäre dann der Klimaschutz ad acta zu legen?

Solange die kapitalistische Produktionsweise als nicht hintergehbar gedacht wird, muss jede Kritik an ihren sozialen und ökologischen Folgen aber in der Tat auf der moralischen Ebene bleiben und wird dort letztlich verpuffen. Ein Beispiel ist Giegolds Argumentation gegen die Durchsetzung von Patentrechten: «Für die rasche Verbreitung zukunftsfähiger Innovationen ist entscheidend, dass Entwicklungs- und Schwellenländer diese Technologien selbst produzieren und weiterentwickeln können. Dazu müssen geistige Eigentumsrechte innovationsfreundlich beschränkt und Schlüsseltechnologien in die Entwicklungsländer transferiert werden. Das ist genau das Gegenteil der von Angela Merkel für den G8-Gipfel geforderten scharfen Durchsetzung von Patenten weltweit. Ähnlich wie bei Medikamenten und Saatgut sind ressourcenschonende Technologien überlebensnotwendig, die den Entwicklungs- und Schwellenländern weitgehend kostenlos zur Verfügung stehen müssen.» (a.a.O)

Gut gebrüllt, aber unter den Bedingungen der nicht in Frage gestellten Warenproduktion leider nicht tragfähig: Ohne Patente ließen sich aus Forschung und Entwicklung keine Profite generieren, und ohne solche Profite gäbe es keine Forschung und Entwicklung und damit auch kein Knowhow über zukunftsfähige Technologien, das den Entwicklungs- und Schwellenländern kostenlos zur Verfügung gestellt werden könnte. Das mag in manchen Ohren neoliberal klingen, ist es aber nicht, sondern realisiert bloß den kapitalistischen Grundkonsens, dass ein Aufwand nur dann getrieben wird, wenn er Mehrwert verspricht. Das erste (englische) Patentgesetz stammt übrigens aus dem Jahr 1623.

Giegolds aus sachlichen Erfordernissen begründete und für einen wirksamen Klimaschutz absolut notwendige Forderung läuft gegen die Wand und bleibt unrealistisch, solange die Überwindung der Warenform – und nicht bloß die Verletzung von Profitinteressen einzelner Kapitalisten – undenkbar bleibt. Sie lässt sich auf dem Boden der kapitalistischen Produktionsweise nicht erfüllen, und das ist keine Frage des fehlenden Willens.

Wie in diesem Beispiel angedeutet, freilich nicht nur der zunehmenden Umweltzerstörung, sondern auch der fortschreitenden Entwertung der Arbeitskraft wegen, stellt sich die Versorgung und das Überleben einer immer größer werdenden Zahl von Menschen als bedauerlicherweise nicht mehr finanzierbar heraus. Auf diese Entwicklung mit dem Ruf nach Almosen oder neuen Finanzierungsmodellen zu antworten, ist eigentlich bloß noch verrückt, doch viel weiter scheint die Antiglobalisierungsbewegung bisher nicht gekommen zu sein.

Dagegen wäre das blind vorausgesetzte Kriterium der Finanzierbarkeit selber zu attackieren, womit sich das stellt, was manche die «Systemfrage» nennen, ohne zu wissen, was sie da ansprechen: Es geht nicht bloß um uneinsichtige Regierungen oder gar die gern imaginierten, im Halbdunkel die Fäden ziehenden Kapitalisten. Es geht vielmehr um das ganz alltägliche warenproduzierende Patriarchat, also das «automatische Subjekt» der selbstzweckhaft prozessierenden Wertverwertung, dem Politik nur hinterherlaufen, das sie aber nicht lenken kann, und seine inferior gesetzte «weibliche» Kehrseite, zuständig für Emotionalität, Menschlichkeit und andere nicht verwertbare, aber gleichwohl notwendige Bestandteile der Reproduktion. Es ist inzwischen – nicht nur, aber auch an der Klimaproblematik – mit Händen zu greifen, dass dieser Vergesellschaftungsmodus sich selbst überlebt hat und im gerade begonnenen Jahrhundert die Menschheit mit in den Abgrund zu reißen droht.

Da sich auch jede Gegenbewegung, ob sie will oder nicht, in diesem Modus bewegt und derzeit niemand sagen kann, wie sich menschliche Reproduktion auf dem heute erreichten Niveau anders organisieren lässt, ist selbstverständlich nichts gegen die Forderung einzuwenden, dass «soziale Bewegungen, Nichtregierungsorganisationen und Gewerkschaften in Heiligendamm massenhaft (Druck) aufbauen» (a.a.O.). Nur wird der ohne die Perspektive einer Überwindung der kapitalistischen Produktionsweise nicht einmal immanent Erfolg haben können.

Ohne Ausweg

Erstveröffentlichung am 19.10.2008 auf www.exit-online.org

In der dem Neoliberalismus nicht ganz fern stehenden *Financial Times Deutschland* (FTD) finden sich seit einigen Wochen unter der gemeinsamen Überschrift «Das Kapital» angenehm zynische Kommentare zur aktuellen «Krise des Finanzkapitals»; angenehm, weil sie sich von der Rhetorik des *Die-Krise-als-Chance*, die sich in der politischen Klasse und den meisten Medien ausgebreitet hat, wohltuend abheben; zynisch, weil sie – in diesem redaktionellen Umfeld kein Wunder – die Leserinnen und Leser auf das System festnageln, dessen Ausweglosigkeit sie gerade analysieren. Das neoliberale TINA (*there is no alternative*) bekommt damit einen Hauch von Western-Romantik: Ein Mann geht seinen Weg, auch wenn er weiß, dass der nur in den Untergang führen kann.

In dem (anonymen) Kommentar *Pest heute oder Cholera morgen* heißt es am 14.10.2008 zu dem Billionen-Hilfsprogramm der EU-Staaten für ihre Finanzinstitute:

Das aber ist der eigentliche Zweck sämtlicher Regierungsanstrengungen und der Geldmarktüberflutung durch die Zentralbanken rund um die Welt: dass hochdefizitäre Wirtschaftseinheiten hochdefizitär bleiben sollen, auf dass sie sich Produktionsanlagen, Autos, Häuser oder Universitäten gönnen, die sie sich nicht leisten können. Tun sie das nicht, wird die globale Rezession nämlich derart hart werden, dass Kredite in Billionenhöhe ausfallen – dann endgültig zulasten der Steuerzahler.

Also ist die Politik doch klug, nicht? Nun, aufgeschoben ist nicht aufgehoben. Denn was wäre, wenn die Revitalisierungsversuche trotz aller Bedenken gelängen? Bei einer konsolidierten Bilanzsumme der Euro-Banken von jetzt schon 23.506 Mrd. Euro, privatwirtschaftlichen US-Schulden von 41.428 Mrd. $ oder einem Schulden-Einkommen-Verhältnis der britischen Verbraucher von 160 Prozent will man nicht daran denken, was auf die Staatshaushalte in jener Schuldenkrise zukäme, die dann in ein paar Jahren anrollte. Aber was soll man erwarten, wenn nur an Symptomen rumgedoktert wird, ja, wenn die Politik die Ursachen der Krise noch nicht mal wahrhaben will?
FTD 14.10.2008

Das ist immerhin analytischer Klartext: Die Staatsgarantien für die Banken haben den Zweck, einen schon seit Jahren währenden Zustand aufrechtzuerhalten, in dem die Weltwirtschaft nur noch durchs Schuldenmachen angetrieben wurde, bis die Kreditgeber schließlich an ihren faulen Krediten zu ersticken drohten. Die Alternative wäre eine Rezession, die zum Ausfall von noch mehr Krediten führen würde. Also schultert Vater Staat die Last bzw. schiebt sie vor sich her und vergrößert damit das Problem sukzessive. Die ersten, kleineren Staaten (Island, Ungarn, Ukraine) stehen jetzt schon vor dem Bankrott.

Was es allerdings mit den «Ursachen der Krise» auf sich hat, die die nur an Symptomen rumdokternde Politik «noch nicht mal wahrhaben will», wird im zitierten Text nicht gesagt. Sucht man danach, so findet man einen Tag vorher in dem Artikel *Gelddrucken gegen das Gelddrucken* Folgendes:

... die Hoffnung, dass die Finanzkrise mit staatlichen Kapitalspritzen, Einlagengarantien oder durch die Nationalisierung von Banken gelöst werden kann, ist vermutlich vergebens. Denn die Wurzel des Übels ist ja nicht auf der Passivseite der Bankbilanzen zu suchen, also dort, wo Einlagen und Eigenkapital verbucht werden.

Das Problem liegt auf der Aktivseite, wo neben teils undurchsichtigen Anlagen auch die Kredite an Firmen und Verbraucher erfasst werden. Gewiss haben die Banken ihre Rücklagen vernachlässigt. Dahinzuschwinden droht das Kapital und damit die Sicherheit der Einlagen jedoch deshalb, weil (!) die Aktiva davonrinnen. Der Kern der Krise ist nämlich, dass die Bankausleihungen an den Privatsektor im Euro-Raum binnen zehn Jahren um 7368 Mrd. Euro respektive von 88 auf rund 139 Prozent des BIP gestiegen sind (in den angelsächsischen Ländern stärker).

Daher sind nun etliche Firmen und Verbraucher überschuldet. Können sie ihre Rechnungen nicht mehr begleichen, trifft das aber auch bislang gute Schuldner. ...

Damit leidet die Aktivseite der Banken weiter, weil Pleiten, Arbeitslosigkeit und Zahlungsausfälle zunehmen. Vertrauensverlust, nächste Runde. Bei aller berechtigten Sorge um den Konsum ist es übrigens erstaunlich, wie wenig die Auswirkungen der Kreditklemme auf die Firmeninvestitionen beleuchtet werden, die einbrechen dürften. Und wie sehr man immer noch auf Länder wie China setzt, deren Geschäftsmodell – investieren, um zu exportieren – ausgehebelt werden dürfte. ...

Kurzum: Die Politik wird kaum umhinkommen, an den Kern der Krise heranzugehen. Und da ist die Versuchung groß, Staatsausgaben mit frisch gedrucktem Geld zu finanzieren, auf dass in der Privatwirtschaft Umsätze und Löhne schneller als die Schulden steigen – und diese schließlich wieder tragbar werden.
FTD 13.10.2008

Der «Kern der Krise» liegt also in den immer fauler werdenden Krediten, die die Banken vergeben haben und die ihnen jetzt als Aktiva «davonrinnen». Und wenn der Staat die Garantie dafür übernimmt, wird ihm kaum etwas anderes übrig bleiben, als das Problem durch frisch gedrucktes Geld zu «lösen», die aufgelaufenen Schulden und Außenstände also in einer Inflation einzuebnen. Eine Empfehlung ist das nicht, aber eine Alternative wird nicht benannt, wohl weil es keine gibt.

Und dann? Gibt es dann einen «Neuanfang», an dem alles bloß wieder von vorne losgeht? Oder sollen wir uns auf eine dauerhafte Inflationsrate von 10 oder 20 Prozent einrichten, damit faule Kredite sich gar nicht erst aufhäufen können? Da die Banken allerdings nicht anders können, als Kredite zu Zinssätzen oberhalb der Inflationsrate zu vergeben, wäre das wohl keine besonders nachhaltige Option.

Der FTD sind die hier zitierten Analysen zum kapitalistischen Status quo und seinen ins Nichts sich auflösenden Perspektiven hoch anzurechnen, weil sie ohne die sonst üblichen Illusionen, persönlichen Schuldzuschreibungen und antisemitischen Untertöne auskommen. Dennoch sind sie unzureichend, weil sie an einem bestimmten Punkt der Analyse einfach stehen bleiben, indem sie Phänomene beschreiben, die Frage nach den tiefer liegenden Gründen aber gar nicht erst stellen. Wenn die «Krise des Finanzkapitals» tatsächlich, wie die FTD zutreffend analysiert, aus einer Überschuldung von Firmen und Privathaushalten herrührt, wenn es sich also in Wirklichkeit um eine Krise der realen Wirtschaft handelt, dann läge doch eigentlich die Frage nach *deren* Ursache nahe. Doch davon ist nichts zu hören. Stattdessen heißt es im Zusammenhang mit der drohenden Rezession jetzt überall, die Finanzkrise würde auf die reale Wirtschaft «übergreifen», womit der tatsächliche Wirkungszusammenhang auf den Kopf gestellt ist.

Es ist also die Frage zu stellen, warum seit zwei bis drei Jahrzehnten die Wirtschaftseinheiten (Firmen, private und öffentliche Haushalte) massenhaft «hochdefizitär» sind, wie die FTD feststellt. Allein an der bloßen Lust, «über die eigenen Verhältnisse» zu leben, kann es ja wohl nicht liegen. Wer einen Kredit aufnimmt, tut das regelhaft in der Erwartung, ihn mit späteren Einkünften (Gewinnen, Einkommen, Steuereinnahmen) zurückzahlen zu können. Offenbar ist diese Erwartung in den letzten Jahren immer wieder enttäuscht worden, anders ist die Überschuldung der «hochdefizitären Wirtschaftseinheiten» nicht zu erklären.

Woran liegt es, dass die realen (also nicht spekulativen) Einkünfte so gering geworden sind, dass die aufgenommenen Kredite nicht mehr getilgt werden können? Ich versuche, diese Frage am Beispiel der Automobilindustrie zu beantworten, die in dieser Hinsicht paradigmatisch ist.[138] Die aktuelle Situation wird in DIE ZEIT vom 16.10.2008 in einem Artikel von D.H. Lamparter unter der Überschrift *Notbremsungen* recht gut beschrieben. Dort heißt es

Die Krux an der Situation: Selbst wenn die deutschen Hersteller die Verkäufe ihrer Fahrzeuge konstant halten können, wächst mit jedem neuen Modell der Druck auf die Arbeitsplätze. Die Produktivität beim Wechsel von Golf V auf Golf VI sei in Wolfsburg um mehr als zehn Prozent und in Zwickau sogar um mehr als 15 Prozent gestiegen, verriet ein stolzer VW-Chef Winterkorn bei der Präsentation der Neuauflage des wichtigsten Konzernfahrzeugs. Das bedeutet, dass für

---

138 Eine allgemeine Untersuchung auf der Basis der Marx`schen Kritik der politischen Ökonomie enthält mein Text *Ein Widerspruch von Stoff und Form*, der in EXIT! Heft 6 erscheinen soll. Vgl. auch den 22 Jahre alten Text von Robert Kurz *Die Krise des Tauschwerts* auf www.exit-online.org sowie Robert Kurz: *Das Weltkapital*, Berlin 2005

die Montage der gleichen Zahl von Autos fünfzehn Prozent weniger Leute nötig sind. Wenn also vom Golf VI nicht entsprechend mehr abgesetzt wird, sind Jobs in Gefahr. Genauso läuft es bei neuen Modellen von BMW, Mercedes oder Opel. Teilweise werden dort Produktivitätssprünge von 20 Prozent erzielt.

Bei einer Steigerung der Produktivität um 15 Prozent müsste auch der Absatz entsprechend gesteigert werden, um dieselbe (in Arbeitszeit gemessene) Wert- und Mehrwertmasse zu produzieren, aus der allein Profite sich generieren lassen. Gelingt das nicht, so sind davon nicht nur die in die Arbeitslosigkeit entlassenen Arbeitskräfte betroffen, sondern ebenso das in der Automobilindustrie gebundene Kapital, das dort nicht mehr denselben Mehrwert erzielen kann wie zuvor. Von Gewinneinbußen sind vor allem diejenigen Einzelbetriebe bedroht, die mit dem Wachstum der Produktivität nicht Schritt halten können, woraus sich der Stolz des VW-Chefs erklärt, der auf größere Marktanteile und vielleicht sogar auf steigende Gewinne hoffen kann. In der Summe, also auf die gesamte Branche bezogen, muss die höhere Produktivität auf einem stagnierenden Markt wie dem für Automobile aber zu geringeren Gewinnen führen. Dort hat der hier beschriebene Mechanismus inzwischen voll durchgeschlagen: Eine britische Automobilindustrie gibt es schon lange nicht mehr, die großen US-Konzerne wären ohne Staatshilfen längst bankrott, und auch den europäischen und asiatischen Herstellern drohen starke Gewinneinbußen, die mit einem «Übergreifen» der Finanzkrise nichts zu tun haben.

Allgemeiner gesagt: Die kapitalistische Produktionsweise muss notwendig in die Krise geraten, wenn sie den Absatz ihrer Waren nicht im selben Maße wie ihre Produktivität steigern kann. Und das kann sie mit wachsender Produktivität und ohne Räume, in die sie noch expandieren könnte, immer weniger. Mit der Aufnahme von Krediten (z. B. indem neue Aktien ausgegeben wurden) und der Hoffnung auf späteres Wachstum ließ sich dieser säkulare Prozess eine Zeit lang verschleiern. Diese Phase scheint nun vorbei zu sein.

In den 1970er Jahren, als die Werke von Karl Marx an den Universitäten noch gelesen wurden, waren die gesellschaftlichen Folgen der Mikroelektronik zumindest an Informatik-Fachbereichen als Problem durchaus geläufig und wurden breit diskutiert: Wenn menschliche Arbeit zunehmend durch mikroelektronisch gesteuerte Maschinen ersetzt wird, dann ist das Ende der «Arbeitsgesellschaft», damit aber auch einer Produktionsweise in Sicht, die auf der Ausbeutung der Arbeit beruht. 35 Jahre später, zu einem Zeitpunkt, in dem die absehbaren Folgen der damals neuen Technik tatsächlich eintreten, scheint das vergessen.

Jetzt werden die Marx-Bilder wieder aus den Archiven geholt und erscheinen auf den Titelseiten so mancher Zeitungen. Besser wäre es, Marx zu lesen:

Das Kapital ist selbst der prozessierende Widerspruch [dadurch], daß es die Arbeitszeit auf ein Minimum zu reduzieren sucht, während es andrerseits die Arbeitszeit als einziges Maß und Quelle des Reichtums setzt. Es vermindert die Arbeitszeit daher in der Form der notwendigen, um sie zu vermehren in der

Form der überflüssigen; setzt daher die überflüssige in wachsendem Maß als Bedingung – question de vie et de mort – für die notwendige. Nach der einen Seite hin ruft es also alle Mächte der Wissenschaft und der Natur, wie der gesellschaftlichen Kombination und des gesellschaftlichen Verkehrs ins Leben, um die Schöpfung des Reichtums unabhängig ... zu machen von der auf sie angewandten Arbeitszeit. Nach der andren Seite will es diese so geschaffnen riesigen Gesellschaftskräfte messen an der Arbeitszeit, und sie einbannen in die Grenzen, die erheischt sind, um den schon geschaffnen Wert als Wert zu erhalten. Die Produktivkräfte und gesellschaftlichen Beziehungen – beides verschiedne Seiten der Entwicklung des gesellschaftlichen Individuums – erscheinen dem Kapital nur als Mittel, und sind für es nur Mittel, um von seiner bornierten Grundlage aus zu produzieren. In fact aber sind sie die materiellen Bedingungen, um sie in die Luft zu sprengen.[139]

Es dürfte dann vielleicht klarer werden, dass es schon mehr bedarf als einer bloßen «Zügelung», «Bändigung» oder «Zivilisierung» des Kapitalismus, nach der jetzt wahlweise verlangt wird. Wenn man mit 100 km/h auf einen Abgrund zufährt, ist der Vorschlag, unter Beibehaltung der Fahrtrichtung die Geschwindigkeit doch bitteschön auf 70 km/h zu drosseln, nicht wirklich überzeugend.

---

139 Karl Marx: *Grundrisse der Kritik der politischen Ökonomie*, 1857–58, Berlin 1974, S. 592 f.

Ein Widerspruch von Stoff und Form
Zur Bedeutung der Produktion des relativen Mehrwerts für die finale Krisendynamik[140]

Erstveröffentlichung in: EXIT! Krise und Kritik der Warengesellschaft 6, 23–54, Bad Honnef 2009

Während die herrschende Volkswirtschaftslehre nur die stoffliche Seite der kapitalistischen Produktion zu betrachten glaubt und sich für Größen wie das «reale» Wachstum des Bruttoinlandsprodukts oder «reale» Einkommen interessiert – die tatsächlich allerdings durch Geldwerte vermittelt sind –, untersuchen die meisten der der Arbeitswerttheorie verpflichteten Texte denselben Produktionsprozess in Bezug auf die in ihm realisierten Wert- und Mehrwertmengen. Beide Seiten scheinen unausgesprochen davon auszugehen, dass es sich nur um verschiedene Maßeinheiten von Reichtum schlechthin handle.

Dagegen geht der vorliegende Text mit Marx von einem historisch spezifischen, doppelten Reichtumsbegriff im Kapitalismus aus, wie er im Doppelcharakter von Ware und Arbeit repräsentiert ist. Dem Wert als der herrschenden Form des Reichtums im Kapitalismus steht der stoffliche Reichtum gegenüber, auf dessen besondere Gestalt es für die Kapitalverwertung zwar nicht ankommt, der jedoch als Träger des Werts unverzichtbar bleibt. Diese beiden Reichtumsformen treten nun aber mit wachsender Produktivität notwendig und in einer Weise auseinander, die Marx vom Kapital als dem «prozessierenden Widerspruch» sprechen ließ. Diesem Widerspruch soll hier nachgegangen werden.

Dabei wird das Ziel verfolgt, die Argumentation des 22 Jahre alten Aufsatzes von Kurz (1986), mit dem die Krisentheorie der ehemaligen *Krisis* begründet wurde, vor dem Hintergrund zumindest der ernsthafteren unter den seither formulierten Gegenargumentationen zu überprüfen. Ihr zufolge steuere das Kapital auf eine finale Krise zu, da wegen der wachsenden Produktivität die gesamtgesellschaftliche bzw. globale Mehrwertproduktion auf Dauer abnehmen und die Kapitalverwertung schließlich zum Erliegen kommen müsse.

Hinsichtlich dieser Diagnose unterscheidet sich der vorliegende Text nicht wesentlich von Kurz (1986), sie wird aber aus einem etwas anderen Blickwinkel be-

---

140 Die Erstfassung dieses Textes wurde Anfang September 2008 fertiggestellt, also noch vor Beginn der Serie von «schwarzen Montagen», mit der die Manifestation einer tief gehenden Krise des Weltkapitals eingeläutet wurde. Obwohl nicht als Kommentar dazu konzipiert, kann der Text gleichwohl so gelesen werden und wurde deshalb Anfang November 2008 auf www.exit-online.org ins Internet gestellt. Gegenüber dieser Erstfassung wurden hier nur wenige Formulierungen geändert, die offenbar zu Missverständnissen Anlass gaben. Ferner wurde eine Fußnote im Fazit eingefügt.

gründet, der sich auf die Darstellung der gesamtgesellschaftlichen Mehrwertmasse bezieht. Diese lässt sich einerseits, wie Kurz (1986 und 1995) es tut, ausgehend von dem vom einzelnen Arbeiter geschaffenen Mehrwert durch Summation über alle produktiven Arbeiter bestimmen, aber auch, wie es hier geschieht, ausgehend von dem in einer stofflichen Einheit realisierten Mehrwert durch Summation über die stoffliche Gesamtproduktion. Die beiden Darstellungen widersprechen sich nicht, lassen aber verschiedene Aspekte desselben Prozesses in den Blick treten.

Der hier gewählte Zugang ermöglicht es außerdem, die finale Krisendynamik mit der bereits von Postone (2003) analysierten Tendenz des Kapitals zur Umweltzerstörung in Beziehung zu bringen.

Der Text enthält einen kleinen mathematisierten Kern. Wer Formeln nicht leiden kann, sollte sie übergehen. Zum Verständnis wichtig sind die drei in den Text eingefügten Tabellen sowie eine Abbildung, deren Qualität sich auch ohne Formeln erschließt.

Die letzte Krise des Kapitals? Eine Kontroverse

Die Krisentheorie der ehemaligen *Krisis* hat viel Widerspruch und Kritik von einer Art erfahren, die großenteils schon deswegen nicht ernstzunehmen ist, weil sie – den eigenen, eingefahrenen Gleisen folgend – die dort vorgetragene Argumentation gar nicht erst zur Kenntnis nimmt. Dazu gehören dogmatische Vorstellungen, dass der Kapitalismus sich aus seinen Krisen noch jedes Mal wie ein Phönix aus der Asche erhoben habe, weshalb das auch immer so bleiben werde. Einen derart kruden Induktionismus wagt noch nicht einmal der moderne Positivismus zu vertreten. Andere Vorstellungen verleugnen generell die objektive Seite der kapitalistischen Dynamik und betonen, nur durch eine Revolution oder gar einen «voluntaristischen Akt» sei der Kapitalismus zu überwinden. Daran ist richtig, dass der Übergang in eine wie immer geartete befreite Gesellschaft das bewusste Handeln von Menschen voraussetzt. Daraus folgt aber nicht, dass bei Ausbleiben eines solchen Übergangs der Kapitalismus fröhlich weiter vor sich hin prozessieren kann. Es kann auch ein Ende mit Schrecken werden.

Die darauf verweisende, erstmalig in dem Aufsatz *Die Krise des Tauschwerts* von Robert Kurz 1986 gestellte Diagnose besagt – in groben Zügen –, dass sich das Kapital durch die von der Marktkonkurrenz induzierte, zwanghafte Erhöhung der Produktivität (oder Produktivkraft) das eigene Grab schaufele, weil es die Arbeit, damit aber seine eigene Substanz zunehmend aus dem Mehrwert schaffenden Produktionsprozess herausnehme. Eine besondere Rolle spiele in diesem Zusammenhang die «Produktivkraft Wissenschaft» im Allgemeinen und die «mikroelektronische Revolution» im Besonderen. Der Text lässt sich als eine Ausarbeitung und Aktualisierung einer bekannten Marx`schen Feststellung aus dem Maschinenfragment der *Grundrisse* (593) lesen:

Das Kapital ist selbst der prozessierende Widerspruch [dadurch], daß es die Arbeitszeit auf ein Minimum zu reduzieren sucht, während es andrerseits die Arbeitszeit als einziges Maß und Quelle des Reichtums setzt.

Von diesem Widerspruch meint Marx in den *Grundrissen* immerhin, er sei geeignet, die bornierte Grundlage der kapitalistischen Produktionsweise «in die Luft zu sprengen» (ebd.: 594).

Unter den Kritikern dieser These einer finalen Krise des Kapitals spielt Michael Heinrich insofern eine besondere Rolle, als er sich zumindest partiell auf die Argumentationsebene einlässt, auf der diese These entwickelt wird. Da er von einer Zusammenbruchstendenz des Kapitals nichts wissen will, muss er sich gegen den Marx der *Grundrisse* positionieren und tut dies, indem er den Marx des *Kapital* gegen ihn ausspielt (Heinrich 2005: 177):

Die Wertseite des angesprochenen Prozesses, dass immer weniger Arbeit im Produktionsprozess der einzelnen Waren verausgabt werden muss, wird im Kapital nicht als Zusammenbruchstendenz, sondern als Grundlage der Produktion des relativen Mehrwerts analysiert. Der scheinbare Widerspruch, von dem Marx in den Grundrissen so frappiert war, dass das Kapital «die Arbeitszeit auf ein Minimum zu reduzieren sucht, während es andrerseits die Arbeitszeit als einziges Maß und Quelle des Reichtums setzt», wird bei Kurz, Trenkle und anderen Vertretern der Krisis-Gruppe gar zum «logischen Selbstwiderspruch des Kapitals», an dem der Kapitalismus zwangsläufig zugrunde gehen müsse. Im ersten Band des Kapital entschlüsselt Marx diesen Widerspruch dagegen beiläufig als ein altes Rätsel der politischen Ökonomie, mit dem bereits der französische Ökonom Quesnay im 18. Jahrhundert seine Gegner gequält habe. Dieses Rätsel, so Marx, sei leicht zu begreifen, wenn man berücksichtige, dass es den Kapitalisten nicht um den absoluten Wert der Ware, sondern um den Mehrwert (bzw. Profit) gehe, den ihm diese Ware einbringt. Die zur Produktion der einzelnen Ware nötige Arbeitszeit kann durchaus sinken, der Wert der Ware abnehmen, sofern nur der von seinem Kapital produzierte Mehrwert bzw. Profit wächst.

Zunächst einmal ist festzuhalten, dass Heinrich hier offenbar zwei Ebenen durcheinander bringt, auf denen es einen Widerspruch geben kann: Marx entschlüsselt in der Tat ein Rätsel, das den Ökonomen als ein logischer Widerspruch erschien und ein Defekt ihrer Theorie war. Deswegen ist der auf der realen Ebene angesiedelte «prozessierende Widerspruch» aber natürlich nicht weg, sondern womöglich erklärt oder allenfalls gar nicht berührt. Er besteht nach dem Marx der *Grundrisse* darin, dass das Kapital in seiner bewusstlosen Eigendynamik die Quelle zuschüttet, von der es lebt. Heinrich hält dem entgegen, für den Marx des *Kapital* sei die Erhöhung der Produktivität die Grundlage der Produktion des relativen Mehrwerts, so als wäre diese in ihrem Fortschreiten mit einer Zusammenbruchstendenz nicht vereinbar. Ist das so? Gibt es eine Unvereinbarkeit der Produktion des relativen Mehrwerts mit einer Selbstdestruktion des Kapitals?

Kurz (1986: 28) stellt demgegenüber fest,
daß das Kapital sich selbst in der Produktion des relativen Mehrwerts zur absoluten logischen und historischen Schranke wird. Das Kapital interessiert nicht und kann nicht interessieren die absolute Wertschöpfung, es ist einzig und allein fixiert auf den Mehrwert in seinen an der Oberfläche erscheinenden Formen, d. h. auf das relative Verhältnis innerhalb des geschaffenen Neuwerts zwischen dem Wert der Arbeitskraft (ihren Reproduktionskosten) und dem kapitalistisch angeeigneten Teil des Neuwerts. Sobald das Kapital die Wertschöpfung nicht mehr absolut ausdehnen kann durch Verlängerung des Arbeitstages, sondern nur noch seinen relativen Anteil innerhalb des geschöpften Neuwerts mittels Produktivkraftentwicklung zu steigern vermag, findet in der Produktion des relativen Mehrwerts eine gegenläufige Bewegung statt, die sich historisch selbst verzehren und auf den totalen Stillstand der Wertschöpfung selbst hinarbeiten und hinauslaufen muß. Mit der Produktivkraftentwicklung steigert das Kapital den Grad der Ausbeutung, aber es unterminiert damit Grundlage und Gegenstand der Ausbeutung, die Produktion des Werts als solchen. Denn die Produktion des relativen Mehrwerts als Verwissenschaftlichung des stofflichen Produktionsprozesses schließt die Tendenz zur Eliminierung lebendiger unmittelbarer Produktionsarbeit als einziger Quelle der gesamtgesellschaftlichen Wertschöpfung ein. Dieselbe Bewegung, die den relativen Anteil des Kapitals am Neuwert vermehrt, vermindert durch Eliminierung direkter lebendiger Produktionsarbeit die absolute Basis der Wertproduktion.

Hier steht die Produktion des relativen Mehrwerts nicht nur in keinerlei Widerspruch zur Zusammenbruchstendenz des Kapitals, sondern ist umgekehrt sogar das Werkzeug, mit dem das Kapital sich selbst zur «absoluten logischen und historischen Schranke» werde. Dann hätte aber in der Tat der Marx des *Kapital* den Marx der *Grundrisse* gar nicht korrigiert, wie Heinrich meint, sondern nur eine genauere Begründung für den «prozessierenden Widerspruch» gegeben.

Offensichtlich (und nicht ganz überraschend) handelt es sich hier um eine Kontroverse. Ihr kann deswegen auf den Grund gegangen werden, weil die Kontrahenten einen gemeinsamen Ausgangspunkt haben, nämlich die von Marx in die Kritik der politischen Ökonomie eingeführte Kategorie des «relativen Mehrwerts», aus der dann aber ganz verschiedene und sich sogar widersprechende Schlüsse gezogen werden. Der im Folgenden gemachte Versuch eines Beitrags zur Klärung muss daher erneut auf diesen gemeinsamen Ausgangspunkt zurückgehen. Die im Zusammenhang mit Kontroversen um die Krisentheorie der ehemaligen *Krisis* oft genannte Debatte zwischen Trenkle (1998) und Heinrich (1999) taugt hierfür übrigens nicht als Referenz, weil Trenkle, anders als Kurz (1986), sich in seiner Begründung für das Aufziehen einer finalen Krise nicht auf die Produktion des relativen Mehrwerts bezieht.

Produktivität, Wert und stofflicher Reichtum

Von einer Erhöhung der Produktivität spricht man, wenn in derselben Arbeitszeit ein größerer stofflicher Output oder – was dasselbe ist – wenn dieselbe stoffliche Menge an Waren mit geringerem Arbeitsaufwand produziert werden kann und sich ihre Wertgröße damit verringert. Produktivität ist also die Proportion von stofflicher Warenmenge zu der zu ihrer Produktion benötigten Arbeitszeit. Für das Verständnis der Produktivität und ihrer Veränderung ist es daher zwingend erforderlich, zwischen Wertgrößen und stofflichem Reichtum zu unterscheiden.

Wenn Marx davon spricht (s. o.), dass das Kapital «die Arbeitszeit als einziges Maß und Quelle des Reichtums setzt», dann ist vom wertförmigen Reichtum die Rede. Diese historisch spezifische, allein für die kapitalistische Gesellschaft gültige Form des Reichtums, die ihren «inneren Kern» ausmacht (vgl. Postone 2003: 54), gerät für den Marx der *Grundrisse* zunehmend in Gegensatz zum «wirklichen Reichtum» (*Grundrisse*, 592):

In dem Maße aber, wie die große Industrie sich entwickelt, wird die Schöpfung des wirklichen Reichtums abhängig weniger von der Arbeitszeit und dem Quantum angewandter Arbeit, als von der Macht der Agentien, die während der Arbeitszeit in Bewegung gesetzt werden und die selbst wieder ... in keinem Verhältnis steht zur unmittelbaren Arbeitszeit, die ihre Produktion kostet, sondern vielmehr abhängt vom allgemeinen Stand der Wissenschaft und dem Fortschritt der Technologie, oder der Anwendung dieser Wissenschaft auf die Produktion.

Im *Kapital* spricht Marx statt vom «wirklichen» vom «stofflichen Reichtum», der von den Gebrauchswerten gebildet wird. Dieser Sprachgebrauch ist deswegen angemessener, weil auch der stoffliche Reichtum in der entwickelten kapitalistischen Gesellschaft nicht derselbe ist wie in nicht kapitalistischen Gesellschaften, sondern die Gestalten, in denen er auftritt, ihrerseits vom wertförmigen Reichtum geprägt werden. An dieser Stelle genügt es festzuhalten, dass es in der kapitalistischen Gesellschaft diese zwei verschiedenen und begrifflich zu unterscheidenden Formen des Reichtums gibt: «Der Reichtum der Gesellschaften, in denen kapitalistische Produktionsweise herrscht, erscheint als eine ungeheure Warensammlung» (MEW 23: 49). Und im Doppelcharakter der Waren, Träger von Wert und Gebrauchswert zu sein, widerspiegeln sich die beiden verschiedenen Formen des Reichtums in diesen Gesellschaften.

Der Wert ist die vorherrschende, nicht-stoffliche Form des Reichtums im Kapitalismus, auf die stoffliche Gestalt des wertförmigen Reichtums kommt es dabei nicht an. Kapitalistisches Wirtschaften zielt allein auf die Vermehrung dieser Form des Reichtums (Wertverwertung), die ihren Ausdruck im Geld findet: Eine wirtschaftliche Tätigkeit, die keinen Mehrwert verspricht, unterbleibt, auch wenn sie noch so viel stofflichen Reichtum hervorbringen würde. Warum auch sollte jemand sein Kapital in den Produktionsprozess werfen, wenn für ihn am Ende höchstens so viel Wert herauskäme wie anfangs hineingesteckt?

Stofflicher Reichtum – laut Postone (1993/2003: 296f) als dominante Form des Reichtums ein Kennzeichen nicht kapitalistischer Gesellschaften – misst sich dagegen in den zur Verfügung stehenden Gebrauchswerten, die sehr vielfältig sind und ganz verschiedenen Zwecken dienen können. 500 Tische, 4000 Hosen, 200 Hektar Boden, 14 Vorlesungen über Nanotechnik oder auch 30 Streubomben wären in diesem Sinne stofflicher Reichtum. An diesen Beispielen sollte Folgendes deutlich werden: Erstens wird stofflicher Reichtum nicht notwendig durch Arbeit erzeugt, er ist (wie etwa die Luft zum Atmen) noch nicht einmal an die Warenform gebunden, auch wenn er (wie der Boden) vielfach in diese Form gebracht wird. Zweitens besteht stofflicher Reichtum nicht notwendig aus materiellen Gütern, sondern es kann sich auch um Wissen, Informationen usw. und ihrer Verbreitung handeln. Drittens sollte man sich davor hüten, im stofflichen Reichtum das schlechthin «Gute» zu sehen. Obwohl stofflicher Reichtum nicht an die Warenform gebunden und die Arbeit nicht seine einzige Quelle ist, so bildet er im Kapitalismus doch umgekehrt den «stofflichen Träger» (MEW 23, 50) des Werts, der deswegen seinerseits an den stofflichen Reichtum gebunden bleibt. In der Warenproduktion deformiert deren Ziel, die Akkumulation von immer mehr Mehrwert also, wie selbstverständlich die Qualität des stofflichen Reichtums, dessen Produzenten nicht zugleich seine Konsumenten sind: Es kann hier nie um das Ziel maximalen Genusses beim Gebrauch des stofflichen Reichtums, sondern immer nur um das Ziel maximaler betriebswirtschaftlicher Effizienz gehen. Die Überwindung der kapitalistischen Gesellschaft wird daher nicht bloß darin bestehen können, den stofflichen Reichtum von den Zwängen der Kapitalverwertung zu befreien, sondern zu ihr gehört ebenso die Überwindung seiner durch den Wert induzierten Deformationen.

Dennoch gibt es auch hinsichtlich der qualitativen Beurteilung einen Unterschied zwischen beiden Reichtumsformen. Unter stofflichem Aspekt ist nur der Gebrauch entscheidend, der sich von den Dingen machen lässt. Aus dem Blickwinkel wertförmigen Reichtums spielt dagegen etwa bei der Frage, ob ich als Unternehmer lieber 500 Tische oder 30 Streubomben produziere, nur der Mehrwert eine Rolle, den ich damit jeweils erzielen kann.

Im Begriff der Produktivität wird von der Qualität des stofflichen Reichtums abstrahiert, weswegen ich in diesem Zusammenhang lieber von stofflichen Einheiten als von Gebrauchswerten spreche. Diese Beschränkung auf die Quantität ist mit Problemen behaftet, weil sich beispielsweise von 500 Tischen und 4000 Hosen nicht sagen lässt, worin der größere stoffliche Reichtum besteht, sie sind, da von verschiedener Qualität, auf der stofflichen Ebene nicht vergleichbar. Daher muss auch der Begriff der Produktivität, der beide Reichtumsformen zueinander in Beziehung setzt, nach den Qualitäten ausdifferenziert werden, die stofflicher Reichtum annehmen kann: Die Produktivität in der Produktion von Tischen ist eine andere als die in der Produktion von Hosen usw.

Im Folgenden liegt der Fokus auf den quantitativen Verhältnissen zwischen beiden, in der Warenproduktion geschaffenen Reichtumsformen. Sie liegen zwar zu jedem Zeitpunkt fest, sind aber, wie Marx (MEW 23, 60f.) feststellt, ständig im Fluss:

Ein größres Quantum Gebrauchswert bildet an und für sich größren stofflichen Reichtum, zwei Röcke mehr als einer. Mit zwei Röcken kann man zwei Menschen kleiden, mit einem Rock nur einen Menschen usw. Dennoch kann der steigenden Masse des stofflichen Reichtums ein gleichzeitiger Fall seiner Wertgröße entsprechen. Diese gegensätzliche Bewegung entspringt aus dem zwieschlächtigen Charakter der Arbeit. Produktivkraft ist natürlich stets Produktivkraft nützlicher, konkreter Arbeit und bestimmt in der Tat nur den Wirkungsgrad zweckmäßiger produktiver Tätigkeit in gegebnem Zeitraum. Die nützliche Arbeit wird daher reichere oder dürftigere Produktenquelle im direkten Verhältnis zum Steigen oder Fallen ihrer Produktivkraft. Dagegen trifft ein Wechsel der Produktivkraft die im Wert dargestellte Arbeit an und für sich gar nicht. Da die Produktivkraft der konkreten nützlichen Form der Arbeit angehört, kann sie natürlich die Arbeit nicht mehr berühren, sobald von ihrer konkreten nützlichen Form abstrahiert wird. Dieselbe Arbeit ergibt daher in denselben Zeiträumen stets dieselbe Wertgröße, wie immer die Produktivkraft wechsle. Aber sie liefert in demselben Zeitraum verschiedene Quanta Gebrauchswerte, mehr, wenn die Produktivkraft steigt, weniger, wenn sie sinkt. Derselbe Wechsel der Produktivkraft, der die Fruchtbarkeit der Arbeit und daher die Masse der von ihr gelieferten Gebrauchswerte vermehrt, vermindert also die Wertgröße dieser vermehrten Gesamtmasse, wenn er die Summe der zu ihrer Produktion notwendigen Arbeitszeit abkürzt. Ebenso umgekehrt.

Die hier eher thesenartig untermauerte, für die Marx'sche Kritik der politischen Ökonomie zentrale Unterscheidung von stofflichem und wertförmigem Reichtum rufe ich deswegen in Erinnerung, weil sie uns als im Warenfetisch befangenen, sich durch ihn hindurch reproduzierenden Subjekten alles andere als selbstverständlich ist. In unserem warenförmigen Alltag erscheinen die beiden Reichtumsformen als gleichermaßen «natürlich» und in der Regel sogar als identisch: Nicht nur, dass der Wert einen stofflichen Träger bedarf, sondern auch die Aneignung von Gebrauchswerten erfolgt im Normalfall dadurch, dass wir sie kaufen, also Wert in Geldform dafür hergeben. Die Nichtbeachtung des Unterschieds von wertförmigem und stofflichem Reichtum mag im modernen Alltag unproblematisch sein und das tägliche Handeln sogar erleichtern. Jede Theorie aber, die diesen Unterschied verkleistert oder von vornherein gar nicht erst zur Kenntnis nimmt, muss den historisch spezifischen Kern der kapitalistischen Produktionsweise notwendig verfehlen.

Das gilt – man könnte sagen: natürlich – für die herrschende neoklassische Volkswirtschaftslehre, für die das ahistorische Ziel allen Wirtschaftens in der individuellen Nutzenmaximierung und diese wiederum in der optimalen Kombination von «Güterbündeln» besteht, während der abstrakte Reichtum nur als «Geldschleier» gilt, der die Allokation des stofflichen Reichtums bloß verdecke und daher um der größeren Klarheit willen wegzuziehen, aus der Wirtschaftstheorie zu entfernen sei.

Ebenso gilt es aber auch für die klassische politische Ökonomie, so etwa für David Ricardo, wenn er in der Einleitung zu seinem Hauptwerk schreibt (Ricardo 1994, 1):

Die Produkte der Erde – alles, was von ihrer Oberfläche durch die vereinte Anwendung von Arbeit, Maschinerie und Kapital gewonnen wird – werden unter drei Klassen der Gesellschaft verteilt, nämlich die Eigentümer des Bodens, die Eigentümer des Vermögens oder Kapitals, das zu seiner Bebauung notwendig ist, und die Arbeiter, durch deren Tätigkeit er bebaut wird.

Die Anteile am Gesamtprodukt der Erde, die unter den Namen Rente, Profit und Lohn jeder dieser Klassen zufallen, werden jedoch in den verschiedenen Entwicklungsstufen der Gesellschaft sehr unterschiedlich sein ...

Das Hauptproblem der Politischen Ökonomie besteht im Auffinden der Gesetze, welche diese Verteilung bestimmen.

Es geht hier allein um die Verteilung des stofflichen Reichtums, während von der besonderen *Form* des Reichtums im Kapitalismus nicht die Rede und wohl nicht einmal ein Bewusstsein vorhanden ist. Über dieses Verständnis scheint auch der traditionelle Marxismus nur selten hinausgekommen zu sein. Die «Arbeit, die allen Reichtum schafft», ist ihm ebenso ahistorische Naturgegebenheit wie der von ihr geschaffene Reichtum. Seine auf der Zirkulationsebene verbleibende Kritik richtet sich nur gegen die *Verteilung* des Reichtums schlechthin, nicht aber gegen die historisch spezifische Form der Produktion im Kapitalismus. Mit Moishe Postone ist festzuhalten, dass damit eine wesentliche Dimension der Marxschen Kritik ausgeblendet bleibt (Postone 2003, 55/56):

Viele Argumentationen, die sich auf die Marxsche Analyse der Einzigartigkeit der Arbeit als Quelle des Werts beziehen, erkennen seine Unterscheidung zwischen «wirklichem Reichtum» (oder «stofflichem Reichtum») und Wert nicht an. Die Marxsche «Arbeitswerttheorie» ist jedoch keine Theorie der einzigartigen Eigenschaften der Arbeit im allgemeinen, sondern sie ist eine Analyse der geschichtlichen Besonderheit des Werts als einer Form des Reichtums und einer Form der Arbeit, die ihn konstituierte. Folglich ist es für das Marxsche Unterfangen irrelevant, ob man für oder gegen seine Werttheorie argumentiert, als handele es sich um eine Arbeitstheorie des (transhistorischen) Reichtums – so als hätte Marx eine politische Ökonomie statt einer Kritik der politischen Ökonomie geschrieben.

Auf dem hier von Postone kritisierten Missverständnis des Marxschen Ansatzes bauen inzwischen ganze Theoriegebirge auf. Ein besonders frappantes Beispiel bietet Jürgen Habermas, der ausgerechnet die viel zitierte Stelle aus dem Maschinenfragment der *Grundrisse* zum Anlass nimmt, Marx einen «revisionistischen Gedanken» unterzuschieben (Habermas 1978, 256):

In den «Grundrissen der Kritik der Politischen Ökonomie» findet sich eine sehr interessante Überlegung, aus der hervorgeht, daß Marx selbst einmal die wissenschaftliche Entwicklung der technischen Produktivkräfte als mögliche Wertquelle angesehen hat. Die arbeitswerttheoretische Voraussetzung, daß das «Quantum angewandter Arbeit der entscheidende Faktor der Produktion des Reichtums sei», schränkt er dort nämlich ein: «In dem Maße aber, wie die große Industrie sich entwickelt, wird die Schöpfung des wirklichen Reichtums abhängig weniger von der Arbeitszeit und dem Quantum angewandter Arbeit (!), als von der Macht der Agentien, die während der Arbeitszeit in Bewegung gesetzt werden und die selbst wieder in keinem Verhältnis steht zur unmittelbaren Arbeitszeit, die ihre Produktion kostet, sondern vielmehr abhängt vom allgemeinen Stand der Wissenschaft und dem Fortschritt der Technologie, oder der Anwendung dieser Wissenschaft auf die Produktion.» Diesen «revisionistischen» Gedanken hat Marx dann freilich fallengelassen; er ist in die endgültige Fassung der Arbeitswerttheorie nicht eingegangen.

Offensichtlich setzt hier Habermas den «wirklichen» Reichtum an Marx vorbei mit dem wertförmigen Reichtum gleich. Nur so kann er Marx unterstellen, der habe hier «die wissenschaftliche Entwicklung der technischen Produktivkräfte als mögliche Wertquelle angesehen». Dabei übersieht er geflissentlich, dass Marx in diesem Zusammenhang im Maschinenfragment eine Seite später – wie zitiert – vom Kapital als «prozessierenden Widerspruch» spricht, was so ungefähr das Gegenteil von Habermas' «revisionistischem Gedanken» ist. Wie Postone (2003, 345–393) nachweist, ist diese unausgesprochene, nicht weiter reflektierte Identifikation von Reichtum und Wert, damit aber die Ontologisierung des Werts und der Arbeit als historisch unspezifisch zur menschlichen Gattung gehörend, die fehlerhafte Grundvoraussetzung der gesamten Habermas'schen Kritik an Marx und aller seiner Versuche, über ihn hinauszukommen.

Doch auch ein gestandener Werttheoretiker wie Michael Heinrich, dem die Unterscheidung von wertförmigem und stofflichem Reichtum durchaus geläufig ist, ist gegen die Gleichsetzung der Reichtumsformen nicht immer gefeit: Sein zentrales Argument gegen die von Kurz 1995 entwickelte These, dass die «produktive» (Mehrwert schaffende) Arbeit abschmelze und der Anteil der «unproduktiven», aus dem gesamtgesellschaftlich produzierten Mehrwert finanzierten Arbeit ständig zunehme, insgesamt also die Produktion des der Kapitalakkumulation zur Verfügung stehenden Mehrwerts sinke, lautet (Heinrich 1999, 4):

die wachsende Produktivkraft sorgt dafür, dass die von einer «produktiven» Arbeitskraft produzierte Mehrwertmasse beständig steigt, daß also eine «produktive» Arbeitskraft eine ständig wachsende Masse unproduktiver Arbeit unterhalten kann.

Auf der Ebene des stofflichen Reichtums, auf den sich die wachsende Produktivkraft ausschließlich bezieht, wäre dieses Argument (als Möglichkeit) natürlich richtig, nur mit der «von einer produktiven Arbeitskraft produzierten Mehrwertmasse» hat das nichts zu tun, denn diese bemisst sich nun einmal in der verausgabten Arbeitszeit, weshalb die von einer noch so produktiven Arbeitskraft an einem Arbeitstag produzierte Mehrwertmasse nie größer sein kann als eben ein Arbeitstag.

Derselbe, möglicherweise von Heinrich übernommene und bloß auf die Spitze getriebene Fehler findet sich in ISF (2000). Dort wird, wiederum gegen Kurz (1995) gerichtet, die Möglichkeit einer «kapitalistischen Dienstleistungsgesellschaft» postuliert (ISF 2000: 70):

Gesetzt den Fall, alles, was eine solche Gesellschaft an «Hardware» benötigt, würde dank der enormen Arbeitsproduktivität mit einem Minimum an Arbeitszeit produziert werden können, sagen wir, weltweit innerhalb von 100.000 Arbeitsstunden im Jahr X. Was spricht dagegen, daß hier die Mehrwertmasse erzeugt wird, die es erlaubt, in diesem Jahr X all das Geld produktiv zu decken, das die vielleicht 10 Milliarden Dienstleister sparen und verzinsen können? Geld, das sich dann wieder in weniger als diesen 10 Milliarden Händen, sondern sagen wir in 10 Millionen konzentriert, und dort teils als spekulatives Finanzkapital, teils aber auch als Konkurrenzkapital zu den, die 100.000 Stunden erarbeitenden Mehrwertproduzenten eingesetzt werden kann – um auf diese Weise die Verfügungsgewalt über die Gesellschaft zu sichern? Um diese Verfügungsgewalt über die Gesellschaft geht es auch, denn wir leben schließlich immer noch in einer Klassengesellschaft, wenn auch in einer, in der die Klassen, wie Adorno sagt, zum «überempirischen Begriff» sich verflüchtigt haben. Von der Verfügungsgewalt über diese, die «Hardware» produzierende Arbeit hingen die Herrschaftsverhältnisse in einer derart konstruierten Gesellschaft weiterhin – und in dieser erst recht – ab.

Ob eine solche Gesellschaft möglich wäre oder nicht, lasse ich einmal dahingestellt, nur eines wäre sie wegen der Unmöglichkeit der Kapitalverwertung mit Sicherheit nicht, nämlich kapitalistisch: Die 10 Millionen Hände, in denen sich das Kapital konzentrieren soll, dürften gerade mal 100.000 Arbeitsstunden pro Jahr ausbeuten, jede von ihnen also den hundertsten Teil einer Stunde, das sind 36 Sekunden, ein Nichts im Vergleich zum Arbeitstag von vielleicht 8 Stunden multipliziert mit vielleicht 200 Arbeitstagen pro Jahr und 10 Milliarden arbeitsfähigen «Händen». Aus welchem Grund sollte unter diesen Umständen noch einer der 10 Millionen Kapitaleigner sein gutes Geld in den Produktionsprozess werfen? Der Fehler liegt auch hier in der Gleichsetzung der beiden Reichtumsformen: Es ist ja denkbar, dass einmal eine Arbeitszeit von 100.000 Stunden im Jahr ausreichen wird, um eine Bevölkerung von 10 Milliarden Menschen ausreichend zu versorgen. Nur durch das Nadelöhr der Wertverwertung wird das dann, mangels Mehrwertmasse, nicht mehr gehen.

Es ist keineswegs zufällig, dass derartige Fehler von Leuten, die es eigentlich besser wissen, geradezu zwangsläufig dann auftreten, wenn sie gegen die Möglichkeit einer finalen Krise des Kapitals polemisieren. Denn die Diagnose des notwendigen Auftretens einer solchen Krise hängt – wie sogleich verdeutlicht werden soll – wesentlich an dem Unterschied zwischen den beiden genannten Reichtumsformen und daran, dass sie zunehmend auseinandertreten.

Die Produktion des relativen Mehrwerts

Marx (MEW 23: 334) bezeichnet als «relativen Mehrwert» den Mehrwert, der dadurch entsteht, dass durch die Erhöhung der Produktivität der Arbeit und damit Verbilligung der Arbeitskraft die notwendige Arbeitszeit verkürzt und die Mehrarbeitszeit entsprechend verlängert werden kann, ohne den Reallohn zu senken oder den Arbeitstag zu verlängern, wie es der «Produktion des absoluten Mehrwerts» entspricht. Die Produktion des relativen Mehrwerts ist die dem entwickelten Kapitalismus adäquate Form der Mehrwertproduktion und verknüpft mit der «reellen Subsumtion der Arbeit unter das Kapital» (MEW 23, 533).

Die Tendenz zur Erhöhung der Produktivität der Arbeit gehört zu den immanenten Gesetzen der kapitalistischen Produktionsweise, da jeder Einzelbetrieb, dem es gelingt, durch Einführung einer neuen Technik die Produktivität der eigenen Arbeitskräfte über den aktuellen Durchschnitt hinaus zu erhöhen, seine Ware mit einem Extraprofit verkaufen kann. Das hat zur Folge, dass sich die neue Technik unter dem Zwangsgesetz der Konkurrenz verallgemeinert, der Extraprofit wieder verschwindet, und sich die entsprechende Ware verbilligt. Gehört sie ihrerseits dem Umkreis der zur Reproduktion der Arbeitskraft notwendigen Lebensmittel an, geht also in den Wert der Arbeitskraft bestimmend ein, so führt ihre Verbilligung auch zu einer Verbilligung der Arbeitskraft.

Bei gleichmäßiger Entwicklung der Produktivität und damit Verbilligung aller Waren, also auch der Ware Arbeitskraft, wird die notwendige Arbeitszeit ständig verringert, was aber nicht in einer Verkürzung des Arbeitstages resultiert, sondern in einer Verlängerung der Mehrarbeitszeit und damit der Erhöhung des je Arbeitstag produzierten Mehrwerts (MEW 23, 338/339):

Da nun der relative Mehrwert in direktem Verhältnis zur Entwicklung der Produktivkraft der Arbeit wächst, während der Wert der Waren in umgekehrtem Verhältnis zur selben Entwicklung fällt, da also derselbe identische Prozeß die Waren verwohlfeilert und den in ihnen enthaltenen Mehrwert steigert, löst sich das Rätsel, daß der Kapitalist, dem es nur um die Produktion von Tauschwert zu tun ist, den Tauschwert der Waren ständig zu senken strebt, ein Widerspruch, womit einer der Gründer der politischen Ökonomie, Quesnay, seine Gegner quälte und worauf die ihm die Antwort schuldig blieben.

Diese Aussage von Marx, auf die sich auch Heinrich (s. o.) beruft, bedarf der Präzisierung. Es ist unmittelbar einsichtig, dass die Mehrwertrate und damit der Mehrwert*anteil* an dem Wert einer Ware mit der Arbeitsproduktivität wächst. Aber die Aussage kann auch so gelesen werden (und wird so gelesen), dass der in einer Ware enthaltene Mehrwert wächst, obwohl ihr Wert sinkt. Ist das möglich, und wenn ja, gilt das auf Dauer? Das klingt zumindest unwahrscheinlich.

Die Produktion des relativen Mehrwerts ist in Tabelle 1 an einem Zahlenbeispiel dargestellt. Es bezieht sich auf eine einzelne Ware, eine feste Anzahl stofflicher Einheiten (z. B. 500 Tische, 4000 Hosen oder 1 PKW) oder auf einen «Warenkorb», also eine beliebige Kombination solcher Einheiten. Die Zahlen stellen Arbeitszeiten (ausgedrückt etwa in Arbeitstagen) dar, wobei die insgesamt in das Produkt (einschließlich der Herstellung der dafür benötigten Rohstoffe, Maschinen usw.) eingehenden Arbeitszeiten gemeint sind. Beschrieben wird der Effekt einer technischen Innovation, die die zur Produktion benötigte Arbeitszeit um 20% reduziert, was in diesem Fall einer Erhöhung der Produktivität um 25% entspricht: An einem Arbeitstag wird das 1,25-fache der bisherigen Menge produziert.

Tabelle 1: Produktion des relativen Mehrwerts bei niedriger Mehrwertrate und konstantem Reallohn

		Warenwert (gesellschaftlicher Durchschnitt) m+v	notwendige (bezahlte) Arbeit v	Mehrarbeit (Mehrwert) m	Mehrwertrate m'=m/v
1	alte Technik	1000	800	200	0,25
2	neue Technik in Einzelbetrieb (einschließlich Extraprofit)	1000	640	360	0,5625
3	neue Technik in Branche (ohne Verbilligung der Arbeitskraft)	800	640	160	0,25
4	allgemeine Produktivitätserhöhung (mit Verbilligung der Arbeitskraft)	800	512	288	0,5625

Mit der alten Technik (Zeile 1) mögen 1000 Arbeitstage erforderlich sein, aufgeteilt in 800 Arbeitstage, die für die Reproduktion der Arbeitskraft erforderlich sind, und 200 Arbeitstage, die der Mehrwertproduktion dienen.

In einem Einzelbetrieb (Zeile 2) werde nun eine neue Technik entwickelt, mit der die benötigte Arbeitszeit um 20%, also auf 800 Arbeitstage reduziert werden kann. Der Betrieb setzt diese Technik ein, weil er damit seinen Gewinn erhöhen und einen Innovationsvorteil erzielen kann: Solange sich die neue Technik noch nicht durchgesetzt hat, bleibt der Warenwert von ihr unberührt, weil im gesellschaftlichen Durchschnitt immer noch mit der alten Technik produziert wird. Obwohl der Einzelbetrieb jetzt um 20% billiger produziert, kann er die Ware zum alten Preis verkaufen. Obwohl in ihre Produktion nur noch 640 Tage bezahlter Arbeit eingehen, ist sie immer noch 1000 Arbeitstage wert. Der Einzelbetrieb realisiert damit einen Extraprofit, und zwar auch dann noch, wenn er die Ware etwas billiger verkauft als die Konkurrenz, um dadurch seinen Marktanteil zu erhöhen.[141]

---

141 Aus der Sicht eines Einzelbetriebs stellt sich der Verwertungsprozess regelhaft in der Form c+v+m dar mit dem «konstanten Kapital» c, also den Kosten für Maschinen, Rohstoffe usw.,

Unter den Zwangsgesetzen der kapitalistischen Konkurrenz setzt sich die neue Technik in der gesamten Branche durch (Zeile 3), die die in Rede stehende Ware produziert: Betriebe, die bei der alten Technik blieben, würden unrentabel und fielen aus dem Markt. Am Ende eines solchen Verdrängungsprozesses wird nur noch nach der neuen Technik produziert, sie entspricht jetzt dem gesellschaftlichen Durchschnitt. Damit sinkt aber auch der Wert der Ware um 20%, und der Extraprofit verschwindet wieder. Gegenüber dem alten Zustand ist jetzt auch der in der stofflichen Einheit enthaltene Mehrwert um 20% gesunken.

Dieser für die Kapitalverwertung eher kontraproduktive, aber gleichwohl durch die Konkurrenz der Einzelkapitalien oder auch der «Standorte» und Nationalökonomien zwingend hervorgebrachte Effekt kann dann kompensiert werden, wenn sich die Produktivitätserhöhung auch auf solche Waren bezieht, die für die Reproduktion der Arbeitskraft erforderlich sind: Geht man von einer allgemeinen Verringerung der zur Warenproduktion erforderlichen Arbeitszeit um 20% aus (Zeile 4), so verbilligt sich auch die Ware Arbeitskraft um eben diesen Anteil. Bei gleichem Reallohn sind jetzt nur noch 512 statt der vorher 640 Arbeitstage zur Reproduktion der Arbeitskraft erforderlich, und es verbleiben 288 Arbeitstage für die Mehrwertproduktion.

Die Produktion des relativen Mehrwerts erhöht in jedem Fall die Mehrwertrate und in dem Zahlenbeispiel der Tabelle 1 auch die in einer stofflichen Einheit enthaltene Mehrwertmasse, obwohl sich deren Gesamtwert verringert. Dadurch bleibt Raum für Erhöhungen des Reallohns, sowohl in dem Einzelbetrieb aus Zeile 2 als auch nach der allgemeinen Produktivitätserhöhung aus Zeile 4, wie es sie in der Geschichte des Kapitals ja durchaus gegeben hat und wodurch bei gleichzeitiger Verbilligung der Waren frühere Luxusgüter ebenso wie Produktinnovationen überhaupt erst in den Massenkonsum eingehen konnten. Also Friede, Freude, Eierkuchen?

Tabelle 2: Produktion des relativen Mehrwerts bei hoher Mehrwertrate und konstantem Reallohn		Warenwert (gesellschaftlicher Durchschnitt) $m+v$	notwendige (bezahlte) Arbeit v	Mehrarbeit (Mehrwert) m	Mehrwertrate $m'=m/v$
1	alte Technik	1000	400	600	1,5
2	neue Technik in Einzelbetrieb (einschließlich Extraprofit)	1000	320	680	2,125
3	neue Technik in Branche (ohne Verbilligung der Arbeitskraft)	800	320	480	1,5
4	allgemeine Produktivitätserhöhung (mit Verbilligung der Arbeitskraft)	800	256	544	2,125

die nicht im Betrieb selbst hergestellt werden. An der hier beschriebenen Innovationsdynamik ändert c aber nichts. c wurde hier von vornherein weggelassen, weil es für die hier angestellte Betrachtung aus gesamtgesellschaftlicher Sicht irrelevant ist: Auch das konstante Kapital wird (anderswo) produziert, seine Wertgröße ist die dafür im gesellschaftlichen Durchschnitt aufzuwendende Arbeitszeit, wiederum aufgeteilt in notwendige und Mehrarbeit.

Dass die Argumentation mit Zahlenbeispielen gefährlich ist, weil diese sich nicht so ohne Weiteres verallgemeinern lassen, zeigt Tabelle 2. Dort wurde dieselbe Rechnung wie in Tabelle 1 ausgeführt, allerdings auf der Grundlage einer anderen Aufteilung in notwendige und Mehrarbeit mit einer vor Beginn der Innovation bei 1,5 liegenden Mehrwertrate. Durch die Verringerung der zur Produktion der stofflichen Einheit benötigten Arbeitszeit erhöht sich auch hier die Mehrwertrate kräftig, dagegen sinkt im Endeffekt die in den produzierten Waren enthaltene Mehrwertmasse von ursprünglich 600 auf 544 Arbeitstage. Der Grund dafür liegt darin, dass die Kompensation der allgemeinen Verringerung der Wertgrößen durch die gleichzeitige Verbilligung der Arbeitskraft deswegen gering ausfällt, weil der Anteil der bezahlten Arbeit am Warenwert eh schon niedrig ist.

Die Erhöhung der Produktivität führt bei gleich bleibendem Reallohn also immer zu einer Erhöhung der Mehrwertrate und einer Verringerung des Warenwerts. Dagegen unterliegt die in der stofflichen Einheit realisierte Mehrwertmasse zwei gegenläufigen Einwirkungen: Sie sinkt einerseits als Anteil des Gesamtwerts der Ware proportional zu diesem, andererseits steigt sie in dem Maße, wie der Anteil des Mehrwerts am Gesamtwert der Ware aufgrund der Verbilligung der Arbeitskraft steigt. Was im Ergebnis am Ende herauskommt, hängt davon ab, wie groß der Anteil der bezahlten Arbeit, auf deren Kosten allein sich die Mehrwertmasse erhöhen kann, zu Beginn der Innovation war: Ist die Mehrwertrate niedrig, der Anteil der notwendigen Arbeit also hoch, so steigt die Mehrwertmasse der stofflichen Einheit; sie sinkt dagegen, wenn die Mehrwertrate hoch, der Anteil der bezahlten Arbeit am Gesamtwert also niedrig ist.

Da diese Behauptung auf der Basis von nur zwei Zahlenbeispielen noch in der Luft hängt, ist eine allgemeinere Betrachtung unabhängig von speziellen Zahlenwerten erforderlich. Bei dieser Gelegenheit lässt sich auch klären, wo die Grenze zwischen «niedrigen» und «hohen» Mehrwertraten liegt.

Tabelle 3: Produktion des relativen Mehrwerts allgemein bei konstantem Reallohn		Warenwert (gesellschaftlicher Durchschnitt) $m+v$	notwendige (bezahlte) Arbeit v	Mehrarbeit (Mehrwert) m	Mehrwertrate $m'=m/v$
1	alte Technik	m_1+v_1	v_1	m_1	$m_1'=m_1/v_1$
2	neue Technik in Einzelbetrieb (einschließlich Extraprofit)	m_1+v_1	v_1/p	$m_1+v_1-v_1/p$	$m_1'\ p+p-1$
3	neue Technik in Branche (ohne Verbilligung der Arbeitskraft)	$(m_1+v_1)/p$	v_1/p	m_1/p	m_1'
4	allgemeine Produktivitätserhöhung (mit Verbilligung der Arbeitskraft)	$(m_1+v_1)/p$	v_1/p^2	$(m_1+v_1)/p-v_1/p^2$	$m_1'\ p+p-1$

In Tabelle 3 wurde dieselbe Rechnung in allgemeiner Form durchgeführt. v_1 und m_1 sind dabei die Ausgangswerte für die notwendige und die Mehrarbeit p ist der Faktor, um den die Produktivität mit der neuen Technik im Vergleich zur alten wächst (in den Tabellen 1 und 2 wurde $p=1,25$ angenommen). Die Produktion des relativen Mehrwerts funktioniert dadurch, dass bei einer allgemeinen Produktivitätserhöhung um den Faktor p (letzte Zeile) der gesamte Warenwert durch eben diesen Faktor, der Wert der notwendigen Arbeit aber durch den Faktor p^2 dividiert wird, weil sowohl die zur Warenproduktion erforderliche Arbeitszeit als auch die Reproduktionskosten des einzelnen Arbeitstages um den Faktor 1/p sinken. Für den Effekt der Produktivitätserhöhung auf den in einer gegebenen stofflichen Menge enthaltenen Mehrwert sind die Formeln für m und m` in der letzten Zeile von Interesse:

$$m = \frac{m_1 + v_1}{p} - \frac{v_1}{p^2} \quad , \quad m' = p(m_1' + 1) - 1$$

Drückt man p mit Hilfe der zweiten Formel durch m` aus:

$$p = \frac{m' + 1}{m_1' + 1}$$

und setzt diesen Ausdruck in die Formel für m ein, so ergibt sich

$$m = \frac{(m_1 + v_1)(m_1' + 1)}{m' + 1} - \frac{v_1(m_1' + 1)^2}{(m' + 1)^2}$$

Wegen $m_1 = v_1 m_1$` stimmen die Zähler der beiden Brüche miteinander überein, und man erhält

$$m = r\left(\frac{1}{m' + 1} - \frac{1}{(m' + 1)^2}\right) = r\frac{m'}{(m' + 1)^2}$$

Die Konstante

$$r := v_1(m_1' + 1)^2$$

lässt sich interpretieren als die Arbeitszeit, die sich durch die als gegeben angenommene Menge stofflichen Reichtums reproduzieren ließe. Sie ist konstant, weil hier der Reallohn als konstant unterstellt wird. Für den Gesamtwert

$$w := v + m = \frac{r}{m' + 1}$$

ergibt sich r gerade in der (fiktiven, vorkapitalistischen) Situation, dass die gesamte produzierte Menge zur Reproduktion der Arbeitskraft aufgewendet werden muss und Mehrwert daher gar nicht abgeschöpft werden kann.

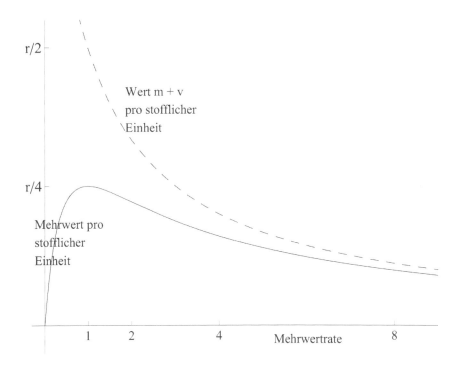

Abb. 1: Mehrwertrate und (Mehr-)Wert je stofflicher Einheit

Die hier entwickelte Beziehung zwischen der Mehrwertrate und dem Mehrwert einer gegebenen Menge stofflichen Reichtums ist in Abb. 1 grafisch dargestellt. Die Grafik sollte ebenso wenig wie die ihr zugrunde liegende Formel so gelesen werden, als sei die Mehrwertrate die unabhängige und der Mehrwert die abhängige Variable. Vielmehr hängen beide Größen von der Produktivität ab: Mit ihr wächst die Mehrwertrate, und solange diese unterhalb von 1 liegt, wächst auch der Mehrwert. Sein Maximum wird angenommen, wenn die Mehrwertrate den Wert 1 annimmt. Mit weiter wachsender Produktivität und Mehrwertrate sinkt der Mehrwert dagegen und tendiert, ebenso wie der Gesamtwert, mit unbeschränkt wachsender Produktivität gegen 0.

Die hier dargestellten Zusammenhänge sind nicht empirischer Art, sondern es handelt sich bei ihnen um die *Logik* der Produktion des relativen Mehrwerts *in Reinform*, also unter der Annahme, dass die Länge des Arbeitstages ebenso wie die Höhe des Reallohns konstant bleibt und dass die Änderung der Produktivität in allen Branchen und für alle Produkte gleichmäßig erfolgt. In der kapitalistischen Wirklichkeit ist das selbstverständlich nicht so: Lohnhöhe und Arbeitszeit ändern sich permanent unter dem Einfluss gesellschaftlicher Auseinandersetzungen, und

Produktivitätsschübe erfolgen über verschiedene Branchen hinweg durchaus ungleichzeitig und in unterschiedlichen Ausmaßen.[142] Hinzu kommt, dass die Produkte selbst sich ständig verändern und immer neue Produkte hinzu kommen, während alte verschwinden. Unbestreitbar hat sich z. B. in der Automobilindustrie die Produktivität in den letzten 50 Jahren drastisch erhöht, nur müsste man zur genauen Quantifizierung ein heutiges Auto finden, das dem VW-Käfer der 1950er Jahre gleicht, und solch ein Auto gibt es nicht. Schon gar nicht könnte man die Produktion von CD-Playern mit der vor 30 Jahren vergleichen, weil es zu der Zeit noch gar keine CD-Player gab usw.

Insofern beschreibt die hier durchgeführte Rechnung und das in Abbildung 1 dargestellte Ergebnis nur eine Entwicklungstendenz, die man sich vielleicht auch ohne eine solche Rechnung hätte klar machen können. Doch diese Entwicklungstendenz gibt es wirklich. Sie hat ihren Grund in dem von Marx beschriebenen, von der Marktkonkurrenz induzierten und permanent wirkenden Zwang zur Reduzierung der Arbeitszeit, also der Erhöhung der Produktivität, die sich über alle Branchen und Produkte hinweg auch empirisch feststellen lässt. Notwendig ist auch, dass die in einer stofflichen Einheit realisierte Mehrwertmasse gegen Null tendiert, wenn die Produktivität unbeschränkt wächst und der Wert des Einzelprodukts damit langsam aber sicher verschwindet. Schließlich kann die Mehrwertmasse nie größer als die Wertmasse sein. Auf der anderen Seite ist klar, dass kein Mehrwert erzielt werden kann (und dann auch kein Kapitalismus möglich ist), solange die Produktivität gerade mal zur Reproduktion der Arbeitskraft ausreicht (m=0). Dass die vom Einzelprodukt getragene Mehrwertmasse irgendwo zwischen diesen beiden Grenzen ihr Maximum annimmt, ist daher auch ohne mathematische Modellrechnung plausibel.

Auf zweierlei ist hier noch einmal hinzuweisen: Erstens ist das Schema der Tabellen 1 bis 3 mit dem in Abbildung 1 dargestellten Ergebnis nicht nur auf einzelne Produkte, sondern ebenso auf beliebige «Warenkörbe» oder auch auf den von ganzen Nationalökonomien z. B. in einem Jahr produzierten stofflichen Reichtum anwendbar, die daraus abgeleitete Entwicklungstendenz ist also allgemeinster Art. Zweitens kann die laut Marx dem entwickelten Kapitalismus adäquate Form der Mehrwertproduktion durch permanente Produktivitätssteigerung vom Kapital nicht

---

142 Über die Angleichung der Profitraten werden aber die in den einzelnen Produkten erzielten Mehrwertmassen und damit auch die Effekte von Produktivitätssteigerungen umverteilt. Produktivitätserhöhungen in einzelnen Branchen führen über Anpassungsprozesse zu Änderungen von Mehrwert und Profit auch in allen anderen. Auch Branchen, deren Produkte nur noch «homöopathische Dosen» an Arbeit enthalten, sind deswegen nicht weniger profitabel als andere. Deswegen ist es auch unsinnig, diesen Produkten als einzelnen die Warenförmigkeit abzusprechen, wie Lohoff (2007) es tut (zur Kritik vgl. Kurz 2008). Im Hinblick auf die hier durchgeführte Modellrechnung lässt sich dagegen sagen, dass die Effekte der Produktivitätserhöhungen in Bezug auf die realisierte Mehrwertmasse gleichförmiger sind als die Produktivitätserhöhungen selbst, die Ergebnisse der Modellrechnung insofern realistischer als die Annahmen, unter denen sie erzielt wurden.

einfach abgestellt werden, auch wenn sie auf Dauer seinen «Interessen» zuwiderläuft, indem sie den in stofflichen Einheiten realisierten Mehrwert ebenso permanent verringert. Die hier beschriebene Dynamik wird angetrieben (Übergang zu Schritt 2 in den Tabellen 1 bis 3) durch die Konkurrenz, sei es die von Einzelbetrieben oder auch die von Staaten oder «Standorten». Die Akteure folgen hier durchaus ihren eigenen Interessen und müssen schon um ihrer bloßen Weiterexistenz im Kapitalismus willen so handeln. Die damit in Gang gesetzte Dynamik ist daher der Wertförmigkeit des gesellschaftlichen Reichtums unauflöslich eingeschrieben. Sie ließe sich nur bremsen oder gar abstellen, indem der Wert abgeschafft wird.

Die Entwicklungstendenz des relativen Mehrwerts

Des dauerhaft wirkenden Zwangs zur Verringerung der Arbeitszeit wegen kann man davon ausgehen, dass sich im Laufe der kapitalistischen Entwicklung die Produktivität ständig erhöht hat, wenn auch nicht gleichmäßig, sondern im Wechsel von Produktivitätsschüben und Phasen nur langsam wachsender Produktivität. Das bedeutet aber, dass die durch Abbildung 1 veranschaulichte Entwicklung des in einer stofflichen Einheit realisierten Mehrwerts in Abhängigkeit von der wachsenden Produktivität auch eine Entwicklung in der historischen Zeit des Kapitalismus ist: Während in seinen Anfängen jede Produktivitätserhöhung zu einer Vergrößerung der in der einzelnen Ware realisierten Mehrwertmasse führte, führt sie in seinen späten Phasen zu deren Verringerung. In diesem Sinne lässt sich die Geschichte des Kapitalismus in eine Aufstiegs- und eine Abstiegsphase des relativen Mehrwerts einteilen.

Der Kapitalismus bewegt sich in eine eindeutige Richtung, nämlich im Laufe der Zeit zu immer höherer Produktivität. Diese Feststellung genügt bereits, um allen Vorstellungen den Boden zu entziehen, denen zufolge der Kapitalismus ein Prozess des immer gleichen Wechsels von Krisen und Akkumulationsschüben sei und schon daher aus seiner Eigendynamik heraus gar nicht zu einem Ende finden könne. Die in den letzten Jahren häufig gemeldeten reinen Rationalisierungsinvestitionen etwa, die bei gleichbleibender Produktion Arbeitsplätze abbauen, die Produktivität der verbleibenden Arbeitsplätze also erhöhen und das Einzelunternehmen damit rentabler machen, hätten in der Aufstiegsphase des relativen Mehrwerts einen Zuwachs der Mehrwertproduktion zur Folge gehabt, führen aber in der Abstiegsphase hoher Produktivität zu deren Verringerung und werden damit nicht nur für die von Entlassung betroffenen Arbeitskräfte lebensbedrohlich, sondern wirken auch für das Kapital insgesamt krisenverschärfend.

Es ist zwar nicht möglich, Aufstiegs- und Abstiegsphase des relativen Mehrwerts und den Umschlagpunkt, der durch die Mehrwertrate $m'=1$ markiert ist, historisch genau zu verorten, zumal es hier erhebliche Ungleichzeitigkeiten geben dürfte. Es lässt sich aber auch ohne genauere historisch-empirische Untersuchungen vermuten, dass in den Anfängen der Produktion des relativen Mehrwerts durch

Kooperation (MEW 23, 341f), Arbeitsteilung und Manufaktur (MEW 23, 356f) die Produktivität wohl so gering gewesen ist, dass für einen Zuwachs des Mehrwerts je einzelner Ware «Luft nach oben» blieb. Vielleicht ist das zu spekulativ, für die Frage nach der finalen Krise allerdings auch ohne Bedeutung. Dafür spielt nur die späte Phase des Kapitalismus eine Rolle, und es ist klar, dass wir heute den Umschlagpunkt von $m'=1$ weit hinter uns gelassen haben: Die Nettolohnquote im Deutschland des Jahres 2004 lag bei etwa 40%, was einer Mehrwertrate von 1,5 entspricht. Hierbei ist zusätzlich zu berücksichtigen, dass es sich um die Nettolöhne nicht nur der produktiven (Mehrwert produzierenden), sondern auch der unproduktiven (aus der gesamtgesellschaftlich produzierten Mehrwertmasse entlohnten) Arbeitskräfte handelt. Auf die Versuche einer genauen Abgrenzung produktiver und unproduktiver Arbeit will ich an dieser Stelle nicht eingehen (vgl. dazu Kurz 1995). Im Rahmen der Kritik der politischen Ökonomie ist aber unbestritten, dass alle Arbeiten, die in der bloßen Kanalisierung von Geldflüssen bestehen (Handel, Banken, Versicherungen, aber auch viele Einzelabteilungen innerhalb ansonsten Mehrwert produzierender Betriebe), unproduktiv sind, also keinen Mehrwert schaffen (vgl. Heinrich 2005: 134). Das heißt aber, dass die Nettolohnquote der produktiven Arbeitskräfte noch einmal erheblich unter den genannten 40% und die Mehrwertrate entsprechend höher als 1,5 liegen muss.[143]

Seit einigen Jahrzehnten bereits lässt sich beobachten, dass das Kapital verstärkt auf die Produktion des absoluten Mehrwerts zurückgreift, also den Mehrwert durch die Verlängerung des Arbeitstages und die Senkung von Reallöhnen zu steigern versucht. Der permanente Zwang zur Produktivitätserhöhung ist damit natürlich nicht verschwunden, sodass keine Rede davon sein kann, der relative Mehrwert würde jetzt wieder durch den absoluten abgelöst, dafür sind dessen Möglichkeiten zur Produktivitätssteigerung schon wegen der natürlichen Begrenztheit des Arbeitstages zu gering, dessen Verlängerung unter den heutigen Bedingungen zudem keineswegs zu mehr Arbeit, sondern nur zum Abbau von Arbeitsplätzen führt. Ebenso hat die Senkung von Reallöhnen eine natürliche Grenze, nämlich Null, und die Annäherung an sie bedeutet nur, dass die Reproduktion der Arbeitskraft vom Staat, damit aber aus der gesamtgesellschaftlich produzierten Mehrwertmasse zu finanzieren ist.

Die Produktion des absoluten Mehrwerts gehört Marx zufolge einer frühen Form der kapitalistischen Produktionsweise an, in der die Arbeit nur formell unter das Kapital subsumiert war, die Arbeitskräfte also für einen Kapitalisten arbeiteten, die konkrete Arbeit aber auf der stofflichen Ebene noch nicht an das Kapital gebunden war. Die Produktion des relativen Mehrwerts setzt dagegen die reelle Subsumtion der Arbeit unter das Kapital voraus, das jetzt selber den technischen

---

143 Das bedeutet natürlich nicht, dass 70 oder 80 Prozent des geschaffenen Werts für die Kapitalakkumulation zur Verfügung stehen. Aus dem produzierten Mehrwert ist zum einen der gesamte Staatskonsum zu finanzieren, zum anderen auch die gesamte Arbeit (Löhne und Profite) in unproduktiven Betrieben.

Prozess der konkreten Arbeit definiert, in dem die Arbeitskräfte eingesetzt werden (MEW 23, 532/533). Wenn das Kapital heute wieder auf die Produktion des absoluten Mehrwerts zurückgreift, so bedeutet das keineswegs, dass die reelle Subsumtion der Arbeit unter das Kapital aufgehoben wäre, sondern es handelt sich um eine auf Dauer gesehen erfolglose Reaktion auf den Niedergang der Produktion des relativen Mehrwerts, der – wie hier gezeigt – ein endgültiger ist. Vor diesem Hintergrund ist auch der Schluss inadäquat, zu dem Heinrich (1999: 5) kommt, indem er feststellt, der Kapitalismus würde von den «fast schon idyllischen Zuständen» des Fordismus zu seiner «normalen Funktionsweise» zurückkehren, womit wohl die präfordistische Phase gemeint ist. Damit wird schlicht übergangen, was sich seither in Sachen Produktivität getan hat, und in dieser Hinsicht werden unvergleichliche Entwicklungsphasen des Kapitalismus einfach gleichgesetzt. Das ist bestenfalls eine Argumentation mit Erscheinungsformen, und in der Tat kann man auf dieser Ebene die Ausbeutungsverhältnisse etwa im heutigen China mit denen des westeuropäischen Kapitalismus des 19. Jahrhunderts durchaus in Beziehung bringen. Die Tiefenströmung der kapitalistischen Dynamik bleibt einer solchen Betrachtungsweise aber verschlossen.

Es ist mir nicht klar, ob Marx selber seine Analyse des relativen Mehrwerts über den hier identifizierten Umschlagpunkt hinausgetrieben hat, wodurch er erst die Verbindung zu seiner Charakterisierung des Kapitals als «prozessierenden Widerspruch» in den *Grundrissen* hätte herstellen können. Tatsächlich operiert er im entsprechenden Kapitel des *Kapital* (MEW 23, 331f) ausschließlich mit Zahlenbeispielen vom Typ der Tabelle 1, also mit niedriger Mehrwertrate (z. B. ein zwölfstündiger Arbeitstag mit zehn Stunden notwendiger und zwei Stunden Mehrarbeit). Heinrich scheint die Entwicklungstendenz des relativen Mehrwerts zu sehen, er könnte es aufgrund der vom ihm gewählten Zahlenbeispiele jedenfalls, nur spricht er die Konsequenz nicht aus bzw. wehrt sie, wo er sie doch benennt, sogleich ab (Heinrich 2005, 177/178):

Die zur Produktion der einzelnen Ware nötige Arbeitszeit kann durchaus sinken, der Wert der Ware abnehmen, sofern nur der von seinem Kapital produzierte Mehrwert bzw. Profit wächst. Ob sich der Mehrwert/Profit auf eine kleinere Zahl von Produkten mit hohem Wert oder auf eine größere Zahl von Produkten mit niedrigerem Wert verteilt, ist dabei unerheblich.

Der letzte Satz, der an dieser Stelle dazu dient, sich gegen den Marx der Grundrisse und die Krisentheorie der ehemaligen Krisis positionieren zu können (s. o.), ist doch zumindest sehr gewagt. Er läuft darauf hinaus, der Volkswagen AG beispielsweise könne es egal sein, ob sie 4 Millionen oder 15 Millionen Autos im Jahr produzieren und verkaufen muss, um denselben Mehrwert/Profit zu realisieren. Insbesondere auf bereits gesättigten Märkten könnte sich hier ein Absatzproblem auftun mit der Folge einer Vernichtungskonkurrenz, wie sie auf dem Automarkt in der Tat seit Jahren im Gange ist. Heinrich hat freilich darin recht, dass sich der vom Kapital produzierte Mehrwert erst aus der Multiplikation des Mehrwerts der einzelnen Ware mit dem stofflichen Umfang der Produktion ergibt. Einerseits bedeutet das, dass sich aus der Auf- und Abstiegsphase des relativen Mehrwerts nicht unmittelbar auf eine Auf- und Abstiegsphase des Kapitals schließen lässt. Doch andererseits tritt genau an dieser Stelle der – auch der Argumentation von Kurz (1986) zugrunde liegende – Widerspruch von stofflichem Reichtum und der Form des Werts, in die er gebracht werden muss, zutage, ein «prozessierender Widerspruch», der mit der weiteren Produktion des relativen Mehrwerts immer größer wird: Je höher die Produktivität, desto geringer der in der einzelnen Ware enthaltene Mehrwert, desto größer der auch nur für eine konstante Mehrwertproduktion erforderliche stoffliche Output, desto schärfer die Konkurrenz, desto größer der Zwang zur weiteren Produktivitätssteigerung usw.

Zweifellos erscheint hier eine «absolute logische und historische Schranke» des Kapitals (Kurz 1986, 28) und damit das Ende seiner Akkumulationsfähigkeit im Blickfeld. Auch wenn sich auf der hier eingenommen Abstraktionsebene die Verlaufsform der absehbaren Krisendynamik nicht bestimmen lässt, sollen abschließend doch – unter Einbeziehung der ökologischen Frage – die keineswegs eindeutigen Richtungen ins Auge gefasst werden, in die sich der hier identifizierte Widerspruch von Stoff und Form mehr oder weniger gewaltsam auflösen kann.

Wachstumszwang, historische Expansion des Kapitals und stoffliche Grenzen

In einer allein am stofflichen Reichtum orientierten – damit aber bereits nicht kapitalistischen – Gesellschaft würde das Wachstum der Produktivität wohl nur wenige, technisch lösbare Probleme machen und könnte das menschliche Leben bei weniger Arbeit und dennoch mehr Gebrauchsgütern erleichtern. Genau so wird der Segen des Produktivitätswachstums auch öffentlich kommuniziert, nämlich als Potenz zur technischen Lösung aller Menschheitsprobleme. Im Rahmen der dabei gar nicht infrage gestellten kapitalistischen Produktionsweise würde diese Sicht freilich voraussetzen, dass sich das Kapital mit einer immer geringer werdenden Mehrwertmasse arrangieren könnte.[144] Doch das kann es nicht.

«Wenn Wert die Form des Reichtums ist, ist das Produktionsziel notwendigerweise Mehrwert. Das heißt, das Ziel kapitalistischer Produktion ist nicht einfach Wert, sondern die ständige Vermehrung des Mehrwerts.» (Postone 2003, 465) Diese hat ihren Grund darin, dass im kapitalistischen Produktionsprozess «auf erwei-

---

144 Hinzu kommt, dass die Erleichterung menschlichen Lebens auf globaler Ebene eine bewusste, am stofflichen Reichtum orientierte Planung, also das ungefähre Gegenteil einer Orientierung am Markt voraussetzen würde. Im Übrigen würde es in einer nicht kapitalistischen Gesellschaft auf dem heutigen Produktivitätsniveau auch nicht bloß um weniger Arbeit, als vielmehr um ihre Abschaffung als Kategorie gehen.

terter Stufenleiter» (MEW 23, 605f) das sich verwertende Kapital im Verwertungsprozess sich vermehren und daher auch einen immer größer werdenden Mehrwert aus sich «erzeugen» muss, indem es eine entsprechend größer werdende Anzahl von Arbeitskräften einsaugt und ausbeutet.

Bei wachsender Produktivität potenziert sich auf der stofflichen Ebene dieser Wachstumszwang noch einmal: Wenn zur Realisierung des gleichen Mehrwerts die Produktion von immer mehr stofflichem Reichtum erforderlich wird, dann muss der stoffliche Output des Kapitals entsprechend noch stärker wachsen als die Mehrwertmasse. Wie gesehen, gilt das für die schon seit längerer Zeit erreichte Abstiegsphase der Produktion des relativen Mehrwerts. Stößt diese Expansionsbewegung nun auf Grenzen, weil der ständig zunehmende stoffliche Reichtum ja nicht bloß produziert werden, sondern auch zahlungsfähige Abnehmer finden muss, so kommt eine irreversible Krisendynamik in Gang: Ein konstant bleibender oder auch bloß weniger schnell als die Produktivität wachsender stofflicher Output hat eine immer geringer werdende Mehrwertproduktion zur Folge, wodurch sich wiederum die Möglichkeiten des Absatzes des stofflichen Outputs verringern, was dann verstärkt auf das Sinken der Mehrwertmasse durchschlägt usw. Eine solche Abwärtsbewegung erfasst nun keineswegs alle Einzelkapitale gleichmäßig, sondern von ihr sind in erster Linie die weniger produktiven betroffen, die aus dem Markt verschwinden müssen bis hin zum Zusammenbruch ganzer Volkswirtschaften wie etwa die der osteuropäischen Länder Anfang der 1990er Jahre. In die dadurch entstehenden Leerstellen kann das verbleibende Kapital hineinstoßen und erst einmal wieder expandieren, wodurch an der Oberfläche der Eindruck entsteht, ihm gehe es ungeheuer gut. Das mag für die jeweils Überlebenden und den Augenblick sogar zutreffen, nur ändert es nichts am Charakter der Gesamtbewegung.

Das Wachstum der Mehrwertmasse und – bei wachsender Produktivität – das damit verbundene noch stärkere Wachstum des stofflichen Outputs ist bewusstloser «Lebenszweck» des Kapitals und Bedingung *sine qua non* des Fortbestehens der kapitalistischen Produktionsweise. Diesem ihm immanenten Wachstumszwang, der Notwendigkeit seiner schrankenlosen Akkumulation also, ist das Kapital in der Vergangenheit durch einen historisch beispiellosen Expansionsprozess nachgekommen. Kurz (1986, 30f) nennt als seine wesentlichen Momente erstens die schrittweise Eroberung aller schon vor und unabhängig von ihm bestehenden Produktionszweige und die damit verbundene Überführung der Arbeitsbevölkerung in die Lohnabhängigkeit, was auch die Eroberung des geografischen Raums beinhaltet (im *Kommunistischen Manifest* als «Jagd der Bourgeoisie über die Erdkugel» schaudernd bewundert), und zweitens die Schaffung neuer Produktionszweige für (ebenfalls erst zu schaffende) neue Bedürfnisse, über den Massenkonsum verbunden mit der Eroberung auch des abgespaltenen «weiblichen» Raums der Reproduktion der Arbeitskraft und neuerdings der allmählichen Aufhebung der Trennung von Arbeit und Freizeit.[145]

---

145 Es geht an dieser Stelle ausschließlich um die quantitative Seite der objektiven Dynamik

Die Räume, in die das Kapital damit expandiert ist, sind stofflicher Art, daher notwendigerweise endlich und irgendwann ausgefüllt. Für das erstgenannte Moment des Expansionsprozesses ist das heute zweifellos der Fall: Kein Flecken auf der Erde und kein Produktionszweig, der nicht dem Zugriff des Kapitals ausgeliefert wäre. Daran ändert auch die vorhandene Subsistenzproduktion nichts, denn bei ihr handelt es sich nicht um einen vormodernen Rest, sondern um einen Notbehelf, mit dem aus der kapitalistischen Produktion Herausgefallene ihr Überleben mehr schlecht als recht zu sichern versuchen.

Umstritten ist dagegen die Frage, ob auch das zweite Moment des kapitalistischen Expansionsprozesses endgültig an sein Ende gekommen ist. Es beruhte wesentlich auf einer Ausweitung des Massenkonsums, die aber nur dann möglich ist, wenn die Reallöhne entsprechend steigen, wovon dann wiederum die Produktion des relativen Mehrwerts betroffen ist. In der Hochphase des Fordismus nach dem 2. Weltkrieg – Zeiten der Vollbeschäftigung – ließen sich gewerkschaftliche Forderungen nach Lohnerhöhungen in der Höhe des Produktivitätswachstums zeitweise auch durchsetzen. Im Rechenschema der Tabellen 1 bis 3 bedeutet das jeweils einen Übergang von Zeile 1 zu Zeile 3 (statt Zeile 4) mit konstant bleibender Mehrwertrate und einem Sinken um den Faktor $1/p$ der Mehrwertmasse je stofflicher Einheit, das eine Zeit lang durch das Wachstum des Massenkonsums überkompensiert werden konnte. Dieser Prozess ließ sich aber bei ständig weiter wachsender Produktivität und allmählicher Sättigung der Märkte für die neuen Produktionszweige (etwa Automobile oder Haushaltsgeräte) nicht dauerhaft aufrecht erhalten. Kurz (1986, 31f.) fasst die Situation, wie sie sich Mitte der 1980er Jahre darstellt, folgendermaßen zusammen:

Beide wesentlichen Formen oder Momente des kapitalistischen Ausdehnungsprozesses beginnen heute aber auf absolute stoffliche Grenzen zu stoßen. Der Sättigungsgrad der Kapitalisierung wurde in den sechziger Jahren erreicht; diese Quelle der Absorbtion lebendiger Arbeit ist endgültig zum Stillstand gekommen. Gleichzeitig impliziert das Zusammenfließen von naturwissenschaftlicher Technologie und Arbeitswissenschaft in der Mikroelektronik eine grundsätzlich neue Stufe in der Umwälzung des stofflichen Arbeitsprozesses. Die «mikroelektronische Revolution» eliminiert nicht nur in dieser oder jener spezifischen Produktionstechnik lebendige Arbeit in der unmittelbaren Produktion, sondern erstmals auf breiter Front und quer durch alle Produktionszwei-

---

der Kapitalverwertung. Unter dem Aspekt der Wertabspaltung als der dunklen Kehrseite der Zurichtung des (männlichen) Subjekts für die Wertverwertung und damit notwendigen Voraussetzung wertförmiger Vergesellschaftung wäre es aber eine eigene Untersuchung wert, ob und inwieweit das Kapital auch dadurch seine eigenen Grundlagen untergräbt, dass es mit der Kapitalisierung des abgespaltenen «weiblichen» Bereichs dessen Funktion für die Wertverwertung langfristig zerstört. Die Zunahme psychischer Erkrankungen und vorzeitiger Arbeitsunfähigkeit aus psychischen Gründen spricht für diese Vermutung ebenso wie die zum Teil bereits untragbar gewordenen Zustände in der öffentlichen, dem betriebswirtschaftlichen Zeitregime unterworfenen Kinder-, Kranken- und Altenversorgung.

ge hindurch, selbst die unproduktiven Bereiche erfassend. Dieser Prozeß hat gerade erst angefangen ... Soweit in diesem Prozeß neue Produktionszweige geschaffen werden, etwa in der Produktion der Mikroelektronik selbst oder in der Gentechnologie, sind sie ihrem Wesen nach von vornherein wenig arbeitsintensiv in der unmittelbaren Produktion. Damit bricht die bisherige historische Kompensation für die im relativen Mehrwert angelegte absolute immanente Schranke der kapitalistischen Produktionsweise zusammen. Die massenhafte Eliminierung lebendiger Produktionsarbeit als Quelle der Wertschöpfung kann nicht mehr durch neu in die Massenproduktion tretende «verwohlfeilerte» Produkte aufgefangen werden, weil diese Massenproduktion nicht mehr durch ein Wiedereinsaugen vorher und anderswo «überflüssig gemachter» Arbeitsbevölkerung in die Produktion vermittelt ist. Damit kippt das Verhältnis von Eliminierung lebendiger Produktionsarbeit durch Verwissenschaftlichung einerseits und Absorption lebendiger Produktionsarbeit durch Kapitalisierungsprozesse bzw. Schaffung neuer Produktionszweige andererseits historisch unwiderruflich um: von nun an wird unerbittlich mehr Arbeit eliminiert als absorbiert werden kann. Auch alle noch zu erwartenden technologischen Innovationen werden immer nur in die Richtung weiterer Eliminierung lebendiger Arbeit gehen, alle noch zu erwartenden neuen Produktionszweige werden von vornherein mit immer weniger direkter menschlicher Produktionsarbeit ins Leben treten.

Heinrich (2005, 178) bezeichnet den direkten Bezug der «Kurzschen Zusammenbruchstheorie» zur «mikroelektronischen Revolution» etwas höhnisch als «technologischen Determinismus», der «ganz wunderbar zu dem von Kurz ansonsten heftigst kritisierten ‹Arbeiterbegungsmarxismus›» passe. Dabei geht es hier, wie auch Heinrich durchaus sieht, nicht um eine ganz spezielle Technik, sondern darum, dass sie die Arbeit weitgehend überflüssig mache, wogegen er auch in seiner «ausführlicheren Kritik» (Heinrich 1999) kein Argument aufbringt. Einem Werttheoretiker müsste das aber doch eigentlich zu denken geben, denn eine Krise des Kapitals könnte daraus nur dann nicht resultieren, wenn Wert und Mehrwert nicht in Arbeitszeit gemessen, sondern naturwissenschaftliche Technik die Anwendung unmittelbarer Arbeit als Wertquelle abgelöst hätte, wie es ein Habermas meint. So weit geht Heinrich allerdings nicht.

Richtig ist dagegen – und hierin wäre Heinrich, hätte er es denn gesagt, recht zu geben –, dass eine auf das Hier und Jetzt bezogene Prognose, der zufolge «von nun an unerbittlich mehr Arbeit eliminiert (wird) als absorbiert werden kann», sich nicht allein aus der auf einer abstrakteren Ebene angesiedelten Kategorie des relativen Mehrwerts ableiten lässt, sondern dass dazu empirische Indizien hinzukommen müssen. Die gibt es zuhauf, und Kurz führt sie auch an (für eine Fülle weiterer vgl. Kurz 2005). Aber natürlich kann der empirische Schein trügen und das Kapital sich noch einmal berappeln, es fragt sich dann nur, mit welchen Folgen für sich selbst und die Menschheit.

Diese Unsicherheit über den weiteren Verlauf der Krisendynamik ändert nämlich nichts daran, dass das Kapital an seiner eigenen Dynamik zugrunde gehen muss, wenn es nicht vorher durch bewusste menschliche Handlungen überwunden wird. Das folgt allein schon aus seinem schrankenlosen Wachstumszwang auf der einen und der Endlichkeit menschlicher und stofflicher Ressourcen, auf die es angewiesen bleibt, auf der anderen Seite.

Hüller (2006) hat bereits darauf hingewiesen, dass die gesamtgesellschaftliche Profitrate (Akkumulationsrate) schon deswegen sinken muss, weil die dem Kapital auf dieser Erde zur Verfügung stehende Arbeitskraft nun einmal endlich ist, eine konstante Profitrate aber eine exponentiell wachsende Arbeitsbevölkerung zu ihrer Voraussetzung hätte.[146] Dabei wurde die Produktion des relativen Mehrwerts noch nicht einmal in Rechnung gestellt. Tut man das, so zeigt sich, dass eine konstante oder selbst exponentiell wachsende stoffliche Produktion bei zu geringer Rate des «realen Wachstums» (unterhalb der Wachstumsrate der Produktivität) eine exponentiell fallenden Mehrwertmasse (und entsprechend fallende Größe der produktiven Arbeitsbevölkerung) zur Folge hat.

Die Feststellung, dass «von nun an unerbittlich mehr Arbeit eliminiert (wird) als absorbiert werden kann», beruht wesentlich auf der Voraussetzung, dass das Kapital nicht mehr in der Lage sein werde, mit Produktinnovationen die durch die Prozessinnovationen induzierten Verluste der Wert- und Mehrwertproduktion aufzufangen. Dafür spricht viel, jedenfalls ist von derartigen Innovationen auch heute – 22 Jahre später – weit und breit nichts zu sehen. Wie gesagt geht es hier nicht um neue Produkte und zugehörige Bedürfnisse schlechthin, sondern um solche, deren Produktion so massenhaft Arbeit erfordert, dass damit die Rationalisierungspotenzen der Mikroelektronik mindestens kompensiert würden. Sollte sich diese Prognose dennoch als falsch erweisen, wäre damit der hier aufgezeigte Widerspruch von Stoff und Form aber keineswegs aufgelöst, sondern er müsste sich dann in einer anderen Richtung gewaltsam entladen.

---

146 Das der neoricardianischen Kritik an Marx entspringende, so genannte Okishio-Theorem (Okishio 1974) widerlegt dagegen angeblich das «Gesetz vom tendenziellen Fall der Profitrate», was auch Heinrich (1999a, 327f, 2005, 148) so akzeptiert und gern gegen die «Zusammenbruchstendenz» des Kapitals zur Geltung bringt. Dabei besagt das Okishio-Theorem nur, dass ein spezielles mathematisches Modell (ein komparativ statisches, lineares Produktionspreismodell, das alberner Weise Marx in die Schuhe geschoben wird) den Fall der Profitrate nicht nachweisen kann, sondern sogar deren Anstieg impliziert. Daran zeigt sich nur, dass man von absoluten Größen und ihren Grenzen nicht einfach abstrahieren sollte, wie es lineare Modelle immer tun.

Wachstumszwang und Umweltzerstörung

Und jeder Fortschritt der kapitalistischen Agrikultur ist nicht nur ein Fortschritt in der Kunst, den Arbeiter, sondern zugleich in der Kunst, den Boden zu berauben, jeder Fortschritt in Steigerung seiner Fruchtbarkeit für eine gegebne Zeitfrist zugleich ein Fortschritt im Ruin der dauernden Quellen dieser Fruchtbarkeit. Je mehr ein Land ... von der großen Industrie als dem Hintergrund seiner Entwicklung ausgeht, desto rascher dieser Zerstörungsprozeß. Die kapitalistische Produktion entwickelt daher nur die Technik und Kombination des gesellschaftlichen Produktionsprozesses, indem sie zugleich die Springquellen alles Reichtums untergräbt: die Erde und den Arbeiter.
(MEW 23, 529/530)

Das Kapital bedarf des stofflichen Reichtums als Träger des Werts, als solcher ist er unverzichtbar und das in quantitativer Hinsicht (s. o.) sogar in zunehmendem Maße. Dem stofflichen Reichtum aber, der frei zur Verfügung steht und deshalb in die produzierte Wert- und Mehrwertmasse nicht eingeht, steht das Kapital gleichgültig gegenüber. Sein Erhalt ist im Vergleich zur Notwendigkeit der Kapitalakkumulation bestenfalls nachrangig, oder anders gesagt: Dient die Zerstörung stofflichen Reichtums der Wertverwertung, so wird er zerstört. So einfach ist das. In diese Rubrik fallen alle seine Gestalten, die in den letzten 50 Jahren unter dem Aspekt der Umweltzerstörung ins Blickfeld respektive Gerede gekommen sind: Die dauerhafte Fruchtbarkeit der Böden etwa, auf die bereits Marx hingewiesen hat, Luft und Wasser von einer Qualität, die sich ohne Gefahr für Leib und Leben atmen bzw. trinken lassen, Artenvielfalt und intakte Ökosysteme, und sei es auch bloß in ihrer Funktion als erneuerbare Nahrungsressourcen, oder ein Klima, das mit menschlichem Leben verträglich ist.

Die Frage ist daher nicht, *ob* die Umwelt um der Wertverwertung willen zerstört wird, sondern allenfalls, in welchem Maße. Und dabei spielt das Wachstum der Produktivität, solange es – als Produktion des relativen Mehrwerts – an den Wert als vorherrschende Form des Reichtums gebunden bleibt, eine durchaus unheilvolle Rolle, weil die Realisierung derselben Mehrwertmasse einen immer größeren stofflichen Output und einen *noch größeren Ressourcenverbrauch* erfordert: Der Übergang von alten zu neuen Techniken zum Zwecke der Verringerung der benötigten Arbeitszeit erfolgt nämlich in der Regel dadurch, dass menschliche Arbeit durch Maschinen ersetzt oder beschleunigt wird. Man nehme z.B. idealtypisch an, dass im Rechenschema der Tabellen 1 bis 3 mit der alten Technik in 1000 Arbeitstagen 10.000 Hemden gefertigt werden, zu deren Herstellung nur Tuch und Arbeit erforderlich sind. Die neue Technik könnte dann darin bestehen, die für die Produktion derselben Menge an Hemden benötigte Arbeitszeit auf 500 Arbeitstage zu reduzieren, dazu aber Maschinen und zusätzliche Energie einzusetzen und zu verbrauchen, die ihrerseits in 300 Arbeitstagen produziert werden können. Das hieße aber in der Situation von Tabelle 2 ($m_1`>1$), dass mit der neuen, rentableren

Technik zur Realisierung desselben Mehrwerts wie mit der alten nicht nur mehr als 10.000 Hemden, sondern darüber hinaus zusätzliche Maschinen und Energie kapitalistisch produziert werden müssten, die im Produktionsprozess verbraucht würden. Das bedeutet, dass für denselben Mehrwert ein immer größerer Ressourcenverbrauch nötig wird, der größer ist und noch schneller wächst als der erforderliche stoffliche Output.

Hätte Kurz (1986) also unrecht und würde die Kapitalakkumulation unbeschränkt weitergehen, so würde sie über kurz oder lang die stofflichen Grundlagen sowohl der Kapitalverwertung als auch menschlichen Lebens überhaupt unausweichlich zerstören.

Moishe Postone zieht aus dem von ihm in ähnlicher Weise analysierten, durch die Produktion des relativen Mehrwerts hervorgebrachten Widerspruch zwischen stofflichem und wertförmigem Reichtum diesen Schluss (Postone 1993/2003: 469):

Überlegungen bezüglich möglicher Grenzen oder Schranken der Kapitalakkumulation einmal beiseite gelassen besteht eine der Konsequenzen, die durch diese besondere Dynamik impliziert wird – die größere Zuwächse an stofflichem Reichtum als an Mehrwert erzielt –, darin, die Umwelt beschleunigt zu zerstören. Marx zufolge ist es ein Ergebnis der Beziehung zwischen Produktivität, stofflichem Reichtum und Mehrwert, daß die andauernde Expansion des letzteren zunehmend schädliche Konsequenzen für die Natur wie für die Menschen hat.

In ausdrücklichem Gegensatz zu Horkheimer/Adorno (1969), für die die Beherrschung der Natur an sich bereits den Sündenfall darstellt, betont POSTONE (1993/2003: 470), «daß die wachsende Zerstörung der Natur nicht einfach als Konsequenz der zunehmenden Kontrolle und Beherrschung der Natur durch den Menschen angesehen werden sollte». Eine solche Art der Kritik sei unzureichend, weil sie nicht zwischen Wert und stofflichem Reichtum unterscheide, die Natur im Kapitalismus aber nicht des stofflichen Reichtums, sondern des Mehrwerts wegen ausgebeutet und zerstört werde. Wegen des zunehmenden Ungleichgewichts zwischen beiden Reichtumsformen kommt er zu dem Ergebnis (Postone 1993/2003: 471):

Das von mir skizzierte Muster lässt darauf schließen, daß es in einer Gesellschaft, in der die Ware totalisiert ist, zu einem grundlegenden Spannungsverhältnis zwischen ökologischen Erwägungen und den Imperativen des Werts als der Form des Reichtums und der gesellschaftlichen Vermittlung kommt. Weiterhin impliziert es, daß jeder Versuch, der wachsenden Umweltzerstörung im Rahmen der kapitalistischen Gesellschaft einschneidend mit einer Einschränkung ihrer Expansion zu beggnen, langfristig gesehen wahrscheinlich wirkungslos wäre – nicht nur aufgrund entgegenstehender Interessen der Kapitalisten oder staatlichen Entscheidungsträger, sondern vor allem weil das Mißlingen wei-

terer Mehrwertsteigerung tatsächlich schwierige ökonomische Probleme und erhebliche soziale Kosten nach sich zöge. In der Marxschen Analyse hängen die notwendige Kapitalakkumulation und die Schaffung des Reichtums der kapitalistischen Gesellschaft ihrem Wesen nach miteinander zusammen. Darüber hinaus ... bleiben die Lohnarbeiter, da Arbeit in der kapitalistischen Gesellschaft notwendiges Mittel zur individuellen Reproduktion ist, abhängig vom «Wachstum» des Kapitals, selbst wenn die Folgen ihrer Arbeit, ökologische oder anderweitige, für sie selbst und andere schädlich sind. Das Spannungsverhältnis zwischen den Erfordernissen der Warenform und den ökologischen Notwendigkeiten verschärft sich, wenn die Produktivität steigt, und stellt insbesondere während ökonomischer Krisen und Zeiten hoher Arbeitslosigkeit ein schweres Dilemma dar. Dieses Dilemma und die Spannung, in der es seine Ursache hat, sind dem Kapitalismus immanent. Eine endgültige Lösung wird es, solange der Wert die bestimmende Form gesellschaftlichen Reichtums bleibt, nicht geben.

Auf der Erscheinungsebene stellt sich das hier beschriebene Dilemma in vielfältiger Form dar. Um ein Beispiel zu nennen: Während in umweltpolitischen Zusammenhängen Konsens darüber besteht, dass die globale Verbreitung des «american way of life» oder auch nur des westeuropäischen «Lebensstils» Umweltkatastrophen bisher unbekannten Ausmaßes nach sich zöge, müssen entwicklungspolitische Institutionen genau dieses Ziel verfolgen, auch wenn es inzwischen unrealistisch geworden ist. Oder in der hier verwendeten Begrifflichkeit: Die für die weitere Kapitalakkumulation eigentlich notwendige Beschäftigung auch nur der Hälfte der global zur Verfügung stehenden Arbeitskräfte auf dem inzwischen erreichten Produktivitätsniveau mit dem entsprechenden stofflichen Output und Ressourcenverbrauch hätte den sofortigen Kollaps des Ökosystems Erde zur Folge.

Als wöchentlich zu beobachtender Eiertanz um das «ökologisch Notwendige» und das «ökonomisch Machbare», die unvereinbar geworden sind, zeigt sich dieses Dilemma auch in der politischen Behandlung der angekündigten Klimakatastrophe, die ja nur eines von vielen Umweltproblemen ist. Die Politik kann sich vom Kapital nicht emanzipieren, da sie schon der Steuergelder und damit ihrer eigenen Handlungsfähigkeit wegen auf eine gelingende Mehrwertproduktion angewiesen ist. Daher muss sie bereits über den eigenen Schatten springen, nur um Beschlüsse zu fassen, die weit unterhalb der sachlichen Erfordernisse des zu lösenden Problems bleiben und dennoch eine Woche später unter dem Druck irgendeiner Lobby des «ökonomisch Machbaren» schon wieder aufgeweicht werden. Was bleibt, ist Selbstinszenierung pur von «Machern», die auch die objektiv unlösbaren Probleme angeblich noch im Griff haben.

Fazit

Im hier vorliegenden Text wird auf eine eher dürre Weise ein spezieller, für die kapitalistische Dynamik allerdings bestimmender Gesichtspunkt analysiert, nämlich die Produktion des relativen Mehrwerts und seine Konsequenzen für die Kapitalverwertung. Die dazu erforderliche Komplexitätsreduktion und mit ihr die zeitweise Ausblendung aller anderen Seiten des in die Krise gekommenen warenproduzierenden Patriarchats ist der Tribut, der einer – hoffentlich erreichten – verständlichen Darstellung zu zollen ist. So bleiben etwa die mit der voranschreitenden Krise einhergehenden ideologischen Verwerfungen ebenso ausgeblendet wie die zunehmende Ungleichheit, mit der verschiedene Bevölkerungsgruppen die Krise zu spüren bekommen: Frauen stärker als Männer und die Mittelschicht (noch) in geringerem Maße als die bereits prekarisierte Mehrheit (vgl. Rentschler 2006, Scholz 2008).

Ausgeblendet bleibt auch die Bedeutung des Finanzkapitals, über das hier deshalb noch ein paar Worte zu verlieren sind, weil es von einigen als der eigentliche Verursacher der Krise angesehen wird, während andere meinen, es könne den Kapitalismus vor dem endgültigen Absturz retten. Beides ist falsch. Richtig ist, dass im späten Kapitalismus die Wertverwertung ohne Finanzkapital nicht möglich wäre, weil auf dem Stand der erreichten Produktivität die erforderlichen riesigen kapitalistischen Aggregate durch Eigenkapital allein schon lange nicht mehr finanzierbar wären. Nur wird damit das Finanzkapital zwar zum unerlässlichen «Schmiermittel», nicht aber zum «Treibstoff» der Mehrwertproduktion, die an die Verausgabung von Arbeit gebunden bleibt. Die Wertverwertung ist freilich nicht deshalb ins Stocken gekommen, weil das Kapital böswillig in den Finanzsektor flüchtet, sondern umgekehrt: Weil die Kapitalverwertung bereits seit mehreren Jahrzehnten ins Stocken geraten ist, flüchtet das Kapital in den Finanzsektor mit seinen höheren, wenngleich, gesamtwirtschaftlich gesehen, fiktiven Renditen. Diese Flucht wirkt – im Sinne eines globalen und gegen alle neoliberale Ideologie keynesianischen *deficit spending* – zunächst einmal krisenaufschiebend; doch je länger das gelingt, desto größer der Knall, mit der die Krise sich schließlich durchsetzen muss. Die der postmodernen Virtualitäts-Phantasie entsprungene Vorstellung eines Kapitalismus jedenfalls, der dauerhaft durch einen ausufernden Finanzsektor «reguliert» wird, dem keine reale Mehrwertproduktion mehr gegenübersteht, ist mindestens so abenteuerlich wie die Vorstellung einer Mehrwertproduktion ohne Arbeit allein durch die «Produktivkraft Wissenschaft» (für eine genauere Auseinandersetzung mit derartigen Vorstellungen vgl. Kurz 2005, 223ff).[147]

---

147 Sie sollte sich im Herbst 2008 eigentlich erledigt haben. Nicht erledigt, sondern geradezu wie Sumpfblumen erblüht sind dagegen Erklärungsmuster, die die «Gier» und den «Größenwahn» der «Finanzjongleure» als alleinige Verursacher der Krise dingfest machen. Derartige strukturell antisemitische Argumentationsfiguren, die das «schaffende Kapital» wieder einmal vor dem «raffenden Kapital» retten wollen, gehen am Charakter der Krise zwar völlig vorbei, können aber gerade deswegen auf die Verlaufsform des mit ihr eingeleiteten Niedergangs entscheidenden Einfluss gewinnen. Bei einem solchermaßen ausgestatteten öffentli-

Wenn nun aber die Mehrwertproduktion die Anwendung unmittelbarer Arbeit und die damit verbundene Produktion stofflichen Reichtums voraussetzt, so führt die laut Marx dem entwickelten Kapitalismus adäquate Form der Mehrwertproduktion, die Produktion des relativen Mehrwerts also, dazu, dass zur Realisierung derselben Mehrwertmasse ein immer größerer stofflicher Output und ein noch größerer Ressourcenverbrauch erforderlich ist. Der kapitalistische Akkumulations- und Ausdehnungsprozess stößt damit an absolute stoffliche Grenzen, deren Beachtung zum Ausbrennen der kapitalistischen Verwertungslogik und deren Missachtung zur Zerstörung ihrer stofflichen Grundlagen und der Möglichkeit menschlichen Lebens überhaupt führen muss.

Die damit bezeichnete Wahl zwischen Pest (dem allmählichen Verschwinden der Arbeit und den damit im Kapitalismus verbundenen sozialen Folgen) und Cholera (dem ökologischen Kollaps) ist noch nicht einmal eine Alternative, sondern vermutlich blüht uns beides zugleich – eine fallende Mehrwertproduktion bei gleichzeitig wachsendem Ressourcenverbrauch –, überlagert von der Aussicht auf Kriege um die immer knapper werdenden, in der Kapitalverwertung verschleuderten stofflichen Ressourcen und um die Chancen, auch noch ihre letzten verbliebenen Reste verwerten zu dürfen.

Prognosen über die Verlaufsform des Niedergangs wären daher auf der Basis der hier durchgeführten Untersuchungen reine Spekulation, doch von einem Ende – so oder so – des Kapitalismus als Gesellschaftsformation sollte schon gesprochen werden, in anderem Sinne allerdings, als Heinrich (1999: 178) in Bezug auf die «Kurzsche Zusammenbruchstheorie» meint:

Für die Linke hatte die Zusammenbruchstheorie historisch immer eine Entlastungsfunktion: Egal wie schlimm die aktuellen Niederlagen auch waren, das Ende des Gegners war letztlich doch gewiss.

Auch darin hat er Unrecht. Es geht nicht um das Ende eines «Gegners», sondern um unser eigenes. Der absehbare Niedergang einer Gesellschaftsform – ob nun als langsames Siechtum oder großer Knall –, deren über den Warenfetisch an sie gebundene Mitglieder gar nicht wissen, was ihnen geschieht, den wertförmigen Reichtum für natürlich halten und daher auch nach seinem Ende bestenfalls als Warensubjekte ohne Waren dahinvegetieren könnten, wäre bloß eine weitere, letzte Niederlage. Und umgekehrt: Nur eine durch bewusstes menschliches Handeln herbeigeführte Überwindung des Kapitalismus, also des wertförmigen Reichtums – und der von ihm konstituierten Subjektform – bietet überhaupt die Chance auf so etwas wie eine befreite postkapitalistische Gesellschaft. Sie müsste allerdings kommen, bevor der Wachstumszwang der Kapitalverwertung in Verbindung mit der Produktion des relativen Mehrwerts nur noch verbrannte Erde hinterlassen haben wird. Viel Zeit bleibt nicht.

---

chen Bewusstsein kann die kapitalistische Produktionsweise ihr Ende schwerlich anders als im Zerfall der zivilisatorischen Standards und in einer allgemeinen Barbarisierung finden.

Literatur

Habermas, Jürgen: *Theorie und Praxis. Sozialphilosophische Studien*, Frankfurt am Main 1978

Heinrich, Michael: *Untergang des Kapitalismus? Die ‹Krisis› und die Krise*, Streifzüge 1/1999

Heinrich, Michael: *Die Wissenschaft vom Wert*, 2. Aufl., Münster 1999a

Heinrich, Michael: *Kritik der politischen Ökonomie. Eine Einführung*, 3. Auflage, Stuttgart 2005

Horkheimer, Max / Adorno, Theodor W.: *Dialektik der Aufklärung*, Frankfurt am Main 1969

Hüller, Knut: *Eine Aufwertung des Werts gegenüber dem Preis*, 2006, www.exit-online.org

Kurz, Robert: *Die Krise des Tauschwerts*, Marxistische Kritik 1, 1986, 7–48, s.a. www.exit-online.org

Kurz, Robert: *Die Himmelfahrt des Geldes*, Krisis 16/17, 1995, 21–76, s.a. www.exit-online.org

Kurz, Robert: *Das Weltkapital. Globalisierung und innere Schranken des warenproduzierenden Systems*, Berlin 2005

Kurz, Robert: *Der Unwert des Unwissens. Verkürzte Wertkritik als Legitimationsideologie eines digitalen Neo-Kleinbürgertums*, EXIT! 5, 2008, 127–194, s.a. www.exit-online.org

ISF: *Der Theoretiker ist der Wert. Eine ideologiekritische Skizze der Wert- und Krisentheorie der Krisis-Gruppe*, Freiburg 2000

Lohoff, Ernst: *Der Wert des Wissens. Grundlagen der Politische Ökonomie des Informationskapitalismus*, Krisis 31, 2007, 13–51

Marx, Karl (*Grundrisse*): *Grundrisse einer Kritik der politischen Ökonomie*, Berlin 1974

Marx, Karl (MEW 23): *Das Kapital. Erster Band*, Berlin 1984

Nutzinger, Hans G. / Wolfstetter, Elmar: *Die Marxsche Theorie und ihre Kritik II*, Frankfurt am Main 1974

Okishio, Nobuo: *Technische Veränderungen und Profitrate*, in Nutzinger/Wolfstetter 1974, 173–191

Postone, Moishe: *Zeit, Arbeit und gesellschaftliche Herrschaft*, Freiburg 2003; Amerikanisches Original: *Time, labor, and social domination*, Cambridge NY 1993

Rentschler, Frank: *Die kategoriale Abwesenheit des Geschlechts*, EXIT! Krise und Kritik der Warengesellschaft 3, 176–209, Bad Honnef 2006

Ricardo, David: *Über die Grundsätze der Politischen Ökonomie und der Besteuerung*, Marburg 1994; Englisches Original: *On the principles of political economy and taxation*, 3. Aufl. 1821

Trenkle, Norbert: *Was ist der Wert? Was soll die Krise?*, Streifzüge 3/1998

Scholz, Roswitha: *Überflüssig sein und «Mittelschichtsangst»*, EXIT! Krise und Kritik der Warengesellschaft 5, 58–104, Bad Honnef 2008

Lohndumping, Hightech und Krise

Erstveröffentlichung in:Telepolis vom 13.12.2011

Nach allgemeiner Auffassung liegt einer der Gründe dafür, dass «Deutschland die Krise besser überstanden hat als andere», wieder «wettbewerbsfähig» wurde und «heute wirtschaftlich so glänzend dasteht», in der Agenda 2010 der rotgrünen Koalition unter Kanzler Schröder und dem dazu notwendigen «Umbau des Sozialstaats».[148] Was damit gemeint sein könnte, mögen die folgenden Daten verdeutlichen. Sie wurden im November 2011 zweimal in SPIEGEL-Online veröffentlicht, am 9.11. unter dem Titel «Sinkende Reallöhne: Deutsche können sich immer weniger leisten», am 23.11. dann noch einmal unter dem Titel «Steigende Reallöhne: Arbeitnehmern bleibt mehr Geld in der Tasche». Während es am 9.11. um die Entwicklung der letzten 10 Jahre ging, handelte es sich am 23.11. um die Zukunftsmusik irgendwelcher «Wirtschaftsweisen», denen zufolge die Stunden-

Durchschnittliches reales Bruttoerwerbseinkommen im Monat je Dezil					
	2000	2005	2010	Veränderung 2000-2005	Veränderung 2000-2010
1. Zehntel	320 €	289 €	259 €	-9,7%	-19,1%
2. Zehntel	798 €	636 €	614 €	-20,3%	-23,1%
3. Zehntel	1290 €	1120 €	1048 €	-13,2%	-18,8%
4. Zehntel	1658 €	1520 €	1440 €	-8,3%	-13,1%
5. Zehntel	1958 €	1902 €	1798 €	-2,9%	-8,2%
6. Zehntel	2253 €	2245 €	2162 €	-0,4%	-4,0%
7. Zehntel	2554 €	2573 €	2485 €	0,7%	-2,7%
8. Zehntel	2865 €	2967 €	2845 €	3,6%	-0,7%
9. Zehntel	3434 €	3543 €	3440 €	3,2%	0,2%
10. Zehntel	5368 €	5340 €	5481 €	-0,5%	2,1%
Mittelwert	2229 €	2201 €	2136 €	-1,3%	-4,2%
Median	2096 €	2087 €	1941 €	-0,4%	-7,4%

Quelle: SOEP v27. Angaben in Preisen von 2005. *SPIEGEL-Online 9.11.11*

---

148 Entsprechende Formulierungen in allen Leitmedien und von politischen VertreterInnen von Rotgrün bis Schwarzgelb sind in beliebiger Menge zu haben, wenn auch mit unterschiedlicher Betonung der besonderen Verdienste des damaligen Kanzlers. Diese hier stammen von Peer Steinbrück aus seinem zusammen mit Helmut Schmidt verfassten Kanzlerkandidatur-Bewerbungstext *Zug um Zug*, Hamburg 2011, S. 250 sowie aus der ZEIT vom 1.12.2011, S. 10. Da hier freilich alle voneinander abzuschreiben scheinen, wird eine genaue Zitierweise obsolet.

löhne 2012 um 2,7% steigen, während die Inflation im kommenden Jahr bei 1,9% liegen soll. Aber wer mag daran schon glauben?

Die Agenda 2010 hat ja nicht nur (Stichwort Hartz IV) die Sozialtransfers um der «Finanzierbarkeit des Sozialstaats» willen eklatant abgesenkt, sondern war zugleich die parlamentarisch erteilte Lizenz zum Lohndumping. Als solche ist sie offenbar sehr erfolgreich gewesen, wie hier aus dem Sozioökonomischen Panel (SOEP) des DIW Berlin hervorgeht. In der Tabelle sind die monatlichen Bruttolöhne für die Jahre 2000, 2005, 2010 in Preisen von 2005, also inflationsbereinigt angegeben, und dabei in zehn Teilen nach der Lohnhöhe aufgeschlüsselt. Im Mittel sind danach die Reallöhne in Deutschland von 2000 bis 2010 um 4,2% gesunken, das allerdings mit starker Schlagseite zu Lasten der vorher schon gering Verdienenden:

- Vom 1. Zehntel der geringfügig Beschäftigten abgesehen gilt: Je geringer der Lohn, desto höher die Reallohneinbußen.
- Für die unteren 70% gab es bis 2010 Reallohneinbußen von durchschnittlich 9,5%.
- Auch die Löhne von FacharbeiterInnen (Exportindustrie!, 6. bis 8. Zehntel) sanken real.
- Während die unteren 60% bereits bis zum Jahr 2005 Reallohneinbußen erlitten, folgten die übrigen erst in der zweiten Hälfte des Jahrzehnts. Die Reallohneinbußen haben sich also von unten nach oben durch das Lohngefüge gefressen. Eine Ausnahme bildet nur das oberste Zehntel, das eine Sonderrolle spielt, aus hier nicht weiter untersuchten Gründen.

Bereits 2008 hatte die Hans-Böckler-Stiftung eine Studie vorgelegt, der zufolge – offenbar auf Grundlage einer anderen Datenbasis und/oder Methodik[149] – die Reallöhne in Deutschland von 2000 bis 2008 um 0,8% sanken, während sie in allen anderen EU-Ländern stiegen:

Und noch ein empirisches Datum: Laut Statistischem Bundesamt[150] hat sich in Deutschland die Bruttowertschöpfung pro Arbeitsstunde in der für den Export besonders relevanten Industrieproduktion ohne Bauindustrie – inflationsbereinigt gerechnet in Preisen von 2000 – von 36,64 €/Stunde im Jahre 2000 auf 45,77 €/Stunde im Jahre 2008 gesteigert, hat also in diesem Zeitraum um real 24,9% zugelegt.

Das deutsche «Erfolgsmodell», mit dem im letzten Jahrzehnt die angeblich verloren gegangene «internationale Wettbewerbsfähigkeit» zurückgewonnen wurde,

---

149 Ein grundlegendes Problem bei empirischen Untersuchungen besteht darin, dass zwar Ergebnisse publiziert, aber weder die zugrunde liegende Datenbasis noch das methodische Vorgehen dem breiteren Publikum offengelegt werden. Die -0,8% der Böckler-Stiftung sind mit den -4,4% des SOEP direkt, d.h. ohne das jeweilige Vorgehen zu hinterfragen, nicht ohne Weiteres in Einklang zu bringen. Die jeweils publizierten Zahlenwerte sollten daher eher skeptisch zur Kenntnis genommen werden, was aber nicht unbedingt gegen die in den Studien zum Ausdruck kommenden Tendenzen spricht.
150 Siehe http://www-genesis.destatis.de/genesis/online

Anstieg der Reallöhne 2000 bis 2008

Deutschland	-0,8%	Malta	7,9%
Österreich	2,9%	Zypern	12,8%
Portugal	3,3%	Polen	19,0%
Spanien	4,6%	Slowenien	40,3%
Belgien	7,2%	Slowakei	48,1%
Italien	7,5%	Tschechien	49,1%
Luxemburg	8,1%	Bulgarien	51,9%
Frankreich	9,6%	Ungarn	66,7%
Niederlande	12,4%	Litauen	104,4%
Schweden	17,9%	Estland	132,5%
Finnland	18,9%	Lettland	188,5%
Dänemark	19,0%	Rumänien	331,7%
Großbritannien	26,1%		
Irland	30,3%		
Griechenland	39,6%		

Quelle: Böcklerimpuls 14/2008

besteht also kurz gesagt aus einer Kombination von Lohndumping und Hightech. Die nach wie vor hohen Produktivitätszuwächse wurden – anders als im Fordismus und anders als bisher noch in allen übrigen EU-Ländern – nicht mehr an die lohnabhängig Beschäftigten weitergegeben. Es kommt noch hinzu, dass der Anteil der Industrieproduktion am Bruttoinlandsprodukt in Deutschland signifikant höher ist als in anderen Ländern und dass sich diese Relation gerade wegen der geringeren Lohnstückkosten immer weiter zugunsten der deutschen Industrie verschiebt, weil die – beispielsweise – südeuropäischen Industrien unter diesen Bedingungen nicht mehr konkurrenzfähig sind.

Die besonderen, also über die globale Wirtschaftskrise noch hinausgehenden Verwerfungen in der Euro-Zone – bis hin zu ihrem inzwischen für denkbar gehaltenen Zusammenbruch –, deren Länder sich nicht mehr durch Währungs-Abwertungen voreinander schützen können, haben darin ihre Ursache, dass ausgerechnet die größte Volkswirtschaft, die zugleich eines der Länder mit der höchsten Arbeitsproduktivität ist, Lohndumping betreibt. Darauf ist frühzeitig hingewiesen worden, so etwa von der EU-Kommission und von der damaligen französischen Finanzministerin und jetzigen IWF-Chefin Christine Lagarde, die die Deutschen zu Lohnerhöhungen und Zurückhaltung in ihren Exportaktivitäten aufforderten, selbstverständlich ohne jegliche Resonanz auf deutscher Seite. Wer lässt sich schon gern sein Erfolgsmodell kaputtmachen? Stattdessen ergeht die Empfehlung, das übrige Europa solle sich das deutsche Modell zum Vorbild nehmen: «Wir haben unsere Hausaufgaben gemacht.» Dabei wird freilich übersehen oder verschwiegen, dass dieses Modell auf einer Asymmetrie beruht, also nur funktionieren kann, solange es nicht alle anderen genauso machen. Es ist ebenso banal wie offenbar schwer zu vermitteln, dass nicht alle Handelsbilanzen gleichermaßen positiv sein können, weil sie in der Summe notwendig Null ergeben.

Also wird in den südeuropäischen «Krisenländern» ein Sparkurs gefahren, gegen den «die Hartz-IV-Reformen wie ein Spa-Urlaub auf Sri Lanka wirken» (so Georg Diez in SPIEGEL-Online vom 2.12.2011), doch mit welchem Ergebnis? Natürlich wird die EZB, um einen Euro-Crash zu vermeiden, in immer größerem Umfang faule Staatsanleihen aufkaufen müssen, was zumindest tendenziell eine Inflation nach sich zieht. Gleichzeitig rauscht die EU geschlossen in die Depression, und das selbstverständlich unter Einschluss Deutschlands: Mehr als 60% der deutschen Exporte (578 von insgesamt 957 Mrd. Euro) gehen in die EU-27, sie machten im Jahr 2010 etwa 23% des deutschen Bruttoinlandsprodukts aus[151], und die Exporte in die übrige Welt stehen schließlich ebenfalls auf der Kippe. Die zu erwartende Koinzidenz von Depression und Inflation und der damit verbundene Verarmungs-Schub dürften bereits kurzfristig nicht nur europa- sondern weltweit zu sozialen Revolten führen, die freilich hilflos bleiben müssen, solange sie sich – wie derzeit noch alle einschlägigen Bewegungen – an das Geldmedium klammern und nur dessen gerechtere Verteilung einklagen.

Bei der inzwischen – genau genommen bereits seit den 1980er Jahren – in der Landwirtschaft und der industriellen Produktion erreichten und weiter zunehmenden Arbeitsproduktivität genügt ein immer kleinerer Bruchteil der weltweiten Arbeitskraft, um für alle zu produzieren. Diese von ihr selbst induzierte Entwicklung hat die kapitalistische Produktionsweise – und mit ihr die von ihrem Funktionieren abhängige Menschheit – in eine Bredouille gebracht, aus der es innerkapitalistisch keinen Ausweg gibt. Hierin liegt der tiefere Grund der aktuellen Krise, die als immer höher sich auftürmende Schuldenkrise erscheint. Wer nicht selbst produziert – bei dem erreichten Produktivitätsniveau also die große Mehrheit –, vom erreichten Lebensstandard aber nicht runter will, muss anschreiben lassen, also Schulden machen, am einfachsten bei den Produzenten, die sich freuen, erst einmal weiter produzieren zu dürfen. Dieser Mechanismus allein hat die Weltwirtschaft in den letzten dreißig Jahren noch in Gang gehalten. Im Rückblick erweist sich somit der Neoliberalismus – ganz entgegen seiner eigenen Ideologie – als «gigantischstes kreditfinanziertes Konjunkturprogramm, das es je gegeben hat» (Meinhard Miegel).

Um es noch einmal an der EU zu verdeutlichen: Selbst wenn es wider Erwarten und dann nur unter erheblich höheren Opfern, als sie u. a. die griechische, portugiesische, spanische Bevölkerung jetzt schon bringen müssen, gelingen sollte, die EU oder auch nur die Euro-Zone nach dem deutschen Modell zu trimmen und wie-

---

151 Siehe http://epp.eurostat.ec.europa.eu/portal/page/portal/external_trade/data/main_tables

der «international wettbewerbsfähig» zu machen, m.a.W. die EU auf chinesisches Niveau zu bringen, auch was die Lebens- und Arbeitsverhältnisse betrifft: Wo wären dann die KonsumentInnen, die uns die all die schönen Produkte, die wir dann billiger produzieren könnten, noch abkaufen? Von der sich abzeichnenden Abwärtsspirale betroffen sind übrigens nicht allein der Massenkonsum und der damit verbundene Lebensstandard, sondern auch der eigentliche Zweck kapitalistischen Wirtschaftens, also die Erzielung von Profiten. Auf dem erreichten Produktivitätsniveau ist Kapitalakkumulation ohne Massenkonsum, dieser aber ohne Aufnahme weiterer Schulden nicht möglich. Die kapitalistische Produktionsweise hat kein Licht am Ende des Tunnels mehr zu bieten, noch nicht einmal für sich selbst.

Linkskeynesianischer Wunschpunsch

Erstveröffentlichung in: KONKRET 9/12

Jetzt soll es den Reichen endlich an den Kragen gehen. Ein von Attac, Verdi und dem Paritätischen Gesamtverband initiiertes Bündnis namens «Umfairteilen» ruft grammatisch gewagt zum bundesweiten Aktionstag am 29. September 2012: «Es gibt einen Ausweg aus der Wirtschafts- und Finanzkrise: Umverteilung! Wir wollen nicht, dass die öffentlichen und sozialen Leistungen verschlechtert und die große Mehrheit der Bevölkerung höher belastet wird. Stattdessen müssen übergroßer Reichtum und Finanzspekulation endlich besteuert werden. Es geht nicht nur um Geld, sondern auch um gelebte Solidarität in unserer Gesellschaft.» Gefordert werden eine Vermögenssteuer und eine einmalige Vermögensabgabe, um die «notwendigen öffentlichen und sozialen Ausgaben gerecht zu finanzieren und die Verschuldung abzubauen», ferner der «konsequenten Kampf gegen Steuerflucht und Steueroasen und für eine Steuer auf Finanzmarktgeschäfte, gegen die Spekulation und gegen die Armut, weltweit».

Teile von SPD und Grünen begrüßen die Kampagne und verweisen zur Konkretisierung auf die eigenen Programme, denen zufolge der Spitzensteuersatz von derzeit 42 auf 49 Prozent erhöht werden soll. Dabei verschweigen sie geflissentlich, dass sie selber die Absenkung von 53 Prozent aus den 1990er Jahren auf den heutigen Wert zu verantworten haben. Da beide Parteien die Aufnahme der Schuldenbremse ins Grundgesetz ebenso mitgetragen haben wie die Austeritätspolitik der Merkel-Regierung, ist von einer potentiellen rotgrünen Regierung nach 2013 wohl wenig mehr als Symbolpolitik zu erwarten: Dazu gehört eine moderate Anhebung des Spitzensteuersatzes, um zu signalisieren, dass «wir alle» im selben Boot sitzen. Schließlich lässt sich die nächste Rentenkürzung besser verkaufen, wenn die Betroffenen darauf verwiesen werden können, dass auch «die da oben» ihr Scherflein beitragen.

Die «Umfairteiler» meinen es dagegen ernster. Attac etwa fordert eine einmalige, progressiv gestaffelte Vermögensabgabe für Millionäre und Milliardäre, mit der etwa 50 Prozent von deren Vermögen abgeschöpft und in öffentliche Kassen geleitet werden sollen. 4 Billionen Euro würden dabei europaweit zusammenkommen. Ansonsten scheint die Rettung aus der aktuellen Krise darin gesehen zu werden, die Einkommens- und Vermögensverteilung der 1970er Jahre wiederherzustellen, mitsamt den zugehörigen fiskalischen Instrumenten. Wir wollen unseren Rheinischen Kapitalismus wiederhaben!

Die diesen Forderungen zugrunde liegende Krisenerklärung wird an Schlichtheit allenfalls von der des deutschen Mainstreams und seiner Kanzlerin übertroffen, die sich am neoklassischen Modell der «schwäbischen Hausfrau» orientiert: Weil «wir alle», und besonders «unser Süden», über unsere Verhältnisse gelebt hätten, sei jetzt Sparen, Sparen, Sparen angesagt. Dass diese Politik nur tiefer in die Krise führt, ist seit den Brüningschen Notverordnungen bekannt und soll deshalb hier nicht weiter erörtert werden.

Demgegenüber sieht das von Attac und anderen vertretene linkskeynesianische Modell in der ungleichen Einkommens- und Vermögensverteilung die Ursache – und nicht etwa die Folge – der krisenhaften Entwicklungen: Der Neoliberalismus habe uns vom rechten Weg des «guten Kapitalismus» abgebracht und in die Krise geführt.

In Kontrast dazu sei auf die von Robert Kurz bereits 1986 ausformulierte Krisentheorie verwiesen, deren Quintessenz er zuletzt in Konkret 2/2012 dargelegt hat. Wie bereits von Marx festgestellt, ist das Kapital prozessierender Selbstwiderspruch dadurch, dass es einerseits auf der Arbeit als einziger Quelle seines abstrakten Reichtums beruht, andererseits die menschliche Arbeitskraft mit wachsender Produktivität immer mehr aus dem Produktionsprozess herausnimmt. Marx hielt diesen Widerspruch für geeignet, die «bornierte Grundlage» des Kapitals «in die Luft zu sprengen». Es gibt einige Indizien dafür, dass der Kapitalismus mit der Anwendung der Mikroelektronik, deren Automatisierungspotentiale ja noch immer nicht ausgeschöpft sind, seit den 1970er Jahren in diese von Marx theoretisch vorweggenommene Endphase eingetreten ist.

Die Kette von Finanzkrisen der letzten 30 Jahre, die mit dem Crash von 2008 erstmals globale Ausmaße annahm, hatte ihren Ausgangspunkt in der sogenannten «Stagflation» der 1970er Jahre, also dem gleichzeitigen Auftreten einer globalen wirtschaftlichen Stagnation und hohen, teilweise zweistelligen Inflationsraten. Die zu dieser Zeit noch weltweit unstrittige keynesianische Wirtschaftspolitik konnte zwar die Krisenphänome dämpfen, war aber nicht mehr in der Lage, einen neuen, selbsttragenden Akkumulationsschub zu generieren. Sie war damit in der allgemeinen Wahrnehmung und auch ihren eigenen Ansprüchen nach gescheitert und wurde durch den Neoliberalismus abgelöst.

Dessen Antwort auf die fehlende Möglichkeit zu ausreichender realer Mehrwertproduktion bestand kurz gesagt darin, die Profite auf andere Weise sicherzustellen: Erstens ermöglichte es die ansteigende Arbeitslosigkeit, Druck auf die Löhne auszuüben; zweitens wurden im Zuge der sogenannten «Angebotsorientierung» die Steuern für Unternehmen und Kapitalerträge gesenkt; und drittens wichen viele Unternehmen mangels realer Investitionsmöglichkeiten ins Kreditsystem aus, beteiligten sich mit ihrem Geldkapital also an der Generierung von Finanzblasen und konnten auf diese Weise ihre Bilanzen schönrechnen. Die Firma Siemens etwa wurde schon in den 1990er Jahren spöttisch als Bank mit angeschlossener Elektroabteilung bezeichnet.

Phänomenologisch haben Attac und andere also durchaus recht: Auf der einen Seite sanken die Reallöhne, in Deutschland etwa dank der Agenda 2010 innerhalb von 8 Jahren im Mittel um 4 Prozent und in dem sich aufbauenden Niedriglohnbereich um deutlich mehr. Auf der anderen Seite wuchs – auch wegen der Deregulierung des Finanzsektors – das Geld- und Anlagevermögen global in 30 Jahren auf das Zwanzigfache, allerdings ohne dass ihm noch entsprechende reale Werte gegenüberstehen.

Hier liegt das Problem: Dieses Vermögen ist größtenteils fiktiv, durch Finanzblasen entstanden oder auf faulen Krediten beruhend. Jeder Versuch, es in großem Stil in stofflichen Reichtum zu verwandeln, würde zu seiner sofortigen Entwertung führen. Das wäre denn auch die Folge der von Attac geforderten einmaligen Abgabe, mit der die Hälfte dieses Vermögens eingetrieben werden soll. – Die Vorstellung, Geld sei genug da und müsse nur anders verteilt werden, ist doch etwas zu schlicht, darin durchaus vergleichbar mit der Idee, die Geldscheine in der benötigten Menge einfach zu drucken.

Auch die Forderung, hinsichtlich der Einkommens- und Vermögensverteilung zum «guten Kapitalismus» der 1970er Jahre zurückzukehren, ist irreal. Die neoliberale Revolution war kein bloßer Irrtum, sondern eine innerkapitalistische Antwort auf die Krise der 1970er Jahre und das Scheitern des Keynesianismus. Die Krise wurde dadurch nicht überwunden, sondern nur aufgeschoben und dabei verschärft. Das ändert aber nichts daran, dass die Rückkehr an den Ausgangspunkt nicht möglich ist, zumal sich die Bedingungen für die reale Mehrwertproduktion durch den seither erreichten Produktivitätszuwachs weiter verschlechtert haben.

Niemandem kann verwehrt werden, Wünsche zu äußern. Aber außerhalb von Kindergeburtstagen sollte besser geklärt werden, unter welchen Voraussetzungen sie sich verwirklichen lassen. Hinsichtlich der Realisierung der Wunschvorstellungen von «Umfairteilen» ist jedenfalls festzuhalten: Nicht mehr unter kapitalistischen Bedingungen.

Spirale abwärts
Kein Ausweg aus der Schuldenkrise

Erschienen in: Konkret 11/12

Es wird immer deutlicher, dass das der Eurozone verordnete Spardiktat die Krise, die damit doch angeblich bekämpft werden soll, nur weiter verschärft. In allen unter die Fuchtel der «Troika» aus internationalem Währungsfonds, Europäischer Zentralbank und Europäischer Kommission geratenen Volkswirtschaften führen die Sparauflagen zum Einbruch der Binnennachfrage. Die dadurch ausgelöste bzw. verschärfte Rezession lässt die Arbeitslosigkeit steigen, was höhere Sozialausgaben nach sich zieht, während gleichzeitig Bruttoinlandsprodukt (BIP) und Steuereinnahmen zurückgehen. In der Folge verschlechtern sich die Indikatoren der Staatsverschuldung, also der Schuldenstand und die Neuverschuldung in Prozent des zurückgegangenen BIP. Das wiederum ruft die «Troika» auf den Plan, die aufgrund ihrer Kriterien nicht anders kann, als die Daumenschrauben anzuziehen und die Sparauflagen zu verschärfen, was die Binnennachfrage weiter zurückgehen lässt usw.

Diese Spirale aus Einsparungen, Rezession, noch größeren Einsparungen und noch schärferer Rezession ist aus den 1930er Jahren bekannt, in Deutschland unter dem Stichwort «Brüningsche Notverordnungen», aber auch in den USA, wo die Regierung des Präsidenten Hoover einen ähnlichen Kurs verfolgte. Das damalige Ergebnis kann jetzt wieder in den südeuropäischen Krisenländern beobachtet werden: Eine Arbeitslosenquote um die 25 Prozent, während die Jugendarbeitslosigkeit bei 50 Prozent liegt. Einen Unterschied gibt es: Während in den dreißiger Jahren die Regierungen ihre eigenen Volkswirtschaften ruinierten, wird in der Eurozone dieser Job von der deutschen Regierung erledigt mit der Folge, dass fast nur die deutsche Volkswirtschaft (noch) ein wenig wächst, während die Eurozone als Ganzes ökonomisch schrumpft.

Der Keynesianismus ist bekanntlich in den dreißiger Jahren als Reaktion auf die damalige Weltwirtschaftskrise und die krisenverschärfende Wirtschaftspolitik dieser Zeit entstanden. Entsprechend fassungslos stehen seine Vertreter, allen voran der Nobelpreisträger Paul Krugman der von der deutschen Politik propagierten Austeritätspolitik gegenüber (vgl. den Beitrag von JustIn Monday in Konkret 8/12). Die zunehmende «ideologische Verblendung» deutscher Politiker scheint Krugman sich nur durch deren Glauben erklären zu können, «dass schwere Zeiten die notwendige Strafe für frühere Exzesse sein müssten», wobei er allerdings übersieht, dass die schweren Zeiten und die Exzesse hier nicht unbedingt dieselben Leute betreffen. Als Alternative zur Austeritätspolitik werden Konjunkturprogramme propagiert: «Heute müssen Regierungen mehr Geld ausgeben und nicht weniger, und zwar so lange, bis der private Sektor wieder in der Lage ist, den Aufschwung zu tragen.» Außerhalb Europas wird eine solche Wirtschaftspolitik zur Zeit tatsächlich verfolgt, so etwa von US-Regierung und -Notenbank, aber auch in China.

Ganz so einfach, wie Krugman sie darstellt, ist die Sache allerdings nicht: Keynesianische Wirtschaftspolitik setzt ja voraus, dass der private Sektor irgendwann in der Lage ist, den Aufschwung zu tragen, da sich andernfalls das berühmte Fass ohne Boden auftut. Diese Voraussetzung ist aber schon lange nicht mehr erfüllt: Seit mehr als dreißig Jahren wird die Weltwirtschaft nur noch durch (staatliches wie privates) Schuldenmachen in Gang gehalten. Daran scheiterte der Keynesianismus bereits in den siebziger Jahren, in denen die jetzt wieder geforderten Konjunkturprogramme nicht mehr in der Lage waren, eine selbsttragende Kapitalakkumulation anzustoßen, sondern nur zu teilweise zweistelligen Inflationsraten führten.

Er wurde dann bekanntlich vom Neoliberalismus abgelöst, der entgegen seiner eigenen monetaristischen Doktrin alles andere als eine Politik der stabilen Geldmenge betrieb. Vielmehr wurde die Staatsverschuldung weiter vorangetrieben (so etwa durch den exzessiven Rüstungskeynesianismus des US-Präsidenten Reagan), und die Deregulierung des Finanzsektors erweiterte die Möglichkeiten zur kreditären Geldschöpfung. Durch die Verlagerung großer Geldmengen vom Massenkonsum und der Realwirtschaft in den Finanzsektor verschwand zugleich die Inflation, genauer gesagt verschob sie sich von den Konsumgüter- auf die Aktien- und Immobilienmärkte (*asset inflation*), ein durchaus erwünschter Effekt: Der Dow Jones Index beispielsweise erhöhte sich zwischen 1982 und 2000 inflationsbereinigt um den Faktor sieben, ohne damit entsprechend höhere reale Werte zu repräsentieren. Ähnliche Phänomene gab es auf Immobilienmärkten, auf denen die Preissteigerungen der auf Kredit gekauften Häuser dazu verwendet wurden, den Konsum ihrer Besitzer zu finanzieren, bis die Blasen schließlich platzten.

Die Rede vom «finanzgetriebenen Kapitalismus», der eine Zeitlang als «neues Regulationsmodell» die Diskurse beherrschte, besagt bei Licht besehen nur, dass die Realwirtschaft durch Schulden finanziert und in Gang gehalten wurde. Eine hier noch nicht zur Sprache gekommene Konstruktion dabei ist die des Defizitkreislaufs, der vereinfacht dargestellt so funktioniert: A gewährt B einen Kredit, den B dazu verwendet, die von A produzierten Waren zu kaufen, wodurch das Geld wieder an A zurückfließt, das er dann erneut an B verleihen kann. Derartige Vorgänge haben jahrzehntelang die Weltwirtschaft angetrieben, etwa mit China in der Rolle von A und den USA in der Rolle von B (pazifischer Defizitkreislauf), oder – nach Einführung des Euro – mit Deutschland in der Rolle von A und dem südlichen Teil der Eurozone in der Rolle von B (europäischer Defizitkreislauf).

Der «finanzgetriebene Kapitalismus» muss ins Stottern oder ganz zum Stillstand kommen, sobald die Gläubiger den begründeten Verdacht haben, ihre Schuldner könnten ihre Schulden nicht mehr zurückzahlen. Das passierte seit 30 Jahren immer wieder auf lokaler Ebene, und nahm wegen der inzwischen aufgebauten Länge der Kreditketten erstmals mit dem Crash von 2008 weltweite Ausmaße an. Um das Finanzsystem vor dem völligen Zusammenbruch zu retten, mussten und müssen weiterhin die Staaten als scheinbar infallible Schuldner die Kosten übernehmen. Zudem wurden allein im Folgejahr 2009 weltweit staatliche Konjunkturprogramme im Umfang von ungefähr 3 Billionen Dollar aufgelegt. Damit wurde zwar eine Depression wie in den dreißiger Jahren verhindert (Ausnahmen s. o.), aber eine selbsttragende Realakkumulation ließ sich damit ebenso wenig initiieren wie in den Jahrzehnten zuvor.

Die Antwort, die die neoliberale Revolution auf die Krise der siebziger Jahre gab, bestand im «gigantischsten kreditfinanzierten Konjunkturprogramm, das es je gegeben hat», wie der konservative Sozialwissenschaftler Meinhard Miegel feststellt. Wer nun als wahrer Konservativer ein Ende der «Exzesse» fordert, übersieht oder verschweigt allerdings, dass eben diese «Exzesse» es waren, die mehr als dreißig Jahre lang die Weltwirtschaft am Laufen hielten. Und wer umgekehrt nach weiteren staatlichen Konjunkturprogrammen ruft, will lieber nicht wissen, dass damit die Auswirkungen der Krise zwar gemildert, sie selber aber nicht überwunden werden kann, sondern nur die Staatsverschuldung steigt, bis irgendwann nichts mehr geht.

Bei der vermeintlichen Alternative von Austeritätspolitik auf der einen oder Konjunkturprogrammen auf der anderen Seite handelt es sich in Wirklichkeit um eine Dilemma-Situation, eine Wahl zwischen Pest und Cholera, zwischen Kaputtsparen und Staatsbankrott. Genauer besehen handelt es sich noch nicht einmal um eine Wahl, da die eine Krankheit die andere impliziert, weil der Staat auf eine gelingende Kapitalverwertung angewiesen ist, für die er umgekehrt die Voraussetzungen zu schaffen hat.

Der globale Kapitalismus kann die seit den siebziger Jahren währende Überakkumulationskrise nicht hinter sich lassen, weil mit dem Aufkommen der Mikroelektronik und ihrer Anwendung in der Produktion ein immer kleiner werdender Teil der weltweiten Arbeitskraft genügt, um für alle zu produzieren. Nun wäre das damit verbundene «Ende der Arbeitsgesellschaft», also das Verschwinden der Arbeit aus dem Produktionsprozess an sich kein Unglück, schließlich können sich die meisten von uns etwas Besseres vorstellen als lebenslange Maloche. Ein Problem entsteht aus dieser Entwicklung erst deshalb, weil der Kapitalismus bekanntlich auf der Ausbeutung der Arbeit beruht, Profite sich also kapitalistisch seriös und auf Dauer nur durch die Anwendung menschlicher Arbeitskraft generieren lassen. Und Profite sind nun einmal Sinn und Zweck allen kapitalistischen Wirtschaftens.

An diesen Kern der Krise kommt keine wie immer geartete Wirtschaftspolitik heran. Sie müsste sich schon ihrer eigenen Grundlage berauben und den Kapitalismus abschaffen. Da das keine realistische Perspektive zu sein scheint, bleibt den Geldsubjekten nur die Option, die negativen Folgen der Krise möglichst von sich fernzuhalten und auf andere abzuwälzen. Was das in einer Situation bedeutet, in der immer weniger Menschen für das Kapital noch verwertbar sind und die Bevölkerung ganzer Regionen unter diesem Aspekt überflüssig wird, hat die deutsche Politik der letzten zehn Jahre geradezu beispielhaft vorgeführt:

Die Erfolgsstory, mit der die angeblich verloren gegangene «internationale Wettbewerbsfähigkeit» zurückgewonnen wurde, beginnt mit dem im Zuge der Agenda 2010 aufgebauten Niedriglohnsektor und dem damit verbundenen Druck auf die Löhne auch in den höheren Etagen. In der EU ist Deutschland das einzige Land, in dem die Reallöhne zwischen 2000 und 2008 sanken, in dem also der hohe Produktivitätszuwachs nicht mehr an die lohnabhängig Beschäftigten weitergegeben, sondern Lohndumping betrieben wurde. Hinzu kommt, dass der Anteil der Industrieproduktion am Bruttoinlandsprodukt in Deutschland signifikant höher ist als in anderen Ländern und dass sich diese Relation gerade wegen der geringeren Lohnstückkosten immer weiter zugunsten der deutschen Industrie verschiebt, weil die nicht mehr durch eigene Währungen geschützten Industrien vieler anderer und besonders der südeuropäischen Euroländer unter diesen Bedingungen nicht konkurrenzfähig sind. Damit baute sich der oben bereits skizzierte europäische Defizitkreislauf auf. Diese Schieflage der Handelsbilanzen im gemeinsamen Währungsraum macht die über die allgemeine Weltwirtschaftskrise noch hinausgehende Problematik der Euro-Zone aus, bis hin zu ihrem nach wie vor möglichen Zusammenbruch.

So weit wird es die deutsche Politik wohl nicht kommen lassen, dafür hat das heimische Kapital zu gut am Euro verdient, aber aufgegeben werden soll das «deutsche Erfolgsmodell» natürlich auch nicht. Stattdessen soll die gesamte EU nun diesem Modell folgen. Das ist selbst nach den Kriterien der irren Systemlogik verrückt, weil das Modell auf einer Asymmetrie beruht, nämlich den Handelsbilanzdefiziten der südeuropäischen Krisenländer als Kehrseite des deutschen Handelsbilanzüberschusses. Einen Sinn erhält das alles nur, wenn es um das Ziel geht, die Euro-Zone auch in Konkurrenz zu Indien und China «international wettbewerbsfähig» zu machen, was freilich hieße, sie insbesondere hinsichtlich der Lebens- und Arbeitsverhältnisse auf ein entsprechendes Niveau zu bringen. In Griechenland wird gerade vorgemacht, was das bedeutet.

Wenn alle denjenigen folgen, die zuletzt erfolgreich waren, ist der weitere Krisenverlauf vorgezeichnet: Da Erfolg in der Standortkonkurrenz heißt, zu den Wenigen zu gehören, die ihre Produkte exportieren können, müssen vor Ort die Kosten gedrückt werden, insbesondere diejenigen für solchen Luxus wie die Versorgung von Kranken, Alten und anderen Kostgängern, die zum wirtschaftlichen Erfolg keinen Beitrag leisten. Der Kampf um Wettbewerbsfähigkeit kann so nur zu einer weiteren Abwärtsspirale führen, die übrigens längst in Gang gekommen ist.

Es tröstet nur wenig, dass auch die zeitweiligen Gewinner dieser Konkurrenz sich ihres Sieges kaum werden freuen können: Wer schließlich soll den immer weniger und immer kleiner werdenden Inseln kapitalistischer Prosperität ihre Produkte noch abkaufen?

Gerechtes Scheitern?
Die »Zypern-Rettung« und das neue Paradigma der europäischen Krisenverwaltung

Erschienen in Konkret 5/13

Anfang November 2012 berichtete der SPIEGEL aus einem »geheimen« BND-Report, dem zufolge von der geplanten Rettung zyprischer Banken vor allem die Inhaber russischer Schwarzgeldkonten profitieren würden. Russische Oligarchen, Geschäftsleute und Mafiosi hätten 26 Mrd. Euro auf zyprischen Bankkonten gebunkert. In einer Art Stille-Post-Effekt war dann in Online-Medien gar von 26 Mrd. Euro russischem Schwarzgeld die Rede. Wie hoch der Anteil des kriminell erworbenen Vermögens an den Bankeinlagen tatsächlich ist, kann natürlich niemand genau sagen, das liegt in der Natur dieser Art von Geldern. Der ganze Informationswert des lancierten BND-Reports bestand also letztlich nur aus der einzigen Zahl: 26 Mrd. Euro auf russischen Konten, welcher Herkunft auch immer. Aber egal, der Zweck der Aktion war erreicht, und eine «Gerechtigkeitsdebatte» konnte sich austoben.

Noch am Tag der Veröffentlichung besagter Nachricht meldete sich der haushaltspolitische Sprecher der SPD-Bundestagsfraktion zu Wort: «Vor der Zustimmung der SPD zu einem Hilfskredit für Zypern muss über das Geschäftsmodell des Landes geredet werden. Wir können nicht mit dem Geld der deutschen Steuerzahler die Einlagen von russischem Schwarzgeld bei den zyprischen Banken absichern.» Er durfte sich damit der Zustimmung so gut wie aller seiner Kolleginnen und Kollegen, von der CSU bis zur Linken, sicher sein. Endlich mal ein – auch noch durch gängige Ressentiments befördertes – Ziel im Zuge der Euro-Rettungsmaßnahmen, das auch die einfachen Abgeordneten verstehen, nämlich das Geld der hart arbeitenden Deutschen nicht nur vor gierigen Spekulanten, sondern auch vor kriminellen Russen zu schützen.

Der damit angeschlagene Ton bestimmte fortan den Diskurs bis zum bitteren Ende. Dass das zyprische Geschäftsmodell gescheitert und daher ganz schnell zu ändern sei, wie der deutsche Finanzminister meinte, gehörte zu den Standardargumenten für die Sonderbehandlung, die Zypern von den «Euro-Rettern» aufgezwungen wurde. Dieses nicht nur in Zypern, sondern auch in anderen Staaten der Euro-Zone wie Malta und Luxemburg verfolgte Geschäftsmodell besteht in niedrigen Steuern und laschen Kontrollen der Finanzströme mit dem Ziel, ausländisches Kapital anzulocken, auch solches dubiosen Ursprungs und an den heimischen Steuerbehörden vorbei. Gescheitert ist es keineswegs: Während in Zypern die Bilanzsumme der Banken das BIP zuletzt um den Faktor sieben übertraf, ist diese Zahl in Luxemburg dreimal so hoch, und dabei handelt es sich immerhin um das Land mit dem weltweit höchsten BIP pro Kopf.

Gescheitert sind denn auch die zyprischen Banken gar nicht an ihrem Geschäftsmodell, sondern vielmehr daran, dass sie das bei ihnen angelegte Kapital ganz seriös in Geldanlagen investierten, die kürzlich noch EU-weit als mündelsicher galten, nämlich in Staatsanleihen. Dummerweise handelte es sich dabei vor allem um solche Griechenlands, und mit dem Schuldenschnitt, der dessen Gläubigern abverlangt wurde, trieben die damit verbundenen Milliardenverluste die größte Bank Zyperns beinahe und die zweitgrößte vollständig in die Pleite. Ohne Hilfe von außen wurde so der Staatsbankrott nur eine Frage der Zeit.

Die Sonderbehandlung Zyperns durch die «Troika» aus internationalem Währungsfonds, Europäischer Zentralbank und Europäischer Kommission besteht nun darin, dass von den für die Bankenrettung erforderlich gehaltenen 23 Milliarden Euro – so der Stand Mitte April 2013, Tendenz allerdings steigend – nur 10 Milliarden von außen kommen sollen, also mindestens 13 Milliarden von Zypern selbst aufzubringen sind, und zwar nicht vom Staat, der hat ja schließlich kein Geld mehr, sondern durch die Gläubiger der bankrottierenden Banken, also denjenigen, die dort ihr Geld deponiert haben, vom Kleinsparer bis zum Milliardär. Dass zunächst auch Spareinlagen unter hunderttausend Euro nicht mehr geschützt waren, führte nicht nur in Zypern, sondern in ganz Europa zu Protesten und wird noch Folgen haben: Wer mag jetzt noch glauben, die eigenen Ersparnisse seien sicher? Am Ende einigte man sich darauf, nur auf Einlagen über hunderttausend Euro zuzugreifen, die dann aber hoch belastet werden müssen, um auf die 13 Milliarden Euro zu kommen, zuletzt war von einer Zwangsabgabe zwischen 40 und 60 Prozent die Rede, und zahlreiche zyprische Unternehmen waren deswegen innerhalb kürzester Zeit ruiniert.

Mit dieser in den Medien als «Zypern-Rettung» etikettierten Maßnahme ist der zyprische Finanzsektor zerschlagen und das bisherige Geschäftsmodell beendet, was ja wohl auch der Zweck des hier statuierten Exempels ist. Ein neues Geschäftsmodell ist nicht in Sicht und dürfte im Übrigen von den zugleich verordneten Sparauflagen unmöglich gemacht werden. Zypern wird sich also in die Reihe der anderen südeuropäischen Krisenländer eingliedern, mit den dort bereits bekannten Folgen: Sinkende Wirtschaftsleistung, erwartet wird eine Schrumpfung um acht Prozent noch in diesem Jahr, sinkende Steuereinnahmen, höhere Staatsverschuldung, Massenarbeitslosigkeit bei gleichzeitigem Abbau sozialer Sicherungen, vermehrte Obdachlosigkeit, Zusammenbruch der medizinischen Versorgung für Menschen ohne Geld bis hin zu einem drastischen Anstieg der Zahl der Suizide.

Weniger klar ist, welche Folgen das neuartige Rettungsprogramm über Zypern hinaus haben wird. Als der holländische Finanzminister und neue Chef der Euro-Gruppe die Art und Weise der «Zypern-Rettung» zum Modell für das künftige Vorgehen in der Euro-Zone erklärte, brachen die Börsen weltweit ein, und die politisch Verantwortlichen ruderten erst einmal zurück und erklärten Zypern zum einmaligen

Sonderfall ohne jegliche Vorbildfunktion für die Zukunft. Eine Woche später sah die Sache dann schon wieder anders aus, und Politik und Medien quälten sich mit der Frage, wie im Namen der Gerechtigkeit der Finanzsektor fortan stärker an den Kosten von Bankenpleiten zu beteiligen sei. Exemplarisch dafür Uwe Jean Heuser in der Zeit vom 27.3.2013: «Europäische Gerechtigkeit, das heißt, Stand heute: Die Zypern-Rettung ist nicht etwa ein neuerlicher Beweis für die Ungerechtigkeit des Euro-Rettens, sondern die bisher gerechteste Rettung und damit Maßstab für die Zukunft. Darum kann und muss nun auch Italien seine Reichen mindestens über Steuern mit heranziehen. Eine Krisenabgabe für die dortigen Millionäre sollte kein Tabu mehr sein – auch wenn das politisch schwerer fällt, als den Russen auf Zypern an den Geldbeutel zu gehen. Gerechtigkeit ist eben auch eine Frage des Mutes.!!

Angesichts der Verhältnisse in den südeuropäischen und anderen Krisenregionen derart von Gerechtigkeit zu schwadronieren, ist moraltriefender Zynismus. Abgesehen davon gehört Gerechtigkeit bekanntlich nicht zu den Maßstäben, an denen sich kapitalistisches Wirtschaften orientiert. Sie zu fordern, ohne den Kapitalismus anzutasten, geht daher regelmäßig nach hinten los. Als ungerecht gilt etwa, Gewinne privat abzugreifen, Verluste dann aber mit Steuergeldern zu sozialisieren. Der letzte systemrelevante Versuch, das anders zu machen und den Finanzsektor seine Risiken selbst ausbaden zu lassen, endete 2008 im Konkurs der Lehman-Bank, die Folgen sind bekannt. Bezogen auf die Euro-Zone bedeutet das: Bereits der Verdacht, die «Zypern-Rettung» könne Maßstab für die Zukunft sein, wird dazu führen, dass schon beim kleinsten auftretenden Banken-Problem die Anleger ihre Konten räumen und ihr Geld in Sicherheit bringen werden, wodurch die betroffenen Banken erst wirklich in Schwierigkeiten geraten. Ulrike Herrmann hat deshalb in der Taz vom 30.3.2013 zurecht festgestellt, dass sich die deutsche Kanzlerin demnächst genötigt sehen dürfte, «die unbegrenzte Einlagensicherung auf die gesamte Eurozone auszuweiten. Denn sonst fliegt der Euro auseinander, weil ständig Hunderte von Milliarden Euro auf der Flucht sind». Die Kanzlerin wird diese Garantie wohl nicht geben wollen, weil es dem deutschen Gerechtigkeitsgefühl widerspricht, wenn «deutsches Geld» die Spareinlagen im Süden rettet. Es bleibt abzuwarten, ob dafür auch der Euro-Crash in Kauf genommen wird.

Vom neuen Paradigma der europäischen Krisenverwaltung sehen sich vor allem die kleinen Staaten bedroht, deren Finanzsektor, so wie der Zyperns, auf einmal als überdimensioniert gilt. Denn selbst wenn Zypern, wie von europäischen Politikern immer noch versichert, tatsächlich ein Sonderfall gewesen wäre, so sind es Malta und Luxemburg, sollten sie einmal in eine vergleichbare Bredouille geraten, ebenfalls. Entsprechend harsch äußerten sich die Vertreter dieser Staaten über so manche Nebentöne bei den Zypern-Verhandlungen, die sie selber mitverantwortet haben. So meinte der maltesische Finanzminister in einem Artikel für die Times of Malta in den Verhandlungen um Zypern eine Fallstudie dafür zu erkennen, «welche Behandlung eine kleine Mittelmeerinsel erwarten darf, wenn sie jemals Hilfe von den anderen Mitgliedstaaten braucht». Zyperns Finanzminister habe am Ende «mit der Pistole am Kopf» den Bedingungen der Retter zugestimmt. Ähnlich undiplomatisch äußerte sich Luxemburgs Außenminister: Er könne das Wort «Geschäftsmodell» nur noch sehr schwer ertragen, und Deutschland habe nicht das Recht, dieses für andere Länder der EU festzulegen. Im Spiegel vom 25.3.2013 wird er mit den Worten zitiert: «Wir akzeptieren auch, dass Deutschland Waffen verkauft, im Gegenzug könnte Berlin auch mehr Verständnis für die besondere Lage kleiner Länder aufbringen.» Er hätte besser das auf einer überdimensionierten Automobil- und Rüstungsindustrie basierende «deutsche Geschäftsmodell» kritisieren sollen, anstatt es um des lieben Friedens willen zu akzeptieren.

Natürlich kann ein Staat seinen ins Trudeln geratenen Finanzsektor nicht allein auffangen, wenn dessen Bilanzsumme zweiundzwanzig mal so groß ist wie die jährliche Wirtschaftsleistung, und insofern ist die Rede von der Überdimensionierung ja nachvollziehbar. Nur sollte man die Geschichte nicht vergessen, die zu dieser Situation geführt hat. Der Finanzsektor ist weltweit überdimensioniert, und das hat jahrzehntelang gar nicht als Problem gegolten, im Gegenteil: Es war das ausufernde Finanzkapital, das die Weltwirtschaft dreißig Jahre lang kreditfinanziert am Laufen hielt und so die seit den siebziger Jahren virulente Krise immer weiter hinausschob, bis schließlich nichts mehr ging, weil sich die vergebenen Kredite in der Masse als faul erwiesen. Der in dieser Situation wohlfeile Vorschlag, die Banken mögen sich doch auf ihr Kerngeschäft besinnen und die Realwirtschaft unterstützen, verfehlt das Problem: Nicht nur die Banken Zyperns sind ja keineswegs an ihren dubiosen Praktiken, sondern an eben diesem «seriösen» Kerngeschäft gescheitert.

Ebenso geschichtsblind sind freilich auch die gegen die deutsche Austeritätspolitik gerichteten Forderungen nach einer «neuen Sozialdemokratie», die dem prozyklischen Sparen im Euro-Raum ein an Keynes orientiertes antizyklisches Konjunkturprogramm entgegenstellen soll. Es ist ja richtig, dass die den Europäern von der deutschen Regierung verordnete Anti-Krisenpolitik die Krise nur noch weiter verschärft. Nur ist das Gegenmodell ebenso hilflos, wenn es, wie etwa Wolfgang Münchau in seiner Spiegel-Online-Kolumne vom 3.4.2013, die Wiederaufnahme der an der Makroökonomie orientierten Wirtschaftspolitik eines Karl Schiller in den sechziger und eines Helmut Schmidt in den siebziger Jahren verlangt. Schließlich scheiterte damals diese Politik und mit ihr die sozialliberale Koalition, weil die staatlichen Konjunkturprogramme nur noch zu immer höheren Inflationsraten führten, ohne einen selbsttragenden Aufschwung in Gang setzen zu können.

Der Weg aus der Krise ist nur noch als Weg aus dem Kapitalismus zu haben. Es wird Zeit, darüber möglichst laut nachzudenken, einfach wird es nicht. Ein Gerechtigkeitsdiskurs aber, der den Kapitalismus nicht in Frage stellt, ist im inzwischen erreichten Stadium der globalen, ja keineswegs auf Europa beschränkten Krise bloß noch peinlich.

Ende des Spiels

Warum eine allgemeine Geldentwertung nur eine Frage der Zeit ist

Erstveröffentlichung in: Konkret 8/13

Gerade das wiederholte Auftreten von Krisen in regelmäßigen Abständen trotz aller Warnungen der Vergangenheit schließt indessen die Vorstellung aus, ihre letzten Gründe in der Rücksichtslosigkeit einzelner zu suchen. Wenn die Spekulation gegen Ende einer bestimmten Handelsperiode als unmittelbarer Vorläufer des Zusammenbruchs auftritt, sollte man nicht vergessen, daß die Spekulation selbst in den vorausgehenden Phasen der Periode erzeugt worden ist und daher selbst ein Resultat und eine Erscheinung und nicht den letzten Grund und das Wesen darstellt. Die politischen Ökonomen, die vorgeben, die regelmäßigen Zuckungen von Industrie und Handel durch die Spekulation zu erklären, ähneln der jetzt ausgestorbenen Schule von Naturphilosophen, die das Fieber als den wahren Grund aller Krankheiten ansahen.
Karl Marx: Die Handelskrise in England, 1857, MEW 12, 336

Die große Mehrheit der Ökonomen scheint auch 130 Jahre nach Marx «das Fieber als den wahren Grund aller Krankheiten» anzusehen. Folgt man ihr, so begann die Krise, in der wir uns immer noch befinden, im Jahr 2008 mit dem Finanzcrash in der Folge der Lehman-Pleite. Ursache war demzufolge eine Krise des Bankensystems, dessen Finanztitel über Nacht zu großen Teilen nichts mehr wert waren. Um das Finanzsystem vor dem völligen Zusammenbruch zu bewahren, mussten die Staaten die Banken mit Steuergeldern retten. Das Platzen der Spekulationsblasen führte zudem zu einer schweren realwirtschaftlichen Rezession. Zu ihrer Bekämpfung wurden allein im Folgejahr 2009 weltweit staatliche Konjunkturprogramme im Umfang von ungefähr 3 Billionen Dollar aufgelegt, womit – von bedauerlichen südeuropäischen Ausnahmen einmal abgesehen – eine Depression wie in den dreißiger Jahren verhindert wurde.

Seither haben wir es mit einer «Staatsschuldenkrise» bei weiterhin schwächelnder Konjunktur zu tun, und zwischen «Neoliberalen» und «Keynesianern» tobt der Streit darüber, was in dieser Situation zu tun sei. Während die herrschende marktradikale Lehre in Verkennung selbst noch der auf die Zeit nach 2008 verkürzten Geschichte der Krise meint, nach dem mikroökonomischen Modell der «schwäbischen Hausfrau» die Staatsschulden bekämpfen zu müssen, weil «wir über unsere Verhältnisse gelebt haben», verweisen keynesianische Makroökonomen wie der Nobelpreisträger Paul Krugman auf ihre Lehrbücher: «Der Aufschwung, nicht der Abschwung ist der richtige Zeitpunkt für Sparmaßnahmen. Heute müssten Regierungen mehr Geld ausgeben, nicht weniger, und zwar so lange, bis der private Sektor wieder in der Lage ist, den Aufschwung zu tragen.»

Gemeinsamkeiten der Kontrahenten

Dabei haben die Kontrahenten mehr Gemeinsamkeiten, als ihnen womöglich lieb ist. Sie liegen darin, dass sie – anders als Marx – einen systemischen Krisenbegriff nicht kennen und die Ursachen für die nicht zu übersehenden Krisenerscheinungen immer nur im Fehlverhalten ökonomischer Akteure sehen können, weshalb denn auch der Weg aus der Krise nur eine Frage der Zeit und der Wahl der richtigen Mittel sei.

In den neoklassischen Standardlehrbüchern kommt das Stichwort «Krise» überhaupt nicht vor. Es kann sie nicht geben, weil dieser Lehre zufolge Märkte sich immer und überall, von kurzfristigen Störungen abgesehen, im Gleichgewicht befinden, Angebot und Nachfrage also übereinstimmen; und sollte die Empirie etwas anderes zeigen, so könne das nur an marktfremden Einflüssen liegen, die daher zu beseitigen seien, womit sich beispielsweise eine Austeritätspolitik zur Wiederherstellung der «Wettbewerbsfähigkeit» begründet.

Der Keynesianismus dagegen kennt die Krisensituation, wie sie Keynes für die 1930er Jahre konstatierte, als «chronischen Zustand subnormaler Aktivität, die eine beträchtliche Zeit andauert, ohne eindeutig in Richtung Erholung oder vollständigen Zusammenbruch zu tendieren». Doch «dank der Analysen zeitgenössischer Wirtschaftswissenschaftler wie Keynes und der Erkenntnisse ihrer Nachfolger wissen wir heute, welche Maßnahmen die Politik damals hätte ergreifen müssen. Und diese Analysen sagen uns auch, was wir in der heutigen Krise tun müssten.» Auch für den hier zitierten Paul Krugman gibt es die Krise als Dauerzustand also nur, wenn die Politik das Falsche beziehungsweise gar nichts tut, und genau darin liegt der Hauptvorwurf, den er in seinem Buch *Vergesst die Krise* insbesondere der deutschen Politik macht. Anzumerken ist noch, dass die Begründung der keynesianischen Maßnahmen praktisch ohne vorherige Bestimmung der Krisenursachen auskommt. Krisen scheinen Betriebsunfälle zu sein, wie sie immer mal wieder vorkommen können, aber wir wissen ja, was dann zu tun ist.

Das Fehlen eines systemischen Krisenbegriffs hat mit der falschen Auffassung vom Sinn und Zweck kapitalistischen Wirtschaftens zu tun, wie sie etwa in den Einleitungen volkswirtschaftlicher Lehrbücher verbreitet wird. Dort ist vom Kapitalismus nicht die Rede, sondern es wird festgestellt, von der Steinzeit bis heute sei das Ziel der Ökonomie die Bereitstellung und der Konsum von Gütern, die nun einmal leider knapp seien, weshalb nicht jeder Mensch alles haben könne, was er wolle. Nun weiß heutzutage jedes Kind, dass nicht die Güter knapp sind, sondern nur mein Geld zu ihrem Erwerb, und dass der Zweck allen kapitalistischen Wirtschaftens ausschließlich darin besteht, aus Geld mehr Geld zu machen, während die Befriedigung von Bedürfnissen allenfalls ein willkommener, wenngleich nicht immer erreichbarer Nebeneffekt ist. Nur Ökonomen wissen das nicht. Die Volkswirtschaftslehre kann insofern als der Versuch verstanden werden, ihren Studierenden dieses Wissen systematisch auszutreiben, was schon so manchen Unternehmer hat seufzen lassen, die sollten doch besser Marx lesen, der habe immerhin gewusst, wie Kapitalismus funktioniert.

Systemischer Krisenbegriff bei Marx

Es bleibt wohl allein der marxschen Kritik der politischen Ökonomie vorbehalten, den Kapitalismus als eine Produktionsweise mit zwei Reichtumsformen kenntlich zu machen: Neben dem konkreten stofflichen Reichtum, wie ihn alle Gesellschaftsformationen gekannt haben, tritt im Kapitalismus eine zweite, abstrakte und dominante Form des Reichtums auf, ausgedrückt im Geld, gemessen in Arbeitszeit, der «Wert» bei Marx. Kapitalverwertung hat die Vermehrung des abstrakten Reichtums zum Ziel, ob mit der Produktion von Bomben oder Kinderschuhen spielt dabei keine Rolle, allerdings kann auf die Produktion stofflichen Reichtums dabei nicht einfach verzichtet werden. Aber sie ist nur Nebeneffekt und nicht Zweck der Veranstaltung, der allein in der Produktion von Mehrwert besteht. Die politische Ökonomie vor Marx und die Volkswirtschaftslehre nach ihm haben diese beiden Reichtumsformen einfach als «Reichtum schlechthin» identifiziert und damit die besondere historische Spezifik der kapitalistischen Produktionsweise verfehlt. Insbesondere mussten ihnen die mit dieser Produktionsweise verbundenen Krisen ein Rätsel bleiben.

Der von Marx entwickelte systemische Krisenbegriff beruht kurz gesagt darauf, dass die beiden kapitalistischen Reichtumsformen zueinander in Widerspruch geraten können und das auch immer wieder und in immer stärkerem Maße tun. Da die Vermehrung des abstrakten Reichtums die Produktion und den Verkauf stofflichen Reichtums erfordert, setzt eine gelingende Kapitalverwertung und -akkumulation die ständige Erweiterung der stofflichen Produktion und der Absatzmärkte voraus. Sobald dem wachsenden und prinzipiell unbeschränkten Warenangebot nur eine beschränkte zahlungsfähige Nachfrage gegenübersteht, gerät der Verwertungsprozess in die Krise. Die Folgen sind Überproduktion, also unverkäufliche Waren, und Überakkumulation, also nicht mehr auslastbare Kapazitäten, Massenentlassungen, Stilllegung von Produktionskapazitäten und schließlich die Flucht des real nicht mehr verwertbaren Kapitals in die Spekulation.

Bei diesen in der Geschichte des Kapitalismus immer wieder auftretenden Krisen handelt es sich nicht um die Wiederkehr des immer Gleichen, vielmehr treten die beiden Reichtumsformen mit wachsender Produktivität immer weiter auseinander, was Marx als «prozessierenden Widerspruch» kennzeichnet: «Das Kapital ist selbst der prozessierende Widerspruch dadurch, daß es die Arbeitszeit auf ein

Minimum zu reduzieren sucht, während es andrerseits die Arbeitszeit als einziges Maß und Quelle des Reichtums setzt.» (*Grundrisse*, MEW 42, 601) Das Kapital beruht auf der Ausbeutung der Arbeit und nimmt gleichzeitig die Arbeit nach und nach aus dem Produktionsprozess heraus, zerstört also seine eigene Basis. Weil die Arbeitszeit das Maß des Werts ist, hat die wachsende Produktivität zur Folge, dass zur Erzielung desselben abstrakten Reichtums ein immer größerer stofflicher Output produziert und verkauft werden muss. Die Krisen nehmen damit in räumlicher und zeitlicher Hinsicht zu und verschärfen sich: «Die kapitalistische Produktion strebt beständig, diese ihr immanenten Schranken zu überwinden, aber sie überwindet sie nur durch Mittel, die ihr diese Schranken aufs neue und auf gewaltigerm Maßstab entgegenstellen. Die *wahre Schranke* der kapitalistischen Produktion ist *das Kapital selbst.*» (*Das Kapital Bd. 3*, MEW 25, 260)

Die langfristigen Ursachen der Krise

Dem aus der Maßlosigkeit des abstrakten Reichtums resultierenden Zwang zur Expansion konnte das Kapital in großem Stil zum letzten Mal in der Zeit des fordistischen Booms nach dem 2. Weltkrieg nachkommen, dem «goldenen Zeitalter des Kapitalismus» (Eric Hobsbawm) und zugleich des Keynesianismus. Der Fordismus beruhte auf industrieller Massenarbeit am Fließband und Massenkonsum und setzte eine entsprechende Erhöhung der Reallöhne und den Ausbau der sozialen Sicherungssysteme ebenso voraus wie staatliche Investitionen in die Infrastruktur und das Bildungssystem. Konjunkturschwankungen ließen sich in dieser expansiven Phase in der Tat durch staatliche Konjunkturprogramme («Globalsteuerung» und «konzertierte Aktion» in der BRD) ausgleichen, und aus dieser Zeit beziehen die keynesianischen Lehrbuchrezepte ihre Rechtfertigung.

Diese Zeit ist vorbei. Bereits in den 1970er Jahren stieß der fordistische Boom – bedingt auch durch das starke Wachstum der Produktivität – an seine Grenzen, wogegen sich die keynesianische Wirtschaftspolitik als machtlos erwies. Es folgte die Phase der «Stagflation»: Die staatlichen Konjunkturprogramme waren nicht mehr in der Lage, eine selbsttragende Kapitalakkumulation anzustoßen, sondern führten nur zu teilweise zweistelligen Inflationsraten. Wer wie Krugman eine Wiederauflage solcher Programme als Weg aus der Krise propagiert, sollte sich zuallererst mit dem damaligen Scheitern des Keynesianismus auseinandersetzen. Hier nämlich – und nicht im Jahr 2008 – liegt der Ursprung der aktuellen Krise.

Der Neoliberalismus war die Antwort auf dieses Scheitern, eine Reaktion auf die Krise der Realwirtschaft mit dem Ziel, die Generierung von Profiten weiterhin zu ermöglichen, obwohl die kapitalistisch seriöse Basis dafür zu schrumpfen begann. Ein Bestandteil war die Deregulierung des Finanzsektors und damit die Erweiterung der Möglichkeiten zur kreditären Geldschöpfung. Es gehört zum normalen Krisenfahrplan, dass bereits realisierte Profite mangels realer Anlagemöglichkeiten in die Finanzmärkte strömen und dort die Spekulation anheizen. Der Neoliberalismus aber hat diese krisenaufschiebende Ausweichbewegung zum Programm erhoben und damit die Illusion von der neuen Regulationsweise eines «finanzgetriebenen Kapitalismus» erzeugt. Die Verselbständigung des Finanzkapitals ist immer schon Symptom kapitalistischer Krisen gewesen, freilich nie deren Ursache. Die Besonderheit in der aktuellen, seit fast vierzig Jahren andauernden Krise ist die räumliche und zeitliche Größenordnung, in der sich dieser Prozess vollzieht. Historisch ohne Beispiel etwa ist die Deindustrialisierung ganzer Volkswirtschaften – wie die Großbritanniens unter Margaret Thatcher – zugunsten der neuen Finanz-«Industrie».

Entgegen seiner eigenen monetaristischen Doktrin bestand der Neoliberalismus in dieser Hinsicht in einer Fortsetzung des Keynesianismus mit anderen Mitteln, nämlich auf privater Ebene. An die Stelle des Staates traten private Kreditgeber, die auch die Realwirtschaft durch Kredite finanzierten und so in Gang hielten. Durch die Verlagerung großer Geldmengen vom Massenkonsum in den Finanzsektor verschwand zugleich die Inflation, genauer gesagt verschob sie sich von den Konsumgüter- auf die Aktien- und Immobilienmärkte (*asset inflation*), ein durchaus willkommener Effekt, weil sich die Besitzer entsprechender Eigentumstitel damit reich rechnen konnten.

Das damit in Gang gesetzte «gigantischste kreditfinanzierte Konjunkturprogramm, das es je gegeben hat» (Meinhard Miegel), letztlich die Finanzierung von Krediten durch neue Kredite, lässt sich natürlich ebenso wenig dauerhaft aufrechterhalten wie ein Versuch, Reichtum durch Kettenbriefe zu erzeugen. Im Ergebnis hat sich in den letzten dreißig Jahren das globale Geld- und Anlagevermögen wie durch Zauberhand auf das Zwanzigfache vermehrt, allerdings ohne dass ihm noch entsprechende reale Werte gegenüberstehen. Bereits das Platzen eines kleinen Teils dieser Blasen reichte 2008 aus, das Bankensystem beinahe in den Zusammenbruch zu treiben, vor dem es nur durch das Eingreifen der Staaten bewahrt werden konnte, die seitdem mit ihrer eigenen Schuldenkrise und einer mehr oder weniger schweren Rezession zu kämpfen haben.

Herumdoktern an Krisenfolgen

Wegen der unvorstellbaren Größe der aufgehäuften und durch die Nullzinspolitik der Notenbanken noch immer weiter aufgeblasenen Geldmengen ist eine allgemeine Geldentwertung nur eine Frage der Zeit. Der von keynesianischer Seite gern vorgebrachte Hinweis, dass das viele Geld offenbar nicht zur Inflation führe, dürfte sich als trügerisch erweisen. Eine Inflationsgefahr besteht ja nur solange nicht, wie dieses Geld selbstgenügsam im Finanzhimmel kreist. Sobald es sich aber irdischen Dingen zuwendet, heizt es dort die Inflation an. Auf Rohstoff- und Nahrungsmittelmärkten war das bereits zu beobachten, ebenso auf verschiedenen Immobilien- und

Wohnungsmärkten, wodurch neuerdings die Mieten in deutschen Großstädten für viele Betroffene unbezahlbar werden.

Angesichts dieser Situation wirken die vorgeschlagenen Gegenmaßnahmen, sollten sie denn wirklich als Weg aus der Krise gedacht sein, seltsam unwirklich. Auf beiden Seiten wird verkannt, dass die Realökonomie seit fast vierzig Jahren nur noch durch Schuldenmachen in Gang gehalten wurde. Eine Austeritätspolitik, die das beenden will, muss notwendigerweise in die Depression führen. Keynesianische Konjunkturprogramme laufen dagegen auf ein bloßes Weitermachen der Verschuldungspolitik ad infinitum hinaus, weil der private Sektor nie wieder in der Lage sein wird, den Aufschwung zu tragen.

In den letzten vierzig Krisenjahren hat sich (gemessen als Bruttowertschöpfung je Arbeitsstunde laut den deutschen Daten des Statistischen Bundesamts) die Produktivität in der Industrie noch einmal verdreifacht, in der Landwirtschaft sogar versechsfacht. Für die Produktion des stofflichen Reichtums wird die Arbeit immer unnötiger, die reale, auf der Ausbeutung der Arbeit beruhende Mehrwertproduktion damit aber ein Ding der Unmöglichkeit. Wie wenig die kapitalistische Produktionsweise mit der hier aufscheinenden Möglichkeit eines Lebens ohne Arbeit umgehen kann, zeigt sich etwa daran, dass um das Phantasma der «Wettbewerbsfähigkeit» willen jetzt in Südeuropa die Siesta abgeschafft und dafür das protestantische Arbeitsethos endlich eingeführt werden soll.

Der Ausgang aus der Krise ist nur noch auf dem Weg der Überwindung der abstrakten Form des Reichtums und damit der kapitalistischen Produktionsweise möglich, die durch eine wie immer geartete gesellschaftliche Orientierung allein am stofflichen Reichtum zu ersetzen wäre. Solange eine solche Perspektive unrealistisch ist, wir also wirklich nur die Wahl zwischen Sparmaßnahmen und keynesianischen Konjunkturprogrammen zu haben scheinen, ist freilich letzteren der Vorzug zu geben. Die neoliberale Austeritätspolitik läuft darauf hinaus, die immer zahlreicher werdenden nicht mehr «systemrelevanten», da im Sinne der Kapitalverwertung überflüssig gewordenen, Menschen der Aufrechterhaltung eines Systems zu opfern, das unhaltbar geworden ist. Die keynesianischen Programme haben zwar ebenfalls das illusionäre Ziel einer Systemrettung, verfolgen es aber auf verträglichere Weise, weil sie den Aspekt der stofflichen Reichtumsproduktion nicht ganz aus dem Auge verlieren.

Bloß ein wenig intelligenter als bisher dürfen diese Programme schon sein: Da die letzten vierzig Jahre sehr zu Lasten der öffentlichen Infrastruktur gegangen sind, ließe sich für deren partielle Wiederherstellung das letzte Geld sinnvoll verballern, ebenso für die heruntergefahrenen sozialen Sicherungssysteme. Nur bitte keine «Abwrackprämie» mehr, schließlich gibt es da auch noch die ökologische Krise. Doch davon ein andermal.

Gegen die Wand
Von der gemeinsamen Ursache der ökologischen und ökonomischen Krise

Erstveröffentlichung in: Konkret 11/13

Während die öffentliche Diskussion in den kapitalistischen Zentren die ökonomische Krise trotz ihres Andauerns als bloß vorübergehende Erscheinung deutet, nimmt sie die ökologische Krise durchaus als Grundproblem der modernen Lebensweise wahr. Allzu offensichtlich ist der Widerspruch zwischen den ökonomischen Wachstumsimperativen auf der einen und der Endlichkeit der stofflichen Ressourcen und der Aufnahmefähigkeit der natürlichen Umwelt für den Zivilisationsmüll auf der anderen Seite.

Im Vordergrund der Diskussion steht seit einigen Jahren die angekündigte Klimakatastrophe, auch wenn es um sie wegen anderer Prioritäten im Zuge der Versuche, die ökonomische Krise zu bewältigen, etwas stiller geworden ist. Das Zwei-Grad-Ziel, mit dem die allerschlimmsten Folgen der Aufheizung der Atmosphäre gerade noch hätten vermieden werden sollen, gilt inzwischen als nicht mehr erreichbar. Vom Einbruch im Rezessionsjahr 2009 einmal abgesehen, steigt die weltweite CO_2-Emission unvermindert an, und der Klimawandel beginnt, sich selbst zu verstärken, etwa indem er durch das Auftauen von Permafrostböden weitere Klimagase freisetzt oder durch das Abschmelzen von Gletschern die Rückstrahlung des Sonnenlichts verringert.

Dabei ist der Klimawandel nur eines der Schlachtfelder, auf dem der «Krieg des Kapitals gegen den Planeten» stattfindet, so die US-amerikanischen Soziologen John Bellamy Foster, Brett Clark und Richard York in ihrem lesenswerten (wenn auch an vielen Stellen miserabel übersetzten) Buch «Der ökologische Bruch». Mit der Versauerung der Ozeane, der zunehmenden Wasserknappheit, der Erosion von Böden, der rapiden Abnahme der Biodiversität und der Verschmutzung durch Chemikalien kommen weitere, miteinander zusammenhängende und die Umwelt zerstörende Entwicklungen hinzu, von denen jede einzelne mittelfristig das Zeug dazu hat, große Teile der Erde unbewohnbar zu machen.

Insbesondere die im Zusammenhang mit dem Klimawandel erhobenen Daten haben deutlich gemacht, wo die Verursacher der kaum noch abwendbaren Katastrophe sitzen, die vor allem die ärmeren Länder betreffen wird: Im Jahr 2010 lag die CO_2-Emission pro Kopf weltweit bei 4,4, in den USA bei 17,3, in Deutschland bei 9,3, in OECD-Europa bei 7,0, in China bei 5,4, in Indien bei 1,4 und in Afrika bei 0,9 Tonnen (Quelle: IEA). China hat hier in den letzten Jahren stark aufgeholt, im Jahr 2004 lagen seine Pro-Kopf-Emissionen noch unterhalb des weltweiten Durchschnitts. Offensichtlich liegt das an seinen weiterhin hohen ökonomischen Wachstumsraten, während die OECD-Länder mit der Rezession kämpfen und deswegen auch ihre CO_2-Emissionen leicht rückläufig sind.

Nicht nur an diesen Zahlen ist zu erkennen, dass die Überschreitung der natürlichen Schranken mit der Entwicklung kapitalistischen Reichtums stark korreliert. Es gibt ein paar Ausnahmen, aber pauschal lässt sich sagen: Je entwickelter und reicher ein Staat, desto höher der Beitrag seiner Bürger zur globalen Umweltzerstörung. Dabei betreffen die Auswirkungen dieser Zerstörungen nur selten diejenigen in erster Linie, die sie verursacht haben. Noch einmal ganz pauschal: Die entwickelten Länder führen den «Krieg gegen die Erde», seine Folgen aber bekommen die ärmeren Länder als erste zu spüren. Das ist sicher ein Grund dafür, dass immer nur Symptome bekämpft, ihre Ursachen aber nicht wirklich angegangen werden.

Der tiefere Grund aber liegt in der Bedeutung, die das ökonomische Wachstum für das Wohlergehen noch jeder modernen Gesellschaft zu haben scheint. Krisen sind immer Wachstumskrisen. Damit etwa Länder wie Portugal aus ihrer Misere wieder heraus kommen können, wäre nach allgemeinem Konsens ein jahrzehntelanges BIP-Wachstum von jährlich drei Prozent erforderlich, von dem niemand weiß, woher es kommen soll; China benötigt nach den Vorstellungen seiner Führung ein jährliches Wachstum von mindestens sieben Prozent und legt dazu ein Konjunkturprogramm nach dem anderen auf; und noch jeder G8- oder G20-Gipfel ist sich bei allen sonstigen Differenzen darin einig, dass alles dafür getan werden muss, das globale Wirtschaftswachstum anzukurbeln.

Offensichtlich haben wir es mit einer Dilemma-Situation zu tun: Eine moderne Gesellschaft muss wachsen, auch in der Konkurrenz mit anderen, sonst droht sie auseinander zu brechen wie die Staaten des «real existierenden Sozialismus» Ende der 1980er Jahre oder die des «arabischen Frühlings» in diesem Jahrzehnt – die demokratischen oder islamistischen Ideologien, die angeblich den Umsturz herbeigeführt haben, waren hier wie dort bloße Folklore. Bei der Art des Wachstums, von dem hier die Rede ist, wächst aber die Umweltzerstörung in gleicher Weise mit. Am Ende bleibt nur die Alternative zwischen gesellschaftlichem Zerfall und dem Raubbau an den natürlichen Grundlagen.

Die kapitalistische Produktionsweise als blinder Fleck der Umweltdiskussion

Es stellt sich also die Frage, ob es einen Weg aus diesem Dilemma gibt. Das Problem dabei ist, dass in der bürgerlichen Öffentlichkeit die kapitalistische Produktionsweise und ihre Kategorien – Arbeit, Ware und Geld, Lohn und Profit, Markt und Staat – sakrosankt sind. Eher ist der Weltuntergang vorstellbar als die Überwindung dieser historisch doch sehr spezifischen Gesellschaftsformation. Wenn nun aber der Kapitalismus für so natürlich und selbstverständlich gilt wie die Luft zum

Atmen, die er uns demnächst abdrehen wird, ist es unmöglich, auf die Frage nach Wegen aus dem genannten Dilemma eine adäquate Antwort zu finden. Die gesamte Diskussion der Umweltkrise läuft deswegen notwendigerweise ins Leere und wirkt seltsam unwirklich, weil auf allen Seiten mit Fiktionen gearbeitet wird und bestenfalls Scheinlösungen produziert werden, was alle Beteiligten auch irgendwie wissen.

Am deutlichsten springt das – von der schlichten Problemleugnung einmal abgesehen – bei den ökonomischen Hardlinern ins Auge, durch deren Wahrnehmungsraster eine wirtschaftlich so unproduktive Ressource wie ein Regenwald ebenso fällt wie die jenseits der aktuellen Verwertungszyklen liegende Zukunft. Was die etwas ferneren Zeiten betrifft, operieren sie gern mit sogenannten Diskontierungsfaktoren, mit denen zukünftige Kosten zum Verschwinden gebracht werden. Der frühere Chefökonom der Weltbank Nicholas Stern hatte 2006 in dem nach ihm benannten Report die Kosten des Klimawandels in Dollar vorgerechnet, wodurch die Klimadiskussion überhaupt erst an Fahrt gewann, schließlich ging es jetzt um Geld. Dem Stern-Report zufolge werden die Kosten des ungebremsten Klimawandels bis zum Ende des Jahrhunderts zwischen 5 und 20 Prozent des weltweiten BIP betragen, während für die notwendigen Gegenmaßnahmen nur Investitionen von 1 Prozent des weltweiten BIP innerhalb der nächsten zwanzig Jahre erforderlich seien, zu finanzieren etwa durch eine Kohlenstoffsteuer. Die Frage bei solchen Rechnungen ist immer, wie zukünftige und heute anfallende Kosten miteinander verglichen werden. Der Stern-Report operiert mit einer Diskontierung von 1,4 Prozent pro Jahr, was bedeutet, dass in 90 Jahren anfallende Kosten von 1000 Dollar heute mit 285 Dollar zu Buche schlagen. Dagegen argumentierten die Mainstream-Ökonomen, allen voran William Nordhaus, Ökonomieprofessor in Yale, diese Diskontierung sei viel zu niedrig angesetzt, weil die Welt aufgrund des ökonomischen Wachstums zukünftig viel reicher sein werde als heute. Nordhaus legte dann eine Rechnung mit einer Diskontierung von jährlich etwa 6 Prozent vor, bei der 1000 Dollar, die in 90 Jahren zu zahlen sind, heutigen 5 Dollar entsprechen, womit zukünftige Kosten weitgehend vernachlässigt werden können. Die Umweltkrise ist damit weggerechnet, es gibt sie nicht mehr.

Etwas weniger brachial gehen Firmen und Regierungen vor, die auf die Sorgen ihrer Kunden oder Wählerinnen Rücksicht nehmen müssen. Hier hat sich die Strategie des «Greenwashing» bewährt, also die bloße Simulation von Umwelt- und Klimaschutz. Im Falle von Unternehmen ist klar, dass es allein auf das grüne (und soziale) *Image* ankommt, das aufpoliert werden muss, damit sich ihre Produkte ohne schlechtes Gewissen konsumieren lassen. Was hinter der schönen Fassade passiert, spielt dagegen kaum eine Rolle, solange es nicht ruchbar wird. Regierungen müssen zuallererst ihrer Aufgabe nachkommen, eine möglichst reibungslose Kapitalverwertung zu gewährleisten. Dafür wurden sie gewählt, und davon hängt über das Steueraufkommen ihre Handlungsfähigkeit ab. Der Umweltschutz, dessen Wichtigkeit selbstverständlich betont werden muss, hat sich nach dieser Decke zu strecken, die allenfalls grün eingefärbt werden darf. In Deutschland lässt sich das besonders gut beobachten, wenn es um die Interessen der für das deutsche Geschäftsmodell zentralen Autoindustrie geht: Natürlich wird auf internationalen Konferenzen vereinbart, die CO_2-Emissionen auch des Straßenverkehrs zu senken, aber sobald jemand damit ernst machen will, wie 2007 die EU-Kommission, die vom Jahr 2012 an Abgaben für einen CO_2-Ausstoß von Limousinen von mehr als 130 Gramm pro Kilometer verlangte, kann ein deutscher Umweltminister (hier Sigmar Gabriel) darin nur einen «Wettbewerbskrieg gegen deutsche Autohersteller» erkennen. Und die Abwrackprämie des Jahres 2009, ein Konjunkturprogramm zugunsten der Autoindustrie und eine Umweltsauerei ersten Ranges, firmierte unter dem grünen Label einer «Umweltprämie».

Nicht an der Regierung befindliche politische Parteien und außerparlamentarische Gruppierungen können es sich demgegenüber leisten, die Prioritätensetzung etwas ausgewogener zu gestalten und die Vereinbarkeit von Ökonomie und Ökologie zu propagieren, an die sie selber glauben, solange sie sie nicht umsetzen müssen. Dabei kommen dann Konzepte eines «Green New Deal» oder gar eines «ökologischen Kondratieff» heraus, also einer neuen langen Welle kapitalistischer Akkumulation, die auf «grüner Technologie» beruhen und den gegenwärtigen «finanzgetriebenen Kapitalismus» ablösen soll. Betont wird in diesem Zusammenhang die segensreiche Wirkung auf neue Jobs und wirtschaftliche Entwicklung, wodurch auf einmal die Ökologie kein Hindernis für die Wirtschaft, sondern im Gegenteil ein direkter Weg zu neuen Profiten darstelle. In der deutschen Diskussion sind damit natürlich Arbeitsplätze und Profite der deutschen Marktführer gemeint, und in der Tat wäre eine Übertragung auf die ganze Welt auch gar nicht möglich: Solange grüne Energie teurer ist als fossile, wird sie sich in der kapitalistischen Konkurrenz auch nicht durchsetzen können. Und umgekehrt: Sie kann – wenn überhaupt – nur billiger werden, indem die Arbeit (damit aber auch die Profite) aus ihrer Produktion weitgehend wegrationalisiert wird. Das reicht dann für neue Jobs allenfalls in Deutschland oder – wahrscheinlicher – China.

Das in diesen Konzepten zum Ausdruck kommende Ziel eines «nachhaltigen wirtschaftlichen Wachstums» («sustained economic growth»), für das sich etwa der UNO-Gipfel für Nachhaltige Entwicklung 2012 in Rio de Janeiro aussprach, ist bei aller Dehnbarkeit des Begriffs der Nachhaltigkeit ein Widerspruch in sich, solange jedenfalls wirtschaftliches Wachstum im heutigen Sinne gemeint ist. Und wie könnte es sonst gemeint sein? Wer so redet, vernebelt bloß die Umwelt- und Klimaproblematik und versucht, sich die Vereinbarkeit des Unvereinbaren einzureden.

Aus der Einschätzung, dass eine Entkopplung von Wirtschaftswachstum und zunehmender Umweltzerstörung nicht möglich sein wird, ziehen die Vertreterinnen und Vertreter einer «Postwachstumsgesellschaft» schließlich den naheliegenden Schluss, sich vom Wachstumskonzept vollständig zu verabschieden. Angesichts des engen Zusammenhangs zwischen kapitalistischer Produktionsweise und Wachstumsfetischismus wäre in den einschlägigen Sammelbänden zum Postwachstum eigentlich ein Programm der Abschaffungen zu erwarten. Tatsächlich aber darf dort der Bundespräsident a. D. Horst Köhler unwidersprochen die Forderung nach einer «sozialen und ökologischen Marktwirtschaft» aufstellen, als gäbe es so etwas wie eine nichtkapitalistische Marktwirtschaft. Die Hoffnung wird auf Unternehmer gesetzt, die nicht mehr dem Profit nachjagen, sondern der Nachhaltigkeit ihrer Produktion verpflichtet sind. Schon gar nicht wird das Geld als Medium der Vergesellschaftung in Frage gestellt, nur der Umgang mit ihm soll wieder etwas seriöser, sprich sparsamer vonstatten gehen als in den letzten Jahren. Und natürlich tummeln sich in diesem Umfeld auch die Anhänger eines Silvio Gesell, die den Zins für die Ursache allen Übels halten und dem «raffenden Kapital» an den Kragen wollen (vgl. den Text «Elendsselbstverwaltung» von Peter Bierl in Konkret 4/2013). Trotz einzelner kluger Analysen des tiefliegenden Zusammenhangs zwischen Wachstumskonzept und Moderne scheint es am Ende zu mehr als einer verkürzten Kapitalismuskritik nicht zu reichen, und die kann manchmal schlimmer sein als gar keine.

Was wächst da eigentlich so zwanghaft?

Wer vom Wachstumszwang wegkommen will, muss erst einmal verstehen, worin er besteht. Den übermäßigen Konsum dafür haftbar zu machen, verfehlt die tatsächlichen Zwänge, denn anders, als es uns die Lehrbücher der Volkswirtschaftslehre weismachen wollen, ist der Konsum nicht der Zweck der kapitalistischen Produktion. Wäre das so, bedürfte es der Werbung nicht. Bekanntlich stand ja die von manchen Postwachstumsideologen jetzt wieder propagierte protestantische Ethik der Askese und des Verzichts an den Anfängen des Kapitalismus: Geld zu verdienen, nicht um es zu verprassen, sondern um immer mehr Geld daraus zu machen, ist seitdem der irre Selbstzweck allen Wirtschaftens. Der Kapitalismus ist damit zum Wachsen verdammt: Wenn er sie absetzen kann, produziert er Waren ohne Ende; wenn er es nicht kann, gerät er in die Krise. In diesem Prozess ist der Konsum bloßes Mittel, weil die Waren zum Zweck der Geldvermehrung ja auch verkauft werden müssen.

Zum genaueren Verständnis ist hier zwischen Mehrwertproduktion, stofflichem Output und Ressourcenverbrauch zu unterscheiden. Immer mehr Mehrwert zu erzielen, ist der eigentliche Zweck der Produktion, der sie antreibt. Mehrwert entsteht durch die Ausbeutung von Arbeit, wobei es für den durch Arbeit erzeugten abstrakten Reichtum auf die konkrete Tätigkeit nicht ankommt, sondern nur auf die Arbeitszeit, in der «Muskel, Nerv, Hirn usw. verausgabt» werden (Marx). Allerdings bedarf der abstrakte Reichtum eines stofflichen Trägers, und zur Realisierung des Mehrwerts müssen die Waren zunächst hergestellt, dann aber eben auch abgesetzt werden, was eine entsprechende zahlungsfähige Nachfrage voraussetzt.

Durch die Steigerung der Produktivität hat sich im Laufe der Geschichte der kapitalistischen Produktionsweise das quantitative Verhältnis zwischen dem in Arbeitszeit gemessenen abstrakten Reichtum auf der einen und dem zu seiner Produktion erforderlichen materiellen Aufwand dramatisch verändert. Die Produktivitätssteigerung selber hat ihre Ursache in der Jagd nach Extraprofiten, die demjenigen winken, der billiger produzieren kann als die Konkurrenz. Diese Entwicklung führt dazu, dass die Arbeit mehr und mehr aus dem Produktionsprozess herausgenommen und durch Maschinen ersetzt wird. Mit immer weniger Arbeitsaufwand lässt sich immer mehr stofflicher Reichtum produzieren. Da dieser aber nicht der eigentliche Sinn und Zweck der Produktion ist, wird nicht etwa die Arbeitszeit reduziert, wie es in materieller Hinsicht sinnvoll und möglich wäre, sondern es wird die umgekehrte Rechnung aufgemacht: Für die Produktion desselben, in Arbeitszeit gemessenen, abstrakten Reichtums ist ein immer höherer stofflicher Output und – da Arbeit durch Maschinen ersetzt wird – ein noch stärker wachsender Ressourcenverbrauch erforderlich. Es gibt gegenläufige Tendenzen, so etwa in der steigenden Energieeffizienz, wenn sich also der Energieaufwand je Endprodukt verringert. Das Verhältnis von stofflichem Aufwand pro Arbeitszeit ist aber eindeutig: Es wächst in den Mehrwert produzierenden Sektoren ständig an, sichtbar z. B. an dem materiellen und monetären Aufwand je Industriearbeitsplatz.

In diesem «prozessierenden Widerspruch» (Marx), der darin besteht, dass das Kapital die Arbeit zunehmend aus dem Produktionsprozess herausnimmt, auf deren Ausbeutung doch sein Reichtum beruht, dem es nachjagen muss, liegt die gemeinsame Ursache von ökonomischer und ökologischer Krise. Die stofflichen Träger des zum maßlosen Wachsen gezwungenen abstrakten Reichtums sind nun einmal endlich, so dass die Expansion hier notwendig auf Schranken stoßen muss: die der begrenzten zahlungsfähigen Nachfrage (ökonomische Krise) und die der natürlichen Grenzen (ökologische Krise).

Dabei gerät auch die Behandlung der Krisensymptome, die innerkapitalistisch allenfalls noch möglich ist, zu sich selbst in Widerspruch: Jeder Versuch, die ökonomische Krise durch Konjunkturprogramme auch nur abzumildern, führt zu erhöhter Umweltzerstörung. Um die zu verringern, wäre umgekehrt der Weltwirtschaft eine tiefe Dauerdepression zu verschreiben, mit all den sozialen und materiellen Folgen, die diese für die Insassen der kapitalistischen Produktionsweise hätte. Tatsächlich lag der einzige kleine Knick in der Wachstumskurve der weltweiten CO_2-Emission im Rezessionsjahr 2009.

Notwendig wäre eine gesellschaftliche Planung nach Gesichtspunkten allein des stofflichen Reichtums, seiner Produktion und Verteilung. Dem aber steht im Kapitalismus die Dominanz des abstrakten Reichtums und der Zwang zu seiner permanenten Vermehrung im Wege, wie Robert Kurz im Epilog seines «Schwarzbuch Kapitalismus» in allgemeinerem Zusammenhang feststellt:

Die Aufgaben, die gelöst werden müssen, sind von geradezu ergreifender Schlichtheit. Es geht erstens darum, die real und in überreichem Maße vorhan-

denen Ressourcen an Naturstoffen, Betriebsmitteln und nicht zuletzt menschlichen Fähigkeiten so einzusetzen, daß allen Menschen ein gutes, genußvolles Leben frei von Armut und Hunger gewährleistet wird. Unnötig der Hinweis, daß dies längst mit Leichtigkeit möglich wäre, würde die Organisationsform der Gesellschaft diesen elementaren Anspruch nicht systematisch verhindern. Zweitens gilt es, die katastrophale Fehlleitung der Ressourcen, soweit sie überhaupt kapitalistisch mobilisiert werden, in sinnlose Pyramidenprojekte und Zerstörungsproduktionen zu stoppen. Unnötig zu sagen, daß auch diese ebenso offensichtliche wie gemeingefährliche «Fehlallokation» durch nichts anderes als die herrschende Gesellschaftsordnung verursacht ist. Und drittens schließlich ist es erst recht von elementarem Interesse, den durch die Produktivkräfte der Mikroelektronik gewaltig angeschwollenen gesellschaftlichen Zeitfonds in eine ebenso große Muße für alle zu übersetzen statt in «Massenarbeitslosigkeit» einerseits und verschärfte Arbeitshetze andererseits.

Es hat die Züge eines verrückten Märchens, in dem das Absurde normal und das Selbstverständliche ganz unverständlich erscheint, daß das, was offen auf der Hand liegt und eigentlich gar nicht erwähnt zu werden braucht, im gesellschaftlichen Bewußtsein vollständig verdrängt worden ist, als wäre darüber ein Zauberbann ausgesprochen worden. Trotz der geradezu schreiend evidenten Tatsache, daß ein auch nur einigermaßen sinnvoller Einsatz der gemeinsamen Ressourcen mit der kapitalistischen Form völlig unvereinbar geworden ist, werden nur noch «Konzepte» und Vorgehensweisen diskutiert, die genau diese Form voraussetzen.

Damit wird die Sinnhaftigkeit so mancher Einzelmaßnahme zur Erhaltung der Umwelt nicht bestritten. Der oft und gern beschworene «Frieden mit der Natur» aber wird nur jenseits des Kapitalismus zu haben sein.

Literatur

Foster, John B. / Clark, Brett / York, Richard: *Der ökologische Bruch. Der Krieg des Kapitals gegen den Planeten*, LAIKA-Verlag, Hamburg 2011

Seidl, Irmi / Zahrnt, Angelika (Hrsg.): *Postwachstumsgesellschaft. Konzepte für die Zukunft*, Metropolis-Verlag, Marburg 2010

Welzer, Haralt / Wiegand, Klaus (Hrsg.): *Wege aus der Wachstumsgesellschaft*, S. Fischer Verlag, Frankfurt a. M. 2013

Kurz, Robert: *Schwarzbuch Kapitalismus. Ein Abgesang auf die Marktwirtschaft*, Eichborn, Frankfurt a. M. 2009, als PDF unter www.exit-online.org

Digitale und andere Blüten
Was die Karriere des Bitcoins über den Zustand des Geldmediums verrät

Erstveröffentlichung in: Konkret 3/2014 Unter dem Titel «Bitte ein Bitcoin»

> *Die Wilden von Kuba hielten das Gold für den Fetisch der Spanier. Sie feierten ihm ein Fest und sangen um ihn und warfen es dann ins Meer.*
> Karl Marx 1842, MEW 1, 147

Unter dem Titel «Bits and Barbarism» erzählt der hier schon öfter (zuletzt in Konkret 8/13, *Fin de partie*) genannte Paul Krugman in seiner Kolumne der New York Times vom 22. Dezember 2013 eine Fabel von drei Arten der Geldschöpfung, von denen zwei eine monetäre Regression darstellten, die dem merkwürdigen Entschluss vieler Leute geschuldet sei, die Uhr hinter den in Jahrhunderten erreichten Fortschritt zurückzudrehen.

Als Beispiel für die erste Art der Geldschöpfung wird die Porgera-Goldmine in Papua-Neuguinea genannt, einer der derzeit größten Goldproduzenten mit einem furchtbaren Ruf sowohl für seine Verletzungen von Menschenrechten als auch für die von ihm verursachten Umweltzerstörungen. Doch weil der Preis von Gold trotz seines Einbruchs seit dem letzten Höchststand immer noch dreimal so hoch ist wie eine Dekade zuvor, müsse eben danach gegraben werden.

Als paradigmatischen Ort für die zweite, sehr viel merkwürdigere Art der Geldschöpfung nennt Krugman die «Bitcoin-Mine» in Reykjanesbaer, Island. Der Bitcoin ist eine digitale Währung (siehe Anhang). Warum sie einen Wert besitze, sei schwer zu sagen, beruhe aber zunächst einmal darauf, dass Leute bereit seien, sie zu kaufen, weil sie glauben, andere Leute seien ebenso dazu bereit. Es handele sich um eine Art virtuelles Gold: Man kann Bitcoins schürfen, d. h. neue Bitcoins schaffen, indem sehr komplexe Mathematikaufgaben gelöst werden, was allerdings eine hohe Rechnerleistung und zum Betrieb der Rechner einen großen Verbrauch an elektrischer Energie erforderlich macht. Und weil nun einmal in Island die Elektrizität billig und genügend kalte Luft zur Kühlung der heißlaufenden Rechner vorhanden ist, sei dort der ideale Ort für das Schürfen von Bitcoins zu finden.

Diesen beiden seiner Ansicht nach regressiven Arten der Geldschöpfung stellt Krugman eine vernünftige dritte, angeblich hypothetische Art entgegen, die in Keynes Ratschlag aus dem Jahr 1936 besteht, dass Regierungen in der Krise Geld ausgeben, das sie gar nicht haben. Damals wie heute gebe es politische Vorbehalte gegen diesen Vorschlag, weshalb Keynes ironisch als Alternative empfohlen habe, die Regierung solle Geld in Flaschen vergraben und dann durch private Investoren wieder ausgraben lassen. Auch durch völlig unsinnige Staatsausgaben werde die

Wirtschaft angekurbelt. Und schließlich sei die Goldschürferei von dieser Art sinnlosen Aktivität nicht weit entfernt: Dort werde Gold an einer Stelle aus der Erde geholt, um es an anderer Stelle als Goldschatz der Zentralbanken wieder zu verbuddeln. Der Goldstandard sei, so Keynes, ein «barbarisches Relikt». Und – jetzt wieder Krugman – der Bitcoin steigere den Unsinn noch, indem Ressourcen verbrannt werden, um «virtuelles Gold» zu kreieren, das aus nichts als elektronischen Zeichenketten besteht.

Offenbar haben nicht nur neoklassische Ökonomen, sondern auch Keynesianer wie Krugman das Problem, dass die Wirtschaftssubjekte sich anders verhalten als von der jeweiligen Theorie vorgesehen. Immerhin erkennt Krugman diese Diskrepanz noch, kann sie sich aber nur mit dem Hang vieler Leute zu Regression und Irrationalität erklären. Ungeklärt bleibt, woher dieser Hang kommen soll.

Von außen betrachtet, also unter rein stofflichen Gesichtspunkten, fällt auf, dass die ganze Debatte Züge von Irrsinn trägt. Die hier in Rede stehende «Barbarei» ist in einem gesellschaftlichen Verhältnis begründet, das Menschen völlig unsinnige oder gar gesamtgesellschaftlich schädliche Tätigkeiten abverlangt, damit sie die nächsten Tage oder Wochen überleben dürfen. Dabei handelt es sich bekanntlich um eines der geringeren Übel der herrschenden Produktionsweise, das freilich nicht auf die Geldschöpfung beschränkt ist, sondern die Arbeitsverhältnisse im niedergehenden Kapitalismus durchzieht: von der (keynesianischen Empfehlungen folgenden) Abwrackprämie über die präventive Vergabe von Antibiotika in der Massentierhaltung bis zur Verwüstung ganzer Landstriche für die letzten Tropfen Öl, um nur ein paar der eher noch harmlosen Beispiele zu nennen.

Und barbarisch am Gold ist ja nicht das Metall, sondern dass es zum Fetisch gemacht wird, der allerdings ohne dem zugrunde liegenden Waren- und Geldfetisch nicht möglich wäre, wie die «Wilden von Kuba» zeigen, von denen Marx erzählt: Ohne Geld als gesellschaftliches Verhältnis lässt sich mit dem Gold ein durchaus lockerer Umgang pflegen.

Das Schürfen von Bitcoins schließlich ist in diesem Kontext zwar ebenfalls verrückt, aber doch vergleichsweise harmlos, es ist die Farce, als die sich Geschichte nach einem Wort von Marx wiederholt, hier die Geschichte des Goldfetischs. Bitcoins lassen sich aus dem Nichts erzeugen wie Buchgeld. Um dennoch Werthaltigkeit zu simulieren, wird ihnen ein Goldkostüm umgehängt. Wie beim Gold muss erst ein gewisser Aufwand an Arbeit und Ressourcen getrieben werden, bevor die Bitcoins zum Vorschein kommen. Doch das ist bloßer Schein, weil dieser Aufwand völlig unnötig ist, die Bitcoins ließen sich auch ohne ihn erzeugen. Das ist beim Gold anders, da die Arbeit (einschließlich der mit ihr verbundenen Ausbeutung und Umweltzerstörung) tatsächlich notwendig ist, um es aus der Erde zu holen.

Letztlich handelt es sich beim Bitcoin um Falschgeld, das sich nicht einmal Mühe gibt, wie «echtes» Geld auszusehen. Wenn es dennoch Karriere machen kann, wenn es sich ohne Probleme in Dollar oder Euro verwandeln lässt, dann kann es wohl mit dem von den Notenbanken ausgegebenen Geld auch nicht mehr so weit her sein. Tatsächlich treiben die digitalen Währungen nur eine seit Jahrzehnten anhaltende Entwicklung auf die Spitze. Seit dem Ende des Bretton-Woods-Systems und damit der Golddeckung des Dollars im Jahr 1972 hat auch das Zentralbankgeld mit realem Reichtum immer weniger zu tun. In den letzten dreißig Jahren etwa wuchs das globale Geld- und Anlagevermögen auf das Zwanzigfache, ohne freilich durch entsprechende reale Werte gedeckt zu sein. Dabei handelt es sich um eine Folge des kreditfinanzierten, durch die neoliberale Deregulierung der Finanzmärkte ermöglichten Konjunkturprogramms, mit dem die Realökonomie seit fast vierzig Jahren in Gang gehalten wird, ganz im Sinne von Keynes, nur dass an die Stelle der Regierungen private Geldgeber treten und von einem sich selbst tragenden Aufschwung nichts zu sehen ist.

Die riesigen, im Finanzhimmel kreisenden und nach Anlagemöglichkeiten suchenden Geldmengen führen auf allen Märkten, denen sie sich zuwenden, zur Inflation, so etwa auf Aktien-, Immobilien- und Rohstoffmärkten. Ein Beispiel: Der Dow Jones Index, ein Maß für die Bewertung US-amerikanischer Aktiengesellschaften durch die Börse, stieg zwischen 1982 und 2000 inflationsbereinigt um den Faktor sieben, und das in einer Zeit, in der die US-amerikanische Realwirtschaft stagnierte. Für die Aktienbesitzer ist eine solche «asset inflation» durchaus willkommen, weil sie ja ihre Aktien wieder verkaufen können. Dass dem siebenfachen Geldvermögen immer noch derselbe Unternehmenswert gegenübersteht, spielt dabei keine Rolle.

Dem Bitcoin war es in den ersten elf Monaten des Jahres 2013 vergönnt, eine noch größere Blase zu generieren, indem sein Wechselkurs gegenüber dem Dollar sich um den Faktor 93,5 erhöhte (siehe Anhang), ohne auch nur den geringsten realen Wert zu repräsentieren. Ironischerweise ist in den ideologischen Begründungen für digitale Währungen gern vom Verlust an Vertrauen in die Finanzmärkte und Zentralbanken die Rede, denen deshalb eine «seriöse» Währung gegenübergestellt werden solle, die sich nicht manipulieren lässt. Doch hinter dem Rücken der Akteure gerät das Instrument dann unversehens zu einem weiteren Spekulationsobjekt. Immerhin werden einige von ihnen dabei reich.

Allerdings ist das Misstrauen dem Zentralbankgeld gegenüber angesichts der fehlenden Deckung durch reale Werte durchaus angebracht und erklärt auch die Flucht ins Gold als Mittel der Wertaufbewahrung. Ob Gold dafür wirklich ein geeignetes Mittel ist, bleibe dahingestellt, schließlich hat sich auch hier eine Blase gebildet, die wie alle Blasen platzen kann.

Im kapitalistischen Sinne produktiv ist Geld nur dort angelegt, wo durch die Ausbeutung von Arbeit Mehrwert erzeugt wird. Offenbar gibt es diese Anlagemöglichkeit für das vorhandene Geld nicht mehr in ausreichendem Maße, so dass immer mehr Geld sich bloß noch fiktiv vermehrt oder aber, etwa als Edelmetall, einfach gehortet wird. Auch wenn Keynesianer sich das nicht vorstellen können oder mögen, so verweist diese Entwicklung doch darauf, dass Geld als gesellschaftliches Verhältnis in den vierzig Jahren seit Ende des Bretton-Wood-Systems obsolet geworden ist.

Anhang: Bitcoin & Co

Der seit 2009 gehandelte Bitcoin ist die erste, prominenteste und gewichtigste der sogenannten digitalen Währungen, von denen inzwischen fast hundert die Marktplätze des Internets bevölkern. Eine Liste der wichtigsten findet man zusammen mit ihren gemeinsamen Merkmalen unter dem Wikipedia-Eintrag «Kryptowährung».

Bitcoins lassen sich im Internet gegen Dollar oder Euro tauschen. Hat man welche erworben, so bilden sie ein Konto auf der eigenen Festplatte, eingebunden in ein Peer-to-Peer-Netzwerk und durch kryptographische Verfahren geschützt. Alle Bitcoin-Transaktionen sind in diesem Netzwerk öffentlich, die Besitzer der Bitcoin-Konten bleiben dagegen anonym. Der Idee nach handelt es sich bei digitalen Währungen um Geld ohne Banken und ohne Staat. Von den Einsatzmöglichkeiten zur Geldwäsche, im Drogenhandel und bei anderen verdeckten Aktivitäten einmal abgesehen, ist der Gebrauchswert von Bitcoins als Zahlungsmittel allerdings bescheiden. Die wenigen Unternehmen, die Bitcoins annehmen (siehe etwa http://go-bitcoin.com, auch zur grotesken Selbstüberschätzung der Szene), akzeptieren natürlich auch Bargeld und andere der üblichen Zahlungsmethoden, und die Bezahlung damit ist erheblich einfacher.

Für die Möglichkeit elektronischer Zahlungen ohne Banken wäre nämlich ein fester Wechselkurs zwischen Bitcoin und Dollar adäquat. Tatsächlich ist dieser Wechselkurs dem Markt überlassen, und das macht Bitcoins zum Spekulationsobjekt. Die allermeisten Bitcoins werden nicht für Käufe, sondern zur Währungsspekulation eingesetzt. Wer im Jahr 2013 Bitcoins hortete, konnte reich werden: Zwischen dem 1. Januar und dem 30. November stieg der Kurs des Bitcoin um den Faktor 93,5 von 13 auf 1216 Dollar. Anschließend brach er um 50 Prozent ein und erholte sich dann wieder. Im Januar 2014 schwankte der Kurs zwischen 770 und 900 Dollar. Die hohe Volatilität stellt den Bitcoin als Zahlungsmittel in Frage: Niemand gibt Bitcoins aus, wenn zu erwarten ist, dass sie in der nächsten Woche 15 Prozent wertvoller sind, und niemand akzeptiert sie, wenn ein Kurseinbruch droht.

Ein weiterer Markt tut sich im Zusammenhang mit dem «Bitcoin Mining» auf, dem «Schürfen» neuer Bitcoins. Wer die produzieren und auf sein Konto leiten will, muss in Konkurrenz zu anderen komplexe Rechenaufgaben lösen. In den Anfängen des Bitcoin genügte dazu ein normaler PC, inzwischen sind Rechenmaschinen erforderlich, mit deren Abwärme sich ein ganzes Haus heizen ließe und deren Anschaffungspreis der eines Mittelklasse-PKWs ist. Und trotz dieses Aufwands ist der Erfolg nicht sicher, weil die Konkurrenz groß und die Anzahl neuer Bitcoins durch den zugrunde liegenden Algorithmus limitiert ist. Am Ende profitieren wie beim Gold nicht die Schürfer, sondern diejenigen, die ihnen die Schürfwerkzeuge verkaufen.

Die maximale Menge von Bitcoins ist auf 21 Millionen festgelegt, Ende Januar 2014 gab es 12,3 Millionen im Wert von insgesamt etwa 10 Milliarden Dollar. Aber der kann sich schnell wieder ändern.

Die Gesundbeter
Eine Zwischenbilanz der Euro-Krise anhand amtlicher Daten

Erstveröffentlichung in: Konkret 6/2014

Obwohl Deutschland bisher zu den Krisengewinnern zählt, die Große Koalition beliebter ist als alle Bundesregierungen vor ihr und einer Umfrage vom April 2014 zufolge 80 Prozent der Deutschen «mit dem Zustand unseres Landes alles in allem zufrieden» sind, scheinen viele dem Braten nicht so recht zu trauen, halten das «Paradies Deutschland» (Wirtschaftswoche vom 19.4.2014) für bedroht und befürchten, am Ende müsse doch noch «der deutsche Steuerzahler» die Zeche der europäischen Krisenländer bezahlen. Daraus resultiert das Verlangen, die Krise müsse jetzt aber mal ein Ende haben, und neben warnenden Stimmen, dass davon noch lange keine Rede sein kann, finden sich in Medien zunehmend geradezu zwanghafte Versuche, positive Meldungen vom Ende der Krise zu produzieren, wenn auch oft nur in den Überschriften zu Texten, die diese Sichtweise gar nicht hergeben.

Für Die Welt erschien das Licht am Ende des Tunnels am 3.4.2014, sie titelte: «Griechenland vor einem sensationellen Comeback». Was wie ein verspäteter Aprilscherz aussah, erwies sich bei genauerem Hinsehen als ernst gemeint, bezog sich aber nur auf einen nicht gerade relevanten Teilaspekt der griechischen Misere: «Um ein drittes Rettungspaket zu vermeiden, plant Athen nur zwei Jahre nach der Pleite die Rückkehr an die Finanzmärkte. Das wäre ein Rekord», so lautete der Untertitel. Eine Woche später meldete Spiegel-Online Vollzug: «Erfolgreiches Comeback: Griechenland scheffelt drei Milliarden Euro mit Anleihe-Verkauf». Dem griechischen Staat war es gelungen, Staatsanleihen mit fünfjähriger Laufzeit zu einem Zinssatz von 4,75 Prozent unter die Leute zu bringen, davon etwa 90 Prozent an institutionelle Anleger im Ausland. Knapp zwei Wochen später folgte Portugal, das Anleihen mit zehnjähriger Laufzeit im Umfang von 750 Millionen Euro zu einem Zinssatz von 3,58 Prozent los wurde, dem niedrigsten Wert seit acht Jahren.

Staatsschulden

Was hier als Comeback gefeiert wird, hat mit der wirtschaftlichen Lage in den jeweiligen Ländern freilich gar nichts zu tun. Anleger kaufen Anleihen, wenn sie davon ausgehen, dass diese bedient und zurückgezahlt werden. Im Falle der europäischen Krisenländer tun sie das nicht, weil es denen plötzlich besser geht, sondern weil der EZB-Präsident Mario Draghi im Sommer 2012 angekündigt hatte, «alles Notwendige» zur Stabilisierung des Euro zu tun, bis hin zum Aufkauf von Staatsanleihen. Nicht die Krise ist also vorbei, sondern nur der Umgang mit ihr hat sich geändert. Die Verfechter einer strengen Austeritätspolitik meldeten sich dann auch gleich warnend zu Wort, dass die Fehler, die zur Krise geführt hätten, jetzt wieder gemacht würden, so der «Top-Ökonom» Thomas Mayer in Focus Online am 20.4.2014. Dazu ist zu sagen, dass die Austeritätspolitik der letzten Jahre ja offenbar ebenfalls nicht geeignet war, die Krise in Griechenland auch nur abzumildern, im Gegenteil. Der griechischen Regierung wird man, auch angesichts bevorstehender Wahlen, daher kaum verdenken können, dass sie durch den Verkauf von Staatsanleihen versucht, ein drittes Rettungspaket und die mit ihm notwendig verbundenen Sparauflagen zu vermeiden, auch wenn sie damit ihre Staatsschulden schwerlich in den Griff bekommt.

Dass das mit den von den «Top-Ökonomen» des IWF und anderen empfohlenen Methoden auch nicht funktioniert, zeigen die amtlichen Daten der europäischen Statistik-Behörde eurostat (http://epp.eurostat.ec.europa.eu) zu den Staatsdefiziten in der EU, die am 23. April 2014 aktualisiert wurden. In den Kommentaren dazu gab es wieder einen dieser bemerkenswert gewaltsamen Versuche, die Krise schön zu reden. Auf Spiegel-Online wurden die *eurostat*-Daten unter der folgenden Überschrift angekündigt: «Griechenland erzielt ersten Überschuss seit zehn Jahren». Gemeint war damit der sogenannte Primärsaldo, bei dem die horrenden Zinskosten herausgerechnet sind. Im Text selber wird dieser Primärüberschuss denn auch als «rein rechnerische Größe» bezeichnet, deren Erhebung zwar durch die Regeln des IWF vorgeschrieben, die aber faktisch irrelevant ist, schließlich müssen die Schulden ja weiterhin bedient werden. Tatsächlich erreichte die staatliche Neuverschuldung in Griechenland mit 12,9 Prozent des BIP eine seit Beginn der Austeritätspolitik unerreichte Höhe, und auch der staatliche Schuldenstand stieg mit 175,1 Prozent des BIP auf einen neuen Rekordwert. Das darf die «Troika» aus IWF, EZB und EU-Kommission wahrlich als Erfolg ihrer Sparauflagen verbuchen. Nur kann der jetzt wieder eingeschlagene Weg, Staatsanleihen auf den Markt zu werfen, das Problem der wachsenden Verschuldung ebenso wenig lösen. Es handelt sich um die bekannte Dilemma-Situation, die daraus entsteht, dass Wirtschaftswachstum nur noch durch Schuldenmachen möglich ist, eine Schrumpfkur dagegen zwar das BIP, nicht aber die Schulden sinken lässt. Daran wird sich in absehbarer Zeit auch nichts ändern.

Griechenland ist nur der Größenordnung seiner Schulden, nicht aber ihrer Entwicklungstendenz nach ein Ausreißer im Euroraum. Dort stieg in den letzten drei Jahren der Schuldenstand des Staates von 85,5 auf 92,6 Prozent des BIP, der Abstand zu den magischen 100 Prozent halbierte sich also gerade. Die sind inzwischen von fünf der achtzehn Euro-Länder überschritten, neben Griechenland von Italien, Portugal, Irland und neuerdings auch Zypern, dessen Schuldenstand innerhalb eines Jahres von 86,6 auf 111,7 Prozent des BIP wuchs. Das Wachstum der Staatsschulden findet flächendeckend statt, nur in Deutschland und Lettland sanken sie zuletzt leicht, in allen anderen sechzehn Euro-Ländern stiegen sie an, wenn auch auf unterschiedlichem Niveau und mit unterschiedlicher Geschwindigkeit.

Wirtschaftswachstum

Die wunderliche, allein dem Wunschdenken geschuldete Auffassung, die Krise sei beendet, sieht sich durch eine Prognose der EU-Kommission bestätigt, die für das Jahr 2014 in der Eurozone ein Wachstum des BIP um 1,2 Prozent erwartet, in das auch die Krisenländer einbezogen sind, wenn auch mit weniger als 1 Prozent in geringerem Maße. Seitdem gelten zumindest Irland, Spanien und Portugal als «wieder auf Wachstumskurs» und damit «aus dem Gröbsten raus». Abgesehen davon, dass «Prognosen bekanntlich schwierig sind, besonders wenn sie die Zukunft betreffen» (Mark Twain), wird hier im Vergleich zu dem, was seit 2008 passiert ist, nur ein Mini-Wachstum angekündigt. Legt man als Basis die entsprechenden *eurostat*-Daten vom 15.4.2014 zugrunde, so ist in den letzten fünf Jahren das reale BIP im gesamten Euroraum um 2,2 Prozent, in Griechenland um 23,5 Prozent, in Slowenien um 9,4 Prozent, in Zypern um 7,9 Prozent, in Italien um 7,6 Prozent, in Portugal um 6,8 Prozent, in Spanien um 6,6 Prozent und selbst in Finnland noch um 5,1 Prozent gesunken. Man kann sich leicht ausrechnen, dass selbst bei einem anhaltenden Wachstum in der prognostizierten Größenordnung in diesen Ländern erst im nächsten Jahrzehnt der Stand von 2008 wieder erreicht wäre – in Griechenland noch zwei Jahrzehnte später –, aber eben nur dann, wenn es zwischenzeitlich keinen Einbruch gibt.

Ein Wirtschaftswachstum in der hier erwarteten Größenordnung gilt auch deswegen als unzureichend, weil es wegen der wachsenden Arbeitsproduktivität nicht dazu ausreicht, die Arbeitslosigkeit zu verringern. Die dazu erforderlichen Wachstumsraten ließen sich – nicht nur in Europa, sondern weltweit – nur durch weitere Verschuldung generieren. Mit ihrer Niedrigzinspolitik geben sich die Notenbanken bei der Bekämpfung der Rezession und den mit ihr verbundenen Deflationstendenzen alle Mühe, die Finanzmärkte mit billigem Geld zu fluten. Doch das fließt mangels hinreichender Gewinnerwartungen überwiegend nicht in reale Investitionen, sondern heizt nur die Blasenbildung im Finanzsektor, aber auch auf Immobilien- und Rohstoffmärkten an. Dieses Phänomen scheint inzwischen auch von einigen Ökonomen wahrgenommen zu werden, die den Kapitalismus für alternativlos halten und daher die erreichte Phase von Stagnation und Deflationsgefahr einerseits, gleichzeitiger Blasenökonomie auf den Anlagemärkten andererseits einfach zur «neuen Normalität» erklären (vgl. den Text «Finanzblasenentzündung» von Tomasz Konicz in Konkret 4/14). Ob es sich dabei wirklich nur um eine vorübergehende Phase oder nicht vielmehr um das Endstadium einer Produktionsweise im Niedergang handelt, bleibe dahingestellt. Die Frage lässt sich auf der Basis amtlicher Statistiken allein auch gar nicht beantworten.

Arbeitslosigkeit

Als wichtigster Indikator für das Ausmaß der Krise gilt zurecht die Arbeits- bzw. Erwerbslosenquote, weil sie nicht nur einen wesentlichen Aspekt der sozialen Folgen der Krise beschreibt, sondern auch Aussagen darüber macht, wie weit der Sinn und Zweck kapitalistischen Wirtschaftens, nämlich die Produktion von Mehrwert, durch die Krise beeinträchtigt ist. Mehrwert wird bekanntlich – auch wenn die herrschende Volkswirtschaftslehre das nicht wahrhaben will – durch die Ausbeutung von Arbeit erzielt, weshalb Arbeitslosigkeit eben auch für das Kapital ein Problem ist, weil ihm dadurch Mehrwert entzogen wird.

Schwierigkeiten gibt es bei der Erhebung dieser Quote. Nach den von *eurostat* gegebenen methodischen Hinweisen gilt eine Person im Alter von 15 bis 74 Jahren als erwerbslos, wenn sie in der Berichtswoche der Erhebung ohne Arbeit ist, innerhalb von zwei Wochen eine Arbeit aufnehmen könnte und in den vergangenen vier Wochen aktiv eine Arbeit gesucht hat. Insbesondere der letzte Punkt ermöglicht es, Arbeitslose aus der Statistik herausfallen zu lassen, etwa indem man sie in Qualifizierungs-Maßnahmen abkommandiert oder zu Frührentnern erklärt, die dem Arbeitsmarkt gar nicht mehr zur Verfügung stehen. Auch Arbeitslose, die sich aus dem System zurückziehen, weil sie sich keine Chancen ausrechnen, werden hier nicht erfasst. Es ist daher davon auszugehen, dass die amtlichen Erwerbslosenquoten die tatsächliche Arbeitslosigkeit massiv unterschätzen. Das sollte man im Auge behalten, wenn man versucht, die amtlichen Daten zu interpretieren.

Diese weisen aus (s. Tabelle Seite 332), dass die Arbeitslosigkeit im Euroraum seit 2008 kontinuierlich zugenommen hat, auf den gesamten Raum bezogen von 7,6 auf 12 Prozent. Einzig und allein in Deutschland war sie 2013 geringer als 2008. Und auch von einem Wendepunkt in dieser Entwicklung ist nichts zu sehen: Außer in Deutschland hat sich die Arbeitslosigkeit nur in Irland, Estland und Lettland von 2012 auf 2013 verringert.

Horrender noch als die Gesamtarbeitslosigkeit ist die der 15- bis 24-Jährigen. Hier gibt es aus methodischen Gründen keine Quote für den gesamten Euroraum, weil die Teilnahme der Jugendlichen am Arbeitsmarkt zwischen den Ländern stark variiert, die Jugenderwerbslosenquoten (letzte Spalte der Tabelle) sind daher nicht so ohne Weiteres vergleichbar. Nur in sieben der achtzehn Euro-Länder liegen sie unter 20 Prozent, in sechs Ländern sind mehr als ein Drittel der Jugendlichen arbeitslos, und in Griechenland und Spanien sind es mehr als die Hälfte.

Nicht nur im Euroraum insgesamt, sondern auch innerhalb der einzelnen Euro-Länder variiert die Arbeitslosigkeit sehr stark, worüber *eurostat* in einer Pressemitteilung vom 15.4.2014 berichtet. In Spanien etwa (Mittelwert 26,4 Prozent) lag die Erwerbslosenquote im Nordosten unter 20 Prozent, während sie im Süden 35 Prozent übersteigt. Die Jugendarbeitslosigkeit erreicht hier den Spitzenwert von 72,7 Prozent. Ähnliches lässt sich – auf jeweils verschiedenem Niveau – auch in den anderen Euro-Ländern beobachten. Hier wiederholt sich regional, was auch für

	2008	2009	2010	2011	2012	2013	2013 15-24 Jährige
Euroraum	7,6	9,6	10,1	10,1	11,3	12,0	
Griechenland	7,7	9,5	12,6	17,7	24,3	27,3	58,3
Spanien	11,3	18,0	20,1	21,7	25,0	26,4	55,7
Portugal	8,5	10,6	12,0	12,9	15,9	16,5	37,7
Zypern	3,7	5,4	6,3	7,9	11,9	15,9	38,9
Slowakei	9,6	12,1	14,5	13,7	14,0	14,2	33,7
Irland	6,4	12,0	13,9	14,7	14,7	13,1	26,8
Italien	6,7	7,8	8,4	8,4	10,7	12,2	40,0
Lettland	7,7	17,5	19,5	16,2	15,0	11,9	23,9
Frankreich	7,5	9,1	9,3	9,2	9,8	10,3	24,9
Slowenien	4,4	5,9	7,3	8,2	8,9	10,1	21,6
Estland	5,5	13,5	16,7	12,3	10,0	8,6	18,7
Belgien	7,0	7,9	8,3	7,2	7,6	8,4	23,7
Finnland	6,4	8,2	8,4	7,8	7,7	8,2	19,9
Niederlande	3,1	3,7	4,5	4,4	5,3	6,7	11,0
Malta	6,0	6,9	6,9	6,5	6,4	6,5	13,5
Luxemburg	4,9	5,1	4,6	4,8	5,1	5,8	15,5
Deutschland	7,5	7,8	7,1	5,9	5,5	5,3	7,9
Österreich	3,8	4,8	4,4	4,2	4,3	4,9	9,2

Tabelle: Arbeitslosenquoten im Euroraum 2008 bis 2013 in Prozent. Letzte Spalte: Arbeitslosenquote der 15- bis 24-Jährigen 2013. Quelle: *eurostat*, 07.04.14

den gesamten Euroraum gilt: Während der Kapitalismus in wenigen Zentren noch einigermaßen funktioniert, gibt es andererseits periphere Regionen, die von der ökonomischen Entwicklung inzwischen so weit abgekoppelt sind, dass nur schwer vorstellbar ist, wie sie jemals wieder Anschluss finden können.

Die krisenbedingten sozialen Verwerfungen werden durch die dürren Zahlen der amtlichen Statistik ja nur sehr unzureichend erfasst, wenn die Abkopplung von der ökonomischen Entwicklung zu einer Abkopplung von zivilisatorischen Errungenschaften führt, die noch vor wenigen Jahren selbstverständlich waren. Wo, wie in Griechenland, medizinische Versorgung nur noch gegen Cash zu haben ist, so dass viele Millionen Menschen davon faktisch abgeschnitten sind oder dafür aufs Essen verzichten müssen, ist im Grunde der Status des «failed state» erreicht. Doch auch da gibt es Abstufungen, und aus Sicht der globalen Peripherie, etwa Afrikas, werden hier sowieso nur europäische Luxusprobleme verhandelt.

Wettbewerbsfähigkeit

Am 22.4.2014 erschien in Spiegel-Online unter der Überschrift «Absteiger Italien» ein Artikel, der mit dem Satz beginnt: «Spanien erholt sich, Portugal und Irland auch – nur Italien steckt noch immer tief in der Krise.» Die Gründe dafür werden in der mangelnden Wettbewerbsfähigkeit ausgemacht – und im fehlenden Willen, daran etwas zu ändern. Berichtet wird von einer dem deutschen Automobilbauer Audi seit 2012 gehörenden Firma in Bologna, die Ducati-Motorräder herstellt, deren Absatz allerdings stottert. Audi hat deshalb der Belegschaft einen Pakt angeboten: «Die Produktion wird auf drei Schichten ausgedehnt, sieben Tage die Woche, damit sinken die Produktionskosten, steigt die Wettbewerbsfähigkeit und vermutlich auch der Absatz. Dafür verspricht Audi-Ducati viele neue Jobs und hohe, gewinnabhängige Prämien.»

Bei stotterndem Absatz die Produktion so drastisch hochzufahren – von vorher vielleicht 10 oder 12 auf dann 21 Schichten pro Woche – erscheint mehr als gewagt. Zweifel, dass das klappen könnte, plagen den Autor des Textes freilich nicht, stattdessen beschimpft er Italien, das sich den Bedingungen der globalen Konkurrenz nicht stellen mag: «Am Wochenende arbeiten, das ist zwar nicht unbedingt schön, aber inzwischen beinahe der Normalfall im globalen Konkurrenzkampf um Arbeitsplätze. In Spanien hat Renault gerade mit einer ähnlichen Kombination 1300 neue Arbeitsplätze geschaffen und der Chemiekonzern Bayer aus Leverkusen hat die weltweite Produktion von Aspirin im nordspanischen Asturien konzentriert. In Italien geht so etwas nicht.» In diesem Fall scheiterte der Vorschlag zur Sonntagsarbeit an einer «Einheitsfront von Arbeit und Klerus», bestehend aus dem «als knallhart und stramm links bekannten» Bologna-Chef der Metallarbeiter-Gewerkschaft und dem Erzbischof von Bologna.

Der Text ist deswegen lehrreich, weil er beispielhaft ein besonders in Deutschland den Krisenländern verordnetes Patentrezept propagiert, zugleich aber ungewollt deutlich macht, warum es nicht funktionieren kann. Das deutsche Erfolgsmodell besteht bekanntlich in einer Kombination aus Hightech und (relativem) Lohndumping, also einer immer produktiveren Industrieproduktion bei zugleich seit zwanzig Jahren stagnierenden, im Niedriglohnsektor sogar sinkenden Reallöhnen. Die damit notwendig verbundene Exportorientierung exportiert auch die Arbeitslosigkeit und wälzt damit die Krisenfolgen auf andere ab. Dieser Zusammenhang wird von den betroffenen Ländern immer wieder kritisiert, von der deutschen Regierung aber negiert. Wir hätten schließlich unsere Hausaufgaben gemacht, und die anderen sollten sich an uns, den Erfolgreichen, orientieren, aber doch bitte nicht umgekehrt.

Das Rezept zur Krisenlösung durch allseitige Anhebung der Konkurrenzfähigkeit unterstellt, dass alle zugleich wettbewerbsfähiger werden könnten. Weil Wettbewerbsfähigkeit aber bedeutet, besser als andere zu sein, ist das schon aus rein logischen Gründen nicht möglich. Es gehört nun einmal zum Begriff des Wettbewerbs, dass die Verbesserung der eigenen Situation notwendig zu Lasten der Konkurrenten geht. Das wird auch durch die in dem oben zitierten Artikel angeführten Beispiele deutlich: Wenn Renault mit einem Sonntagsarbeitsmodell in Spanien 1300 neue Arbeitsplätze schafft, auf denen kostengünstiger produziert wird als vorher an anderen Orten, so ist davon auszugehen, dass sie dort wieder abgebaut werden. Und wenn Bayer die weltweite Produktion von Aspirin im nordspanischen Asturien konzentriert, dann heißt das ja wohl, dass sie anderswo nicht mehr stattfindet.

In Deutschland scheint sich trotz aller Selbstzufriedenheit die Angst breit zu machen, dass der Status des Krisengewinners nicht von Dauer sein könnte, weil die Konkurrenz bekanntlich nicht schläft, weshalb an der eigenen Wettbewerbsfähigkeit weiter gearbeitet werden müsse. Die Empfehlungen der Wirtschaftswoche vom 19.4.2014 zum bedrohten «Paradies Deutschland» laufen darauf hinaus, die sozialstaatlichen «Wohltaten» an alle diejenigen einzuschränken, die zur Standortkonkurrenz keinen Beitrag leisten. In dieser Hinsicht wäre dann wohl Griechenland nachzueifern.

Die tiefere Ursache der globalen Krise, damit aber auch der Euro-Krise besteht darin, dass immer weniger Arbeit erforderlich ist, um für alle zu produzieren, womit immer mehr Menschen für den Kapitalismus überflüssig werden. So notwendig in dieser Situation für eine Firma, einen Standort oder ein ganzes Land die Aufrechterhaltung oder Erhöhung der eigenen Wettbewerbsfähigkeit ist, so sicher kann daher die allseitige Anstrengung in dieser Richtung die Krise nur verschärfen. Was hier noch Krise genannt wird, gerät damit zum Dauerzustand. Kein Ende in Sicht.

Krisenwirren
Überlegungen zum Jahreswechsel 2014/15

Erstveröffentlichung auf www.exit-online.org als offener Brief an die InteressentInnen von EXIT im Januar 2015

In den letzten zwei Jahren hat sich die von Robert Kurz bereits 1986 analysierte und prognostizierte Krise des Weltkapitals[152] weiter zugespitzt und wird dadurch von einer breiter werdenden Öffentlichkeit wahrgenommen, wenn auch regelhaft auf verquere, die eigentlichen Ursachen verkennende Weise. Insbesondere das Jahr 2014 hatte es in sich, nicht nur seiner an Katastrophen erinnernden Jahrestage wegen, 100 Jahre nach dem Ausbruch des ersten, 75 Jahre nach dem des zweiten Weltkriegs und 25 Jahre nach dem Zusammenbruch des Ostblocks und dem Ende der sogenannten Systemkonkurrenz.

In ihrem Leitartikel zum Jahreswechsel sorgt sich die SPIEGEL-Redaktion[153], das Jahr 2014 könne sich im Nachhinein – wie schon das Jahr 1989, nur ganz anders als damals gedacht – als ein «Scharnierjahr» der Weltgeschichte erweisen, in dem nämlich das Ende «des Westens» und seines «normativen Projekts aus Demokratie, Rechtsstaat, Menschenrechten und Freiheit» eingeläutet worden sei. Der Westen sei 2014 in die Defensive geraten: «In diesem Jahr wurden die Demokratien so kräftig herausgefordert wie lange nicht mehr, vom autoritären und intoleranten Denken und Handeln, von außen wie von innen.»

Als Belege dafür werden angeführt: Russland, das «die Krim annektierte» und einen Bürgerkrieg im Osten der Ukraine schüre; das Aufkommen des «Islamischen Staates» und die Demütigung des Westens durch die Enthauptung amerikanischer und britischer Geiseln vor laufender Kamera; China, das sich erstmals zur stärksten Wirtschaftsmacht der Welt aufgeschwungen habe, wenn man die Kaufkraft berücksichtige, und dessen «kommunistische Führung» das Riesenreich militärisch aufrüsten wolle; die Türkei, die sich anstatt der EU jetzt Russland annähere; das Ende des «Arabischen Frühlings», von dem nur Tunesien als «positives Beispiel» übrig geblieben sei, während «das Autoritäre» anderswo marschiere; die Erfolge rechtspopulistischer Parteien bei den Wahlen zum Europäischen Parlament, die ähnlich gesinnte «Bürgerbewegung» Pegida in Dresden, die Erfolge der AfD bei Landtagswahlen; die erstaunlich hohe «Akzeptanz für Putins aggressiven Nationalismus» gerade in Deutschland und die Finanzierung des französischen Front National durch eine russische Bank.

---

152 Robert Kurz: *Die Krise des Tauschwerts*, Marxistische Kritik 1, 1986, 7–48, http://www.exit-online.org/link.php?tabelle=autoren&posnr=98
153 DER SPIEGEL, 29.12.2014, 16

Interessanter als diese etwas merkwürdige und zusammenhanglos bleibende Aufzählung einzelner, angeblich gegen die westlichen Werte gerichteter Entwicklungen ist womöglich das, was nicht gesagt wird. Zum einen ließe sich der Liste ja noch einiges hinzufügen, so etwa die Belege dafür, dass der Westen in seinem Kampf gegen die «Herausforderungen durch autoritäres und intolerantes Denken und Handeln» seine eigenen Werte schon lange nicht mehr ernst nimmt. Stattdessen gehören Folter und das gezielte Töten von Zivilpersonen ohne Gerichtsverfahren ebenso zu den Waffen in diesem Kampf wie die flächendeckende Überwachung nicht nur der Telekommunikation der eigenen Bevölkerung, weshalb westliche Politik, die anderswo Menschenrechte einfordert, sich bloß noch lächerlich macht. Zum zweiten wird die Frage gar nicht erst gestellt, woher denn plötzlich diese vermeintliche Gegenbewegung zum «Westen und seinen Werten» kommt, wenn doch die «Systemkonkurrenz» seit 25 Jahren beendet ist. Sie zu beantworten würde den SPIEGEL wohl vor unlösbare Probleme stellen.

Wie bereits von Marx hervorgehoben, geht es bei den westlichen Werten, den «unveräußerlichen Rechten» auf Leben, Freiheit und Streben nach Glück zentral um die Freiheit und Rechtsgleichheit der Marktsubjekte, die Garantie des Privateigentums und die staatlich garantierte Sicherheit der geschäftlichen Transaktionen, weswegen denn auch Sklaven, Frauen und freie Schwarze bei der Deklaration dieser sogenannten Menschenrechte als deren Träger (noch) gar nicht vorgesehen waren. In ihren Genuss kommen nur warenproduzierende und geldverdienende Wesen. «Nur insofern ist ein Mensch überhaupt rechtsfähig, also auch menschenrechtsfähig, als er im Rahmen der kapitalistischen Gesetzmäßigkeiten funktionieren kann, die zum Naturgesetz der Gesellschaft erklärt worden sind. Die bürgerliche so genannte Aufklärung hat unter ‹Menschsein› einzig und allein die Existenz von Subjekten der abstrakten ‹Arbeit› in betriebswirtschaftlichen Funktionsräumen und des Warenverkehrs auf den Märkten (sprich: der Realisationssphäre der Kapitalverwertung) verstanden. Es wird unterstellt, ‹der Mensch› komme in dieser gesellschaftlichen Form schon aus dem Mutterleib, weil er sich physisch wie geistig überhaupt nur als ein derartiges ‹ökonomisches› Wesen darstellen könne.»[154]

Der Aufstieg der kapitalistischen Produktionsweise und die damit verbundene Einbeziehung immer größerer Teile der Gesellschaft in die Kapitalverwertung brachte es mit sich, dass immer mehr Menschen den Status von rechtsfähigen Marktsubjekten erlangten und damit menschenrechtsfähig wurden. Doch diese Bewegung hat sich inzwischen umgekehrt. In dem Maße, in dem im Zuge der finalen Krise Menschen für die Kapitalverwertung überflüssig werden, trifft für sie «die Voraussetzung nicht mehr zu, die in der aufklärerischen Definition des Menschen gemacht worden ist. Die kapitalistisch ‹Überflüssigen› sind gemäß dieser Definition keine Menschen mehr, sondern nur noch Naturgegenstände wie Kieselsteine,

---

154 Robert Kurz: *Politische Ökonomie der Menschenrechte*, http://www.exit-online.org/link.php?tabelle=schwerpunkte&posnr=105, vgl. auch die weiteren Texte im Schwerpunkt «Kritik der Aufklärungs- & Menschenrechtsideologie» auf www.exit-online.org

Schachtelhalme oder Kartoffelkäfer (der Marquis de Sade hat als erster schon im 18. Jahrhundert diese Konsequenz mit aller zynischen Schärfe ausgesprochen). Daraus folgt, daß die modernen Menschenrechte eigentlich kein Versprechen sind, sondern eine Drohung: Wenn du nicht mehr betriebswirtschaftlich brauchbar und funktionsfähig bist, bist du auch im Prinzip nicht mehr rechtsfähig, und wenn du nicht mehr rechtsfähig bist, bist du letzten Endes auch kein Mensch mehr. Die potentielle Entmenschung der ‹Überflüssigen› ist im bürgerlich-aufklärerischen Begriff der Menschenrechte insofern enthalten, als der kapitalistisch versachlichte Mensch in der ‹naturwidrigen› Gestalt des Herausgefallenen eben sogar weniger als eine Sache ist. Diese letzte Konsequenz ist das geheime Prinzip aller politischen Ökonomie, und damit der modernen demokratischen Politik überhaupt. Es ist die Essenz jenes naßforschen ‹Realismus›, wie er längst auch die politische Linke durchseucht hat. Alle Realpolitik trägt das Kainsmal dieser unerbittlichen Logik.»[155]

Das «prekäre Projekt des Westens», von dem der SPIEGEL schwadroniert, ist in den letzten Jahren nicht durch eine von außen kommende Gegenbewegung in die Defensive geraten. Vielmehr resultiert diese vermeintliche Gegenbewegung aus den inneren Widersprüchen jenes Projekts und denen der kapitalistischen Produktionsweise, auf der es beruht. In der Phase des Niedergangs dieser Gesellschaftsformation, in der sich die Konkurrenz der Nationalökonomien, der Unternehmen und der Arbeits- und Warensubjekte immer weiter verschärft, werden Demokratie und Menschenrechte zum Luxus; für die Herausgefallenen und die zukünftig Herausfallenden sind sie sowieso nie gedacht gewesen.

Notwendig wäre eine wirkliche Gegenbewegung gegen diese zerstörerische Dynamik, bei der es freilich nicht um die Rettung des westlichen Projekts gehen kann, sondern vielmehr um seine Überwindung im Sinne einer selbstverständlichen «Anerkennung des Menschen, das heißt aller Menschen in ihrer leiblichen, geistigen und sozialen Existenz», die nur «jenseits der aufklärerisch-kapitalistischen Definition des Menschseins liegen» kann.[156]

Die Unhaltbarkeit der herrschenden Zustände hat inzwischen immerhin zu einer Vielzahl von Suchbewegungen nach Alternativen geführt, die allerdings regelmäßig ohne Kapitalismuskritik auszukommen glauben. Das hat zur Folge, dass die sogenannten Alternativkonzepte nahezu zwangsläufig in den kapitalistischen Kategorien befangen bleiben, die sie doch hinter sich lassen wollen. Weil ohne eine tiefgehende Analyse und Kritik der Wertabspaltungs-Vergesellschaftung deren bewusste Überwindung nicht möglich ist, wird die Aufgabe des EXIT-Projekts eher in einem «Programm der Abschaffungen» und darin bestehen, die Defizite der inzwischen reichlich vorhandenen Basteleien an vermeintlich postkapitalistischen Konzepten aufzuzeigen, als sich selbst an ihnen zu beteiligen. Hier ein paar Hinweise auf entsprechende Problemfelder:

---

155 Ebd.
156 Ebd.

Unter allen auch in den Mainstream-Medien wahrgenommenen Antworten auf die ökologische Krise gilt die der Postwachstumsbewegung als die radikalste: Weil ökonomisches Wachstum ohne Zerstörung der natürlichen Grundlagen nicht zu haben ist, werden wir in Zukunft nur ohne Wachstum überleben können. Solange allerdings die Frage, was da eigentlich so zwanghaft wachsen muss, mangels zureichender kapitalismuskritischer Analyse unbeantwortet bleibt, entsteht aus dem wachstums- sofort ein konsumkritischer Ansatz und daraus unvermittelt ein neoliberales Konzept:

Wer es sich in der wattierten Nonstop-Rundumversorgung gemütlich gemacht hat, kann nicht zugleich die Souveränität eines Individuums bewahren, das seine Ansprüche nur an jene Möglichkeiten bindet, die nötigenfalls durch eigene Leistungen reproduziert werden können.

Materielle Armut als angebliche Voraussetzung für die individuelle Befreiung schmackhaft zu machen, mag sich ja als Instrument der Krisenverwaltung als durchaus brauchbar erweisen. Der damit letztlich propagierte Rückfall in die Subsistenzwirtschaft kann aber wohl kaum Bestandteil einer anzustrebenden Überwindung des kapitalistischen Wachstumszwangs sein.[157]

Vor der Gefahr, Bestandteil der Krisenverwaltung und eines neuen, sozusagen auf die Ich-AG bezogenen Unternehmertums zu werden, ist auch eine grundsätzlicher angelegte Kapitalismus- und Fetischismus-Kritik nicht gefeit, sobald sie in den Institutionen der bürgerlichen Gesellschaft Fuß fasst. Der Kapitalismus hat es bisher noch immer verstanden, der Kritik an ihm die Schärfe zu nehmen, sie den eigenen Formen anzupassen und sich letztlich einzuverleiben. Das kann auch radikaler Gesellschaftskritik passieren, sobald sie in die Mühlen der institutionalisierten Wissenschaft gerät, weil die dort mit ihr befassten Personen eben auch auf ihr eigenes Fortkommen bedacht sein und deshalb die Eigenheiten des opportunistischen Netzwerkkontextes berücksichtigen müssen, in dem sie sich bewegen. Die Auswahl der Fragestellungen ebenso wie die Richtung, in der Antworten gesucht werden, können dabei schnell zum bloßen Mittel zu einem ganz anderen Zweck werden, etwa dem der Profilierung des eigenen «unternehmerischen Selbst» oder um ganz profan an Drittmittel für das nächste Projekt heranzukommen. Den Ergebnissen einer in solchen Zusammenhängen entstandenen Gesellschaftskritik sollte mit einem gewissen Misstrauen begegnet werden, und allemal ist das Umfeld ihres Zustandekommens immer mitzureflektieren.[158]

---

157 Das Zitat stammt vom *spiritus rector* der Postwachstumsbewegung Nico Paech und ist dem Text von Daniel Späth: *Liberalismus in der Fundamentalkrise: Eine Kritik der «Postwachstumsbewegung»* entnommen, http://www.exit-online.org/link.php?tabelle=aktuelles&posnr =629. Der Text setzt sich genauer mit dieser Bewegung auseinander und weist insbesondere ihre Affinität zur Zinskritik eines Silvio Gesell und dem damit verbundenen strukturellen Antisemitismus nach.

158 Eine genauere Auseinandersetzung mit der hier angedeuteten Problematik liefert der Text von Roswitha Scholz: *Fetisch Alaaf! Zur Dialektik der Fetischismuskritik im heutigen Pro-*

So erfreulich es auf den ersten Blick erscheint, wenn Teile oder auch nur Versatzstücke der eigenen Theorie in anderen Kontexten auftauchen, so genau sollte man also hinsehen, wie sie dort zum Einsatz kommen. Das gilt, in anderer Weise als für den geistes- und sozialwissenschaftlichen Betrieb, auch für die Bereiche, die sich mit den gesellschaftlichen Folgen der IT-Entwicklung auseinandersetzen. Dort finden sich nicht zufällig Krisenerklärungen, die nicht auf das angeblich wild gewordene Finanzkapital abheben, sondern die Ursachen in der Entwicklung der Produktivkräfte und dem mit ihr verbundenen Verschwinden der Arbeit aus der Produktion sehen. So weit, so gut. In diesen technisch orientierten Kontexten scheint allerdings die Vorstellung weit verbreitet zu sein, dass die technische Entwicklung allein quasi automatisch aus dem Kapitalismus hinausführt und den Weg in eine befreite Gesellschaft eröffnet. Ein typischer und zugleich der prominenteste Vertreter solcher Vorstellungen ist Jeremy Rifkin:

Bei all der Begeisterung über die Aussichten des Internets der Dinge geht völlig unter, dass die Fusion von allen und allem zu einem weltweiten und vom Motor «extremer Produktivität» getriebenen Netzwerk uns schneller denn je einer Ära nahezu kostenloser Güter und Dienstleistungen entgegenbringt. Das wiederum wird im nächsten halben Jahrhundert zum Schwinden des Kapitalismus und zum Aufstieg der kollaborativen Commons als dominantem Modell zur Organisation wirtschaftlichen Lebens führen.[159]

Eine bestimmte Technik (das «Internet der Dinge») werde demnach zum Schwinden des Kapitalismus und zum Aufstieg einer neuen Organisation des Wirtschaftens führen. Von Menschen als Trägern einer solchen bewusst zu gestaltenden Transformation ist nicht die Rede, alles geht wie von selbst. Eine solche Auffassung lässt sich wohl nur als Technikfetischismus bezeichnen.[160]

Ein zweiter Kritikpunkt betrifft die damit zusammenhängende und in einschlägigen Kreisen weit verbreitete Vorstellung einer allmählichen Ausbreitung der neuen Gesellschaft in der alten bei gleichzeitigem Schrumpfen des kapitalistischen «Sektors», von dem Rifkin sogar meint, dass er nicht völlig verschwinden wird. Diese «Keimform»-Vorstellung orientiert sich an einem bestimmten Bild von der Entstehung der kapitalistischen Formation in der Feudalgesellschaft, wo-

---

zess des «Kollaps der Modernisierung». Oder: Wieviel Establishment kann radikale Gesellschaftskritik ertragen?, EXIT! Krise und Kritik der Warengesellschaft 12, 2014, S. 77–117; http://www.exit-online.org/link.php?tabelle=aktuelles&posnr=626.

159 Jeremy Rifkin: *Die Null-Grenzkostengesellschaft. Das Internet der Dinge, kollaboratives Gemeingut und der Rückzug des Kapitalismus*, Frankfurt 2014, S. 32.

160 Eine ausführlichere Auseinandersetzung mit diesen Ansätzen findet sich im Text von Tomasz Konicz: *Die wunderbare Welt des Jeremy Rifkin. Wie der Mainstream den Postkapitalismus diskutiert, ohne auch nur eine Ahnung vom Begriff des Kapitals zu haben*. Der Text ist Bestandteil des Sammelbands von Tomasz Konicz / Florian Rötzer (Hg.): *Aufbruch ins Ungewisse. Auf der Suche nach Alternativen zur kapitalistischen Dauerkrise*, Telepolis-Ebook, Heise-Verlag 2014, in dem sich sowohl Texte mit technikfetischistischen Auffassungen als auch kritische Texte dazu befinden.

nach sie klein angefangen, sich immer mehr ausgebreitet und die alte Formation nach und nach verdrängt habe. Unabhängig von der Frage, ob dieses Bild tatsächlich zutrifft, ist festzuhalten, dass es sich auf die Ablösung des Kapitalismus durch eine wie immer geartete neue Gesellschaft nicht übertragen lässt, und zwar aus einem einfachen Grund: Der Kapitalismus kann nicht schrumpfen. Entweder er wächst, oder er bricht zusammen. Ein immer kleiner werdender kapitalistischer Sektor, der sich harmonisch in die neue Formation einfügt, ist ein Ding der Unmöglichkeit.

Zweifellos werden die von Rifkin und anderen beschriebenen technischen Entwicklungen die Krise verschärfen und den Niedergang der kapitalistischen Produktionsweise weiter beschleunigen. Was aber daraus folgt, ist keine Frage der Technik. Das Kapital tritt als gesellschaftliches Verhältnis nicht einfach von der Weltbühne ab, nur weil es obsolet geworden ist. Gefragt ist daher eine Bewegung zur bewussten – nicht automatischen – Überwindung der herrschenden Gesellschaftsformation und der – ebenso bewussten – Gestaltung einer neuen, von der derzeit niemand sagen kann, wie sie aussehen wird. Durch das bloße Faktum des kapitalistischen Niedergangs wird eine solche Bewegung noch nicht ins Leben gerufen, eher tritt das Gegenteil ein: Die Erfahrungen in den bereits zusammengebrochenen Ländern der Peripherie[161] ebenso wie an den Rändern der kapitalistischen Zentren zeigen, dass die real existierenden Individuen mehrheitlich anders auf ihr Überflüssigwerden reagieren, nämlich mit reaktionären Ideologiebildungen, der Organisation insbesondere der männlichen Konkurrenzsubjekte in mafiösen oder faschistoiden Rackets und dem Umschlagen des bisher noch durch die Rechtsform im Zaum gehaltenen bürgerlichen Krieges aller gegen alle in nackte Gewalt.

Und selbst in Deutschland, das zum einen durch die europäische Abschottung gegen die Flüchtlingsströme aus den angrenzenden Krisengebieten, zum anderen durch seine Exportweltmeisterschaft und den damit verbundenen Export auch der Arbeitslosigkeit die Krise bisher weitgehend von sich fernhalten konnte, zeigt sich allmählich, womit zu rechnen ist, sobald sich dieser Sonderstatus nicht mehr aufrecht erhalten lässt:

Der herbeigesehnte Aufstand der Massen kommt nun langsam in Bewegung und diese Bewegung geht nach rechts. Entgegen der allgemeinen, eingebildeten Nazi-Hysterie heißt das nicht Radikalismus und Gewalt, sondern einfach eine Rückkehr zum gesunden Menschenverstand. Es ist normal sein Land zu lieben, seine Kultur zu schätzen und den Wunsch zu haben, dass das eigene Volk fortbesteht und nicht ausgetauscht wird. Die Deutschen wollen wieder ein deutsches Deutschland. Sie haben die einfach nicht mehr zu ignorierende Islamisierung

---

161 Siehe das gerade erschienene Buch von Gerd Bedszent: *Zusammenbruch der Peripherie. Gescheiterte Staaten als Tummelplatz von Drogenbaronen, Warlords und Weltordnungskriegern*, Horlemann Verlag, Berlin 2014

und die Verachtung ihrer eigenen Regierung satt. Sie wollen das echte Deutschland zurück, in dem ihre Familien glücklich leben können.[162]

Diese der Online-Ausgabe des deutschnationalen Kampfblättchens «Blaue Narzisse» entnommenen, nichtsdestoweniger paradigmatischen Äußerungen beruhen inzwischen nicht mehr auf bloßem Wunschdenken. Auf die in Politik und Medien hin- und her gewälzte Frage, ob Pegida und ähnliche Bewegungen nun rechtsextremistisch und rassistisch seien, oder sich in ihr nur die berechtigten Sorgen und Ängste der bürgerlichen Mitte ausdrückten, gibt es nämlich eine einfache Antwort: Beides trifft zu, die berühmte «schweigende Mehrheit» denkt rassistisch – ferner antisemitisch und sexistisch. Die in der Krise ja durchaus begründeten Ängste des Kleinbürgertums vor Abstieg, Prekarisierung und Überflüssigkeit artikulieren sich in dem Wunsch nach einer von der Krise nicht betroffenen volksgemeinschaftlichen Identität, der anzugehören sich aber nur negativ bestimmen lässt, indem diejenigen ausgegrenzt werden, die auf irgendeine Weise als fremd gelten. Anders ließe sich ein «deutsches Deutschland» wohl gar nicht definieren, und dafür ist «der Islam» das derzeit naheliegende Instrument, und zwar gerade auch in den Teilen der Republik, in denen Muslime nur sehr vereinzelt in Erscheinung treten.

Dass es der stinknormale deutsche Stammtisch ist, der sich da auf den Straßen tummelt, wenngleich derzeit noch regional begrenzt, wird auch für die der «politischen Mitte» sich zurechnenden Parteien zum Problem. Es sind halt ihre eigenen Leute, die da mitlaufen und sich mit anerkanntermaßen rechtsradikalen Gestalten zusammentun. Entsprechend ambivalent fallen die Reaktionen aus. Gegenüber den Bekundungen von Verständnis für die Sorgen und Nöte der eigenen, aus dem Ruder laufenden Klientel überwiegen zwar die mehr oder weniger klaren Abgrenzungen von der neuen rassistischen Bewegung. Nur ändert das nichts daran, dass ihr die Realpolitik seit mehr als zwanzig Jahren in vorauseilendem Gehorsam nachkommt, nämlich seit der faktischen Abschaffung des Grundrechts auf Asyl durch den «Asylkompromiss» von 1993. Seither geht es immer nur um die Frage, ob das Asylrecht generell weiter verschärft oder aber so gestaltet werden soll, dass die für die Kapitalverwertung nützlichen – und insofern menschenrechtsfähigen (s. o.) – MigrantInnen hereingelassen und die überflüssigen draußen gehalten werden können. Eine solche Realpolitik hat der sich jetzt manifestierenden xenophoben bis rassistischen «Rückkehr zum gesunden Menschenverstand», deren Grundannahmen sie seit mehr als zwanzig Jahren faktisch teilt, außer Symbolik in Gestalt von Neujahrsansprachen nichts entgegenzusetzen.

Nun hat es auch aus gesellschaftskritischer Perspektive wenig Sinn, der hier sich abzeichnenden Entwicklung argumentativ oder durch den Hinweis auf Fakten beikommen zu wollen, etwa dem, dass von einer drohenden Islamisierung doch

---

162 Georg I. Nagel: *Der Aufstand des Volkes,* Blaue Narzisse, 2014, http://www.blauenarzisse. de/index.php/anstoss/item/5044-der-aufstand-des-volkes.

nun wirklich keine Rede sein kann, auch wenn das einer Umfrage zufolge 34 Prozent aller Bundesbürger glauben.[163] Wir haben es hier mit einem ausgewachsenen Wahnsystem zu tun, es hilft daher nichts, sich darauf einzulassen. Man kann nur versuchen, sein Zustandekommen zu erklären. Aus der Sicht der hier vertretenen Position ist klar, dass es sich um eine Krisenerscheinung handelt, eine Melange von Krisenideologien, die in Zeiten der ökonomischen Prosperität unter der Decke gehalten, jetzt aber gesellschaftsfähig werden: «In demselben Maße, wie die Biologisierung und Naturalisierung der Gesellschaft abermals das Krisenbewußtsein des Kapitalismus zu überfluten beginnt und die neoliberale soziale Selektion flankiert, schlägt diese mörderische Tendenz auch wieder in eine rechte, faschistoide Pseudokritik des Liberalismus und der kapitalistischen ‹Ökonomisierung der Welt› um. Die ‹völkische› Nation und die ‹Rasse› rücken in einem pathologischen Wiederholungszwang als phantasmatische Gegenbilder an die Stelle einer radikalen Ökonomiekritik, die der Arbeiterbewegungs-Marxismus nicht einlösen konnte.»[164]

Die sich jetzt immer klarer abzeichnende Entwicklung hat Robert Kurz bereits vor 15 Jahren beschrieben: «Vor dem Hintergrund einer allgemeinen Darwinisierung des Denkens und einer Verwilderung der sozialen Beziehungen zersetzen sich ‹Marktwirtschaft und Demokratie› in partikularisierte Kampfstrukturen ‹ums Dasein`. Ob transnationale Konzerne mit Privatarmeen und eigenen Geheimdiensten, ob Söldnerhaufen und geschäftsmäßige Todesschwadronen, ob ‹ethnische› Milizen, Untergangssekten oder Neonazi-Banden: Die Landkarte der Entzivilisierung nimmt Gestalt an, während der Medienzirkus gespenstisch weitergeht und der demokratische Plastikdiskurs von Tag zu Tag ignoranter und hohler wird. Wie der Demokratie die ‹vierte Gewalt› der kapitalistischen Maschine schon immer vorgelagert war, so ist ihr nun, als Folge der irreparablen Funktionsstörungen dieser Maschine in der Dritten industriellen Revolution, die ‹fünfte Gewalt› der Banden nachgelagert. Es gibt keinen emanzipatorischen Aufstand, aber jedermann fängt an, sich zu bewaffnen.»[165]

Angesichts dieser empirisch täglich neu bestätigten Erfahrung von Vernichtung und Selbstvernichtung in der Endphase des zerfallenden Kapitalismus ist die entscheidende Frage, ob und wie es einer Gegenbewegung zur emanzipatorischen Überwindung des Kapitalismus gelingen kann, sich überhaupt zu konstituieren und nicht bereits im Ansatz an den kapitalistischen Prägungen eben auch ihrer eigenen Mitglieder zu ersticken. Für gesellschaftskritische Theorie, die eine solche Bewegung ja nicht auf die Beine stellen kann, ergibt sich daraus die Aufgabe, sich insbesondere den Verwüstungen zuzuwenden, die die bürgerliche Gesellschaft im Innern ihrer Mitglieder anrichtet und die dazu führen, «daß das, was offen auf der Hand liegt und eigentlich gar nicht erwähnt zu werden braucht, im gesellschaftli-

---

163 DER SPIEGEL 20.12.2014, S. 30
164 Robert Kurz, Schwarzbuch Kapitalismus. Ein Abgesang auf die Marktwirtschaft, Frankfurt a. M. 1999, S. 765.
165 a.a.O., S. 780.

chen Bewußtsein vollständig verdrängt worden ist, als wäre darüber ein Zauberbann ausgesprochen worden.» [166]

Hinsichtlich des Problems, wie der hier angesprochene fetischistische Bann beschaffen ist und wie er gebrochen werden kann, sind die meisten Fragen noch offen. Zu ihrer Klärung könnte es sich lohnen, psychoanalytische Kategorien für die hier vertretene Wert-Abspaltungs-Kritik fruchtbar zu machen. Ob das letztlich gelingt, muss sich freilich erst noch erweisen.

---

[166] a.a.O., S. 782.

Gernot Ernst:
Komplexität
«Chaostheorie» und die Linke

2., aktualisierte Auflage 2017, 200 Seiten, kartoniert, ISBN 3-89657-653-4, 12,00 EUR

Das Ziel jeder linken Bewegung ist die Veränderung der existierenden Verhältnisse zum Besseren. Um aber die Möglichkeiten, aber auch Grenzen von Veränderungen, ob in evolutionärer oder revolutionärer Form, besser zu verstehen, ist es unverzichtbar, die Ergebnisse und Schlussfolgerungen der Komplexitätsforschung zu verstehen.

Dabei gibt nur wenige Begriffe, die heutzutage so missverständlich benutzt werden wie «Komplexität» und «Chaos-Theorie». Welcher Anarchist weiß eigentlich, dass die Chaostheorie keineswegs das Chaos (im Sinne der Zufälligkeit oder Stochastik) untersucht, sondern die höchst verschiedenen Ergebnisse eines rein deterministischen Systems, dessen Ausgangsbedingungen verändert werden? Welcher Sozialist macht sich darüber Gedanken, dass in Denkfabriken der USA (und anderen Staaten) Ergebnisse der Netzwerktheorie schon längst eingesetzt werden, um revolutionsartige Bewegungen auszulösen oder auch solche zu unterdrücken? Einerseits bergen viele Ergebnisse dieser Denkrichtungen Chancen (und Gefahren) oder beinhalten ähnlich weitreichende Schlussfolgerungen für Ideologien. Andererseits können auch durch Unkenntnis Schlussfolgerungen gezogen werden, die in keiner Weise durch reelle Ergebnisse gedeckt werden.

Dass Systeme nicht statisch, sondern dynamisch, also in Bewegung sind, ist jedem Marxisten aus dessen Beschreibung der menschlichen Geschichte bekannt. Anarchisten haben schon lange über angenommene und beobachtete Selbstorganisationsphänomene nachgedacht. Linke sind im Grunde genommen Systemtheoretiker und Dynamiker der ersten Stunde.

In diesem Buch der Reihe «theorie.org» werden deshalb zunächst einige zentrale Ideen wie die der «Chaos-Theorie», der dynamischen Systeme oder Netzwerke entwickelt. Dabei werden, soweit wie möglich, Beispiele aus der Gesellschaftstheorie herangezogen. Danach wird der derzeitige Stand der Diskussion in verschiedenen wissenschaftlichen Disziplinen dargestellt. Ein eigenes Kapitel soll einen Teil der bisherigen linken Diskussion darstellen, deren bisherigen Ergebnisse kritisch diskutiert werden.